Gracias a las empresas que nos ayudan a acercar
el Conocimiento sobre las realidades
de los países del cono Sur

MENDOZA
A TRAVÉS DE SU HISTORIA

DIRECCIÓN EDITORIAL:
Anne-Caroline Biancheri

COORDINACIÓN:
Diego Orpi, Gabriela Agostini

COMPILADORES:
Arturo Roig
Pablo Lacoste
María Cristina Satlari

DISEÑO Y
DIRECCIÓN DE ARTE:
Marcelo Ortega

DIAGRAMACIÓN Y PUESTA EN PÁGINA:
Claudia Grebenc

COLABORACIÓN EN DISEÑO:
Inés Salvador - Roland Sgró

FOTOGRAFÍA DE TAPA:
Máximo Arias

CORRECCIÓN DE ESTILO Y PRUEBA:
Julio Rudman y Mercedes Fernández

RRPP:
Lis Clement

FOTOCROMÍA E IMPRESIÓN:
Inca Editorial

Representante Legal:
ANNE-CAROLINE BIANCHERI

ISBN 987-21358-2-7

Es una publicación de Caviar Bleu S. A.
Nicolás Avellaneda 550, Mendoza - Argentina
info@caviarbleu.com - prensa@caviarbleu.com

MENDOZA, A TRAVÉS DE SU HISTORIA

Compiladores

Arturo Roig
Pablo Lacoste
María Cristina Satlari

CA▼IAR BLEU
EDITORA ANDINA SUR

2004

ÍNDICE

ACERCA DE LOS AUTORES

ADRIANA MICALE

Master en Historia de la Ideas (UNCuyo). Historiadora. Profesora de la Universidad de Congreso.

ALEJANDRO PAREDES

Licenciado en Sociología. Becario del Conicet. Profesor adscripto en la cátedra de Historia Argentina II de la Facultad de Ciencias Políticas del doctor Pablo Lacoste.

ANA MARÍA MATEU

Licenciada en Historia. Investigadora del Conicet. Profesora de la Facultad de Ciencias Políticas y Sociales de la Facultad de Ciencias Políticas de la UNCuyo.

BEATRIZ BRAGONI

Doctora en Historia (Universidad de Buenos Aires). Investigadora del Conicet. Profesora de la Facultad de Derecho de la Universidad Nacional de Cuyo.

GARCÉS DELGADO

Especialista en Historia Ferroviaria. Miembro de la Asociación Ferroviaria de Mendoza, corresponsal de la Asociación Rosarina Amigos del Riel y miembro de la Fundación Museo Ferroviario de Buenos Aires.

GASTÓN BUSTELO

Comunicador Social. (Universidad Nacional de Cuyo). Periodista de investigación del periódico El Sol, de la Provinca de Mendoza.

JUAN SCHOBINGER

Doctor en Filosofía y Letras (UBA). Arqueólogo investigador. Profesor emérito de Arqueología Prehistórica de la Facultad de Filosofía y Letras de la UNCuyo. Miembro de la Unión Internacional de Ciencias Prehistóricas y Protohistóricas, sede en Bruselas, Bélgica.

MARÍA CRISTINA SATLARI

M.A. en Historia Latinoamericana (Ohio University). Licenciada en Historia (Universidad Nacional de Cuyo). Fue directora de la Biblioteca Pública General San Martín (1997-1999). Miembro de la Asociación argentino-chilena de historiadores. Profesora del Terciario Toribio de Luzuriaga, Tunuyán en el Profesorado de Historia.

MARÍA DEL ROSARIO PRIETO

Doctora en Historia y Geografía de la Universidad de Sevilla. Profesora titular de la Facultad de Filosofía y Letras de la UNCuyo. Investigadora principal del Conicet.

ORIANA PELAGATTI

Licenciada en Historia. Becaria del Conicet. Docente de la Facultad de Filosfía y Letras de la UNCuyo.

PABLO LACOSTE

Doctor en Historia (Universidad de Buenos Aires), Doctor en Estudios Americanos, Mención Relaciones Internacionales (Universidad de Santiago de Chile). Profesor-investigador de la Universidad de Talca, Chile y de la Universidad Nacional de Cuyo.

PATRICIA DUSSEL

Licenciada en Historia. Becaria de la Universidad Complutense de Madrid.

PRÓLOGO

La presente Historia de Mendoza ha sido fruto de un ambicioso proyecto que intentó, desde sus inicios, poner en marcha un esfuerzo llevado a cabo mediante labores grupales, participativas y seminarizadas. Con este objeto, sus dos principales organizadores e inspiradores, el doctor Pablo Lacoste y la magister, María Cristina Satlari, reunieron un conjunto de participantes, jóvenes en su mayoría, a los que se sumaron algunos de reconocida experiencia, todos los cuales movidos por una decidida vocación y una manifiesta voluntad de trabajo, proyectaron y discutieron cada uno de los capítulos de esta Historia en las largas jornadas de los viernes que, por más de dos años, se sucedieron en el ámbito de la Unidad de Investigación de Historiografía e Historia de las Ideas, que integra el Instituto de Ciencias Humanas, Sociales y Ambientales del Consejo Nacional de Investigaciones Científicas y Técnicas, en su sede de Mendoza bajo la dirección académica del doctor Arturo Andrés Roig.

Concluida en su casi totalidad esta labor y por iniciativa de la entonces directora de la Biblioteca Pública General San Martín, María Cristina Satlari, el grupo de investigadores de aquel seminario se hizo cargo de un "Curso de Capacitación para docentes en Historia de Mendoza", el que concitó una expectativa y un interés ponderables y que se extendió durante casi un año de docencia.

No está de más recordar que este sostenido y novedoso esfuerzo que ahora se ve concretado en la obra que el lector y el estudioso tienen entre sus manos, estuvo antecedido de un proyecto de historiografía regional que movilizó la totalidad de los departamentos de la Provincia de Mendoza y que tuvo, entre otros resultados ciertamente positivos, un notable despertar vocacional que implicaba una nueva manera de hacer historiografía y que deparó más de una sorpresa por cuanto favoreció la promoción de vocaciones de historiadores espontáneos. De más está señalar la importancia que ha tenido el encuentro entre estos y los historiadores profesionales de origen universitario, tanto en beneficio de unos como de otros. El proyecto de historiografía regional al que nos referimos ha sido uno de los frutos del Centro de Investigación Territorial (CINTER) fundado y dirigido por el doctor Pablo Lacoste y se vio concretado en la edición de 15 tomos, uno por Departamento, incluida la Capital, gracias al apoyo del diario UNO y el sostén académico de universidades privadas y del Estado e instituciones terciarias de la Provincia.

Todo este movimiento, único en los anales de Mendoza y, tal vez del país, en cuyos ámbitos de estudio la historiografía salió por lo general de las academias y, lo que es peor, superó pocas veces el mal del academicismo, se ha visto acompañado de un cambio al que tal vez podríamos llamar generacional, sobre todo si tenemos en cuenta el impulso juvenil que ha mostrado esta obra.

Para tomar debidamente en cuenta el valor de todas estas iniciativas, debemos decir que para las ciencias humanas estamos viviendo un tiempo fundacional o, si se quiere, refundacional. Si tuviéramos que definir la "nueva historia" que está surgiendo, diríamos que se caracteriza por un abordaje multidisciplinario y, a la vez, por la elección de un paradigma interpretativo-crítico. Pero hay más todavía, se entiende el saber historiográfico como competencia. Vale decir, se trata de elaborar un conocimiento que, más allá de la teoría, facilite el abordaje de otros campos de conocimiento o los enriquezca. Algo así como un saber nucleador, apto, competente, para la acometida de muchos otros conocimientos que se aclaran y se cimentan gracias a él, en cuanto saber de la propia vida histórica del sujeto que pregunta y que inquiere sobre sus más variadas necesidades y cosas.

Dicho de otro modo, un conocimiento que posea un valor de ordenamiento de la comprensión general de nuestra realidad, la que excede, por cierto, los marcos aparentemente humildes de una historia regional, pero que sólo desde lo regional podremos asimilarla en su extrema complejidad y amplitud, aun cuando estas palabras puedan sonar a paradoja. Y esto se debe a que este tipo de historiografía es una perentoria invitación a ver nuestro mundo desde nosotros mismos, tomándonos como punto ineludible y primario de referencia. A esto se lo ha caracterizado con términos técnicos que pueden asustar a más de uno, como una competencia histórica aglutinante.

Y todavía debemos agregar a lo dicho algo que no es de menores alcances. En efecto, en este mundo convulsionado, una de las cuestiones que nos apasionan y, con premuras, es el de nuestra identidad. Se habla, en efecto, de una "pérdida de formas identitarias", en medio de un mundo avasallador que está dejando de ser un "uni-verso", vale decir una unidad de pluralidades y en el que carecer de ese referente significa quedar riesgosamente desarmados. Pues bien, la historiografía de la que estamos hablando es una propuesta para llevar adelante y sostener esa tarea imprescindible y constante de construir y reconstruir una identidad que nos mantenga abiertos a valores de nuestro pasado, pero también a la inevitable reformulación crítica de esos mismos valores. Dicho de otro modo, una tarea de construcción y reconstrucción de una identidad con todo el impulso dinámico, renovador y vital, que nos permita afrontar el reto de cada día, sin perder, a pesar de los momentos y situaciones tan profundamente trágicos e injustos, siquiera una pequeña luz de esperanza.

Somos conscientes de que esta obra colectiva de miradas múltiples donde no sólo está la forma en que se ha organizado el estado provincial y cómo se han creado instituciones jurídicas y políticas sino que inquiere en varias otros temas y problemas que hacen a la cultura mendocina, no cubre todas los aspectos que nos hubiera gustado poder incluir. Por muchas razones, todas las veces ajenas a nuestra voluntad, no hay una historia de los sismos y el clima, de la salud, de las artes plásticas, de la educación, del contacto con la vegetación y la fauna aborigen. Sin embargo tenemos la esperanza de una segunda edición en la que podríamos asumir esos temas pendientes.

Y unas últimas palabras sobre esta "nueva historia".

Más de una vez se ha partido de la ingenuidad -por lo general cargadamente ideológica- de que los "hechos históricos" son algo dado y que el historiador los "encuentra" como se puede encontrar una piedra o un árbol. Y se ha partido asimismo de una afirmación que muchas veces no ha sido ni es menos cargadamente ideológica, la de la necesaria "objetividad" que debemos tener ante aquellos hechos.

Pero la cuestión no radica en ponernos simplemente a "señalar" hechos históricos, sin habernos preguntado antes qué es un "hecho histórico" y en qué consiste la "objetividad".

Frente a estos asuntos diremos que el "hecho histórico" no implica un observador pasivo, como si fuera un espejo que refleja mecánicamente lo que tiene delante, sino que es algo "construido".

Y esto se debe a que la historia, ella en sí misma, no tiene sentido, sino que el sentido se lo ponemos nosotros. Y esto no sólo es legítimo sino que es, además inevitable. Tomar conciencia de esto es ponernos en la ruta de la historiografía, la única ruta posible que puede salvarnos de aquella ingenuidad a la que denunciábamos como ideológica.

Por cierto que esa construcción del hecho histórico y de la objetividad histórica, tiene sus normas. No se trata de construcciones caprichosas.

En el grado de conciencia que se alcance de este complejo problema radica justamente el que unas lecciones como éstas posean lo que se ha denominado en este curso, a nuestro juicio con acierto, una "competencia histórica aglutinante".

Siempre la historia se la ha escrito poniendo en juego juicios de valor, pero no siempre se ha sido consciente de ello. Ahora se trata de alcanzar esa imprescindible actitud y en esto muy principalmente radica eso que queremos llamar "nueva historia".

Arturo A. Roig   María Cristina Satlari

ARQUEOLOGÍA DE MENDOZA
OJEADA SOBRE SUS ANTIGUAS POBLACIONES
A TRAVÉS DEL TIEMPO

Juan Schobinger

Parte del ajuar del enterratorio ritual de la momia del Cerro Aconcagua.
La referencia está señalada en centimetros.

Introducción

La investigación de las culturas precolombinas por métodos arqueológicos tiene en Mendoza dos centros principales: el Instituto de Arqueología y Etnología de la Universidad Nacional de Cuyo, donde funcionan varios equipos de investigación con sede en la Facultad de Filosofía y Letras, y el Museo Municipal de Historia Natural de San Rafael. Ambos poseen sus laboratorios, bibliotecas y revistas especializadas, así como sus respectivas salas de exposiciones abiertas al público. En los últimos años se ha agregado la Unidad de Antropología del Instituto de Ciencias Humanas del CRICYT (centro regional de investigaciones patrocinado por el CONICET). Además, existe material arqueológico de importancia en el Museo de Ciencias Naturales y Antropológicas "Juan Cornelio Moyano", dependiente del Gobierno de la Provincia de Mendoza. Otros museos locales funcionan en algunos municipios: el Municipal de Maipú, el Municipal Americanista de Luján y el Regional de Malargüe.

Merece mencionarse también el Instituto de Investigaciones Arqueológicas y Museo de la Universidad Nacional de San Juan (en La Laja, Albardón, San Juan), dado que los extensos trabajos realizados en las últimas tres décadas en esa provincia tienen una fuerte relación con Mendoza.

A pesar de las limitaciones presupuestarias, los trabajos arqueológicos de campo se han intensificado en los últimos años en diversas regiones de la provincia, con miras a obtener un esquema de las etapas de desarrollo cultural prehistórico, adaptación al medio, migraciones o contactos con otras zonas y demás información. Esto ha permitido formular algunos panoramas sintéticos, como el que intentamos en el presente capítulo.

La región actualmente ocupada por las provincias cuyanas -cuya espalda occidental está constituida por la imponente Cordillera de los Andes- no vio florecer culturas aborígenes tan avanzadas como las del Noroeste argentino. Tal vez por ello su investigación arqueológica quedó relegada a un plano secundario hasta los últimos años. No obstante, ya es posible trazar las líneas de algunos de los procesos culturales que tuvieron lugar en los milenios anteriores a la llegada de los europeos, sobre todo de la región más cercana a la cordillera (San Juan, norte y centro de Mendoza). Esta es denominada actualmente "subárea Centro-Oeste argentina", que constituye el extremo sur de la gran área cultural Andina.

Las zonas que quedan fuera de esta franja forman parte de otras áreas arqueológicas precolombinas; así, el norte de San Luis integra, junto con el oeste de Córdoba, la de las Sierras Centrales; el sur de San Luis y el extremo sudeste de Mendoza constituyen una prolongación del área Pampeana, y el extremo sudoeste ya entra en lo que puede llamarse la gran área Neuquino-Patagónica. Este capítulo se centrará pues, principalmente, en la región cuyana occidental, al que se agrega un breve acápite para la zona de transición andino-patagónica (sur de Mendoza y extremo norte del Neuquén).

Procesos culturales en el Centro-Oeste argentino

Período Precerámico

En América se denomina usualmente "precerámico" al período más antiguo, de cazadores y recolectores, y eventualmente también de agricultores incipientes. El modo de vida se caracteriza por un mayor o menor nomadismo.

No se sabe cuándo comenzó el precerámico en el área cuyana, ni cuándo llegaron los primeros pobladores. Sólo cabe suponer que pequeños grupos de recolectores de vegetales y cazadores no especializados recorrieron la zona en una época aún anterior a la retirada de los glaciares que, entre 20.000 y 12.000 a.C., habían llegado al grado máximo de expansión dentro del último ciclo del Pleistoceno. Este avance ha sido estudiado a través de sus morenas y otras manifestaciones geomorfológicas en la Patagonia y también en la zona cordillerana de Mendoza. No hay unanimidad en cuanto a la extensión máxima de los glaciares en esta última región; hoy predomina la opinión de que -al menos en la mitad norte de Mendoza- no pasaron de los altos valles de la cordillera.

Alrededor de la última fecha citada, los glaciares comenzaron a retroceder en un proceso en el que alternaron épocas de aceleración con otras de detención. Por el año 8000 a.C. se inició la retirada definitiva de los hielos hacia su posición actual; con ellos se da por comenzado el último y relativamente breve período geológico y climático, el Holoceno, en el que aún nos encontramos. Simultáneamente se produce la extinción de varias especies de animales, sobre todo algunos de un tipo arcaico como el megaterio, el mylodon, el gliptodonte (del orden de los desdentados), y el mastodonte (elefante sudamericano primitivo). En otros casos, como el del caballo, desaparecieron en América pero continuaron en Asia, aunque bajo especies distintas. Los camélidos fósiles del Pleistoceno fueron sustituidos por sus formas actuales (guanaco y vicuña). El hombre fue testigo de esos procesos.

Se han encontrado vestigios industriales de los antiguos cazadores-recolectores (probables descendientes de las primeras corrientes de población llegadas desde el Asia a través del actual

Estrecho de Behring) en varios sitios de los Andes y de la Patagonia. Los primeros testimonios seguros de su presencia en estas regiones se encuentran en el abrigo Agua de la Cueva, ubicado a unos 2900 metros sobre el nivel del mar en la precordillera mendocina, donde algunos instrumentos líticos fueron datados radiocarbónicamente en 8900 y en 8300 a.C. (cifras redondas). A similar antigüedad se remontan ocupaciones ocasionales del gran alero del Rincón del Atuel (al sudoeste de San Rafael) con el fin de obtener alguna presa. Se encontraron allí ciertos instrumentos asociados a huesos, piel y excrementos de fauna extinguida, como el mylodon, ocupante del sitio antes de la llegada del hombre.

El reflejo arqueológico de los cazadores más avanzados en su adaptación al ambiente y en aprovechamiento de los recursos naturales está dado por la existencia de puntas de proyectil bien definidas y por una mayor variedad y especialización del instrumental. El centro principal de su actividad se halla en los altos valles andinos y en el altiplano y la Puna de Atacama, desde donde se supone que se desplazaron, tempranamente, más hacia el sur.

Otros grupos, de gran movilidad, recorrieron las llanuras y mesetas pampeano-patagónicas. Sus típicas puntas "pisciformes" (datadas entre 9000 y 8000 a.C.) han aparecido como hallazgos aislados en tres lugares del norte y del sur de Mendoza y el norte del Neuquén. En algún otro sitio (Álvarez Condarco, en las últimas estribaciones de la precordillera al norte del río Mendoza) han aparecido grandes puntas triangulares que también pueden corresponder a un momento antiguo del período climático Holoceno o Posglacial.

Este período se ha denominado "Ayampitín", según los primeros hallazgos hechos en la provincia de Córdoba. En sus yacimientos aparecen, naturalmente también, otros instrumentos como raspadores, raederas, cuchillos y demás, cuyos materiales más utilizados para fabricarlos son la cuarcita y el basalto.

En la región de este estudio, los cazadores-recolectores se manifiestan en dos variantes: con puntas Ayampitín (sin pedúnculo basal), en sitios superficiales del norte de San Juan, como Punta del Agua o El Bordo, y también estratigráficamente en la Cueva del Peñoncito. Al ser excavada, ésta dio una sucesión en la que las puntas lanceoladas son sustituidas por puntas triangulares y, finalmente, se agregan dos períodos que contienen cerámica. Se ha observado una interesante correlación entre este yacimiento y la importante Gruta de Intihuasi en la Sierra de San Luis, donde por primera vez se ubicaron las puntas lanceoladas o almendradas en una posición cronológica de alrededor de 6000 a.C. (El fechado radiocarbónico del nivel más antiguo del Peñoncito es de unos 5500 a.C.) En ambos yacimientos aparecen piedras de moler, lo que señala la importancia de las tareas de recolección de vegetales.

De la altiplanicie de San Guillermo se conoce una serie de puntas basálticas similares, y poco más al sur, en los bordes occidentales del valle de Iglesia, se han recogido puntas del mismo tipo lanceolado en la vega de Baucha provistas de un ancho pedúnculo triangular. Hallazgo interesante fueron veinticinco puntas (rotas y enteras) encontradas alrededor de un fogón. Posteriormente se encontró la misma industria en el paraje La Fortuna, al oeste de Ansilta, cuando se excavó la cueva de "La Colorada", que proporcionó numeroso material. La llamada industria de La Fortuna -variante regional del llamado "horizonte andino de puntas lanceoladas"- se extendió también al vecino valle de Uspallata y, más esporádicamente, a las márgenes del río Mendoza (fase Del Tigre II). Su cronología en los sitios sanjuaninos es de entre 6500 y 6000 a.C.

Es interesante la comprobación de que el grupo de La Fortuna posee similitud con otro de la vecina provincia chilena de Coquimbo, conocido como cultura de Huentelauquén. Las favorables condiciones climáticas del Posglacial Medio (aproximadamente 6000-3500 a.C.) pudieron facilitar el tráfico de estas poblaciones a través de los pasos cordilleranos.

Hacia la primera mitad del cuarto milenio a.C. se produce en la zona central andina un cambio climático hacia una mayor sequedad que seguramente también se hizo sentir en el occidente argentino. Ello, junto con nuevos movimientos de población, influyó para la paulatina sustitución de las puntas lanceoladas por otras triangulares, de base recta o escotada, de tamaño mediano, que utilizaban como arma arrojadiza el propulsor. Posteriormente, el tamaño de las puntas se reduce al introducirse el arco y la flecha como nueva técnica de caza. Surge así el llamado precerámico tardío caracterizado, en lo que respecta al instrumental lítico, por las mencionadas puntas triangulares, que se han hallado desde el sur del Perú hasta la Patagonia y con las que se ha determinado el último horizonte de cazadores-recolectores andinos.

Grupos correspondientes a este período han sido excavados en dos cuevas del sudoeste de San Juan. Los hallazgos indican vinculaciones con las poblaciones contemporáneas de la costa pacífica del norte y centro de Chile. Uno de estos yacimientos, el de los Morrillos de Ansilta, fue utilizado como enterratorio. Los hallazgos están fechados entre unos 2500 y 2000 a.C., aunque el comienzo de la fase o cultura Morrillos parece remontarse al sexto milenio a.C. Se trata de cazadores con puntas triangulares medianas y grandes enastadas en cañas; uno de los propulsores con los que eran arrojados los proyectiles se encontró, partido intencionalmente, formando parte del ajuar funerario de un párvulo, envuelto en una red. Se practicaba una recolección intensiva; poseían una cestería avanzada y utilizaban variedad de adornos. Otro cadáver (de adulto, incompleto) se encontró acompañado de un notable retocador de hueso, enmangado en una caña de cuarenta y un centímetros de largo, decorada con incisiones geométricas.

No se conoce arte rupestre asociado a la fase cultural Morrillos, pero se atribuyen a la misma varias rocas con oquedades artificiales ("morteros") que se hallan en el interior de dichas cuevas. El material cestero y textil muestra muchas similitudes con hallazgos transcordilleranos (San Pedro de Pichasca, Chinchorro). Algunas "piedras horadadas" de forma circular u ovalada y perforación bicónica también establecen una relación con fases precerámicas de Chile central. Su carácter ritual está sugerido por el enterratorio de un párvulo, mal conservado, de la gruta del Chacaycito, que tenía como ajuar una piedra horadada, dos piedras pequeñas trabajadas en forma de clava curva o gancho, bien pulidas; dos puntas de proyectil triangulares y un pendiente de valva marina. Se obtuvo para este hallazgo un fechado de 3100 a.C.

Como interesante pieza de arte mobiliario, hallada en una de las grutas de los Morrillos, se menciona una fuentecilla de forma ovalada, fragmentada por su mitad, con la cara externa algo convexa, realizada en un material semiblando y grasoso, untuoso al tacto, de color rojo. Mide unos diez por diez centímetros y está decorada en su cara externa con incisiones que determinan un conjunto abstracto, de vagas reminiscencias antropomorfas.

Tanto en Los Morrillos como en el alero de Los Corredores, situado en la misma zona, al nivel de cazadores tardíos se superpone el de los agricultores tempranos.

Todo indica que los cazadores-recolectores tardíos, de vida trashumante estacional, preparan consecuentemente el terreno donde se implanta la agricultura inicial.

Lo mismo sucede en el centro-sur de Mendoza. La llamada fase Atuel III de la Gruta del Indio del Rincón del Atuel, fechada en unos 1800 a.C., está representada por un enterratorio en posición alargada o decúbito dorsal, envuelto en una estera confeccionada con cañas y tallos sujetos con cordeles y tientos, protegidos por una empalizada de tronco. Se fabrican redes y trenzados de fibras vegetales. También se hallaron numerosos huesos largos humanos, seccionados por medio de un instrumento cortante. Un propulsor presenta una serie de grabados geométricos. Los elementos hallados y su cronología sugieren la presencia de una población de cazadores-recolectores emparentados con los de la costa norte de Chile. El clima de esta época es seco, y la vegetación de la zona es enteramente xerofítica.

Hallazgo notable atribuido a esta época es el enterratorio colectivo de Jaime Prats, sobre una terraza del río Atuel en el sudoeste de Mendoza. Los antiguos cavaron allí un pozo, que se amplió en el fondo circularmente en un diámetro de 5 metros. Se excavaron en ese lugar restos óseos correspondientes a unos 140 individuos, acompañados de muy escaso ajuar.

Naturalmente, no en todas partes se implantan las prácticas agrícolas, que en nuestra zona necesitaban de alguna forma de riego artificial. En la mayor parte del sur de Mendoza continuó por muchos siglos -por no decir hasta después de la conquista- el modo de vida cazador-recolector intensivo, más o menos influido por los focos culturalmente más avanzados de más al norte o de Chile. Se originó así la población llamada pehuenche en el norte del Neuquén (recolectores estacionales del fruto de la araucaria) y puelche ("de Cuyo"), en Mendoza, al sur del río Atuel. El numeroso material lítico -sobre todo puntas de flecha- que se recoge en toda esa zona corresponde a esas parcialidades, que en algunos casos también adoptaron (o recibieron por comercio) la cerámica, así como el tembetá (adorno labial de piedra). Fueron ellos los inventores de un peculiar método de sobar los cueros, aprovechando la numerosa lava diseminada por la región; ésta era trabajada para formar los instrumentos llamados "sobadores", con un mango por encima del platillo utilizado para el trabajo. El principal yacimiento que ha dado luz sobre la evolución y la vida de esta población en el norte del Neuquén, desde 5000 a.C. hasta el siglo XVIII, es la Cueva de Haichol, situada frente a un afluente del río Agrio, al oeste de la población de Las Lajas.

La zona de las antiguas Lagunas de Guanacache y del río Desaguadero es otro gran centro de hallazgo de puntas triangulares. Esta zona medanosa, y hoy en su mayor parte desecada, sólo muy recientemente ha sido objeto de investigaciones arqueológicas sistemáticas. Más que de supervivencia, parece tratarse de un área de refugio y de concentración de influencias culturales. La adaptación a una vida lacustre y pescadora hasta tiempos recientes de una parte de estos pobladores del nordeste de Mendoza se inició, sin dudas, en tiempos precerámicos.

Período Agro-alfarero

La subárea del Centro-Oeste argentino, tan alejada de los centros nucleares andinos, se ha revelado como un temprano receptáculo de las influencias que llevaron al cultivo de plantas alimenticias. Sabemos que éstas comenzaron a ser utilizadas, y en parte domesticadas, en un tiempo muy antiguo, plenamente precerámico. La principal fue el maíz, que ya se cultivaba en el quinto milenio a.C. en el centro-sur de México y en el cuarto milenio en algunas zonas andinas y en el Ecuador. Por su parte, los tubérculos y raíces fueron intensamente recolectados por los cazadores de la Puna y el altiplano boliviano, llegando luego a la costa peruana, donde se agregaron a otras plantas cultivadas bajo riego. En la franja situada inmediatamente al oriente de la Puna y el altiplano parece haberse realizado la reproducción inicial de la papa. Simultáneamente se produce la domesticación de la llama y la alpaca en las altiplanicies del Perú y del norte de Chile. Los porotos y el maíz ya aparecen en la cueva de San Pedro de Pichasca ("Norte Chico" chileno) en el tercer milenio a.C.

En la Argentina, la agricultura y demás avances culturales asociados llegan sin duda del norte y, salvo excepciones detectadas en las provincias de Jujuy y de San Juan, van unidos al importante elemento arqueológico cual es la cerámica. Este proceso puede ubicarse entre unos 800 y 300 a.C. (época en que ya se habían constituido altas culturas templarias en el área andina central).

Unos de los núcleos de la temprana agricultura cuyana se ubica en los departamentos Calingasta y Castaño; sus restos se han encontrado superpuestos a los de cazadores tardíos en las grutas y aleros de los flancos de la cordillera de Ansilta. En el caso de las cuevas de los Morrillos, ello se explica por su carácter de lugares sagrados: una de ellas fue utilizada como cementerio, siguiendo la huella de sus predecesores de 2000 años antes; la otra, como lugar de culto, a juzgar por sus rocas con "morteros", pinturas rupestres y pequeños objetos de arte encontrados, posiblemente de carácter votivo. Esta cultura, llamada de Ansilta, tiene una fase precerámica que se inicia hacia el 1700 a.C. (en la que aparecen los primeros indicios de una agricultura incipiente). La cerámica aparece alrededor de 500 a.C.; la principal utilización de la cueva es como cementerio, en el siglo I de nuestra era (siempre según fechados radiocarbónicos). Está caracterizada esencialmente por numerosas puntas de flecha triangulares, medianas y pequeñas (indicio de que la caza aún tenía mucha importancia), restos de maíz, zapallo o calabaza y porotos (clásica trilogía agrícola andina y mesoamericana), y también quínoa; cerámica sencilla de color café, de base plana y sin decoración; arte cestero y textil desarrollado. El descubrimiento, en 1969, por parte de P. Sacchero y M. Gambier, de trece momias o cadáveres más o menos bien conservados en la citada cueva, con sus envoltorios y ajuares, causó justa sensación, sobre todo al comprobarse, por el radiocarbono, su alta antigüedad. Uno de ellos, masculino, tenía un botón nasal incrustado en uno de sus alares; por su estatura y proporciones faciales representa el tipo "huárpido" que aún ofrecían muchos aborígenes de la zona en la temprana época colonial. De una mujer pudo comprobarse su tratamiento externo mediante una resina, a fin de favorecer su preservación. Los fardos funerarios estaban envueltos en mantas y en cueros, con una cestilla decorada geométricamente que cubría la cabeza. Entre los objetos excavados en la gruta vecina debe destacarse un vaso grueso de piedra blanda con grabados geométricos, un punzón con plumitas para colocar en el tocado y un pequeñísimo lagarto tallado en madera.

De las pinturas rupestres asociadas conocemos un conjunto rectangular policromo con volutas en el centro y un curioso grupo de tres figuras antropomorfas, de cuerpo redondo y extremidades lineales; una sostiene una especie de tridente y otra, un propulsor. ¿Deidades astronómicas?

Restos de este período se excavaron en otros sitios, algunos de los cuales también presentan pinturas rupestres: alero de Los Corredores del río Colorado, grutas y aleros del arroyo Fiero (Ansilta) y otros. Un sitio más occidental (La Colorada del río de La Fortuna) proporcionó también elementos de origen trasandino. En Punta del Agua de los Morrillos se localizó un complejo de viviendas semisubterráneas.

La molienda se realizaba con piedras planas ahuecadas (conanas), cuyo hallazgo es frecuente en los sitios arqueológicos cuyanos de época agroalfarera.

En las quebradas laterales del valle de Uspallata (así como en la ciudad de Mendoza) se ha encontrado cerámica fechada también hacia comienzos de la era cristiana. La fase llamada Del Tigre V puede correlacionarse con Ansilta. Otros sitios parecen relacionarse con la cultura de Agrelo, que mencionaremos luego.

Estos antiguos cazadores-agricultores tuvieron algún contacto con grupos similares trasandinos, que por la misma época eran absorbidos por la cultura de El Molle. Esta es conocida por sus artísticos tembetás (botones labiales de piedra, que exigían perforar la parte inferior del labio), su hermosa cerámica, pipas con decoración, tumbas señalizadas con piedras, y grabados rupestres o petroglifos con figuras antropomorfas o mascariformes complejas. Algunos de los dibujos que aparecen en sitios con petroglifos de San Juan y zonas vecinas tienen una indudable relación con aquellos. Un ejemplo son las rocas grabadas en la quebrada de Aguas Blancas, a lo largo de una senda que continuaba hacia Chile, y las de La Alumbrera, en la quebrada del río Calingasta, al oeste de esta localidad.

Otro centro de agricultura temprana en la región cuyana se encuentra en las márgenes del curso medio del río Atuel, en la zona relativamente llana y esteparia del centro-sur de Mendoza. En la ya citada Cueva del Indio del Rincón del Atuel se observa que, a partir del siglo III a.C., los cazadores y recolectores tardíos que la utilizaban como refugio comenzaron a practicar la agricultura, y se origina así el llamado período Atuel III, cuyos fechados radiocarbónicos abarcan desde 260 a.C. hasta 40 de nuestra era. El proceso se inicia con la introducción de la trilogía maíz, calabaza y porotos, a la que se agrega también (como en Ansilta) la quínoa, originaria del altiplano. Se han encontrado, bien conservadas por las condiciones de las cuevas de la zona del Atuel, una bolsa de fibras vegetales con unos 3.000 porotos, otra con 500 gramos de quínoa, una con semillas de maíz y algunas con zapallo. En otro sitio se halló un bolso de cuero con trazos geométricos pintados, que contenía el maíz. La preparación de los alimentos se efectuaba en los llamados hornos de tierra, que existen también en lugares más al norte.

Como resultado de las extensas excavaciones de H. Lagiglia, se sabe que los pobladores de esta fase enterraban a sus muertos en cuevas, en posición decúbito dorsal. Grandes cesteros, practicaron el esterilado entreabierto y pusieron énfasis en la tecnología de la cordelería y trenzados de fibras vegetales y animales. Eran hábiles curtidores y sobadores del cuero con que confeccionaban sus vestimentas. El de las cofias de cestería para la protección de la cabeza de los muertos es frecuente, lo mismo que las envolturas en pieles de guanaco, con la lana hacia el interior de los cuerpos. Usaban palitos para producir fuego por el método de rotación; puntas triangulares pequeñas y escotadas con delicados retoques a presión, para la caza. Esta estaba representada por armadillos, tortugas, guanacos, avestruces, liebres, aves y mamíferos menores. Recolectaban, asimismo, frutos de chañar y algarrobo. Los astiles de las flechas se embutían en otro recuperable; para arrojarlas utilizaban el propulsor.

Según ha sido señalado por H. Lagiglia, la "preparación de los restos funerarios por medio de resinas vegetales ha permitido la conservación de cuerpos momificados. Uno de ellos, de un párvulo recién nacido (hallado en la cueva del Rincón del Atuel), conserva su cordón umbilical envuelto en tiras triangulares de pieles con la lana hacia el interior del mismo y atado con un cordel teñido de rojo".

En cuanto a la cerámica, es escasa y aparece recién a fines del período. Los fragmentos hallados no poseen decoración.

En un paredón cercano a la mencionada cueva existen unas pinturas rojas geométricas que forman motivos zigzagueantes. Por su similitud con un bolso de cuero que presenta el mismo motivo decorativo, hallado en asociación al párvulo momificado antedicho, este estilo de pinturas es atribuido a la fase Atuel II; se observa, al mismo tiempo, similitud con el motivo que ornamenta algunas piezas de la cerámica Condorhuasi del Noroeste argentino. Puede tratarse de una convergencia en el plano del simbolismo. Otra pintura rupestre parece estilizar una planta de maíz.

Los hallazgos del Rincón del Atuel muestran una notable similitud con los de Ansilta, y son contemporáneos. No sabemos si la fase sureña constituye un desprendimiento de la sanjuanina, o si ambas surgen independientemente como resultado de influencias o migraciones llegadas desde allende los Andes.

Desde los primeros siglos de nuestra era, en el oeste de San Juan y en el norte de Mendoza tenemos grupos sedentarios y alfareros que, tras el período "formativo" anterior, han quedado estabilizados en su modo de vida centrado en pequeñas aldeas (que no han llegado hasta nuestros días debido al carácter perecedero de sus viviendas, generalmente hechas de quincha). Puede considerarse como una continuación orgánica del período anterior, en que, por efectos de un cambio de clima o del aumento de la población, ésta se dirige preferentemente a los finales de los terrenos de pie de monte, los llamados barriales, situados a lo largo de los ríos y arroyos de curso bajo. El sistema de oquedades para el cultivo agrícola continuó en uso en el valle de Iglesia; no así las cisternas, aunque éstas pudieron ser utilizadas como pequeños predios de cultivo. Sin duda, existían sistemas de acequias para riego.

El espacio no permite detallar las influencias y migraciones detectadas para el llamado Período Medio en el oeste de San Juan. Se considera que la agricultura como actividad básica de subsistencia se debió a migrantes del Noroeste argentino que, al fusionarse con los grupos preexistentes, formaron la cultura Punta de Barro.

Punta de Barro -sitio ubicado sobre una ladera cerca del río Jáchal, al norte de la población de Angualasto- presenta un elaborado sistema de riego, cerámica gris incisa y punteada, pipas en forma de T invertida, figurillas de arcilla y tembetás alargado tipo "clavija", elementos que indican diferenciaciones socio-religiosas y que conectan esta fase cultural con otra de Chile, llamada de El Molle.

Desplazada dicha cultura al sudoeste, el norte de San Juan ve llegar, hacia el año 700, grupos pertenecientes a la importante cultura norteña de la Aguada, conocida por su fina cerámica grabada y pintada con motivos zoomorfos, en especial de felinos. El poblado de Los Lisos, al nordeste de Jáchal (donde hay estructuras circulares y rectangulares en el flanco de un cerro), y diversas

instalaciones en el valle de Iglesia representan esta fase de "Aguada regional". Desde allí se produjeron desprendimientos hacia
Calingasta y, más aisladamente, hacia el norte de Mendoza (donde también llegaron grupos del Norte Chico chileno, como el de-
tectado en el enterratorio de Uspallata-Usina-Sur). Hay ahora
evidencias de la crianza y utilización de la llama, y de la textilería
con telar. Se atribuye a la influencia de esta cultura gran parte de
la rica e interesante escultura lítica que se encuentra en todo el
norte y también en el nordeste de San Juan. (Ídolos antropomor-
fos estilizados, manos de mortero decoradas -una con un notable
"Jano bifronte", de la zona de Jáchal-, fuentes de ofrenda, inclusive una en miniatura en forma de "lagarto", de la misma zona.)

Es probable que la ejecución de grabados rupestres alcanzara
en este período su mayor auge. Se conocen unos ochenta y cinco
sitios de petroglifos cuyanos, incluidos algunos de la zona limítrofe de la provincia de La Rioja. Unos veinte de ellos se destacan
como de real importancia por la cantidad y significación cualita-
tiva o simbólica de las figuras representadas. Los grabados se hallan a veces sobre paredones, más frecuentemente sobre rocas más
o menos redondeadas que suelen formar conjuntos, en laderas o
antiguos conos de deyección, o al comienzo o en el interior de las
quebradas. Se trata, por lo general, de lugares inhóspitos, casi
nunca asociados a lugares de habitación y, sólo en dos casos, asociados a enterratorios. Tanto en la técnica de ejecución (piqueteo
poco profundo) como en otros aspectos, muestran conexiones
con Chile y con el Noroeste argentino.

La principal conexión con el vecino Norte Chico chileno está
representada por las cabezas mascariformes aureoladas, cuyos
prototipos se encuentran en el valle El Encanto, cerca de Ovalle,

y que es considerada como una variante de algo que tuvo importancia en varias culturas sudamericanas: la atención puesta en la cabeza humana como centro de energías. En momentos posteriores se produjeron variantes, simplificaciones y el agregado de un cuerpo relativamente pequeño, al que puede calificarse como antropomorfo enmascarado. Como en otros casos, hoy se conecta este tipo de petroglifo con ideas y prácticas chamánicas, cuya existencia es atestiguada por diversos indicios arqueológicos. Constituyen ejemplos destacados la piedra grabada de Palque de Pachaco (actualmente en el Museo Arqueológico de San Juan), quebrada de El Leoncito, Tunduqueral de Uspallata y varios sitios del norte de San Juan y del oeste de La Rioja, como el espectacular Cañón de Talampaya. Algunos sitios están a bastante altura, como los que se ubican cerca de antiguas sendas que cruzaban hacia Chile, entre 2300 y 3000 metros. No hay espacio aquí para tratar sobre el "simbolismo del camino" y otras especulaciones interesantes, relacionadas con la ubicación de los petroglifos. El valor de este arte consiste, sobre todo, en que nos permite entrever algo de la vida espiritual de sus autores.

En Mendoza se ha designado como "cultura de Agrelo" (de un sitio en el departamento de Luján) a un grupo caracterizado por vasijas medianas y grandes, con tres tipos principales de decoración: incisa geométrica con un motivo escalonado, estriada e imbricada o corrugada. Esta última, en que la superficie está surcada de típicos relieves obtenidos por presión digital, muestra un interesante paralelismo con la cerámica guaraní, por un lado, y con alguna de la más antigua cerámica americana de la costa del Ecuador (cultura de Valdivia, tercer milenio a.C.), por otro. Algunas vasijas poseen caras esquemáticas realizadas mediante aplicaciones al pastillaje, similares a otras del Noroeste argentino. Entre otros elementos atribuidos a esta cultura se halla el tembetá, en ambas variedades básicas: chato o discoidal y alargado o en forma de "clavija", sobre todo a través de hallazgos efectuados en la zona de Tupungato, en Barrancas y en el departamento de Rivadavia.

Algunos fechados radiocarbónicos ubican la existencia de la cultura de Agrelo alrededor del año 1000, pero seguramente su comienzo es varios siglos anterior, dada la probabilidad de que constituya una derivación del complejo cultural Calingasta, del sur de San Juan. Esto se ha confirmado por trabajos recientes en diversos sitios del norte de Mendoza, especialmente los efectuados en calidad de "salvataje" en Potrerillos a raíz de la construcción del dique que ha inundado la parte baja del valle. En un sitio de la margen norte, Víctor Durán y su equipo excavaron restos de una pequeña aldea formada por cuatro casas semisubterráneas, cuyas paredes estaban cubiertas con ramas y barro (quincha); su datación corresponde al siglo VII. También se detectaron asentamientos a lo largo del río Blanco, que desemboca en la margen sur de la misma zona. En Barrancas, al sur del río Mendoza, se detectan indicios dispersos de presencia de comunidades de Agrelo; también han aparecido enterratorios (carentes de ajuar) pertenecientes, probablemente, a este grupo cultural.

Al mismo también atribuimos la introducción de la costumbre de practicar oquedades más o menos profundas en algunas rocas (llamadas "morteros" o "tacitas"), utilizándose generalmente grandes bloques que afloran en el pie de monte o en el llano vecino. Se hallan en las zonas de Tupungato, San Carlos y Paso de las Carretas. Rara vez están asociados a yacimientos habitacionales, por lo que su uso es siempre de molienda de alimentos. Por estudios comparativos, se piensa que se trata originariamente de una antigua manifestación de culto, con la finalidad -entre otras- de depositar ofrendas líquidas o vegetales, ya sea a las divinidades o a los muertos.

Se admite en general que la población de pequeños agricultores de la cultura de Agrelo constituye la base étnica de los huarpes, de quienes se tratará luego.

Período Tardío o Protohistórico

Tres a cuatro siglos después de la llegada de la cultura de La Aguada, nuevamente se produjo en el norte de Cuyo la repercusión de los procesos de cambio que tuvieron lugar en el Noroeste argentino, que en el presente caso dieron origen a lo que los arqueólogos llaman Período Tardío o de los desarrollos regionales. Durante los siglos XI y XII se produjo la llegada de grupos originados, al parecer, en el valle de Abaucán, en el oeste de Catamarca, que se instalaron tanto en el centro-oeste de La Rioja (fase Sanagasta) como en los valles de los ríos Bermejo, Blanco-Jáchal e Iglesia. Se trataba de una rama del pueblo protohistórico de los diaguitas, a veces llamada de los capayanes, y cuyo reflejo arqueológico se denomina cultura de Angualasto. Esta se caracteriza por habitaciones y estructuras grandes hechas con paredes de arcilla mezclada con piedrecillas, de forma rectangular con los ángulos redondeados, que forman pequeñas aglomeraciones. El yacimiento epónimo, situado sobre el río Jáchal, es el más extenso y mejor conservado; otros sitios se hallan valle arriba (donde el río toma el nombre de Blanco) y también en el gran barreal de Pachimoco, cerca de Jáchal. En Angualasto, las casas tienen una especie de pasillo de entrada en la abertura que mira al este.

Otra característica -principalmente la conecta con las culturas contemporáneas de Catamarca y sur de Salta- es la existencia de urnas para el entierro de párvulos, de boca ancha con decoración geométrica o fitomorfa, pintada en negro sobre fondo rojo claro o amarillento. También hay pucos o escudillas que a veces se usaban para tapar la urna. Los adultos eran inhumados directamente envueltos en telas, en posición flexionada (aunque hay una "momia" encontrada en la zona de Angualasto, de rico ajuar cestero y textil, que estaba en posición alargada o decúbito dorsal). Parte del numeroso material recogido en Pachimoco y Angualasto (adornos, puntas de flecha, lajillas de borde aserrado, estatuillas muy pequeñas antropo y zoomorfas, de piedra y nácar; ídolos líticos; piezas de bronce) ha de corresponder también a esta cultura. En relación con los trabajos de metalurgia, se conocen hallazgos de pequeños crisoles de arcilla cocida. Fragmentos de cerámica de Coquimbo o "diaguita chileno" hallados en algunos lugares atestiguan la existencia de vínculos con las poblaciones transcordilleranas.

En el sur de San Juan parecen haber perdurado las tradiciones del período medio; salvo casos aislados de fragmentos de cerámica tipo Angualasto, la cerámica gris incisa no se ve sustituida por otra. Merece ser señalado un yacimiento de la zona: Los Ranchillos de Angaco, a unos treinta kilómetros al norte de La Laja; se trata de una serie de estructuras circulares semisubterráneas con paredes de ramas entrelazadas, utilizadas como enterratorios; carecen de cerámica pero abundan los fragmentos textiles. Un fechado radiocarbónico oscila alrededor del año 1290.

Como notable y original manifestación fúnebre, se conoce un conjunto de pozos con cavernas, laterales a los mismos, de las que alguna vez se extrajeron momias desecadas. Se ubican en el borde de una loma en la zona de Calingasta.

También en Mendoza la cultura de Agrelo parece prolongarse hasta entrado el segundo milenio de nuestra era. Sólo hacia fines del período aparece una cerámica pintada representada por unos cantaritos globulares con un asa, atribuida a los "huarpes"; también hay vasos timbales (en algún caso con el agregado de un asa), que recuerdan por su forma a los de la cultura de Tiahuanaco, en el altiplano. Su aparición en esta zona constituye un interesante problema. También hay pucos o escudillas, pintados de rojo y naranja. Se ha propuesto llamar "cultura de Viluco" a esta fase arqueológica, con nombre tomado de un sitio con enterratorios que reflejan contacto hispánico. Todo indica que este grupo cultural llegó a tomar contacto con los españoles (así como antes con los incas) y que corresponde a una parte -la que hablaba el dialecto millcayac- del pueblo denominado huarpe. Algunas piezas cerámicas de la cultura Aconcagua (fase tardía de Chile central) presentan similitudes con las de Viluco, por lo que algunos creen que el origen debe buscarse allí. En otros casos se perciben influencias incaicas.

Vestigios de la cultura de Viluco han llegado hasta los valles del Diamante y del Atuel, así como fragmentos de la cerámica llamada "Coquimbo-Inca". Las relaciones transcordilleranas están también atestiguadas por restos de moluscos marinos. En realidad, esa zona se constituyó en receptora de diversas influencias. Con la disminución y aun abandono de las actividades agrícolas (posible consecuencia de un cambio climático desfavorable) se hacen sentir las influencias neuquino-patagónicas que también cubren el extremo sur de Mendoza (Malargüe). Su manifestación más clara la constituyen las pinturas rupestres que reflejan la modalidad estilística "geométrica-ornamental" del norte de la Patagonia desde el siglo VII en adelante. El período más tardío de la región del Atuel está representado también por hallazgos efectuados en la amplia terraza situada frente a los paredones rocosos del Rincón del Atuel: puntas de flecha triangulares pequeñas, cerámica, piedras de moler, tabletas de piedra y otros, y tal vez por unos curiosos alineamientos de estructuras de pircas que tienen forma de semicírculo o de herradura, ubicados sobre una loma cercana, de función no bien aclarada. ¿Parapetos de caza?

En la zona cordillerana de San Rafael se han localizado dos agrupaciones de numerosos recintos circulares pircados, uno al pie del volcán Overo y otro sobre el río Barroso (a unos 3.500 metros de altura). Además de material lítico se han encontrado ollas globulares de dos asas y pucos. Se trata de campamentos para actividades colectivas de caza durante los meses de verano, por parte de grupos que vivían en ambas bandas de la cordillera (tal vez identificables con los chiquillames de las fuentes etnohistóricas).

La cultura de los huarpes de la época de la conquista fue estudiada exhaustivamente por el profesor Canals Frau y condensada en un amplio trabajo (1946). En éste y en otros quedó demostrado el probable parentesco de las poblaciones de Mendoza y San Luis con los Comechingones de Córdoba por un lado, y con los Puelches y Pehuenches por otro, la población prearaucana del sur de Mendoza y norte del Neuquén. Nos hace una descripción vívida del triste destino de estos indios, quienes, tanto por los fenómenos de contacto y de mestizaje como por haber sido llevados en grandes cantidades a trabajar a Chile por los encomenderos, se extinguieron rápidamente. Sus últimos restos se nuclearon alrededor de la amplia zona lacustre y pantanosa conocida como las lagunas de Guanacache, en donde merced a la abundante caza y pesca pudieron sobrevivir hasta el fin de la época colonial. Dicha zona es, pues, rica en hallazgos arqueológicos, tanto de material lítico, puntas de flecha, raspadores, tembetás y demás como de sencilla cerámica y enterratorios.

Al principio de los años '30 las lagunas conservaban su caudal acuático, aunque la creciente irrigación artificial de Mendoza había ido mermando mucho su extensión. Todavía existía una población de lagueros que conservaban modalidades de vida de sus legendarios antepasados, aunque habían perdido todo recuerdo del idioma. De especial interés resultaban su cestería, sus tejidos y sobre todo las típicas balsas confeccionadas en totora, que se hacían avanzar en las aguas poco profundas mediante una pértiga. Técnica muy antigua que se ha conservado también entre los Uru del lago Titicaca.

En este contexto, cabe señalar la inquietud artística y humana del gran pintor Fidel Roig Matons, que lo llevó en esa época a esa casi olvidada región cuyana, en donde supo captar con notable acierto escenas y tipos de esa sufrida población. Su obra tiene así un valor etnográfico, sobre todo teniendo en cuenta que hoy las lagunas se hallan en su mayor parte desecadas, y su población originaria está dispersa o extinguida.

La llegada de los incas

En rápida expansión desde el Perú, el Imperio Incaico alcanzó, en la década de 1470, el Noreste argentino y el norte y centro de Chile. En San Juan y el noreste de Mendoza su presencia es señalada por su red de caminos y los albergues o tambos (tampu) situados a su vera. La línea principal, que en algunos tramos es aún visible como una senda rectilínea, venía desde el valle de Vinchina para entrar en la actual provincia de San Juan por el paso del Lámar sobre el río Bermejo (asiento de un importante tambo); cruzaba la serranía del Gualcamayo para salir al valle de Iglesia donde se conserva el tambo de Tocota; bajaba luego al valle de Calingasta para recorrer finalmente el valle de Uspallata y seguir luego por el cajón del río Mendoza hasta Chile. Aquí se conocen tres tambos alineados: Tambillos, Ranchillos y Tambillitos, bien investigados en los últimos años. Sus recintos son siempre de paredes pircadas y forman agrupaciones más o menos complejas; típicas son las habitaciones rectangulares rodeadas de un patio y los grandes corrales rectangulares. Se han hallado fragmentos de cerámica con decoración geométrica sencilla tipo inca, roja, blanca y negra; puntas de flecha triangulares pequeñas y algún raro adorno de metal o de valva de molusco. También hay, a veces, fragmentos del tipo "diaguita chileno", producto del tráfico estival a través de los altos pasos cordilleranos, y eventualmente también, de traslados de población. Cerca de los pasos suelen existir tambos más o menos grandes como los del Paso del Inca, Río de los Tambos, Paso Valeriano, arroyo de la Carnicería y otros, sin contar los que se hallan en diferentes sitios de las zonas montañosas. Estos representaban ramales secundarios de la red incaica, que partían transversalmente de la línea principal. El dominio incaico no se evidencia más al sur del valle de Uspallata ni fuera de las zonas montañosas, lo cual no excluye la existencia de algunos "puestos avanzados", como uno localizado en una meseta de la zona de Ullum, o un misterioso "pucará" al cual aluden algunas fuentes históricas, cercano a la actual ciudad de Mendoza, del cual no hay rastros arqueológicos.

Trabajos de arqueología urbana han proporcionado indicios de la presencia incaica en donde se halla emplazada actualmente la ciudad. Al parecer también hubo un establecimiento incaico en la zona de Acequién y Retamite, como otra avanzada al pie oriental de la Precordillera, que estaría en relación con el ecosistema lagunero del NE de Mendoza (trabajos recientes de P. Cahiza). La tradición colonial también consigna la construcción de algunos canales de riego en la zona bajo la dirección de los incas. Probablemente se trate de perfeccionamiento y ampliación de una red de canales preexistentes.

Los indicios arqueológicos conocidos hacen pensar que en estas regiones el dominio incaico no fue muy férreo y abarcativo, y que se trataba más bien de una "coexistencia pacífica". Les interesaba, primordialmente, el funcionamiento de sus caminos para asegurar las comunicaciones con Chile, cuya asimilación incaica fue mayor y donde llegaron hasta la cuenca del río Cachapoal. Otra finalidad de algunos ramales del camino fue el acceso a los sitios de labores mineras, actividad para la que ellos pretendieron el monopolio.

El signo más notable de la presencia incaica en la cordillera está dado por los llamados santuarios de altura, que se escalonan desde el sur del Perú hasta el centro de Chile: templetes pircados, a veces rellenos y a veces en forma de simples rectángulos, en ocasiones con un enterratorio de un individuo joven sacrificado ritualmente, en cumbres o precumbres de más de 5.000 metros. Los tres hallazgos más meridionales son también los únicos científicamente estudiados hasta el momento: las momias conservadas por congelamiento de los cerros El Plomo en Chile (5.400 metros) y El Toro en el noroeste de San Juan (6.130 metros); un niño de 8 años con un rico ajuar en el primer caso, y un joven de unos 20 años en el segundo. Más reciente es el descubrimiento y estudio del enterratorio incaico del cerro Aconcagua (a 5.300 metros), correspondiente a un niño de 7 años dotado de un rico ajuar textil y plumario, un collar de piedras multicolores y seis estatuillas (tres humanas y tres llamitas). (El autor de este capítulo tuvo a su cargo el rescate y la coordinación de los estudios correspondientes a estos dos últimos casos).

Otros sitios proporcionaron solamente ofrendas en forma de estatuillas de plata y de una valva de molusco procedente del Ecuador (mullu), y de otros objetos, como textiles y bolsitas con hojas de coca; en la región cuyana esto se ha dado en los cerros Mercedario, Las Tórtolas y Nevado de los Tambillos. En el Mercedario, las estructuras y hallazgos se escalonan desde los 5.200 metros hasta poco más abajo de la cumbre de 6.700 metros. Asombra cómo con su modesto equipamiento -pero con una enorme fe- los súbditos incaicos pudieron emprender estas realizaciones en regiones tan inhóspitas, altas y frías, sujetas a frecuentes y súbitos temporales.

El espacio no permite detallar más el fascinante tema de la "arqueología de alta montaña", que ha pasado del plano deportivo y de salvataje al plenamente científico, y aporta información hasta ahora desconocida de las ideas y prácticas religiosas incaicas.

Tras sesenta años de dominio incaico en las zonas indicadas, éste desapareció tan súbitamente como cuando se hizo presente, al caer junto con su último soberano, Atahualpa, la estructura imperial (1533). Las culturas locales continuaron funcionando sin mayores cambios durante tres décadas más, hasta la fundación de las primeras ciudades (Mendoza, 1561; San Juan, 1562).

Con ello se entra en el período hispano-indígena (ejemplificado en el ya citado cementerio de Viluco y en otro en curso de excavación ubicado en Cápiz, en el departamento de San Carlos).

Una zona marginal:
El extremo sur de Mendoza

Ya se ha dicho que el actual departamento Malargüe integra la gran área patagónica, aunque con caracteres especiales. El modo de vida cazador-recolector tardío tomó aquí, lo mismo que en el norte de Neuquén, caracteres de trashumancia estacional. Esto ha sobrevivido notablemente en la actual población pastoril. Habría una zona en la cual se practicó la agricultura, a juzgar por la gran cantidad de moletas o manos de moler recogidas junto con puntas de flecha y fragmentos de cerámica: el valle de Los Molles. Más al oeste, en Valle Hermoso, hay un gran grupo de petroglifos de estilo abstracto; otros existen en los valles del Agua Botada y de Caenqueco, donde llaman la atención las grandes caras grabadas -de reminiscencias andinas-, que también se encuentran en otros sitios. Además aparecen "rastros de avestruz" y otros elementos del llamado "estilo de pisadas" del norte de la Patagonia. En el material más comúnmente recogido en la zona, no siempre es factible reconocer lo prearaucano de lo originado en el proceso de araucanización que se mencionará más abajo. Por otra parte, este proceso no significó una introducción de la agricultura en la zona; por el contrario, si bien aportó elementos interesantes como cerámica pintada, clavas-insignias de piedra en forma de cabeza de ave estilizada, piedras horadadas y demás, de

43

hecho llevó a una adaptación de los grupos de origen trasandino al antiguo modo de vida cazador-recolector, incluido el uso ocasional de la boleadora. Sólo el tembetá, en sus dos tipos principales, puede considerarse como producto de una influencia agroalfarera prearaucana. En términos generales, el extremo sur de Mendoza se integra con el norte del Neuquén en el área cultural Pehuenche, cuyo origen ya se ha señalado.

Desde comienzos de la era se observa que el río Grande pudo haber funcionado como un límite interétnico. A partir del siglo XVI se producen cambios que llevan al paso de una organización social de bandas a otra de tipo tribal, o de una economía cazadora-recolectora a otra mixta en la que se incluye el pastoreo y el tráfico de bienes diversos, e incluso, posteriormente, de ganado obtenido de la región pampeana.

Las poblaciones aborígenes en la época de la conquista hispánica (Siglos XVI-XVIII)

Como se ha visto, la formación de los pueblos que llegaron a conocer los europeos es producto de un largo y complicado proceso, del cual falta conocer aún muchos detalles. En el "país de Cuyum" (valles de Caria, Huentota, de Uco y Jaurúa) vivían pueblos dedicados a una pequeña agricultura pero conservando parte del viejo sustrato cazador-recolector: los huarpes. Este nombre probablemente derive del de su divinidad principal, Hunuc Huar, cuya sede estaba en las montañas. Conservaban un antiguo idioma no andino, del que se distinguían dos dialectos: allentiac en el sur de San Juan y millcayac en el norte de Mendoza. Este idioma se ha perdido, pero quedan topónimos de este origen, como Tudcum, Ullum, Villicum, en San Juan. Las características socioculturales de estos "pacíficos y simpáticos aborígenes", como los calificó S. Canals Frau, han sido exhaustivamente estudiadas por este autor y posteriormente por C.T. Michieli, y no serán detalladas aquí. Su desaparición como etnia se debió a la aculturación, al mestizaje y, sobre todo, al traslado forzado de numerosas familias a Santiago de Chile para servir en diversos trabajos a los encomenderos españoles. Allí los conoció el padre Luis de Valdivia, quien hacia el año 1600 compuso gramática y vocabulario de ambos dialectos huarpes.

La zona de las lagunas de Guanacache fue, como ya se señaló, refugio de los huarpes y sus descendientes hasta entrado el siglo XIX. Antes hemos mencionado sus interesantes supervivencias folclóricas, como las balsas individuales de totora, utilizadas por los pescadores y cazadores de aves, y los típicos canastillos decorados con madejas multicolores de lana.

Más al sur del río Diamante ya no se hablaba el millcayac, y se entra en el dominio de los llamados puelches de Cuyo, designación genérica de origen araucano, ya que "puel" significa "este" y "che", "gente". Se subdividían en tribus diversas, entre ellas, los llamados morcoyames, oscoyames, chiquillames. La terminación yam aparece con frecuencia como calificativo de parcialidades y parece corresponder a un sustrato lingüístico que también se nota en "Capayán". En el idioma huarpe significa hombre o varón. A su vez, los puelches subcordilleranos estaban emparentados con los pehuenches ("gente de los pinares") y fueron paulatinamente confundidos con éstos. En el siglo XVIII se calificaba de "pehuenches" a las tribus del sur de Mendoza, aunque pudo influir en ello un real corrimiento de población, es decir, de pehuenches araucanizados en dirección al norte.

En el siglo XVIII y a principios del XIX se acentúan los conflictos entre los distintos grupos que convergen en la zona; así, en la cuenca del río Malargüe aparecen sitios de ocupación mayores, asociados a estructuras defensivas. En estas luchas por el control de los campos de engorde del ganado bovino y equino -procedente por trueque o saqueo de las llanuras orientales-, y de los pasos cordilleranos que los conectaban con el mercado chileno participaron pehuenches, puelches, mapuches, "aucas", pampas y ranquilches, y también los representantes del dominio español y de los Estados nacionales después, a lo que se agregaban individuos escindidos de estos Estados, como los tristemente célebres hermanos Pincheira.

BIBLIOGRAFÍA

Dado el carácter de esta obra, se señalan sólo trabajos muy generales o de síntesis. Mayores datos bibliográficos pueden encontrarse en las obras citadas.

A) Síntesis regionales

Bárcena, Joaquín Roberto. *La arqueología prehistórica del Centro-Oeste argentino.* (Primera parte). En **Xama**, t. 2. 1989, p. 9-60.

__ *Prehistoria del Centro-Oeste argentino.* Crycit. Mendoza, Unidad de Antropología. Separata de **Historia Argentina prehispánica.** Ed. Brujas, Córdoba, 2001.

Gambier, Mariano. **Prehistoria de San Juan**. Ed. Fundación Universitaria Nacional de San Juan. 1993.

Lagiglia, Humberto A. *Arqueología Prehistórica del Atuel y del Diamante.* En **Crónicas del Terruño.** N. 2 Cinter. Mendoza. 1997. p. 29-46.

Schobinger, Juan. *Las tierras Cuyanas.* En **Nueva Historia de la Nación Argentina. Tomo I (La Argentina aborigen).** Academia Nacional de la Historia. Editorial Planeta. Buenos Aires. p. 159-180.

B) Culturas agroalfareras. Los huarpes

Canals Frau, Salvador. *Etnología de los huarpes. Una síntesis.* En **Anales del Instituto de Etnología Americana.** T. VII. Universidad Nacional de Cuyo. Mendoza. 1946.

Canals Frau, Salvador y Juan Semper. *La cultura de Agrelo.* En **Runa**. T. VII. Buenos Aires. 1956. p. 169-187.

Godoy, María Verónica. **Los huarpes y su cultura.** Municipalidad de Mendoza. 1998.

Lagiglia, Humberto A. *La cultura de Viluco del Centro-Oeste argentino.* En **Actas y Memorias del IV Congreso Nacional de Arqueología Argentina** (Primera parte) San Rafael. Mendoza. 1976. p. 227-265.

Michieli, Catalina Teresa. Los huarpes protohistóricos. San Juan. 1983.

__ Millcayac y allentiac: los dialectos del idioma huarpe. San Juan 1990.

Prieto Nardi, María del Rosario. *Formación y consolidación de una sociedad en un área marginal del Reyno de Chile: la Provincia de Cuyo en el siglo XVII.* En **Anales de Arqueología y Etnología.** Universidad Nacional de Cuyo. T. 52-53. Mendoza. 1997-1998. p. 17-366.

INDIOS, ESPAÑOLES Y MESTIZOS EN TIEMPOS DE LA COLONIA EN MENDOZA (SIGLOS XVI, XVII Y XVIII)[1]

María del Rosario Prieto - Patricia Dussel - Oriana Pelagatti

Doña Patrocinia Reynoso es el título del carbón de Fidel Roig Matons de su serie Vestigios Huarpes realizados por este artista entre 1931 y 1937 luego de varias visitas a la laguna de Guanacache. Según la tradición los pobladores de ese lugar son los descendientes de los desaparecidos Huarpes

La historia de los habitantes del actual territorio de la provincia de Mendoza durante los siglos XVI, XVII y XVIII nos traslada a los tiempos de la dominación colonial impuesta por la Corona española sobre los diversos grupos nativos de la geografía americana. El proceso comienza en nuestra región con el contacto entre los conquistadores que avanzaban desde Chile y los grupos huarpes, puelches y pehuenches. La conquista instauró relaciones de dominación, mediante las cuales los vencidos fueron despojados de sus tierras y sometidos al pago de tributos o a la servidumbre como súbditos de la Corona española, mientras se les imponían las pautas culturales del Occidente tardomedieval y cristiano. A lo largo del espacio imperial se conformó una sociedad jerárquica y desigual, que al intentar reproducir las prácticas socioculturales de la España moderna adquirió rasgos propios en función de las particularidades del territorio y las culturas nativas. En esta interacción, las pautas de conducta y valores de los españoles se fueron transformando en contacto con la realidad americana. El ambiente, la localización geográfica, las circunstancias históricas y las particularidades culturales de cada una de las culturas americanas tuvieron incidencia en la conformación de las sociedades coloniales. Este proceso de aculturación[1] se articuló mediante las normas dictadas por la Corona, la encomienda y la acción de la Iglesia, así como a través del contacto personal y permanente entre los individuos de ambos grupos. De manera necesariamente sintética, este trabajo, realizado en torno a las transformaciones sociales y económicas más significativas de estos siglos, pretende dar cuenta de las formas que adoptó la dominación colonial en este rincón marginal del imperio español.

Tiempos de incertidumbre: contacto y conquista

Francisco de Villagra fue uno de los primeros españoles que atravesaron tierras cuyanas. Hacia 1551 cruzó el actual territorio argentino cuando regresaba desde Perú con refuerzos para continuar la guerra contra los pueblos mapuches en el sur del Reino de Chile[2]. En ese momento se produjo el primer contacto entre los españoles y los grupos huarpes asentados en el piedemonte y el sistema lacustre de la planicie central. El encuentro entre españoles e indígenas en Cuyo no fue pacífico. A través de algunos documentos se puede inferir que los nativos trataron de organizarse mediante la unión de las diversas parcialidades para enfrentar el peligro que representaba la llegada de gente extraña a la región. Incluso se habría producido una lucha desigual en la que salieron triunfantes los españoles: *"Ucchuquimini... murió cuando Francisco de Villagra vino a esta tierra porque en una guacavara que los españoles tuvieron con los indios le mataron..."*[3]. Según el testimonio del hijo de Ucchuquimini, Martín Ayguil, en ese enfrentamiento participaron muchos indios asentados en las lagunas de Guanacache, junto con los del Valle de Güentata.

Villagra aprovechó su estadía en Cuyo para censar a los indígenas y hacer un reconocimiento general de la tierra. Más allá del río Diamante, los españoles se encontraron con las parcialidades de puelches y pehuenches. Es poco lo que sabemos de los primeros contactos con estos grupos de cazadores-recolectores nómades que deambulaban organizados en pequeñas bandas.

En 1552, el gobernador de Chile, Pedro de Valdivia, envió a uno de sus capitanes para que cruzara la cordillera *"por las espaldas de esta ciudad de Santiago y traiga a servidumbre los naturales que desotra parte están*"[4]. La presencia de indios para encomendar fue bienvenida en tiempos de guerra por una sociedad con una economía como la chilena, basada en la extracción de minerales. Al principio de la conquista, la actual región de Cuyo solamente fue valorada como proveedora de mano de obra y sus habitantes fueron repartidos en encomienda entre los vecinos de Santiago.

En ese momento los huarpes fueron formalmente incorporados al imperio español dentro de la jurisdicción de la ciudad de Santiago. Comenzaron a servir en Chile atravesando la cordillera, *"donde ponen gran riesgo en sus personas"*[5]. Algunas veces se trasladaban voluntariamente, otras mediante el uso de la fuerza: *"...e cuando los dichos indios no venían... enviaba el dicho Juan de Cuevas a dos yanaconas por los dichos indios"*[6]. Cruzaban la cordillera una vez al año y se instalaban en los valles aledaños a Santiago. No se les pagaba por su trabajo ni se los alimentaba pero se les destinaba un predio para sus cultivos. Algunos fueron dedicados al trabajo en las minas mientras que otros se ocupaban *"labrando las viñas y heredades"*[7] de los encomenderos.

El arribo a Santiago del nuevo gobernador don García Hurtado de Mendoza, en 1557, no transformó la situación, pero cuando estaba por finalizar su gobierno decidió tomar posesión efectiva de Cuyo como una forma de premiar a los soldados que vinieron con él desde Perú. Comisionó a Pedro del Castillo para que fundara una ciudad y en 1561 le otorgó facultades para *"depositar y encomendar los indios que en las dichas provincias vacaren"*[8].

La formación de la comunidad local

La fundación de Mendoza, en marzo de 1561, sólo representó un cambio formal en las relaciones hispano-indígenas. Implicó la presencia permanente de los españoles en la provincia de Cuyo y la imposición de una nueva estructura productiva. El capitán Pedro del Castillo tenía como misión *"la pacificación y población, dar solares y tierras para chácaras, viñas y huertas y estancias y paradas de molino y otros heredamientos"*[9], y volvió a repartir los indígenas entre los componentes de su hueste. Los nuevos repartos provocaron la reacción de los antiguos encomenderos, quienes sin embargo mantuvieron sus derechos hasta finales del siglo XVII.

La ciudad fue ubicada en el Valle de Güentata junto a un brazo del río Mendoza. Aunque la conquista no se efectivizó durante el primer año, los españoles construyeron un fuerte. Al año siguiente, un cambio en la política chilena determinó la refundación de Mendoza y el traslado de la mitad de los habitantes a un valle situado a 150 kilómetros hacia el norte, donde se fundó la ciudad de San Juan de la Frontera.

Alrededor del predio destinado a la plaza mayor se asignaron terrenos para las autoridades y los vecinos. Los solares principales se asignaron al cabildo, encargado de la administración comunal, y a la iglesia matriz, cuyo párroco velaría por el bienestar de la comunidad. Se reservaron solares para los conventos y los vecinos, que también recibieron mercedes de tierras de *"pan llevar"* extramuros, con cuyos frutos se sustentarían.

La creación del cabildo constituyó otro de los momentos fundacionales de la ciudad. El ejercicio de los cargos capitulares otorgaba a los vecinos las herramientas para controlar la administración comunal, entre los que se destacan la justicia, cuya primera instancia era ejercida por los alcaldes. Las ciudades de Mendoza y San Juan conformaron el Corregimiento de Cuyo, subdivisión administrativa del Reino de Chile (integrada después por San Luis). El corregidor era el representante del rey en la ciudad y tenía jurisdicción en las cuatro causas en las que se organizaba el gobierno colonial: administración, hacienda, guerra y policía.

El territorio de la ciudad se constituyó en parroquia matriz, pero pasaron algunos años hasta que se estableció un párroco que pudiera mantenerse con los recursos que producían los vecinos. Entre finales del siglo XVI y principios del XVII comenzaron a instalarse las primeras órdenes religiosas. Los monjes dominicos y mercedarios fueron los primeros que lograron establecerse. Con la contribución de los vecinos que legaban dinero, solares y tierras de estancia a los frailes, se pudieron comenzar a construir los conventos. A finales del siglo XVI se levantaban las torres de las iglesias de dominicos y mercedarios. La instalación de los jesuitas se produjo a principios del siglo XVII, y fueron seguidos por los agustinos. A finales de este siglo ya funcionaba en la ciudad un hospicio de los franciscanos.

El comienzo de la vida de los españoles en el nuevo territorio estuvo marcado por las ausencias. Algunos de los vecinos encomenderos residían largas temporadas en Santiago, mientras el resto debía soportar la cargas de la ciudad. Se ha establecido que la permanencia de los vecinos encomenderos de Mendoza en Chile fue más marcada en los primeros cinco o seis años de la fundación. A partir de 1567 la estadía de éstos en la nueva población fue relativamente regular y permanente, según lo establecía la Corona cuando concedía encomiendas: *"...e tengan poblada su casa armas e caballo y otras cosas como son obligados"*[10].

La desestructuración de las sociedades nativas: los repartimientos de indios

La concesión de encomiendas de indígenas a los futuros vecinos constituyó uno de los momentos más importantes de la fundación de la ciudad. Después de *"correr la tierra"* se evaluó la cantidad de nativos y se otorgó a cada integrante de la hueste alrededor de 200 indios, que incluían huarpes y en menor medida puelches. Algunos privilegiados recibieron mayor número. En 1563 a Diego de Velazco se le encomendaron cinco caciques de Valle de Uco y Lagunas, que conformaron una encomienda de más de 500 indígenas.

La encomienda[11] constituyó la forma legal para disponer del trabajo indígena. La distribución de los naturales no implicaba la posesión de las tierras que ocupaban, que sólo pasaban a manos de los conquistadores por medio de una merced real. Por esos años la Corona española intentaba limitar el poder de los encomenderos y eliminar los abusos que sufrían los naturales. Las *leyes nuevas* prohibieron los servicios personales y el reparto de los indios y redujeron la transmisión hereditaria de la encomienda a dos vidas. Desde 1549 los pueblos indígenas debían aportar su tributo a los encomenderos en especies. Pero en Chile, debido a que las explotaciones mineras eran el único recurso verdaderamente rentable en ese momento, la Corona modificó su criterio para compatibilizarlo con los intereses económicos de los encomenderos, autorizándolos a recibir el tributo en forma de servicio personal. En Cuyo, la encomienda marcó a la sociedad de un modo particular durante todo el período colonial. Desde los primeros repartimientos y hasta principios del siglo XVII la entrega de los naturales en encomiendas organizó la producción y posibilitó conseguir un creciente excedente agrícola, que promovió que los encomenderos acumularan algún capital que les sirvió para impulsar el comercio con otras regiones.

El servicio que los indígenas debían prestar al encomendero adquirió dos formas que seguían la tradición andina: la mita y el yanaconazgo. La mita era una institución andina que significa "turno" y que consistía en la provisión al encomendero, por parte del cacique, de un tercio anual de los varones adultos de la comunidad de entre 14 y 50 años, para ejercer los trabajos que se les exigieran. Los caciques se transformaron en los mediadores entre la exigencia de los españoles y los indígenas que debían prestar servicio, por lo que tenían la prerrogativa de permanecer en sus tierras sin prestar servicios personales.

Los mitayos se trasladaban a Chile donde se los alquilaba para trabajar en diversos oficios y el encomendero cobraba sus servicios en oro, plata, vacas, caballos, yeguas o mercadería. Tanto los vecinos encomenderos como algunos moradores de la ciudad realizaban *"malocas y correrías"* en San Luis y Córdoba para obtener mayor número de indios para alquilar. En compensación por el trabajo, el encomendero les entregaba a los indígenas anualmente dos vestidos de lana, su alimento o un pedazo de tierra para que lo produjeran, y fundamentalmente debía encargarse de su adoctrinamiento religioso. Obligación, que durante el siglo XVI parece haber sido soslayada, salvo en el caso de los indios del servicio personal.

Los yanaconas eran indios que habían sido extraídos de sus pueblos y vivían en el poblado español, donde cultivaban las sementeras y viñas de los vecinos en condiciones serviles. Aún persistían a finales del siglo XVI, pero fueron remplazados por los indios de servicio. Eran *"mochachos"* y *"chinas"* que realizaban los trabajos domésticos y todas las tareas referidas al mantenimiento y cuidado de la casa del encomendero. Vivían en habitaciones separadas del cuerpo principal de viviendas, en ranchos ubicados a continuación de la huerta. Hacia finales del siglo XVI cada uno de los encomenderos de Mendoza tenía aproximadamente unos 15 indios de servicio de entre 6 y 14 años[12]. La mayor parte eran mujeres que habían nacido en sus casas o habían sido traídas de niñas. La retribución de su trabajo consistía en la comida diaria, el vestido o vellones de lana para que tejieran su ropa.

Los contratos libres de trabajo se establecían entre españoles e indios de Arauco y Perú y muy raramente con huarpes. Se trataba de indígenas que trabajaban para los españoles sin estar encomendados. Aunque proporcionalmente estos contratos son mínimos, permiten observar que muy tempranamente en Mendoza, como en el resto de la América hispánica, aparecen individuos pertenecientes a esa masa indígena flotante, denominados "indios forasteros", que habían huido de sus lugares de origen para evitar las cargas que les imponía la Corona española.

Los huarpes se adaptaron a medias a la nueva situación tanto a nivel individual como colectivo y a pesar de la actitud pacífica que muchos historiadores les han atribuido, en ocasiones enfrentaron el dominio español. Robaban a los españoles, se burlaban de ellos a sus espaldas, vendían su vino o se lo bebían organizando *"grandes borracheras"*. La huida de los indígenas hacia lugares inaccesibles puede considerarse como otra forma de resistir el poder español ante las dificultades de un enfrentamiento directo. Sólo con el uso de la fuerza se mantenía tranquilos a los nativos. Los caciques se negaban a entregar a sus vasallos para que trabajaran para los españoles. Se observa un marcado rechazo de los indios hacia el servicio de la mita en Chile, que a veces se manifiesta en acciones más violentas. Han quedado registradas algunas reacciones colectivas, aunque no existió una planificación para organizar las diferentes parcialidades y atacar frontalmente al grupo invasor, sino más bien brotes aislados de violencia, seguramente espontáneos, por parte de los indígenas. En una oportunidad los indígenas mataron nueve españoles en una zona alejada del centro urbano, lo que inició el mito del peligro del ataque indígena. A pesar de la resistencia, el resultado inicial del contacto y la conquista fue la desestructuración de las comunidades nativas, que implicaban el reparto y la movilización de los indígenas.

Las relaciones económicas y comerciales

Durante el siglo XVI las actividades económicas tendían a proveer a la subsistencia y el crecimiento demográfico. Se desarrollaban dentro de la unidad doméstica de cada vecino donde se producían los alimentos y vestidos. Cada unidad ocupaba al menos dos solares, estaba constituida por la casa del amo, una huerta con árboles frutales (higueras, durazneros o manzanos), los "ranchos" de los indios de servicio y los corrales para los animales, que guardaban cabras, ovejas, puercos y bueyes. A este complejo debemos agregar la chacra, sementeras y viñedos situados en la periferia de la ciudad, que constaban de una o dos manzanas de superficie.

Los españoles perfeccionaron el sistema de irrigación huarpe y con la nueva tecnología consiguieron explotar más eficazmente los recursos. Las herramientas españolas remplazaron rápidamente al instrumental lítico huarpe. Los azadones y sobre todo el arado con reja *"de cubo"* facilitaron las tareas agrícolas. Se introdujeron nuevas especies vegetales -trigo, cebada y frutales-, nuevas técnicas de cultivo y animales domésticos europeos. Se producían trigo y cebada -"la comida"- y se inició el cultivo de la vid en las parcelas, *"chacras y sementeras"* aledañas a la ciudad.

El peso del trabajo recaía sobre los indígenas que sembraban, cosechaban, cuidaban de los animales, trabajaban el cuero y tejían, conducían las carretas y fabricaban el vino, construían las viviendas y tapiaban las viñas.

El intercambio comercial no fue habitual durante los primeros tiempos, lo que explica la absoluta escasez de moneda. La única moneda para las transacciones comerciales era la que se traía de Chile, fruto del alquiler de los indígenas. El sistema de intercambio estaba basado en el pago en especie: animales, vino, trigo o pasas. Esta forma de liquidación se hacía también extensiva a los indígenas que se concertaban para trabajar. Se les retribuía con vino por hacer zapatos o por construir las tapias que cercaban las viñas.

Hacia 1580 se comenzaron a producir excedentes de trigo y a vender vino en pequeña escala. La producción agrícola y la venta de frutas secas, pasas de higo y uva, contribuyó al desarrollo económico de la ciudad. A principios del siglo XVII se intercambiaban estos productos en Córdoba y Santiago del Estero. Mientras crecía la producción agrícola, el comercio en especies era remplazado por el pago en moneda metálica. El desarrollo agrícola favoreció la diversificación del trabajo a partir de la especialización de oficios relacionados con las nuevas actividades productivas (botijeros-toneleros). De esta forma, la ciudad comenzó a atraer nuevos moradores.

Una sociedad en formación

Mientras se consolidaba la fundación del poblado, los vecinos comenzaron a ocupar los terrenos adyacentes al río de la ciudad. El reparto de los naturales implicó la apropiación de sus tierras y su desplazamiento hacia la periferia: *"...por cuanto el capitán pobló... esta ciudad, los dichos indios fueron retirados y puestos en otra parte adonde estaban mejor acomodados que al presente están"*[13]. Los encomenderos con influencia en Santiago obtuvieron títulos de estancias en los alrededores: *"...para que tenga sus ganados... tenga de frente 300 varas de cabezada y de largo 1.000 varas, el cual dicho ha de ir corriendo desde un jagüel que en dicha tierra está por la parte de arriba corriendo hacia la sierra... para estancia y caballería..."*[14]. Aunque formalmente se respetaron las disposiciones legales que sólo permitían ocupar "tierras vacas", se fue despojando a los indígenas de las tierras más fértiles. A principios del siglo XVII se comenzaron a conceder las mercedes de grandes extensiones de tierras en el Valle de Uco y de Jaurúa, donde las abundantes pasturas permitirían la cría de ganado, imposible de producir en el árido piedemonte mendocino.

Las estancias eran de escasas dimensiones y estaban situadas muy cercanas a la ciudad, hacia el norte, *"camino de Guanacache"*, y hacia el sur, pero siempre a lo largo del eje hídrico representado por el "río de la ciudad", que formaba, en las zonas bajas inundables del noreste del valle, pequeñas praderas aptas para el pastoreo: la dehesa de la ciudad.

Mientras el pequeño núcleo de españoles se desarrollaba, comenzaron a aparecer diferencias determinadas por su origen, estatus y el éxito económico obtenido. Diferencias que se sumaron a la condición étnica que separaba la sociedad entre españoles, indígenas, negros y mestizos[15]. En la cúspide estaban los conquistadores, que gracias a las mercedes de tierras y a la posesión de indios encomendados habían conseguido acumular riqueza. Al mismo tiempo, estos vecinos eran quienes ejercían los cargos del cabildo de la ciudad. A continuación se encontraban aquellos que ocupaban cargos públicos rentados, como el corregidor o los escribanos públicos o de cabildo. Luego venía el conjunto de los moradores de la ciudad, formado por mercaderes, uno que otro zapatero y herrero, los mayordomos de las estancias, escuderos y administradores de indios encomendados, así como los aventureros.

Junto a los españoles encontramos a los mestizos, que no suelen aparecer en la documentación como tales, ya que en muchas ocasiones habían sido reconocidos y adoptaban el apellido paterno hispano, mezclándose con los españoles. En la sociedad del siglo XVI todos pretendían alcanzar los escalones más humildes de la nobleza, simbolizados en el hidalgo. Los habitantes de Cuyo ambicionaban *ser hidalgos, conservar y mantener esa hidalguía y transmitirla a sus descendientes*. Aunque, de acuerdo con su nacimiento, los encomenderos mendocinos no eran nobles. La mayoría eran soldados del séquito de don García Hurtado de Mendoza, cuyos servicios habían sido retribuidos con repartimientos de indios de Cuyo. La obtención de una encomienda que premiaba los servicios militares prestados era una de las formas de ascenso social en las colonias americanas. Su importancia marcaba la nobleza y el prestigio de su poseedor.

La diferenciación social se manifestaba en la cultura material[16]. La generalidad de los españoles usaba en sus casas un moblaje escaso y sobrio. Mesas con bancos, *"sillas de asentar"*, petacas y cajas de madera para guardar la ropa *"con su cerrojo y sus llaves"*. Cujas de madera con cojines, almohadas y frazadas para dormir. Sólo los encomenderos tenían un moblaje lujoso y refinado. Además de mesas, podían tener un *"bufete grande en que como, con sayo carmesí de lana"*, cofres chapeados para la ropa, *"cama de damasco carmesí con su cuja dorada y un pabellón de algodón"* (mosquitero). Los españoles pobres sólo tenían vajilla de peltre, mientras que otros podían costear utensilios de plata: saleros, jarros, cubiletes, platos, platones, tembladeras y cucharas. Los privilegiados usaban vestidos que traían de Santiago realizados con géneros y telas *"de Damasco"*, *"de la China"* o *"de Castilla"*, que se adornaban con pasamanos e hilos ricos de seda. El resto de los españoles y mestizos cosían sus vestidos con un paño pardo o negro y del lienzo que se traían *"de los Juríes"*. Para el calzado se usaba cordobán, badana y suela, con los cuales los indios zapateros confeccionaban borceguíes, botines y botas. En estos momentos los indios seguían vistiendo *"manta y camiseta"*, que los encomenderos les pagaban por sus servicios, y en ocasiones las indias lucían *"una manta colorada"*. Aunque era más común que se les diera lana *"para que se hicieran de vestir"*.

Mendoza y Santiago, dos ciudades en pugna por el trabajo indígena

Desde principios del siglo XVII los vecinos chilenos acrecentaron su demanda de fuerza de trabajo indígena de Cuyo. A su vez, la necesidad de mano de obra de los vecinos de Mendoza enfrentó a ambas ciudades por el control de las encomiendas que habían quedado libres después de dos generaciones de feudatarios. Muchas de las encomiendas vacantes se fueron concediendo a individuos ligados a los intereses políticos y económicos de Santiago, en detrimento de los vecinos de la periférica región trasandina, lo que tuvo como consecuencia la disminución de la población indígena local. Los vecinos de Mendoza se alarmaban viendo que se les escapaba su fuente de recursos más importante: los indios[17]. Además de los huarpes yanaconas, que hacía más de cuarenta años que estaban asentados en Santiago, otro grupo de mitayos continuaba cruzando la cordillera anualmente. La extracción de indios era tan grande que los vecinos y moradores de Cuyo comenzaron a intranquilizarse y a reclamar por la situación. Los continuos pedidos, quejas y presiones políticas y eclesiásticas determinaron la prohibición de pasar indios *"...de la otra parte de la cordillera... y que los indios que al presente están desta parte ningún encomendero los tenga violentamente"*[18].

La mayor demanda de mano de obra y la disminución demográfica indígena condujo a la incorporación al trabajo de los grupos huarpes asentados en las Lagunas y en el Desaguadero. También se encomendaron indios puelches chiquillames de las cercanías del cerro Nevado, en la zona del río Atuel, *"adelante del río Diamante, hacia la cordillera"*.

Los escasos encomenderos residentes en Mendoza proveían de mano de obra al resto de los habitantes de la ciudad a través del arrendamiento de sus indios. A pesar de las especificaciones de usar las mitas sólo *"para labranza y crianza del ganado"*, los indios eran alquilados para trabajar en las minas, cuya prospección y explotación comenzaba en Mendoza, lo mismo que en la construcción de iglesias y obras públicas en general. El Cabildo supervisaba la distribución de los naturales y vigilaba el cumplimiento de las normas sobre su traslado hacia Chile, dictaminando las prioridades.

La transformación de la economía natural en una economía monetaria

El desarrollo de la región de Cuyo no estaba aislado del espacio económico imperial, en el que la ciudad de Mendoza tenía un lugar marginal. Desde mediados del siglo XVI la explotación minera de la plata había transformado a Potosí en un polo de crecimiento económico que había incentivado el desarrollo y la especialización económica en las regiones aledañas. El crecimiento de la producción minera potosina intensificado a finales del siglo XVI promovió la formación de un amplio circuito comercial que se extendía desde el norte al sur del continente americano[19]. El desarrollo económico de Chile y el Tucumán tendía a satisfacer la creciente demanda del mercado de Potosí y Lima. Mendoza participó de este sistema de intercambio regional como una economía subsidiaria de la chilena a través del único recurso disponible: la mano de obra indígena. El salario de los huarpes, que cumplían su mita en Chile, era la única renta en metálico que ingresaba en la ciudad en forma continua. Este dinero permitió la acumulación de capital necesaria para extender las relaciones comerciales con el Litoral y el Noroeste.

La economía de subsistencia que caracterizó los inicios de la vida del poblado evolucionó hacia una incipiente economía monetaria. A principios del siglo XVII los encomenderos de Mendoza comenzaron a evolucionar hacia un tipo social que combinaba las funciones de productor-comerciante. Mediante el cultivo de la viña y la agricultura cerealera (trigo y cebada), complementados con la crianza y engorde de ganado, se producía un excedente exportable después de abastecerse el mercado local. El trabajo de los indígenas en esta nueva tendencia económica fue fundamental, por lo que la encomienda se transformó en el motor de la economía[20]. La producción de excedentes y su exportación incentivó las relaciones comerciales y comenzó a correr la moneda metálica junto con las monedas de la tierra. Aunque los mercaderes profesionales asentados en la ciudad eran escasos, abundaban los *"tratantes y contratantes"* en tránsito desde y hacia Santiago. También aparecían pasajeros que aprovechaban la estancia para realizar sus negocios: *"Pasan mercaderes y otras personas y forasteros y venden sus mercaderías... a pregones"* [21].

Los dueños de chacras, viñas y sementeras también vendían sus cosechas en sus mismas casas, en pequeñas tiendas que se abrían en aposentos que daban a la calle, en competencia con las escasísimas pulperías que existían en la ciudad. La venta de vino al menudeo y la instalación de pulperías sólo fue un complemento de la principal actividad económica, que continuaba siendo la elaboración del vino para venderlo en Tucumán, Santiago del Estero, Córdoba y Buenos Aires. El vino se fabricaba en bodegas que constaban de lagares y de varias habitaciones donde se guardaban las vasijas, tinajas y botijas, las cuales contenían vino nuevo, añejo y vinagre. Existían en algunos casos habitaciones subterráneas, *"el aposento de abajo"*, donde se guardaba el vino para su conservación. Una sala grande servía en la bodega *"de botijería (lugar donde se fabrican botijas) con doce tinajas por cocer y dos pilotes y cincuenta botijas todo por cocer"*. Un dominio de esta naturaleza podía también tener un *"molino, horno de vasija, casería, corrales y huerta con su arboleda"* [22].

Los hacendados instalaban las sementeras junto a las acequias sacadas del canal principal, extendiendo cada vez más su dominio en el gran valle del río Mendoza que se transformó en un paisaje humanizado. Compartían el recurso hídrico las chacras y los viñedos, cercados con tapias de tierra. Aunque la crianza de ganado mayor se incorporó con posterioridad a la del ovino y del caprino, a mediados de esta etapa ya existía una extendida práctica ganadera en Mendoza. Casi todos los vecinos contaban con algunos animales para el consumo doméstico. Para que los moradores "pobres", "pasajeros" y "todos los que quieran comprar" pudieran comer carne, se propuso un "obligado", elegido entre los cuatro más fuertes ganaderos de la región, que debía abastecer a la ciudad. Todos los sitios con recursos de pastos y agua (arroyos, ríos, vertientes, aguadas) fueron ocupados con el fin de disponer de tierras para estancias. La actividad fundamental se circunscribió a la crianza extensiva de ganados mayores y menores. Cada propietario había acumulado grandes extensiones de tierra, pero el valor de la propiedad era muy bajo -una estancia valía casi tanto como un esclavo-, había mucha distancia entre los establecimientos y, en general, el paisaje rural era pobre, con algunos indios y pocos o ningún esclavo. La venta de ganado a Chile estaba destinada mayoritariamente a abastecer el Presidio de Valdivia, sede del Ejército Real. Las reses eran trasladadas por los ganaderos, ayudados por los indios huarpes a través del paso Real o de Uspallata y por el de Tupungato. Los dueños de grandes estancias dedicadas principalmente a la cría ganadera eran conocidos como los *"señores del ganado"*.

¿Una sociedad hidalga?

A mediados del siglo XVII vivían en Mendoza *"treinta vecinos moradores, hombres honrados y principales... y... dieciséis vecinos encomenderos"* [23]. Los vecinos encomenderos eran los descendientes de los primeros conquistadores que todavía gozaban de encomiendas, los hijos de encomenderos residentes en Santiago que los habían sucedido y algún soldado recompensado por su actuación en la guerra de Arauco. Estos aspirantes a aristócratas manejaban todos los resortes del poder en la región. Además de sus encomiendas, poseían estancias para ganado, sementeras, chacras, viñas, bodegas y carretas en las que trasportaban vino hacia Chile o el Tucumán colonial. Constituían un pequeño grupo jerarquizado dentro de los españoles, íntimamente ligado a la campaña, por el origen de su riqueza. A pesar de su barniz rural también estaban insertos en el centro urbano, donde tenían *"sus casas pobladas"*, *"con corrales, despensas y oficinas"*, *"muebles, vajillas y alhajas"*, situación que les permitía ostentar esa riqueza y aumentar su prestigio.

En esos años se produce una sobrevaloración de los títulos militares relacionada con la creación de las milicias urbanas, primero en España, luego en Lima (1596), más tarde en Chile (1608) y finalmente en Cuyo.

La escasez de vecinos encomenderos y moradores capacitados jurídica, institucional y socialmente para acceder a los cargos del ayuntamiento facilitó que se repitieran en el ejercicio de los oficios y originó la formación de parentelas que manejaban los negocios públicos de acuerdo con sus intereses, beneficiando sólo a los allegados, familiares y miembros del grupo. Se produjo así la aparición de camarillas familiares y los abusos consiguientes, *"todos los de esta república estando emparentados unos con otros"* [24]. El clero formaba parte del grupo dominante español, aunque constituía otra instancia de poder. Ejercía, junto con las autoridades seglares, el control social de la población e influía en los asuntos espirituales y terrenos. Los miembros de las órdenes religiosas poseían conventos y tierras, participaban en juicios administrativos y judiciales por su posesión y por el uso del agua. La Compañía de Jesús contaba con estancias, ganado y esclavos. El florecimiento económico alcanzado por los encomenderos permitió a este grupo mostrar una apariencia nobiliaria a través de los bienes materiales.

Además de los vecinos moradores que no formaban parte del sector con poder, las Actas Capitulares mencionan reiteradamente a los *"pobres de la ciudad"*, entre los que se incluye un indeterminado número de mestizos asimilados a los españoles y seguramente también los indios.

Es evidente que el comercio con el exterior promovió el consumo de bienes suntuarios en la pequeña aldea que era Mendoza a mediados del siglo XVII. Las viviendas crecieron en tamaño y esplendor. Joseph de Villegas tenía *"unas casas altas, con sala, cuadra y recámara"*, compuesta de nueve o diez aposentos, todos con *"...puertas, ventanas y alacenas"*. La cocina estaba un poco apartada y tenía *"dos despensas y su gallinero cubierto con su corral"*. En la parte trasera tenía una *"huerta con su arboleda"*, patio y corral, diferenciado del *"corral para encerrar ganado"* [25]. Es notoria la cantidad, calidad y lujo del amoblamiento de las casas de los vecinos principales, que contaban con bufetes de jacarandá, sillas del Brasil, cujas de peral, cajas con cerraduras, escritorios de *"dos piezas, la de arriba con catorce cajones y el de abajo con cuatro"*. Las camas tenían pabellones de Cajamarca, sobrecamas de cordoncillo, frazadas de Quito y Lima, almohadas y sábanas de Ruan y de Castilla, y colchones y cobertores de la tierra. La plata de la vajilla y el oro, las perlas y piedras preciosas de los adornos femeninos brillaban en los interiores. Los vestidos parecían más complicados y ricamente ornamentados. Se usaban *"camisas de olanda"* labradas, sayas de raso blanco con sus pasamanos de oro, botones de seda y plata, vestidos de raso negro de la China y hasta chapines de terciopelo carmesí.

Ataques indígenas y formación de una mentalidad de frontera

Desde la conquista se fue produciendo una lenta integración de la población huarpe al modo de vida hispano, sobre todo de aquélla asentada en el valle de Güentata. El contacto directo de los huarpes que vivían en la ciudad y los alrededores con la población española fue modelando este proceso. Por el contrario, los huarpes laguneros continuaron viviendo de acuerdo con sus costumbres. Desde principios del siglo XVII los clérigos trataron también de reunirlos en pueblos en Guanacache y Uco para poder evangelizarlos, con escaso éxito. Al instalarse, la Compañía de Jesús comenzó una labor de catequización más sistemática tanto *"en las haciendas y chacras a una legua de la ciudad"* como en *"los ranchos más distantes"* [26]. Este esfuerzo de la Iglesia fue el único intento formal de cambio cultural a lo largo de toda la centuria.

En la segunda mitad del siglo XVII se cree que residían en territorio mendocino unos 8.000 huarpes, lo que implica una considerable disminución de la población autóctona, teniendo en cuenta que los cálculos más conservadores arriesgan una cifra de

20.000 viviendo en Cuyo en los comienzos de la conquista. Junto con el proceso de cambio cultural de los huarpes se iba produciendo también la despoblación de las encomiendas como consecuencia del éxodo indígena, a través del traslado a Chile o la fuga, de las pestes y epidemias y el mestizaje.

También durante el siglo XVII aumentaron las relaciones entre algunos grupos indígenas que habitaban al sur del Diamante y los españoles, a través de la colaboración para la guerra. Hasta finales del siglo XVII se consideraba el río Diamante como la frontera natural de Cuyo. La zona comprendida entre el río Tunuyán y el Diamante estaba efectivamente ocupada por los españoles en forma dispersa[27]. Más allá del Diamante y hasta el Atuel existía una zona de transición dominada principalmente por los puelches. En este período se iniciaron los primeros ataques de puelches, pehuenches y huiliches provenientes de Chile, que provocaron una retracción de la frontera hacia el norte hasta el valle de Jaurúa (San Carlos). Parte de las estancias situadas en Valle de Uco y Jaurúa fueron abandonadas. Hacia finales de siglo, por *"haber venido la nación chiquillán a dar la paz"*[28], la frontera se traslada hasta el río Tunuyán. Una franja amortiguadora o de choque ocupó el lugar de las antiguas estancias entre el Valle de Jaurúa y el río Diamante. Esta nueva frontera de guerra estaba resguardada por los "indios amigos" -del grupo puelche chiquillán- encargados de *"guardar la frontera y dar aviso en caso de invasiones"*[29]. A principios del siglo XVIII convivían, en la franja fronteriza del oeste del Tunuyán, chiquillanes, algunos grupos pampas reducidos y españoles.

A partir de los primeros alzamientos indígenas se observan cambios en la encomienda, especialmente en la composición étnica y

71

en la cantidad de indígenas encomendados, debido a la incorporación de los grupos chiquillanes a los repartimientos. También parecen haber cambiado los criterios que regían la selección de los encomenderos, ya que durante estos años se acentuó el número de los que poseían antecedentes militares.

El triunfo de los encomenderos mendocinos
y el regreso de los huarpes

En 1694 la Corona prohibió la extracción de indios de Cuyo y ordenó el regreso de los indígenas encomendados a su lugar de origen[30]. Los huarpes debían volver y ser reducidos en pueblo y se prohibía que trabajaran fuera de un radio de cuatro leguas, lo que nunca fue cumplido efectivamente. La reducción en pueblos tampoco se cumplió y muchos continuaron cruzando la cordillera para servir a sus amos en Chile. Sin embargo, el progresivo regreso de indígenas y encomiendas a Mendoza, así como los nuevos repartimientos de indígenas de San Luis y la frontera sur, redundó en un aumento de la población indígena.

El atractivo que representó el aumento del número de indios de encomienda estimuló el interés de los mineros para obtener un reparto, aunque también estancieros, bodegueros y dueños de carretas competían entre sí por la mano de obra. También se podía acceder al beneficio del trabajo de los indígenas mediante el régimen de administración, por depósito y por concertación. Los indios sujetos al régimen de concertación eran libres. Este tipo de contrato se establecía para la labor en las minas, si bien era muy usado entre los conductores de carretas y los indígenas que conducían las tropas a Buenos Aires. A los indígenas concertados se les pagaba por trabajo realizado o mensualmente. En las minas de San Lorenzo de Uspallata recibían cinco pesos por mes y sesenta por año, en plata y ropa, con la obligación de enseñárseles la doctrina y darles buen tratamiento. A aquellos sujetos al régimen de encomienda se les abonaban veinticinco pesos al año si no tenían oficio y a los oficiales, como carpinteros, cuarenta pesos anuales. Un alto porcentaje de indígenas aún prestaba su servicio personal.

Hacia 1698 sólo había en la ciudad de Mendoza unos 426 indios tributarios, lo que nos lleva a suponer un momento de auge de la institución. Sin embargo, es justamente aquí cuando comienza su declinación definitiva. A mediados del siglo XVIII no había en la jurisdicción indios tributarios, porque *"solamente se hallan en esta dicha ciudad y su jurisdicción indios libres vagantes así de la patria como forasteros, sin reconocer amo ni obediencia ni estar obligados a ninguna pensión sino a la de su libertad"* [31]. La desaparición era en parte resultado de las continuas huidas de los indios que se hacían en fugas masivas. Los indígenas se trasladaban a otras ciudades del espacio imperial, en las lagunas o entre los chiquillanes y pehuenches de la frontera.

Los circuitos comerciales:
"Tengo escrito cómo este lugar es todo una pulpería" [32]

El florecimiento económico de las primeras décadas del siglo XVII comenzó a declinar hacia 1670, en una coyuntura de bajas temperaturas y proliferación de fenómenos meteorológicos adversos, como piedra y heladas. Los primeros ataques indígenas que obligaron a abandonar las estancias también contribuyeron con la decadencia económica.

Aunque continuó el cultivo de la vid y el tráfico del vino, el escaso volumen de producción impulsó la búsqueda de nuevas alternativas económicas. Se intensificó la explotación de las minas de San Lorenzo en Uspallata y aumentó el intercambio mercantil. Por otra parte, la retracción de la explotación ganadera originó el abandono de las estancias localizadas al sur del río Tunuyán, lo que determinó la movilización del ganado hacia la planicie oriental. Se organizaban entonces verdaderas expediciones denominadas "vaqueadas", en busca del ganado alzado. Estas prácticas continuaron después de que a finales del siglo XVII se redujeron los chiquillanes y se comenzaron a reocupar las estancias en los valles de Uco, Jaurúa y Llacorón. Durante el verano se iba a las pampas en busca de animales "cimarrones" y se los trasladaba a las estancias recuperadas, donde eran engordados (en potreros naturales) para su venta tanto en el mercado de la ciudad como en Chile, que siguió siendo el principal mercado para la carne vacuna.

Hacia fines del siglo XVII se inició un período climático más favorable que permitió que el grupo dominante se consolidara alrededor de la actividad agrícola y de una ganadería de engorde en sus estancias. Los ganaderos tenían grandes extensiones de tierras, mientras que la superficie dedicada al cultivo de la viña estaba más fragmentada, resultado de la intensiva explotación y de la irrigación artificial.

En las actividades comerciales confluían todas las relaciones: individuales y colectivas. Existían dos tipos de circuitos. El interregional estaba basado en la producción y venta de vino y algunos otros productos agrícolas, en la venta de ganado invernado a

Chile y la importación de todos aquellos artículos que la ciudad no producía. En el circuito local se vendían los productos de la tierra y de importación. Los excedentes de producción -vino, trigo, pasas y otras frutas secas-, se vendían principalmente en las ciudades de Buenos Aires, Santa Fe y Córdoba.

El transporte se realizaba en carretas y el viaje era muy sacrificado debido a la amenaza de los indígenas de la frontera, las inmensas distancias, la escasez de agua para hombres y animales, los caminos intransitables y la falta de pastos, lo que manifiesta el esfuerzo que significaba vender la producción del año. Al llegar a Buenos Aires se debía pagar impuestos de comercio a las autoridades -por no pertenecer a la jurisdicción del puerto- por una partida de vino que posiblemente se había avinagrado durante la travesía.

Las carretas volvían de sus viajes cargadas con mercaderías diversas: sebo, grasa, yerba del Paraguay, parte de la cual pasaba a Chile. También traían otros bienes de consumo que no se producían en Mendoza, como tabaco, ropa, telas, hilos, papel, sedas, encajes, sortijas de vidrio, cintas, espuelas o azúcar.

Mendoza se convirtió en el centro de una intensa red de relaciones que no se limitaba sólo al tráfico del Atlántico a la cordillera, sino que se extendía a Santiago y Valparaíso en Chile: *"... de la dicha ciudad de Mendoza se da el abasto y avío a este Reino y a las demás provincias, en el trajín de sus comerciantes"* [33]. La intensificación de las relaciones mercantiles con Chile incrementó la variedad de productos que se comercializaban.

El comercio local era modesto y se realizaba en las tiendas o pulperías que vendían los frutos de la tierra y las mercaderías que se importaban desde Chile y de las provincias del Oriente. Casi todos los habitantes de la ciudad se dedicaban al mercadeo: *"La ciudad y sus habitadores no tienen otros frutos para mantenerse sino el solo despender los frutos de sus labranzas"* [34]. Vendían *"vino añejo, vino nuevo, pan de cedazo blanco, tabaco, yerba, jabón, truchas frescas y secas, bagres, huevos, velas y aguardiente"* [35]. El afán de lucro y el deseo de beneficiar a sus pares condujo al Cabildo a excederse en sus atribuciones, concediendo más pulperías de las acordadas sin cobrar los impuestos correspondientes: *"...en ocasiones que se han ofrecido, tengo escrito cómo este lugar /Mendoza/ es todo una pulpería y que cada uno vende como se le antoja, sin que esto haya tenido remedio y que el Cabildo de esta ciudad da pulperías a unos y a otros"* [36].

A lo largo de estos años la economía se fue especializando. La agricultura y la ganadería en gran escala permanecieron en manos de los encomenderos y los descendientes de las primeras familias, mientras los *"recién llegados"*, considerados por los primeros habitantes como *"forasteros"* o *"advenedizos"*, se convirtieron en mercaderes.

Una sociedad cristalizada: ser noble, un sueño imposible

La élite de los encomenderos continuó monopolizando la riqueza y ejerciendo el dominio político sobre el Cabildo, y en ella se puede detectar, a través de los años, la permanencia de los clanes familiares. Tres o cuatro integrantes de una misma familia ocupaban simultáneamente los cargos capitulares, cometiendo toda clase de excesos. En las primeras décadas del siglo XVIII los Videla constituían la parentela que manejaba las elecciones capitulares, poniendo a sus conocidos y amigos en los cargos. Mantenían relaciones de compadrazgo con los corregidores y otras autoridades reales, ocupaban tierras sin tener títulos de propiedad y utilizaban la Justicia en beneficio propio. Su hegemonía estaba basada en una red de relaciones, tanto familiares como de intereses económicos, que provocaba la reacción de los excluidos: *"En la ciudad son tan unidas las familias por el parentesco como son los genios tan semejantes, que no hay respeto que no atropellen de una majestad tiránica, experimentada tantos años que en ellas es costumbre y en los pobres necesidad el padecerla y por no hallar remedio para librarse del cautiverio que de la familia Videla experimentamos reparo de la Alta Providencia de Vuestra Alteza"* [37].

Los miembros de este grupo oligárquico, que se consideraban a sí mismos como un "grupo de nobles", representaban sólo el 30% de los vecinos de la ciudad. Poseían viñas, bodegas, esclavos, hornos de botijas, molinos, carretas y estancias, cuyo valor fluctuaba entre 3.000 y 32.000 pesos[38].

El grupo de los vecinos "plebeyos" estaba compuesto por individuos cuyos bienes oscilaban entre 200 y 3.000 pesos. Sus integrantes eran las personas con oficios, aquellos que contaban con pequeñas parcelas plantadas con viñas, algunos miembros de las viejas familias venidos a menos por división del patrimonio familiar, hijos mestizos de españoles notorios, los mercaderes, los pulperos, los dueños de carretas sin otros bienes, los dueños de recuas de mulas. Los militares que comandaban las milicias populares no figuraban como vecinos.

El arreglo de las calles para la fiesta de Corpus Christi era una tarea propia de la élite, que traía aparejada honores. La fiesta de Corpus se celebraba mediante una procesión y en su recorrido se levantaban cuatro altares, uno en cada esquina de la plaza, y arcos en las calles por donde pasaba la columna de fieles. Los capitulares seleccionaban a los individuos que tendrían el honor de participar en los actos oficiales y los vecinos notorios debían *"hacer los arcos"* y ponerlos *"por las calles de la plaza"* [39]. Aunque toda la población participaba de la fiesta, cada individuo o grupo ocupaba un lugar particular en su realización. Los encomenderos, beneméritos y militares eran seguidos por los mercaderes, carpinteros y zapateros. Aunque todavía eran escasos, la presencia de mercaderes se relaciona con la apertura económica hacia el oriente y su instalación en la ciudad muestra su recuperación económica, lo mismo que la de artesanos, *"los oficiales y maestros de zapatería de cualquier calidad y estado que sean",* así como *"los oficiales de sastrería"*[40]. Los portugueses que residían en la ciudad ejercían oficios tales como barbero, herrero, armero, pescador o carpintero. Contaban por lo general con casa y completaban sus entradas económicas -como era de rigor- con el cultivo de un pequeño viñedo.

A principios del siglo XVIII se puede observar una acentuación de las pautas nobiliarias en Mendoza, lo que se manifiesta en el convencimiento de la élite española de su pertenencia a la nobleza por méritos propios y de sus antepasados. La idealización de los antepasados convertidos en míticos luchadores al servicio del rey y la consolidación de una regular riqueza justificaban esta posición. La nobleza se manifestaba exteriormente, en los gastos que demandaba la vida cotidiana, en la dote que recibían las hijas, en la dotación de doncellas pobres, la fundaciones de conventos, los funerales suntuosos que incluían *"lutos y sermones", "capas de oro, sobrepellices y misas pagadas a clérigos"*[41]. Muebles refinados e imágenes religiosas en todas las habitaciones. No faltaban capillas privadas en las fincas más alejadas en las que trabajaban numerosos esclavos. En los vestidos se observa mayor boato, sobre todo en las mujeres; tejidos, encajes, cintas y sedas son elementos comunes en ese momento, diferenciadores sociales y complemento importante de la esencia nobiliaria: la apariencia.

La diferenciación étnica: ¿dónde estaban los mestizos?

Existía una parte anónima de la población que aparece escasamente en la documentación. Se trata de españoles pobres, mestizos españolizados que formaban el estrato hispano-criollo bajo, mestizos, indios, negros, mulatos y una multitud de mezclas denominadas castas. El componente mestizo seguramente era mayoritario en este grupo. Lamentablemente es escasísima la documentación directa referida a los mismos. Sólo se los menciona -junto con los negros e indios- en las reglamentaciones destinadas a evitar escándalos en la ciudad. También cuando se necesitaba colaboración ante un problema que requería una solución colectiva: *"...por cuanto ha hecho falla el agua del río... piden a los vecinos, así como a los mulatos libres, indios y mestizos..."*[42]. Superpuesta a la diferenciación socioeconómica, los criterios de distinción traducían, ya a principios del XVIII, una verdadera estratificación que confundía parámetros raciales y culturales, asimilando lo español con lo blanco y noble e identificando los grupos mezclados con lo plebeyo.

Las tareas que realizaban los mestizos eran en general las mismas de las que se encargaban los mulatos, negros libres y los indios cuando quedaron liberados de la encomienda. Concertaban su trabajo, el conchabo, por un salario regulado por las mismas normas que el trabajo de los peones indios.

A través del análisis de sus matrimonios podemos interpretar su forma de inserción en la sociedad mendocina[43]. Los matrimonios de mestizos y españoles no se anotaban en libros separados, como ocurría con los de los indios y negros. La unión de mestizos con otros grupos étnicos sugiere que, a pesar de la persistencia de la discriminación racial, los criterios de selección de parejas se iban transformando con el tiempo. En las primeras décadas del siglo predominan los matrimonios entre indios y mestizos y no se registran entre españoles y mestizos. Esta situación se transforma entre los años 1730 y 1740, como consecuencia del deseo de los mestizos de "blanquear" su sangre. En esta época prefieren casarse entre ellos o con españoles, rechazando las uniones con indios y mulatos.

Es probable que la mayor parte de los habitantes que residían en la ciudad de Mendoza en las primeras décadas del siglo XVIII fuera mestiza y que la mezcla racial haya sido intensa, prosiguiendo hasta la desaparición de los indígenas como etnia y la incorporación de los ya "blanqueados" a la sociedad española. Gómez de Vidaurre se transformó en un atento observador de la situación local: *"También muchos se han españolizado, contrayendo matrimonio con hijos de españoles tenidos en indias. Como éstos desde la primera generación salgan blancos, traen desde luego las pretensiones de españoles y quieren ser reputados como tales y así viven entre éstos como individuos de nuestra propia nación... Se confunden fácilmente con los españoles puros. Si uno no es práctico en distinguir éstos, tendrá por puro español... al que es realidad un mestizo... De esta clase son no pocos los que pueblan las campañas de Cuyo y hacen los oficios bajos en sus poblaciones"* [44].

El destino de los vencidos en la ciudad y en la campaña

Los indios huarpes que habitaban la ciudad de Mendoza en las primeras décadas del siglo XVIII habían asimilado las pautas culturales españolas. La lengua, el sistema de organización familiar, las diversiones y el marco de referencia jurídico, político y social estaban marcados por la cultura dominante. Cuando la encomienda comenzó a desaparecer se incorporaron, en una situación de subordinación, al sistema productivo de la ciudad, ingresando en la sociedad española y constituyendo uno de sus estratos socioculturales más bajos. Vivían en los sitios aledaños a la zona poblada, junto a las chacras y viñas. Concurrían a las pulperías y tiendas, donde jugaban a las *"cartas, dados y tabas"* con negros, mulatos y otras castas así como con españoles pobres y mestizos. Los domingos y días de fiesta iban a la ciudad, se paseaban a caballo por sus calles, sujetándolos en las puertas de las pulperías *"de lo que resultaban muchos inconvenientes a las personas y señoras de respeto que van a misa en dichos días"* [45]. Adoptaron el caballo como su medio de movilidad. Jugaban carreras o participaban en los juegos que más tarde se convertirían en los típicos del gaucho: "el juego del pato" o el "de la argolla". Se vestían con las mismas prendas que los españoles y habían remplazado las clásicas camisetas andinas por jubones, capas de cordellate y calzones de pañete.

La sociedad colonial estaba fuertemente jerarquizada y la discriminación étnica se superponía con la económica, social y jurídica. Cuando desapareció la encomienda, el estamento dominante continuó aprovechando el trabajo indígena bajo la forma de la concertación o conchabo. Los "indios" se transformaron en "peones" atados a un amo, en forma similar a su anterior estado de encomendados, pero sin pagar tributo. Estaba prohibido concertar un peón que otro tuviera a su servicio sin la presentación de un papel del amo anterior donde constara que aquél no le debía nada.

Las fiestas eran el momento en el que se reunían todos los estamentos de la sociedad en un festejo popular. En las celebraciones como la del Patrón Santiago o el Corpus Christi se conjugaban la devoción religiosa y la autoridad imperial con la participación de la sociedad jerárquicamente ordenada. Los juegos y festejos que sucedían a las ceremonias religioso-políticas servían para canalizar las tensiones sociales.

En las Lagunas de Guanacache y del Desaguadero, los intentos de modificar la cultura de los huarpes en su mismo hábitat -además de la desestructuración socio-política que significó la encomienda-tuvieron como resultado el abandono parcial de su sistema adaptativo, sobre todo de la agricultura. Conservaron sólo la recolección y la caza como medio de supervivencia, e ingresaron en el sistema económico español mediante la explotación en muy pequeña escala de algunos de los recursos de ese ambiente. Reacios a vivir en pueblos, mantuvieron siempre su patrón de asentamiento ribereño o costero y disperso. A fines del siglo XVII se ha calculado una cifra de 800 indígenas viviendo en las lagunas. La cantidad disminuiría aún más a medida que avanzara el siglo XVIII y a finales de siglo quedaban menos de la mitad de los habitantes[46].

El paulatino establecimiento del grupo dominante en su territorio, a través de la instalación de estancias y la explotación de la pesca, contribuyó al descenso demográfico y al proceso de pérdida de pautas culturales. No faltaron tampoco intentos concretos de cambio cultural por parte de las autoridades españolas, ya a comienzos de la segunda mitad del siglo XVIII. Desde el punto de vista religioso, se modificó el antiguo sistema de visitas anuales - *"el cura haciéndoles una misión con dos eclesiásticos que le acompañan y en todo el resto del año se pasan sin el sacrificio de la misa, predicación evangélica ni administración de sacramentos"*- por curas doctrineros que compartían su tiempo entre las Lagunas y Corocorto, comenzando en este momento la real acción modeladora de la religión [47].

Vientos de cambio en América

Hacia mediados del siglo XVIII la Corona española adhirió a un nuevo concepto de Estado centralizado y poderoso que tuviera la fuerza necesaria para llevar a cabo reformas que permitiesen alcanzar el bienestar de los súbditos y al mismo tiempo recobrar el antiguo poderío español. Un Estado con estas características necesitaba perfeccionar el sistema administrativo, elevar la productividad y la recaudación fiscal, intensificar el comercio y aumentar la seguridad de los territorios americanos. En estas esferas se concentró la política reformista de los Borbones, que constituyó el motor de las transformaciones administrativas, económicas, sociales y culturales que comenzaron a modificar la realidad americana[48].

Son bien conocidas las transformaciones administrativas que en 1776 integraron el antiguo Corregimiento de Cuyo en el nuevo Virreinato del Río de la Plata y en la década del '80 lo incluyeron en la Intendencia de Córdoba del Tucumán. Cambios que manifiestan la nueva orientación atlántica de la economía del imperio. Las políticas de apertura económica marcarían el ascenso del Litoral y la crisis de las economías del espacio virreinal. Las comunidades americanas reaccionaron contra muchas de las reformas y en la segunda mitad del siglo XVIII el imperio colonial era teatro de conflictos subterráneos y explícitos. El espíritu de descontento social que manifestaban se agudizaría con la profundización paulatina de una política social que acentuaba la estratificación basada en una clasificación esencialmente étnica, pero que presentaba también connotaciones sociales y económicas. La serie de reformas que progresivamente se fueron imponiendo, confirmaron algunas de las tensiones y antagonismos entre los distintos sectores de la sociedad colonial. No es casual que junto con las disposiciones administrativas, fiscales y comerciales, se dictaran otras destinadas a reforzar el control social por parte del poder colonial. La sanción de la Real Pragmática de 1776, que regulaba el matrimonio entre los diferentes grupos étnicos, constituyó el primer intento secular de fiscalizar las relaciones familiares[49]. La política de propiciar el casamiento entre iguales acentuaba el proceso de diferenciación social, cuya expresión más relevante fue la estratificación en castas. La sociedad mendocina a mediados del siglo XVIII no había alcanzado esa minuciosa clasificación socio-racial que se había desarrollado en otros lugares de América. Según el censo general de población dispuesto por Carlos III en 1777, vivían 8.765 habitantes en todo el territorio de la jurisdicción de Mendoza, de los cuales 4.491 eran españoles blancos, 1.359 indígenas, 786 mestizos y 2.129 negros, mulatos y de otros grupos[50]. El grupo blanco, que representaba la tercera parte de la población frente a una mayoría no blanca en franco crecimiento, hace presumir un cierto temor de los españoles en perder su "pureza" étnica a través de uniones con los miembros de los otros sectores de la población, por lo cual recibió con beneplácito a la Real Pragmática. Sin embargo, Mendoza compartía con el resto de los centros urbanos coloniales una extrema diferenciación por la cual un pequeño sector del grupo español, quizás unas pocas familias ligadas por redes de parentesco y alianza, concentraba en sus manos el poder económico, político y social de la comunidad[51].

El avance del poder colonial sobre los indígenas: los mecanismos de dominación y control de la frontera sur

Otro de los problemas de la agenda reformista de los Borbones eran los indígenas no sometidos de América[52]. A fines del siglo XVII se había utilizado un sistema de indios amigos que construía una frontera de amortiguación. De esta forma se pacificaron los ataques y las incursiones de los indígenas en algunas de las fronteras del imperio, aunque en el Sur de Mendoza no parece haber tenido mucho éxito. Las estancias de los valles de Uco y Jaurúa representaban un atractivo para pehuenches, huilliches, morcollanes, pampas y ranquilches, quienes recomenzaron sus incursiones en busca de ganado y otros bienes. Durante gran parte del siglo XVIII, estos grupos actuaban en un circuito pampeano-chileno, participando en los ataques a las estancias del sur de la provincia de Buenos Aires, Córdoba y San Luis y en el posterior traslado del ganado vacuno a Chile por las rastrilladas del sur del río Diamante. En la primera mitad del siglo XVIII los ataques se acentuaron y los vecinos temían una "sublevación general". Los protagonistas de este período son fundamentalmente los pehuenches, quienes en ese momento ya estaban instalados en la región cordillerana dominada por los ríos Barrancas y Grande. Aunque también actuaban otros grupos indígenas, aliados o enfrentados con los españoles, según las circunstancias.

El restablecimiento efectivo y permanente de las estancias en la zona de Valle de Uco y Jaurúa durante la primera mitad del XVIII, debe haber incentivado el retorno de estos grupos al escenario de sus antiguas incursiones: *"En el año de 69 avanzó este enemigo hasta la estancia de D. Manuel Alvarado, robando cuanta hacienda había... En el 70 se produce un ataque a la estancia de D. Juan de Videla. En el mismo año, una segunda invasión en el Manzano y en la de los Morales, 24 leguas de esta ciudad"* [53]. Para controlar la situación en 1771 se construyó un fuerte en San Carlos.

La preocupación de las autoridades coloniales por las repetidas incursiones de los indígenas a partir de 1769 condujo unos años después al virrey Cevallos a nombrar maestre de campo de la Frontera Sur a Francisco de Amigorena, quien elaboró un proyecto para atraer a los indígenas y lograr la pacificación. Desde 1780 atacó y sometió a los pehuenches y luego intentó pacificarlos a través de una política de amistad y obsequios. Implementó una política de agasajos que aseguraba a los nativos parte de su manutención, ropa y bienes suntuarios europeos. También los españoles se comprometieron a la defensa de los indios amigos en caso de ser atacados por otros pueblos rivales. Los pehuenches por su parte se dedicaron a vigilar a los grupos rebeldes de la frontera. Estos acuerdos entre españoles e indígenas instauraron una nueva mecánica de dominación por la cual los objetivos de la administración colonial se cumplían a través de la elección de un interlocutor indígena: el cacique gobernador, que representaba los problemas de las diferentes parcialidades. Desde 1780 la frontera organizada alrededor del Fuerte de San

Carlos permaneció tranquila. A partir de la fundación del fuerte de San Rafael, en 1809, y el avance de la frontera hasta la ribera norte del río Diamante, comienza una nueva etapa en las relaciones hispano-indígenas con la incorporación quasi plena de algunos grupos pehuenches a la vida fronteriza representada por los fuertes. El asentamiento indígena cercano a San Rafael aún existía en 1864 [54].

Las reformas borbónicas y la economía pehuenche: del pastoreo, la caza y la recolección al mercado

En la frontera del siglo XVIII se articulaban multitud de fenómenos, entre los que adquirían especial importancia el comercio y las incipientes estructuras económicas que comenzaban a desarrollarse por efectos del prolongado contacto con el europeo, especialmente en el ámbito de los intercambios de bienes.

Las bandas nómades de puelches y pehuenches se incorporaron durante el siglo XVIII a una economía pastoril especializándose en la cría del ganado ovino, por la necesidad de contar con materia prima para sus tejidos. El tejido era una de las producciones más importantes de las tolderías. Los ponchos y mantas junto con las ovejas y la sal constituían los rubros fundamentales del comercio entre los pehuenches de Malargüe y Balbarco, con los españoles de ambas vertientes cordilleranas. Antes de 1780 ya se observa la existencia de un incipiente flujo de textiles hacia la ciudad de Mendoza, aunque no se verificaba un intercambio directo entre indígenas y españoles. Los intermediarios se acercaban a las reducciones chiquillanes de Corocorto a buscar ponchos o mantas a cambio de bebidas alcohólicas y armas.

A partir de las "paces" de Amigorena este tráfico se intensificó. Aprovechando la paulatina transformación de la economía indígena durante el siglo XVIII y la tradicional actividad textil que desarrollaban los pehuenches, el poder colonial incentivó estas prácticas luego de la paz de 1780. La herramienta fue la provisión de ganado, sobre todo ovino, para su reproducción y posterior esquila para tejer ponchos y mantas, que resultaría más beneficioso que la simple entrega de regalos. Con este objeto proveyó a los pehuenches en 1781 de mil pesos en ovejas para que *"estableciéndose en el sitio que yo les destine y comerciando con sus ponchos, sal y demás con este vecindario sea útil a esta ciudad dentro de poco tiempo"* [55].

La actividad comercial de los pehuenches también se extendía hacia el otro lado de la cordillera, donde intercambiaban granos por ponchos. La aplicación de las ideas de la Ilustración a través del sistema se dio con algunas particularidades, pero obtuvo los resultados previstos al introducir a los indígenas en el mundo de la producción y el comercio. La tradición textil iniciada por pehuenches y chiquillanes continuó en el tiempo. Esta herencia cultural se evidencia con claridad en el censo de 1864, donde figuran 300 tejedoras sobre 2.407 mujeres que habitaban en la Subdelegación de San Carlos y 60 tejedoras de un total de 988 mujeres en San Rafael.

SIGLAS UTILIZADAS

AHM: Archivo Histórico de Mendoza
AGI: Archivo General de Indias
AGN: Archivo General de la Nación
AEM: Archivo Eclesiástico de Mendoza
CODOHCH: Colección de Documentos para la Historia de Chile
RJEHM: Revista de la Junta de Estudios Históricos de Mendoza

REFERENCIAS

1   Concepto de aculturación implica el contacto permanente y directo entre dos o más culturas y los cambios culturales que se producen en los grupos involucrados como consecuencia de ese proceso.

2   Rosales, Diego. **Historia General del Reino de Chile**, RJEHM, Mendoza, 1937, tomo VIII, 251-252; Alonso de Ovalle, **Histórica relación del Reino de Chile,** Colección de Historiadores de Chile, Santiago, El Mercurio, 1889, tomo XII.

3   Pleito entre Antonio Bello y Juan de Coria Bohórquez, encomenderos de la Ciudad de Mendoza, sobre mejor derecho a la posesión del indio Joan Martyn Ayguil, 1593, en: Canals Frau, Salvador. *Un interesante pleito entre encomenderos mendocinos del siglo XVI*, **Anales del Instituto de Etnología Americana**, VI: 29-167, 1945.

4   Carta del capitán Pedro de Valdivia al emperador Carlos V, 26-10-1552. *Crónicas del Reino de Chile,* Francisco Esteve Barba (Recopilador). En: **Biblioteca de Autores españoles**, Madrid, 1960, TCXXXI, p. 73.

5   Op. cit., p. 336-339.

6   Juan de Cuevas, vecino de Santiago, con Lope de la Peña, vecino de Mendoza, sobre los caciques Elchuna y Nicha /1575/. Colección de Historiadores de Chile, Santiago, **El Mercurio,** 1889, tomo III, p. 362.

7   Op. cit. p. 336.

8   Real Provisión por la que se faculta a Pedro del Castillo encomendar indios en Cuyo, 1560, en: **Revista de la Junta de Estudios Históricos de Mendoza, Mendoza**, 1934, I, p. 330.

9   Real Provisión facultando a Pedro del Castillo al reparto de tierras en Mendoza, 1561, en: **RJEHM**, Mendoza, 1934, I, p. 357, 1934.

10 **Actas Capitulares de Mendoza**, Buenos Aires, t. I, 1566-1609, 1945, p. 14.

11 La encomienda era la institución que servía para exigir legalmente el servicio de los indígenas. Hacia 1776 el jurista Juan de Solórzano y Pereyra la definió como *"un derecho concedido por Merced Real a los beneméritos de las Indias para percibir y cobrar para sí los tributos de los indios, que se les encomendaren por su vida, y la de un heredero, conforme a la ley de sucesión, con cargo de cuidar del bien de los Indios en lo espiritual y temporal y de habitar y defender las Provincias donde fueren encomendados y hacer cumplir todo esto, homenaje o juramento particular"*, Juan de Solórzano y Pereyra, Política Indiana, Madrid, tomo I, 1776, p. 233.

12 Visita realizada al servicio de indias y muchachos de encomienda, 15-6-1598, **AHM**, Protocolos N° 3.

13 **Actas Capitulares de Mendoza**, *op. Cit.* p. 44.

14 *Ibidem*, p. 50.

15 Si bien los esclavos africanos llegaron tempranamente a Mendoza -se tiene noticias de que comenzaron a comprarse ya durante el siglo XVI- no se realizará en el presente apartado el tratamiento de este grupo, dado que es necesario profundizar su estudio sistemático.

16 La cultura material fue reconstruida a partir de la información provista por los inventarios de los testamentos de la época ubicados en la Sección de Protocolos del **AHM**.

17 Entre los años 1610 a 1630, el total de encomenderos de indios huarpes ascendió a 34, de los cuales 23 residían en Santiago. Durante el lapso que se extiende desde 1630 a 1650 existían alrededor de 39 encomiendas, con 20 encomenderos en Chile y en el siguiente, 1650 a 1670, de 32 encomiendas, 17 pertenecían a vecinos chilenos.

18 Carta al Rey del Obispo Salcedo (26-2-1629). **RJEHM,** II. Sección Documental, Mendoza, 1936, p. 285.

19 Sempat Assadourian, Carlos. **El sistema de la economía colonial, mercado interno, regiones y espacio económico,** Lima, Instituto de Estudios Peruanos, 1982.

20 Prieto, María del Rosario. *El rol de la encomienda en Mendoza en los siglos XVI y XVII,* en: **Serie Científica**, Mendoza, 1988, N° 36, enero-febrero.

21 **Actas Capitulares de Mendoza**, Mendoza, Junta de Estudios Históricos de Mendoza. 1961, Tomo II. p. 335.

22 D. Inés de Aguilar... solicita vender los bienes de sus hijos menores, 1650. En: Juan Draghi Lucero. *Revelaciones documentales sobre la economía mendocina durante la época colonial.* **RJEHM,** XVI, p. 208. Mendoza, 1940.

23 **Actas Capitulares de Mendoza,** Tomo II, op. Cit., p. 253.

24 **Ibidem,** p. 176.

25 Testamento de José de Villegas, 1643, **AHM**, Carpeta 270.

26 *Cartas Anuas de la Provincia de Paraguay, Chile y Tucumán de la Compañía de Jesús.* **Documentos para la Historia Argentina**. Iglesia, T. XIX, p. 64. Buenos Aires, 1924.

27 Prieto, María del Rosario. *La frontera meridional de Mendoza durante los siglos XVI y XVII*, Mendoza, en: **Xama**, Mendoza, Publicación de la Unidad de Antropología, Área de Ciencias Humanas, CRICYT, 1989, Nº II.

28 Espejo, Juan Luis. **La Provincia de Cuyo del Reino de Chile**, 2 Vol. Santiago de Chile, Fondo Histórico y Bibliográfico "José T. Medina", 1954, p. 513.

29 *Ibidem,* p. 676.

30 Los vecinos de Mendoza solicitan Real Provisión para que no se extraigan indios de sus encomiendas, 1694, **AHM**, Sección Colonial, Carpeta 11.

31 Acta del Cabildo referida a la inexistencia de indios de encomienda. 25-2-1741, **AHM,** Sección Colonial, Carpeta 13.

32 Real Provisión para que se informe por qué motivo y causas reparte las pulperías de aquella ciudad, el Cabildo de Mendoza. 23-5-1711. **AHM**, Sección Colonial, Carpeta 12, Documento 12.

33 Los vecinos de Mendoza solicitan Real Provisión para que no se extraigan indios de sus encomiendas. 1694. **AHM,** Sección Colonial, Carpeta 11, documento 12.

34 Presentación del Procurador de la ciudad donde transmite las quejas de los vecinos. 1709. AHM, Sección Colonial, Carpeta 12, Documento 9.

35 Arancel para que se vendan los géneros de pulpería. 1709, **AHM**, Sección Colonial, Carpeta 12.

36 Real Provisión para que se informe por qué motivo y causas reparte las pulperías de aquella ciudad, el Cabildo de Mendoza. 23-5-1711, **AHM**, Sección Colonial, Carpeta 12.

37 Espejo, Juan Luis. *Op. cit.*, p. 508.

38 Espejo, Juan Luis. *Padrón de Mendoza de 1739*, en: RJEH, Mendoza, 1936, tomo II, 259-272.

39 Disposiciones para celebrar la Fiesta del Corpus. 15-5-1717. **AHM**, Sección Colonial, Carpeta 12, Documento 16.

40 Se ordena a los oficiales y maestros de oficios mecánicos de zapatería y sastrería que abran las calles. 21-8-1728. **AHM**, Sección Colonial, Carpeta 13, Documento 6.

41 Espejo, Juan Luis. *Op. cit.*, p. 571.

42 Acta del Cabildo de la Ciudad de Mendoza. 1719. **AHM**, Sección Colonial, Carpeta 12, Documento 18.

43 Libro de matrimonios, 1701-1742, **AEM**.

44 Gómez de Vidaurre, Felipe. **Historia Geográfica, Natural y Civil del Reyno de Chile,** COHCH, Santiago de Chile, 1776, XIV, p. 99.

45 Acta del Cabildo donde se prohíben los juegos de cartas, tabas y dados. 11-1-1738. **AHM**, Sección Colonial, Carpeta 13, Documento 12.

46 En 1785, Sobremonte en su Informe afirmaba que *"en el Curato de Corocorto y Las Lagunas hay cuatrocientos cincuenta y dos habitantes"*. En: Verdaguer, José Aníbal. **Historia Eclesiástica de Cuyo,** 2 vols. Milano, Premiata Scuola Tipográfica Salesiana, 1931.

47 Se nombra a los padres Marcos Videla y Juan Velázquez por doctrineros de los pueblos de Corocorto y Las Lagunas. 1753, **AGI**, Chile, legajo n° 138.

48 Assadourian, C. S., G. Beato y José C. Chiaramonte, **Historia Argentina de la Conquista a la Independencia.** Bs. As., Hyspamérica, 1999.

49 Prieto, María del Rosario. *Matrimonio y relaciones interétnicas en Mendoza.* Ideales y realidad, 1770-1810, en: **Anales de Arqueología y Etnología.** Mendoza, FFyL-U.N. de Cuyo, 1999, 50-51, p. 169-186.

50 Comadrán Ruiz, Jorge. **Evolución demográfica argentina durante el período hispánico (1535-1810),** Bs. As., EUDEBA, 1969.

51 Comadrán Ruiz, Jorge. *Las tres casas reinantes de Cuyo,* en: **Revista Chilena de Historia y Geografía.** Santiago, 1958, n° 126, p.80.

52 Weber, David. *Borbones y Bárbaros. Centro y periferia en la reformulación de la política de España hacia los indígenas no sometidos,* en: **Anuario IEHS,** Tandil, Facultad de Ciencias Humanas, Universidad Nacional del Centro, 1998, N° 13.

53 Fco. de Amigorena a los Alcaldes Corvalán y Videla. 3-12-1784. **AHM**, F.I.M., 2, E.C. Carpeta 54.

54 Prieto, María del Rosario y Patricia Dussel. *Relaciones interétnicas en una sociedad fronteriza. Los pehuenches del sur de Mendoza y el poder colonial entre 1780 y 1810.* Informe final CIUNC, 1999.

55 Borradores año 1781, **AHM**, Sección Colonia, Carpeta 55.

DE LAS REFORMAS BORBÓNICAS
A LA DESINTEGRACIÓN DE CUYO (c.1760-1820)

María Cristina Satlari

Procesión de Corpus Christi. Acuarela anónima realizada alrededor de 1760. La procesión de Corpus era la festividad más importante en la vida hispánica de América. Luego de los oficios religiosos la población festejaba con guitarreadas, cantos y bailes en pulperías y bodegones. Las fiestas duraban varios días.

Desde mediados del siglo XVIII, coincidentemente con la llegada al reino de España de Carlos III, comenzó a notarse cada vez con más fuerza en todo el ámbito de las colonias americanas el peso de lo que significaban para éstas los Borbones. Las famosas reformas borbónicas fueron tan significativas que, como dice John Lynch, se trató prácticamente de la reconquista de América. Sintéticamente, esa política española se pergeñó para que las economías locales trabajaran directamente para España y enviaran a la metrópoli el excedente de producción y los ingresos que durante años habían quedado en manos de las élites locales. Por cierto que la reforma administrativa más importante que tocó directamente a las provincias de Cuyo durante el reinado de Carlos III fue la creación del Virreinato del Río de la Plata en 1776, que las arrancó de la dependencia administrativo-política de Chile para hacerlas formar parte del nuevo Virreyato con capital en Buenos Aires. Pero ese acontecimiento, influyó menos en la vida regional diaria, económica y social que la política borbónica de "libre comercio" de 1778. Según fuera lo que producía, cada región o provincia era favorecida o desfavorecida por esa política borbónica. Unas pedían protección para los productos locales, caso de la Provincia de Cuyo (que producía vino, aceite, frutas secas y aguardiente); otras querían la libertad de comercio (caso del Río de la Plata, que producía productos que no competían con los de España). Iban naciendo así crecientes regionalismos por intereses encontrados dentro de los espacios coloniales americanos.

La magnitud de los alcances de las reformas borbónicas se sintió en todos lados, aun en las pequeñas jurisdicciones como la muy lejana y pequeña provincia de Cuyo. El tipo de reformas aplicado en Cuyo, además de las muy generales que tenían que ver con impuestos y cambios de administración, fueron fundamentalmente de control y centralización de actividades. Ellas son las que intentaron centralizar el pequeño comercio, los permisos para entrar o salir de la provincia y las reglamentaciones para observar cuidadosamente las festividades estatales, como el paseo del Estandarte Real, que se hacía desde la época de los Austrias en cada ciudad americana el día del santo de la ciudad. Aquí, como en Santiago de Chile, tocaba los 25 de julio.

Durante el lapso, 1770-1820, el telón de fondo de los grupos que tomaban las decisiones fue el pensamiento de la Ilustración[1].

Cuando se creó el Virreinato del Río de la Plata, en 1776[2], Mendoza era la capital del Corregimiento de Cuyo. Este comprendía las jurisdicciones de San Juan y San Luis. Las otras jurisdicciones que integraron el Virreinato del Río de la Plata hasta la Revolución de Mayo de 1810 fueron: Buenos Aires, Paraguay, Salta, La Paz, Charcas, Cochabamba y Potosí. Formaban parte también del nuevo virreinato, las gobernaciones de Montevideo, Mojos, Chiquitos y los pueblos de las misiones Guaraníes. Todas estas jurisdicciones debieron dejar de mirar al Pacífico y su centro económico, Potosí, para enfrentar el Atlántico, bajo la dirección de una pujante Buenos Aires comercial.

A partir de la creación del Virreinato del Río de la Plata, Cuyo en conjunto pasó de su dependencia de Lima a través de la Capitanía de Chile a depender de Buenos Aires. De la tradicional organización hispana con enfoque en el Pacífico se pasó a las novedades del Atlántico. Los primeros años después de la fundación, cuando no estaba todavía claro cuál sería la forma definitiva que la Corona iba a adoptar para este virreinato, Mendoza, a través de su Cabildo, se dirigía directamente al Virrey en Buenos Aires para todo asunto de gobierno y seguía con su Corregidor como la autoridad representante de la Corona.

Autoridades representantes de la Corona Española en Mendoza entre 1782 y 1810

El primero de los corregidores designado por el primer virrey del Río de la Plata don Pedro Antonio de Ceballos para Cuyo, fue el general Jacinto de Camargo. En 1782 renunció este funcionario y entonces el nuevo virrey del Río de la Plata don Juan José de Vértiz y Salcedo designó corregidor al general Pedro Giménez Castellanos. *"En este año de 1782 se suprimieron los corregimientos pero se resolvió que Giménez Castellanos integrara el período de cinco años para el cual había sido nombrado, lo que así hizo, ejerciendo esas funciones hasta el año 1787"*. Ese año el gobernador Intendente de Córdoba, que era el marqués de Sobremonte, nombró como subdelegado a don José Antonio Palacios, quien fue el primero que, conjuntamente con esas funciones, ejerció las de comandante de armas. Su período se extendió hasta 1803. Finalmente, en 1803 fue nombrado subdelegado de Real Hacienda y comandante de armas de Mendoza el comandante Faustino Anzay, ejerciendo el cargo hasta julio de 1810, en que fue depuesto por la Junta de Buenos Aires. Junto con Anzay habían llegado los dos ministros de Reales Cajas, don Domingo de Torres y Arrieta y don Joaquín de Gómez Liaño. Esto quiere decir que recién en esa fecha se completó en Mendoza el plantel de funcionarios de la Corona en la subdelegación de Mendoza. Estos tres funcionarios de la Corona fueron los que encabezaron la oposición a la Junta de Buenos Aires y los que fueron depuestos después por la misma en julio de 1810.

Tomado de Fernando Morales Guiñazú. Los corregidores y subdelegados de Cuyo 1561-1810. Facultad de Filosofía y Letras. Publicaciones del Instituto de Investigaciones Históricas. N LXX. Buenos Aires. Coni. 1936

Cuando quedó claro que la forma de organización del virreinato sería un régimen de intendencias, tal como exitosamente habían aplicado los Borbones en Francia, la clase dirigente mendocina que se hacía oír a través del Cabildo pensó que Mendoza sería capital de intendencia. La Real Ordenanza de Intendencias del 28 de enero de 1782 daba lugar a esa posibilidad. Más aún, a mediados de ese año, por consejo del virrey Vértiz, se creaba la Intendencia de Cuyo, pero finalmente la Real Cédula aclaratoria del 5 de agosto de 1783 impuso que Mendoza pasaba desde ese momento a formar parte de la Intendencia de Córdoba del Tucumán. La ciudad cabecera y a la que Mendoza quedaba subordinada era pues, Córdoba; las otras ciudades de la intendencia eran San Juan, San Luis y La Rioja. El escudo de armas de la Intendencia de Córdoba del Tucumán era un castillo con siete banderas y dos ríos caudalosos a sus pies [3]. Sin embargo, desde Mendoza no se cejó en el empeño de elevar la ciudad a capital de intendencia. Son innumerables los pedidos de las autoridades mendocinas en ese sentido. El último de aquellos, elevado a las cortes de Cádiz en febrero de 1810, se conoció allí tres meses después de la Revolución de Mayo.

Una de las características más importantes del régimen de intendencias instaurado significó que los oficios públicos que durante la época anterior realizaban los particulares serían ejercidos en adelante por los funcionarios especialistas y asalariados. Con respecto a esa situación, decía Agustín Álvarez en su *Breve Historia de Mendoza*: *"Los funcionarios españoles venían a hacer fortuna rápida en su empleo para regresar acaudalados, y los jueces eran por esto un peligro social. El hombre no puede tener casa firme en tierra propia donde no haya justicia para él, y no las tenía el indio que estaba a discreción de los funcionarios y de los patrones, como la paja a merced de todos los vientos"*[4]. Lo que desde España se pretendía con estas reformas, además de un mejor control y recaudación en las colonias, era hacer cumplir las leyes que, como sabemos, fueron muchas veces pasadas por alto o directamente ignoradas. A partir de la Ordenanza de Intendentes de 1783 se cambió la fórmula "obedezco pero no cumplo" que se venía practicando desde un siglo y medio atrás, por la que podríamos parafrasear así: "Obedezco, cumplo e informo de haberlo hecho con rapidez y exactitud"[5]. Con la reforma administrativa, entonces, se trató de evitar el acceso a los cargos por vía de herencia, compra, y nepotismo, que había sido habitual en el período anterior y que había resultado una forma fácil de obtener dinero para la Corona desde mediados del siglo XVII[6].

Al frente de cada intendencia, la Corona nombraba un gobernador intendente por un período de cinco años. Este funcionario era elegido de entre quienes acreditaran buenas carreras administrativas. Las atribuciones del gobernador intendente en toda su región eran amplias: hacienda, justicia, guerra y gobierno civil. Como Mendoza no era cabecera de intendencia, le correspondía un funcionario de menor rango, dependiente del gobernador intendente, el subdelegado. Desapareció entonces el cargo de corregidor de la época anterior, que era a la vez cabeza del Cabildo, y se estableció que debía existir una separación clara entre poder político y militar. El primero quedó en manos del Cabildo, la Corona se dejaba el derecho de recaudar, para lo que se nombrarían ministros de Reales Cajas, y el poder militar quedaba a cargo de un nuevo funcionario denominado comandante de armas. En este cargo se nombró en 1784 a don José Francisco de Amigorena.

Una situación muy especial puede ilustrar con respecto a la cuestión del poder en aquellas épocas de fines de la colonia. Amigorena, personaje muy eficiente en su tarea y muy deseoso de honores, con la fuerza de sus logros, de su personalidad y de las armas, comunicó al Cabildo, unos días antes de la celebración del Patrono en 1784, que a él se le debía colocar en el puesto y los honores que ostentaba el desaparecido cargo de corregidor. El Cabildo se negó a semejante atropello a sus fueros. Y Amigorena no cejó en sus pretensiones. Así las cosas, a pesar de que ya estaban listas las cuatro esquinas con los altares, las danzas preparadas y repicaban las campanas desde días antes como se acostumbraba, el Cabildo decidió suspender la procesión. No podía aceptar las pretensiones de Amigorena[7]. Los vecinos lamentaron la falta de fiesta y temieron más que nunca la ira del apóstol, que podía enviarles un terrible terremoto para castigar la falta. En tal situación, se comunicó la novedad al gobernador intendente de Córdoba, de la cual dependía Mendoza. El funcionario dio la razón al Cabildo en cuanto a no aceptar las pretensiones del comandante de armas, pero objetó que no se hubiese celebrado el paseo del Real Estandarte que se hacía en ocasión de la fiesta del Patrono de la Ciudad. Había sido esto una falta grave del Cabildo. Cuando en 1786, un vecino que era segundo comandante de tropas y a la vez alcalde de segundo voto preguntó -ceremoniosamente y con el respeto debido- a Sobremonte qué le correspondía hacer: pasar a buscar a los miembros del Cabildo con el resto del ejército o esperar como cabildante que lo pasara a buscar la tropa, éste le contestó: *"La casualidad de hallarse de alcalde ordinario no le ha de privar en manera alguna de las distinciones militares"*[8]. Los casos son ilustrativos: lo que subyace es la cuestión del poder. Como el último corregidor ya no tenía más que un poder nominal (o a la sazón ya no se encontraba en el cargo, porque si no Amigorena no podría haber pretendido usurparle el lugar), Amigorena, comandante de Frontera, designado por la Corona como jefe militar, creyó que con esto tenía reunido en su persona más poder que el Cabildo. Por su parte, el Cabildo acudió al gobernador intendente -que estaba por encima de ambos- para que dirimiera la cuestión. En el otro caso, Sobremonte le hizo entender al cabildante que antes que cualquier otra consideración estaban las obligaciones de cuidar los intereses de la Corona, y por lo tanto debía cumplir en primer lugar sus obligaciones de custodio y recién en segundo lugar atender los intereses locales, que eran los que atendía como cabildante.

El gobernador intendente representaba los intereses de la Corona; el Cabildo, los locales. Por eso, muchas veces las relaciones entre el Cabildo y el gobernador intendente no fueron del todo armónicas.

Sobremonte ejecutó en forma óptima su misión de recaudar más para la Corona, pero también cumplió una excelente tarea en cuanto a la protección de los intereses de los mendocinos principales: atendió el problema del indio (para lo cual tuvo un eficiente funcionario en Amigorena) y se preocupó por la seguridad y el desarrollo de la región. Vino a Mendoza en 1785. Promovió el desarrollo de poblaciones en las áreas fronterizas, tal el caso del fuerte de San Carlos, en el cual realizó la fundación de una villa enviando allí en matrimonio a mujeres huérfanas, a las que se las proveía de un pequeño ajuar de vestimentas y un subsidio; también hizo realizar necesarias obras de irrigación para contener los aluviones y facilitar el regadío. Fue en 1788 que comenzó la apertura del canal Jarillal, destinado a dotar de agua permanente a la ciudad y los cultivos inmediatos[9].

Algunos autores[10] reconocen en la acción en pro de fundaciones de villas del último tercio del siglo XVIII, como las que realizó Sobremonte, la estrategia que siguió la Corona para contrarrestar el perjuicio que había ocasionado el no contar con las reducciones jesuíticas -desde la expulsión de éstas en 1767-, que habían servido eficazmente de contención a los indígenas no sometidos.

La estrategia de Sobremonte para poblar el Valle de Uco fue la entrega de telares, el reparto de ganado y la constitución de una pequeña estancia común del vecindario, fomentando en ella la siembra de maíz, trigo, frutales y árboles para madera.

En 1805, para consolidar la frontera sur, el gobernador intendente mandó construir el fortín de adobes San Rafael, a orillas del río Diamante, tarea que el Cabildo mendocino encargó al acaudalado vecino don Teles Meneses.

En 1807 se hizo cargo de la gobernación de la Intendencia de Córdoba del Tucumán don Juan Gutiérrez de la Concha. En enero de 1809, el Cabildo de Mendoza enviaba a la Junta Central de Sevilla una comunicación en la que solicitaba para Cuyo la dependencia de la Capitanía General de Chile.

El proceso revolucionario de 1810

Hay que recordar algunos aspectos de la vida política mendocina de aquella época. En primer lugar, el Cabildo con sus siete
miembros con voz y voto[11]. Por otra parte, los tres funcionarios
de la Corona: subdelegado de Real Hacienda y Guerra y comandante de armas, don Faustino Anzay; ministros de las Reales Cajas: don Domingo Torres de Arrieta y don Joaquín Gómez de
Liaño. Estos tres últimos ejercían sus funciones en Mendoza, en-
viados por la Corona, desde 1803.

El 27 de enero el comandante Anzay había hecho saber, por bando público, la constitución de la Junta Central Suprema nombrada
para gobernar "a nombre de nuestro católico monarca Señor Don
Fernando VII". Todas las autoridades prestaron solemne juramento
de obediencia a la Junta. No faltaron el tedéum y las correspondientes salvas de artillería[12]. Por otro lado, respondiendo a la comunicación que se recibiese en febrero de 1810, el Cabildo eligió un candidato a diputado ante la Junta de España y lo envió a Buenos Aires.

Nada podía hacer imaginar en aquella Mendoza de 13.000 almas
que tan sólo un mes después los destinos políticos de don Faustino
Anzay, que rondando los cincuenta años era un español bien "quis-
tado" -"bien nacido y criado"-, y de don Bernardo Ortiz, el cabildante de más edad, edecán del cuerpo, estarían tan enfrentados. En
efecto, a fines de julio de 1810 don Faustino Anzay era enviado en-
grillado a Buenos Aires junto con los otros dos funcionarios de la
Corona. En cambio, el tranquilo cabildante, profesor de Filosofía en
la cátedra del Cabildo, y regidor por compra de su cargo desde treinta años atrás, don Bernardo Ortiz, era elegido por un Cabildo Abierto como delegado por Mendoza ante la Junta de Buenos Aires.

En la actuación del Cabildo mendocino, a partir de que sus miembros se anoticiaron oficialmente de los sucesos de Buenos Aires, se ven reflejadas actitudes que muchos han definido como típicas de la clase dirigente mendocina de la época. A primera vista se nota la intención de tomar prudente distancia de los sucesos, dilatar la decisión y reaccionar favorablemente a la conveniencia local. Pero un análisis que estudie que Mendoza había sido parte del Reyno de Chile durante más de 200 años y del Virreinato del Río de la Plata sólo los últimos treinta y cuatro permite apreciar el tironeo que sintió el grupo dirigente de Mendoza por obedecer a la tradición (la mirada al Pacífico representada por Córdoba) o a las novedades que llegaban desde Buenos Aires, o sea, las nuevas ideas y prácticas que venían desde el Atlántico

Los sucesos se desencandenaron a partir del 13 de junio de 1810, cuando al ocultarse el sol llegó cabalgando a toda velocidad, de Buenos Aires, el comandante de Frontera don Manuel Corvalán. Los cabildantes debieron anoticiarse esa misma noche del contenido de los pliegos, porque la reunión del Cabildo que se realizaba, desde siglos atrás los sábados, se hizo al día siguiente, que no era sábado.

Desde el 28 de abril las actas del Cabildo se venían cerrando con un rutinario "sin haber tenido asuntos de importancia que tratar", seguida de las firmas de los regidores presentes. Según relató posteriormente en sus memorias el comandante Anzay, las noticias de lo sucedido en Mayo en Buenos Aires se sabían extraoficialmente en la ciudad desde el 6 de junio. Cuando llegaron -de manos de Corvalán- oficialmente la noticia y la petición al Cabildo mendocino de adhesión a la Junta, los cabildantes pidieron un compás de espera. Tratarían el tema en una próxima reunión. En cuanto a la elección del diputado, dice el acta, se trataría *subcessivamente*. Al día siguiente la situación del Cabildo se complicó, pues llegó el despacho del gobernador de Córdoba, don Juan Gutiérrez de la Concha, pidiendo adhesión al virrey depuesto. El pedido estaba avalado por el prestigioso Santiago de Liniers. El asunto debió conversarse largo, aunque no han quedado constancias de aquellos cabildeos. ¿Qué hacer? La solución fue la dilación. Desensillar hasta que aclare, dirían los criollos. El acta del Cabildo consigna solamente que se convocaba para el 19 de junio a un Cabildo Abierto "a la parte más sana de la población" para tratar la cuestión. El día siguiente, sábado 16, en acuerdo ordinario, debía tratarse sobre abasto de carne, expediente promovido por don Josep Pescara. Pero no estaban los señores del Muy Ilustre Cabildo como para abasto de carne. Acordaron que se trataría el sábado siguiente, 23 de junio, sin sospechar que ese día habría resoluciones muy de otra índole.

El 19 de junio los cabildantes no estaban decididos todavía. Apuntaron en el acta que *han tenido por conveniente, mediante ciertas consideraciones, el dilatar para otro día el referido congreso por persuadirlo así la prudencia*[13]. Según refiere el historiador Lugones, fueron las noticias que llegaron el 22 a la noche, en las que Concha pedía la remisión de fuerzas armadas para presentar combate a la Junta de Buenos Aires, las que decidieron que varios vecinos se agolparan en la casa del alcalde de segundo voto, don Manuel José de Godoy y Rosas, y pidieran Cabildo Abierto para el día siguiente. Así se hizo. Acallado el bullicio de la gente que colmaba las galerías altas y bajas de la casa consistorial, treinta y ocho vecinos, además de los regidores, escucharon atentamente la lectura de la circular de Cisneros, la nota del Cabildo de Buenos Aires, la de la Junta y la del gobernador de Córdoba. Después de algunas discusiones que llevaron la reunión hasta entradas horas de la noche, se decidió final-

mente acatar a la Junta de Buenos Aires y enviar el diputado que ésta solicitaba. Sólo tuvieron voto contrario a esta decisión los dos
ministros de las Reales Cajas y el comandante de armas, don
Faustino Anzay. Cuando en 1812 los funcionarios españoles relata-
ron los sucesos al capitán al mando de la represión, decían: *"Aquellos mismos hombres que en los más triviales negocios se agitaban en
partidos y jamás pudieron ser reunidos parecía que habían cambiado la
naturaleza para aquel acto: todos fueron ecos de la primera voz: todos
se hallaron uniformes"*[14]. Entre las argumentaciones a favor del reconocimiento de la Junta se hizo presente la dependencia que los particulares intereses de Mendoza tenían de la capital. Un distancia-
miento con ésta tenía por fuerza que afectar profundamente la vida
económica, al punto que -son palabras textuales del acta- *"vendría
a experimentar los últimos períodos de su ruina"*[15]. Como era avanzada la noche, se dejó para el lunes siguiente, 25, la elección del diputado a la Junta de Buenos Aires. Esa misma noche del 23, en la casa del alcalde de segundo voto, don Manuel José Godoy y Rosas, se
reunieron los más activos partidarios de la Junta de Buenos Aires,
acaudillados por don Isidro Sainz de la Maza y por su sobrino el comandante de Frontera don Manuel Corvalán. De esa reunión surgió la deposición del comandante de armas, Anzay.

El 25 de junio se procedió en el Cabildo a la elección del diputado por Mendoza. Resultó electo don Bernardo Ortiz. Amarga
queja de los funcionarios españoles en el mencionado informe sobre los hechos. Dicen de Corvalán *"que por la sola bondad del Ex-
celentísimo señor Cisneros acababa de ser agraciado con este empleo,
sin mérito alguno para obtenerlo"*[16]. Ese mismo Cabildo decide de-
poner a Anzay y colocar en el puesto de comandante de Armas a
don Isidro Sainz de la Maza[17]. Maza se hizo cargo y dejó una pe-

queña guardia de 15 hombres custodiando el cuartel. Esta situación fue aprovechada por Torres, quien junto con "Liaño y Anzay y algunos veteranos artilleros ingleses y otros europeos"[18] redujo la pequeña guardia y se apoderó del cuartel, reponiendo a Anzay en su cargo. La revolución, en Mendoza, estaba sofocada.

El 10 de julio llegó una nota del gobernador de la Concha felicitando a los tres funcionarios españoles por el recobro de las armas y ordenándoles que acudieran con gentes, armas y municiones a Córdoba. Sin embargo, hasta que llegó de Buenos Aires el 16 el comandante Morón, que venía en requerimiento de auxilios por parte de la Junta de Mayo, nada se había hecho para responder a los pedidos de hombres armados que se reclamaban desde Córdoba. Otra vez estaba en manos del Cabildo la decisión; ésta sería la definitiva. Si tanto desde Córdoba como de Buenos Aires se requerían hombres y recursos de Mendoza, no quedaban dudas de que había que contribuir con un esfuerzo local a alguno de los dos bandos. Para ese entonces la posición españolista se había debilitado. El Cabildo se reunió el 20. Anzay dimitió de su cargo ante el cuerpo y fue moción que se depositara el mando en el segundo comandante, don Francisco Javier de Rosas, si a éste, viejo y enfermo, sus habituales achaques se lo permitían. El Cabildo castigaba a Isidro Sainz de la Maza por su pérdida ante los funcionarios españoles. Esa misma noche se envió en búsqueda del anciano de Rosas, se le instruyó del acuerdo y éste aceptó el cargo, del que lo puso en posesión el mismo Anzay.

Unos pocos días después eran llevados a Buenos Aires, engrillados, Anzay y los dos ministros de Reales Cajas. Mendoza estaba definitivamente del lado de la Revolución.

La Junta de Buenos Aires nombró al capitán José Moldes como

primer teniente gobernador y subdelegado de Real Hacienda para Mendoza. Así, un enviado de Buenos Aires fue el primer gobernante para Mendoza nombrado por el gobierno revolucionario.

Desde la llegada de Moldes, quedó claro que era Buenos Aires, como anteriormente había sido la Corona, quien seguiría designando las autoridades para Mendoza. Sin embargo, el Cabildo mendocino le hizo saber *"que lo que quería el pueblo era un jefe de la provincia de Cuyo"*[19]. No hubo respuesta a tal petición. De todas maneras, el elenco oligárquico criollo siguió con la hegemonía local que detentaba y sólo unos pocos españoles fueron dejados de lado en el juego del poder económico político. Los españoles que adherían a la causa no tuvieron ningún tipo de problemas. Por el contrario, algunas familias criollas se manifestaron por la causa de la Corona[20].

En febrero de 1811, con motivo de la disposición de la Junta Grande de que se formaran juntas en las provincias, se constituyó la de Mendoza. Pero unos meses después, la influencia de Rivadavia -como sabemos- provocó la disolución de la Junta Grande y la expulsión de los diputados del interior. Se disolvió en Mendoza la Junta y el Triunvirato designó como gobernador al coronel José Bolaños, quien desempeñó esas funciones hasta el 1 de diciembre de 1812.

En el transcurso de 1812 tuvieron lugar en Buenos Aires dos asambleas convocadas por el Primer Triunvirato. La primera elaboró un reglamento que dio forma a la Asamblea Provisional de las Provincias del Río de la Plata. En esa ocasión Mendoza estuvo representada por José Antonio Villanueva, partidario de Rivadavia. De todas maneras, como muchos de los componentes se opusieron al reglamento, Rivadavia disolvió la Asamblea y ordenó a los diputados que se retirasen *"como simples ciudadanos"*. Muy probablemente como reacción a la acción centralizadora de Rivadavia, el Cabildo mendocino eligió para la Segunda Asamblea a su peor enemigo, a la sazón en Mendoza: don Bernardo de Monteagudo, presidente de la Sociedad Literaria que se había formado en nuestra ciudad, foco hirviente de la resistencia, primero, y de la conspiración, después. Pero Rivadavia rechazó el diploma de Monteagudo comunicando al Cabildo la conveniencia de elegir otro.[21] El Cabildo mendocino insistió con la nominación de Monteagudo. Mientras ocurrían esas idas y venidas, se había producido en Buenos Aires la revolución del 8 de octubre de 1812, provocada por la Logia Lautaro, encabezada por San Martín. La revolución terminó con el Primer Triunvirato y con la influencia de Rivadavia. El Segundo Triunvirato, surgido de aquella revolución, eligió a Alejo Nazarre para remplazar a Bolaños. Nazarre estuvo en funciones hasta su jubilación, el 29 de noviembre de 1813. En esa fecha, el Supremo Gobierno Ejecutivo creó la Gobernación Intendencia de Cuyo, que comprendía, como antaño, las subdelegaciones de San Juan y San Luis. Se cumplía la vieja aspiración mendocina. El primer teniente gobernador destinado a Cuyo fue el coronel Florencio Terrada, quien en agosto de 1814 fue promovido a otro cargo en Buenos Aires. Durante su ausencia se hizo cargo del poder político el Cabildo. Posteriormente fue designado gobernador intendente el coronel Marcos Balcarce, por el director Gervasio Antonio Posadas. Cuando San Martín pidió la Gobernación Intendencia de Cuyo, para desde aquí organizar la defensa de la Revolución, Balcarce fue enviado a Chile en misión militar.

La campaña libertadora: San Martín en Cuyo

Al poco tiempo de asumir San Martín en Cuyo, a fines de 1814, llegaron a Mendoza los patriotas chilenos vencidos en Rancagua, entre ellos Bernardo O'Higgins y los hermanos Carrera. San Martín simpatizó con el primero de ellos y, apenas se manifestó disidencia entre los Carrera y O` Higgins, el gobernador de Cuyo mandó que saliesen los Carrera para Buenos Aires.

A mediados de 1815, la Junta de Observación sancionó el Estatuto Provisorio que debía regir a las Provincias Unidas y a mediados de año se realizó la elección de los diputados que debían concurrir al Congreso General convocado en la ciudad de San Miguel de Tucumán. Resultaron electos, con influencia del general San Martín, don Tomás Godoy Cruz y don Juan Agustín Maza.

Cuando a fines de julio de 1816 llegó la circular de Narciso Laprida, presidente del Soberano Congreso de Tucumán, notificando la declaración de la Independencia, *"la capital de Cuyo celebró este acto con un suntuoso Te Deum, con una gran parada del ejército, lujosos bailes, corridas de toros y cañas, magníficos fuegos de artificio confeccionados bajo la dirección de Beltrán y otras fiestas, prolongándose éstas por dos semanas"*[22].

En estas circunstancias San Martín decidió que ya era tiempo de dedicarse con mayor empeño al Ejército de los Andes y pidió relevo de su cargo de gobernador, como premio a sus esfuerzos. El Cabildo de Mendoza cedió a San Martín y a su hija 200 cuadras de terreno en la localidad de Barriales. En su remplazo fue nombrado el general don Toribio de Luzuriaga, quien se hizo cargo el 24 de setiembre de 1816. Luzuriaga fue un eficaz colaborador de la empresa sanmartiniana. Estuvo al frente de Cuyo hasta 1820, cuando renunció ante el desmembramiento de la región (San Juan y San Luis se proclamaron provincias independientes de Mendoza).

Mendoza estaba llamada a ser una tierra de realidades y concreciones para el general San Martín. La aridez del medio convirtió a sus pobladores en hombres y mujeres industriosos, estimulados en su acción por el ejemplo de aquél. El trabajo cotidiano, reflejado en la lucha contra el desierto a través del riego, había fecundado en los cultivos. Alfalfares, cereales, frutales, entre estos la vid, se destacaban en sus campos.

Sin duda alguna, la economía de Cuyo era el producto de la tarea diaria y así lo mostraba su agricultura, una cuidada ganadería, los viejos yacimientos minerales y una rústica industria.[23]

Los habitantes se habían transformado, por necesidad, en hábiles operarios, especializados en distintas artes de la época, como herreros, zapadores, arrieros, expertos en el transporte, prácticos alarifes y artesanos. Las mujeres, por su parte, eran hábiles tejedoras y expertas cocineras.

Fue en este medio austero y sacrificado en el que los mendocinos vivían mansamente su rutina diaria, donde San Martín encontraría las condiciones más apropiadas para cumplir su cometido. Su breve estadía en las provincias del Norte al mando de un ejército derrotado lo habían decidido a buscar otro destino. "La patria no hará camino por estos lados", había sido la conclusión de su lucha por los territorios norteños, y había vuelto su mirada hacia Cuyo.

La estratégica ubicación geográfica, cercana a la cordillera, donde preveía pasar sin mayores dificultades a Chile y emprender su campaña libertadora sudamericana, le permitía disponer de los hombres y de los medios necesarios. Sus viejos caminos, aun a costa de atravesar la mole andina, le ofrecían entonces una posibilidad de marcha hacia el Pacífico. En la tierra, aunque pobre, encontró la fuente de materias primas que sus tropas requerirían, y en sus sencillos habitantes, dotados de un noble espíritu, halló el elemento esencial para transformar un territorio en un gran taller de la libertad, en un germen de la nación en armas.

Supo buscar entre sus más destacados hombres a sus más fieles colaboradores, desde el joven hijo de las familias patricias hasta el más humilde paisano, y descubrir en ellos no al manso soldado sino a un aliado de la causa libertadora, y supo además encontrar el lugar adecuado para cada uno de ellos[24].

No escapaba a San Martín que el ambiente público mendocino le era favorable, pero esa incipiente devoción hacia el nuevo gobernador intendente, mostrada a través de una cálida recepción y de una respuesta notable a sus solicitudes, debía corresponderse con el ejemplo y la acción responsable. La justicia, energía y patriotismo serían guías de su actuar y la marca permanente de su gestión de gobierno. Supo hacerse querer y respetar por sus gobernados, aun cuando el esfuerzo solicitado parecía no tener fin.[25]

La situación económico-financiera de la campaña sanmartiniana

No hay campaña militar que pueda realizarse sin los recursos indispensables para cumplirla con éxito. Por ello, al asumir su cargo en nuestra ciudad, debió San Martín fijarse un objetivo primordial, como era el adecuar el sistema económico cuyano y sus escasas rentas, preparándolo para responder al esfuerzo que se aproximaba.

Sus medidas debían ser lo suficientemente elásticas como para responder a las cambiantes condiciones políticas y militares, pero basadas en las reales condiciones imperantes en el comercio, la industria y la producción mendocina de aquellos años, gravemente perjudicadas por la reconquista realista del vecino Chile. Debía San Martín aumentar los recursos y disminuir necesariamente los gastos, en el marco de un plan financiero de difícil implementación por la situación imperante. Estableció contribuciones especiales, regularizó impuestos y fijó gravámenes para el sostén del ejército, en un delicado equilibrio que marcó la más severa imposición sin destruir los recursos productivos y a su vez conformando fondos de reservas a los cuales recurrir cuando la situación así lo demandara. Medidas y requerimientos debían lograr sus objetivos sin provocar descontento ni oposición. Con firmeza, el futuro libertador encontró su justo término y obtuvo una respuesta favorable de sus gobernados.[26]

La admiración entre el gobernador y su pueblo era recíproca. Así lo plasmó San Martín con estas palabras: *"Admiro en efecto que un país de mediana situación sin erario público, sin comercio ni grandes capitales, falto de maderas, pieles, lanas, ganados... haya podido elevar de su mismo seno un ejército de tres mil hombres despojándose hasta de sus esclavos -únicos brazos para su agricultura- concurrir con sus pagos y subsistencias y a la de más de mil emigrados; fomentar los establecimientos de maestranzas, laboratorios de salitres y pólvora, sala de armas, batán, campamento; erogar más de tres mil caballos, siete mil mulas, innumerables cabezas de vacuno; en fin, para decirlo de una vez dar cuantos auxilios son inimaginables, y que no han venido de esa capital (Buenos Aires), para la creación, progreso y sostén del Ejército de los Andes".[27]*

La evolución en Mendoza del plan sanmartiniano

Las preocupaciones militares no fueron impedimento para que, con la misma efectividad del ámbito castrense, desarrollara San Martín una notable acción de gobierno desde setiembre de 1814, plena de logros e innovaciones. La activación económica lo llevó a estimular la producción en general. Con ampliación de los canales de riego y su saneamiento extendió las áreas cultivables, y con el cateo de minas de cobre y plomo logró con sorprendente rapidez promover la minería mendocina.

Prosperaron durante su gobierno las industrias de curtidos, tejidos y talabartería. También lo hicieron los ramos de herrería y la preparación artesanal de sencillos productos alimenticios que abastecieron tanto al ejército como a la población civil.

Numerosos bandos se leyeron en las esquinas habituales para atender al progreso de la ciudad. Los vecinos hubieron de blanquear los frentes de las viviendas, limpiar la extensión de la Alameda y colaborar en el equipamiento del ejército. El orden que puso en la actividad de las pulperías, las disposiciones contra el juego y la prohibición de galopar en las calles redundaron en la seguridad de sus habitantes; mientras que con la creación de dispensarios, la implementación de una verdadera campaña de vacunación antivariólica y la lucha contra la hidrofobia mejoró la salud. La creación de nuevas postas de correo en Mendoza y en San Juan dio un nuevo impulso a las comunicaciones, estableciendo una ruta directa al Norte argentino, evitando el extenso rodeo que imponían los largos caminos por Córdoba.

Encaminadas sus tareas gubernamentales, San Martín fue dedicando más tiempo a la formación del ejército. Sobre la base de las tropas existentes en Cuyo más el aporte de los auxiliares de Chile, comandados por Juan Gregorio Las Heras, fue desarrollando la maquinaria bélica destinada a libertar medio continente. La introducción de tácticas napoleónicas y la especial preparación de sus hombres llegados de diferentes puntos del país, engrosados por las levas de esclavos y ciudadanos de la región, modificó en las tropas los medios militares de aquellos años, alejándose radicalmente de las guerras de montoneras acostumbradas en estas tierras.

La formación de este ejército de excelencia requería un lugar adecuado en las cercanías de la ciudad. Su búsqueda se inició sin pérdidas de tiempo. Sobre esto dice el entonces cadete Gerónimo Espejo: *"Se exploraron los alrededores y se hallaron terrenos aparentes a cuatro o cinco leguas, pero al general le convenía una de mayor inmediación para no desatender ni la instrucción del ejército ni el giro de los asuntos gubernativos. Por esta circunstancia fortuita el que se encontró más adecuado fue uno adyacente al paraje El Plumerillo que distaba más de una legua al noreste de la ciudad"*[28]. Había nacido el Campo de Instrucción, que sería la escuela de las tropas sanmartinianas donde, en las barracas delineadas por el sargento mayor Álvarez Condarco del cuerpo de ingenieros, los noveles reclutas se transformarían en aguerridos soldados bajo la atenta mirada de San Martín, quien en más de una oportunidad tomó personalmente a su cargo el entrenamiento de los hombres.

Los oficiales completaban su formación con clases teóricas en las que recibían información de las tácticas y estrategias europeas que muchos de ellos supieron aplicar en la campaña y en guerras posteriores. Más allá de las discusiones acerca de la ubicación del Campo de Instrucción, que ha concitado el interés de los historiadores, el actual emplazamiento cumple muy bien su función de símbolo de una de las gestas más gloriosas de América. Hoy, desde el Campo del Plumerillo hasta el mismo Cristo Redentor y en las distintas rutas sanmartinianas de la provincia, el trayecto está jalonado por importantes lugares históricos vinculados a la campaña libertadora, permitiendo a quien los recorre formarse una acabada idea de las enormes dificultades que debieron ser salvadas por el genio militar del general San Martín para convertir su sueño de independencia sudamericana en una realidad cierta y tangible.

El plan continental de independencia que bullía en la mente del futuro libertador exigía preparar un ejército "pequeño pero bien disciplinado" en suelo mendocino, sorprender al enemigo cruzando la cordillera de los Andes y liberando a Chile para luego reforzar las tropas con la incorporación de las del país trasandino. Desde allí avanzar desde el Pacífico y atacar al Perú por mar, mientras un ejército de observadores en el camino del Alto Perú deberían empujar a los realistas hacia Lima y, luego de la ocupación de este bastión colonial, continuar la marcha libertadora hacia el norte.

El primer obstáculo era claramente visible: conducir el ejército con todos sus materiales y bagajes, incluida la artillería, a través de un terreno totalmente inhóspito; asegurando a la vez que el mismo, al final del penoso recorrido, estaría en condiciones de dar aquella gran batalla que el Libertador ya había previsto fuese en la Cuesta de Chacabuco. Este cruce andino ha pasado a la historia como uno de los hechos de armas más grandiosos que ha visto el mundo. Así se refieren a él importantes historiadores militares que no escatiman elogios para una de las acciones militares de mayor relevancia en la historia de la libertad sudamericana.

Los probables caminos por transitar fueron recorridos innumerables veces por oficiales, baqueanos y hasta el mismo comandante en jefe del ejército, para elegir los más convenientes en función de los objetivos militares a alcanzar. Así fue que el conocimiento del terreno fue prioritario en la elaboración de los planes. Para conocerlo se usaron las más variadas fuentes de información: testimonios de viajeros, viejas cartografías y reconocimientos personales. En varias ocasiones, desde setiembre 1814 hasta la primavera de 1816, fue directamente San Martín quien realizó numerosos reconocimientos desde el valle de Uspallata hasta los caminos de importancia entre San Carlos y San Juan. Por su parte, el cuerpo de ingenieros del Ejército de los Andes, debió hacer lo mismo en un frente de 300 kilómetros, relevando las distancias a cronómetro y luego volcando sus conclusiones en planos parciales y generales. Debió analizar las ventajas y desventajas topográficas que presentaba cada uno de ellos, su practicabilidad y la disponibilidad de recursos naturales indispensables. Esta evaluación llevó a establecer una combinación de rutas que permitieran cumplir las premisas de la campaña, tomar objetivos principales y secundarios, inducir a la población a adherir a la causa de la independencia y dar en una sola y gran batalla el golpe decisivo al poder realista en Chile[29].

Esta verdadera labor de ingeniería estratégica llevó a San Martín a elegir seis grandes rutas, desde el Norte argentino, en la provincia de La Rioja, hasta nuestro Sur mendocino, en el actual departamento de Malargüe. Nacen así los caminos que pasarían a la historia como las "rutas sanmartinianas", de las cuales Uspallata, del Portillo y Planchón se encuentran totalmente en nuestro territorio provincial, mientras que la seguida por el grueso de las tropas, el de Los Patos, se comparte en su recorrido con la provincia de San Juan.

Por el primero de esos trayectos marcharían los hombres del entonces coronel Juan Gregorio Las Heras, con expresas órdenes de llegar al Valle de Aconcagua el 8 de febrero de 1815, luego de requisar ganado y copar guardias enemigas en las estibaciones cordilleranas, hasta tomar contacto con la vanguardia del ejército, conducida por el brigadier Soler. Días después avanzaría por los mismos senderos el esforzado capitán fray Luis Beltrán, con la artillería patriota. Por el camino del Portillo argentino, en las cercanías del Manzano Histórico, marcharían algunos milicianos y blandengues bajo las órdenes del capitán José León Lemos, con la misión principal de simular ser la vanguardia de las fuerzas principales, desorientando a los realistas y fomentando la insurreción. Por el paso del Planchón lo harían los hombres del teniente coronel Ramón Freyre, patriota chileno quien con escasos 190 hombres debía cumplir objetivos similares.

El grueso de la tropa, con el Estado Mayor comandado por San Martín, emprendería el duro camino al norte, en busca de tierra sanjuanina, para vencer la cordillera de Los Patos, dejando atrás alturas de más de cuatro mil metros en el Espinacito, e ingresando a Chile por los pasos de las Llaretas y Valle Hermoso. El encuentro con los hombres de Las Heras cerraría esta etapa, abriendo el capítulo de la gran victoria.

Vida cotidiana y formas de sociabilidad en Cuyo 1810-1820

En una sociedad estamentada como era la de fines del virreinato, muy distinta era la vida cotidiana de las clases acomodadas que la de artesanos, agricultores y aun la de los esclavos. Obviamente, de las clases más acomodadas tenemos testimonios, y memorias; de las otras, sólo alguna observación al pasar, anécdotas escritas para pintoresquismo y algunos otros pocos rastros.

Sin embargo, no era la sociedad mendocina aquélla donde hubiese sólo dos clases, la de los señores y la de la gente esclavizada o semiesclavizada constituida por mestizos, indios, mulatos y zambos, como afirman algunos historiadores.[30] Existía una cantidad de grupos intermedios, que no poseían tierras pero que producían algún tipo de bienes que podían comerciar con las clases acomodadas. Ellos son probablemente las muchedumbres que menciona Hudson y que muchas veces llenaban las salas consistoriales. Estos grupos tenían reconocimiento legal y pagaban impuestos y está sobradamente probada su existencia en las ordenanzas que mencionamos de Sobremonte con respecto a la reglamentación de oficios durante su gobernación intendencia.[31]

En cuanto a la espiritualidad o a las inquietudes intelectuales, parece que no eran muchas. Desde varios años atrás Mendoza contaba con varios abogados, hacia 1819, recibidos en Córdoba o en la Universidad de San Felipe, Chile.[32] Después de la Revolución de Mayo llegaron otros. El pensamiento ilustrado se afianzó con la llegada de la Revolución, a partir de 1810.

Escuelas secundarias, preparatorias de la universidad, lo que en esos tiempos por influencia francesa se llamaban colegios, en Mendoza no había. Existían hacia 1810 pocas escuelas de primeras letras, *"dos o tres pagas por el Estado y otras particulares que cobraban un corto estipendio",* dice Hudson, pero parece que la de don Francisco Javier Morales era la mejor: *"La suya, que costaba a cada alumno un peso fuerte al mes, por sólo la enseñanza, era la preferida. Todas las familias acomodadas y también muchas que no lo eran, pero que hacían grandes esfuerzos, enviaban allí a sus niños a educarse".*[33]

Ambiente de la ciudad de Mendoza hacia 1810

"Aquella sociedad debía ser naturalmente conservadora, como formada en el trabajo y en el ahorro. Alejada de los centros comerciales, sin vías fáciles de comunicación, con un tráfico apenas discreto aunque constante -especialmente en vinos y en frutas, que desfilaban en arrias y carretas por la calle de la metrópoli virreinal, que llamaban "de los mendocinos"-, la vida de nuestros abuelos debió deslizarse dentro de una modesta mediocridad, que la falta de grandes fortunas haría más soportable al evitar las comparaciones siempre desazonadoras.

Fácil es imaginar el cuadro familiar. La amplia casa solariega, con anchos corredores y patios inmensos, donde habían nacido los abuelos y esperaban morir los nietos, apenas reparada, sin perder su característica cuando algún fuerte remezón de tierra agrietaba sus paredes, como en el temblor de Santa Rita, del 22 de mayo de 1782, o bien cuando una creciente de la sierra bajaba con más violencia que de ordinario por la calle de los Valenzuela, con el consiguiente espanto del buen comendador de la Merced y sus seráficos hermanos, primeras víctimas del aluvión. Luego la finca cercana a la ciudad, donde ya la viña "de cabeza" prodigada en abundancia, constituía la característica de paisaje que sobre el contrafuerte de la cordillera, de un azul iluminado de sol y rodeando a la ciudad, divisaba el viajero por el camino real a poco de dejar la última posta del Rodeo del Medio. Grupos de olivos dispersos y álamos frecuentes -debidos éstos a la iniciativa del síndico del Cabildo don Juan Francisco Cobo, magnífico y progresista cantábrico, a la tierra de su adopción- completaban el panorama del que emergían, característicos, tres pinos gigantescos, uno junto a la torre de San Francisco, en el templo que fue de los jesuitas, y los otros dos hacia el norte, en el vecino distrito de las Chimbas. Allí, en cubas y tinajas, a modo rústico, como en las Geórgicas virgilianas, fabricábanse el vino y el aceite, molíase el trigo en tahonas rudimentarias y secábanse en frágiles cañizos los orejones de la fruta. O bien era la estancia lejana, sobre las orillas del río como llamaban por antonomasia al río Mendoza, o en torno al fuerte de San Carlos, en el Valle de Uco, o en el distante San Rafael, de fundación reciente, cuyo nombre evocaba en los mendocinos, con grato recuerdo, al progresista aunque amilanado marqués de Sobremonte, -estancias a las que desvastaban con frecuencia los rapaces maloqueos de los pehuenches. En la ciudad, la tienda y el almacén, especie de emporio de mercaderías más o menos heterogéneas, eran la característica del comercio, con frecuencia contiguo a la casa de familia. Constituía a la vez el centro de la sociabilidad diaria y mundana, a semejanza de nuestros clubes, al formar con sus tertulias habituales el comentario cotidiano de los sucesos de la ciudad. Allí los padres de familia comentaban la última rencilla del Cabildo y, algunas veces, los acontecimientos lejanos de la política europea, en sus relaciones con la corte y la eterna amenaza inglesa, en tanto que la niña discreta sonreía al joven dependiente, hijo como ella de familia distinguida, mientras la calmosa mamá hacía revolver los anaqueles en prolija e interminable elección de paños y cordobanes... El comercio era la carrera de porvenir en aquel entonces y solía empezar con frecuencia, y aun para los mejores, con el matutino barrido de la tienda...".

Tomado de Manuel Lugones. El pronunciamiento de Mendoza por la Revolución de Mayo. Junta de Historia. Mendoza 1925. P. 10 y 11

El lugar de encuentro donde se juntaban señores y sirvientes y cambiaban comentarios sobre los sucesos públicos y las últimas noticias era la plazuela de la casa de Correos, que ocupaba un ángulo de la plaza principal. Los correos llegaban semanalmente los viernes a la tarde, parece. Aquel sitio era en ese tiempo el punto de numerosas reuniones que, con ocasión de la llegada semanal de las valijas de correspondencia de todas las carreras. *"Iban unos a recibir la suya, otros a saber noticias, de grande interés, en la situación, para todos. Allí como en un club, al aire libre, se hablaba de negocios mercantiles, de la guerra, de política, de todo. Abundaban los "mariscales" o elaboradores de planes estratégicos, los tribunos y los corredores de noticias falsas, inventadas, que de boca en boca corrían hasta llegar a conseguir, cincuenta, sesenta ediciones cada una, por de contado, con sus respectivas correcciones, aumentaciones y comentarios"*.[34]

Durante la época de las guerras de independencia cada uno de los bandos, godos o patriotas, se identificaba hasta en la vestimenta y el peinado. Las mujeres vestíanse cada una con los colores de su bando y hasta en la raya del pelo mostraban la diferencia: hombres y mujeres patriotas peinaban su pelo a la izquierda, los españolistas, a la derecha. *"Algunas señoras principales adictas al gobierno español fueron reprimidas hasta con prisión de algunas horas, o destinadas a servir en los hospitales"*.[35] En el informe de los delegados de Real Hacienda dando cuenta de lo que sucedió en Mendoza, éstos refieren que desde tempranos días de la adhesión a la Junta de Mayo, los revolucionarios mendocinos obligaban a los vecinos a usar una cinta blanca para mostrar su filiación a la causa revolucionaria.[36]

En cuanto a las diversiones, existían las fiestas públicas que eran motivo de reunión, esparcimiento y demostración de poder, pero también sabemos que las familias mataban el ocio reuniendo en tertulia a sus amistades. Los viajeros eran siempre muy bien recibidos, especialmente si eran comerciantes ingleses. Ellos son quienes han dejado notables frescos de la vida mendocina.[37] Pero también existían diversiones cotidianas, como es el caso de las pulperías, que en 1789, cuando todavía no contaban con el auspicio de las autoridades, sumaban 70 y que producían una buena contribución al fisco. En 1813, con motivo de una consulta de un vecino de Cruz de Piedra para instalar una cancha de bolas, le contesta el teniente gobernador Alejo Nazarre *"que es indispensable tengan las gentes de la clase que comúnmente se inclinan a estos juegos donde reunirse para evitar otros entretenimientos más perjudiciales".* Pero más adelante advierte el procurador del Cabildo que se vigile *"para no permitir excesos, pero ni que jueguen en día de trabajo más personas que aquellas que puedan hacerlo sin perjuicio de sus ocupaciones y en ningún tiempo esclavos ni hijos de familia".*[38] De lo que deducimos que a estos juegos solían acudir esclavos e hijos de familia.

Después de creada la Alameda, y especialmente con la importancia que San Martín le dio a ese espacio público, proliferaron los cafés y tiendas de helados a su vera. Allí concurrían oficiales y sus señoras o novias por las tardes. Entre ellos no faltaban el general San Martín y el general Luzuriaga y sus respectivas esposas, que después de dar unas cuantas vueltas a lo largo de aquella hermosa calle de elevados y frondosos álamos se sentaban a tomar café o helados, según la estación.[39] Es de destacar que la Alameda vertebró la vida ciudadana. A partir de aquellos primeros álamos plantados en 1808, crecieron hasta casi un siglo después. La ciudad comenzó a rechazar el damero fundacional volcándose la edificación a lo largo de la avenida San Martín, que se constituyó en el nuevo eje de la ciudad, alejándose del centro cuadriculado alrededor de la plaza y extendiéndose a lo largo de la Alameda.[40]

Contexto socioeconómico: continuidades y cambios

En 1778 se dictó el Reglamento de Aranceles reales para el libre comercio de España e Indias. Esto quiso decir que se habilitaron algunos otros puertos en España, además de los de Cádiz y Sevilla, y veinticuatro en América, entre ellos el de Buenos Aires, para el comercio con España. Pero como el expreso propósito de la reglamentación era proteger la industria española y fomentar la venta de sus productos, se prohibió la producción en las colonias de ciertos bienes que pudieran competir con la industria imperial. Mendoza sufrió en los vinos, aguardientes, aceitunas y aceites tales restricciones. La cuestión fue muy clara: en las instrucciones remitidas al virrey Vértiz con motivo de los reglamentos para el libre comercio de 1778 se ordenaba: *"Tengan cuidado de no consentir que en esas provincias se labren paños, ni planten viñas, ni olivares, por muchas causas de mucha consideración que a ella obligan y principalmente habiendo allí provisión bastante de esas cosas, se aminora el trato y comercios en estos reinos".*[41] Con la disminución de la producción vitivinícola y frutícola, la oligarquía se volcó a la ganadería y al cultivo del trigo, productos ambos que comercializaba en Chile. Cuando el gobernador intendente Sobremonte abolió el impuesto que pagaban los efectos de Mendoza y San Juan al pasar por Córdoba, revivió la industria vitivinícola. El censo de 1784 mostró que existían en Mendoza 31 bodegas, de las cuales nueve pertenecían a clérigos.[42] El censo anterior, de 1780, había comprobado la existencia de quince bodegueros, de los cuales nueve eran clérigos. De esta situación se deduce que, aunque en menor escala, se daba aquí la regla como en el resto de América: la Iglesia era, en su conjunto, muy rica en la época colonial, de forma que su control no sólo era el social, a través de lo confesional, sino que sus intereses económicos pesaban también.

Hacia la época de la Revolución, en 1810, el aparato fiscal de la Corona resultaba mucho más eficiente que en la época anterior a la Ordenanza de Intendentes. Se habían reglamentado los oficios de los hombres libres, aumentado el impuesto a los indios y mejorado la recaudación en general. En todo ese aparato estatal, el Cabildo tenía un papel preponderante, ya que al estar compuesto por los vecinos propietarios era muy eficiente en desalojar a los pobladores de las tierras ocupadas sin licencia, formar milicias para defender las poblaciones, encarcelar pobres para emplearlos en trabajos forzosos e incorporar mujeres para poblar la frontera o a trabajar sin paga en el servicio doméstico. Por otra parte, el Cabildo dominaba el comercio. Fijaba el precio de los productos de la tierra, permitía la introducción de artículos del interior y exterior, fiscalizaba el mercado local, reglamentaba los jornales y aranceles, y registraba la compra-venta.[43] Es interesante destacar que el Cabildo mendocino había estado elevando continuas quejas sobre el yugo impositivo, al que consideraba sometida a Mendoza durante más de un siglo. Las quejas se reiteraron durante todo el dominio borbónico.[44]

En el período de la campaña libertadora o de economía de guerra, el gobierno central tomó la decisión de que Cuyo cumpliera un rol decisivo en el camino de la liberación. Para ello envió los medios financieros y de guerra. La empresa dirigida por el general San Martín permitió ordenar eficazmente los recursos.

Por otra parte, Buenos Aires, desde la Revolución, no contaba con una pieza esencial en lo comercial como fue el Alto Perú, retenido por los realistas hasta 1825. Por lo tanto, cerrada esa ruta comercial, se afirmaba el eje comercial con dirección oeste-este. En ese sentido la ubicación geográfica de Mendoza era clave.

Definida la estrategia, con Mendoza como asiento del ejército libertador, la economía de guerra llevada a cabo por San Martín se estableció *"a través de un sistema combinado de auxilios patrióticos, exacciones e impuestos extraordinarios, contribuciones regulares y arbitrios de todo género que no agotaban la común fuente productiva, o daban su dinero o su trabajo".*[45]

La economía tradicional de Mendoza se basaba en los vinos, aguardientes y frutas secas. Esos productos siguieron siendo los más importantes, aunque para poner en marcha la economía de guerra San Martín favoreció la expansión y diversificación de la producción regional.[46] Para ello mandó mejorar y aumentar las obras de irrigación. Así se expandieron la frontera agrícola y la explotación de las tierras fiscales. Entre otros incentivos, el general ordenó que aquellos que hubiesen invertido capital en arreglar y cercar predios podrían ser propietarios de hasta cien cuadras de terreno. A la clase de los pobres se le permitió poseer hasta 20 cuadras si eran para cultivo. Por otra parte, San Martín gestionó y obtuvo la abolición de algunos impuestos nacionales que gravaban los productos regionales: uvas, vinos y frutas.[47] A esos productos los gravó el General al efecto de imputarlos para la campaña libertadora.

Las nuevas industrias que se afincaron para la producción destinada al ejército fueron las de monturas, arneses y demás elementos de cuero, herraduras, rifles, cañones, pólvora, frazadas, ropas. La necesidad de insumos para algunas de estas industrias impulsó el surgimiento y expansión de las actividades mineras, tales como las del oro, cobre, plata y plomo, las cuales también incentivaron el crecimiento económico de la región.

Cuando partió el ejército, el grupo económicamente más afectado fue la fracción oligárquica, entre otras cosas porque se redujo notablemente la fuerza de trabajo esclava de su propiedad.[48]

Cuando Cuyo se desmembra en 1820, junto con el comienzo de la inestabilidad política y la casi desaparición del Estado nacional, en cada una de las provincias de Cuyo se reconstituye el elenco oligárquico. Y en todo el territorio comienza una política impositiva de miras cortas que aplicaba grandes gravámenes a los productos de las otras regiones a través de las aduanas interiores. Esta política impositiva, que comenzó a partir de 1820, también se aplicó en Mendoza y repercutió negativamente en el desarrollo del comercio, la agricultura, la ganadería y la industria.

Autoridades en Mendoza desde 1810 a 1820

Enviado a la Junta Grande en 1810, don Manuel Ignacio Molina por fallecimiento en setiembre de 1810 de don Bernardo Ortiz

TENIENTES GOBERNADORES

(cuando Mendoza era parte de la Intendencia de Córdoba del Tucumán):

- **Julio de 1810:** capitán José Moldes, primer teniente de gobernador y subdelegado de Real Hacienda nombrado por la Junta de Buenos Aires.
- **1811:** Junta gubernativa compuesta por Javier de Rosas, Clemente Godoy y Antonio Moyano.
- **1812** (enero a diciembre): Teniente coronel José Bolaños.
- **Diciembre de 1812 a noviembre de 1813:** Don Alejo Nazarre.

GOBERNADORES INTENDENTES
(por decreto del Triunvirato Peña, Larrea, Posadas, del 29 de noviembre de 1813, con las ciudades de Mendoza, San Juan y San Luis se formó la Provincia de Cuyo, con capital en Mendoza):

• **Noviembre de 1813:** Coronel don Florencio Terrada hasta agosto de ese año, en que fue promovido a otro cargo.
• **Agosto de 1814:** General don Marcos Balcarce, quien fue luego enviado a Chile.
• **Setiembre de 1814**: Coronel don José de San Martín. Ratificado en abril de 1815 por el Cabildo de Mendoza cuando el director Alvear intentó destituirlo y nombrar en su lugar al teniente coronel don Gregorio Perdriel.
• **Setiembre de 1816:** Coronel don Toribio de Luzuriaga, nombrado por el director Pueyrredón cuando San Martín decidió que debía dedicar toda su atención al Ejército de los Andes. Luzuriaga renunció en enero de 1820, ante los alzamientos federales después de la sublevación de Arequito.

REFERENCIAS

1   Ver Arturo Roig. *Las luces en la ciudad agrícola*, en **Mendoza en sus letras y en sus ideas.** Mendoza. Ediciones Culturales, 1996 y el capítulo *Ilustración y neoclasicismo* en su **Biblioteca Intelectual de Mendoza.** Ediciones El Terruño, 1966.

2   Entre las motivaciones del eficaz Carlos III para crear un nuevo virreinato se encontraron la amenaza portuguesa y la debilidad económica del sistema potosino. El nuevo virreinato nacía con la energía militar, burocrática e ideológica de la España de la Ilustración y, por ende, con todo el vigor de la modernidad.

3   Jorge M. Scalvini. **Historia de Mendoza.** Mendoza. Spadoni, 1965, p. 80.

4   Agustín Álvarez. **Breve historia de la Provincia de Mendoza.** Imprenta Oficial de la Provincia de Mendoza. 1932. p.13.

5   Alberto Daniel Gago. **Dinámica de acumulación, poder y conflictividad social en la región de Cuyo a través de los siglos.** Tesis doctoral.1995. Tomo 2. p. 153.

6   Cuando comenzaron a venderse los cargos públicos y por Real Cédula de Composición de Tierras de 1631, la Corona obtuvo la mayor recaudación que necesitaba. En América, estas novedades significaron dos cosas revolucionarias: que ya no se necesitaba merced o Real Cédula en pago de servicios políticos o militares para obtener tierras, sino que el simple dinero permitía la adquisición de tierras y cargos. Dice Larriqueta (op. cit.): *"El inocente recurso fiscal rompía las compuertas sociales y allanaba el camino de la nueva burguesía terrateniente que en seguida buscará la alianza con la antigua aristocracia de la fundación".* p. 154.

7   Manuel Lugones. *Cronicón de siglo y medio; de cómo el Patrón Santiago se quedó sin procesión.* En **Los Andes**, 29 de julio de 1934.

8   Esteban Fontana. *El Patrono Santiago y su festividad en la época colonial.* En **Revista de la Junta de Estudios Históricos de Mendoza.** Segunda época, año II n. 2 1962. p. 9.

9   Lucio Funes. **Mendoza Colonial.** Mendoza Artes Gráficas. 1931. p. 72.

10 Saguier, op. cit.

11 Alcalde de primer voto Joaquín de Sosa y Lima, alcalde de segundo voto Manuel José de Godoy y Rosas. El cargo de regidor fiel ejecutor lo tenía en forma vitalicia desde 1789 don Bernardo Ortiz. Era éste el miembro más antiguo y de más edad. Alférez real era Jacinto Espínola; regidor alcalde provincial, Francisco Javier Correas; regidor de Menores y Pobres, Pedro Josep Pelliza, y procurador síndico, Juan Francisco Cobo. En total, siete miembros con voz y voto.

12 Nota de Anzay al Cabildo. Cit. por Lugones, op. cit. p. 17.

13 Libro de Actas del Cabildo. Año 1810. Época colonial. Carpeta n.18. Documento 11. Archivo Histórico de Mendoza.

14 *Informe de los ex ministros de la Real Hacienda en Mendoza, José Torres y Harriet y Joaquín Gómez de Liaño, al capitán general del Río de la Plata, don Gaspar de Vigodet,*

sobre la Revolución de Mayo. Reproducido en **Revista de la Junta de Estudios Históricos de Mendoza**. Segunda época, año 1. N. 1 Mendoza. 1961. Pp. 225-233. p. 226. (El original en el Archivo General de Indias, Sevilla, España).

15 Acta del Cabildo del 23 de junio de 1810. Reproducida en Lugones. op. cit. p 38-41.

16 Informe p. 228.

17 Este era el padre de Juan Agustín Maza, luego diputado al Congreso de Tucumán.

18 Antonio Zinny. **Historia de los gobernadores de las provincias III**, parte 2. pp. 25.

19 Scalvini op.cit. p. 115.

20 Según Hudson, las familias por la causa patriota fueron en un comienzo Molina, Corvalán, Sotomayor, Godoy (una rama), Rosas, Correas, Benegas, Moyano, Vargas, Delgado, Jurado, y Segura Videla. Contrarias a la causa de la revolución: las de Zeballos, Maza, Godoy (otra rama) Sosa y Lima, Bustamente, Mont, Palacios y Videla (otros). op. cit. p. 20.

21 Scalvini, op. cit. p. 118 y 119.

22 Hudson,op. cit. p. 81.

23 Lorenzo Dagnino Pastore. **El medio y el hombre en la estructuración del Ejército Libertador**. Publicación N° 14 Universidad de Buenos Aires. Facultad de Ciencias Económicas. Instituto de la Producción. Buenos Aires. 1950, p.15.

24 Dagnino Pastore, op.cit. p. 27.

25 Ernesto J. Fitte. *Vicisitudes de San Martín en Cuyo*. Separata de **Anales de la Academia Sanmartiniana**, N° Instituto Nacional Sanmartiniano Academia Sanmartiniana, Buenos Aires, 1962, p. 6.

26 Alfredo Estévez y Oscar Horacio Elía. **Aspectos económico-financieros de la Campaña Sanmartiniana**. Comisión Nacional Ejecutiva, 156ª Aniversario de la Revolución de Mayo. Buenos Aires, 1961, pp. 103-105.

27 Fitte, op. cit. p. 30.

28 Gerónimo Espejo. **El paso de los Andes; crónicas históricas del Ejército de los Andes para la restauración de Chile en 1817**. Librería La Facultad de Juan Roldán, Buenos Aires. 1916, p. 384-388.

29 Leopoldo R. Ornstein. **La Campaña de los Andes a la luz de las doctrinas de guerras modernas**. Tomo II, Buenos Aires, Talleres Gráficos del Colegio Militar 1929, p. 3-15.

30 Cfr. Scalvini, op. cit. y Segura. **El tiempo de Cuyo**, Mendoza 25 de mayo de 1960.

31 Cfr. Scalvini, op. cit., y Segura. **El tiempo de Cuyo**, Mendoza 25 de mayo de 1960. El concepto de grupos intermedios está tomado de Rolando Mellafe Rojas y Lorena Loyola Goich, de su *Músicos y cantores, interlocutores de la sociedad colonial americana*. En **Cuadernos de Historia 13**, Universidad de Chile. Diciembre de 1993. pp. 55-67. quienes afirman que en las sociedades estamentales americanas *"los grupos intermedios se caracterizan por estar en una constante lucha hacia arriba, para lograr conseguir más exenciones y facilidades que signifiquen fortalecer su poder y*

afianzar su existencia como tal y, al mismo tiempo, presionando hacia abajo porque de esa manera pueden usufructuar de parte de los bienes y el trabajo de los grupos sometidos" (p. 56).

32 Estos eran Manuel Ignacio Molina, Tomás Godoy Cruz, Juan Agustín Maza, Pedro Nolasco Ortiz, Pedro Nolasco Videla, Manuel Calle, Francisco Delgado, licenciados Gregorio Ortiz, Juan de la Cruz Vargas. (Hudson, Op, cit. p. 29).

33 Hudson op. cit. p. 135-135.

34 Hudson op. cit. p. 12.

35 Hudson. op. cit. p. 20.

36 Informe p. 229.

37 Los viajeros que escriben mostrando aspectos de la vida mendocina entre 1810 y 1820 son, entre otros, Samuel Haigh, John Miers y Alexander Calcleugh. Entrañables fragmentos de estos relatos de viajeros y de otros, a lo largo de varios siglos, ha recopilado Rosa Guaycochea de Onofri en **Historia de ciudades, Mendoza, del Centro Editor de América Latina**. 1983. Está agotado, pero se puede consultar en todas las bibliotecas públicas de la provincia.

38 Del procurador al Cabildo de Mendoza, 1813. Archivo Histórico de Mendoza. Cit. en Acevedo (1973) p. 32.

39 Hudson op. cit. p. 86.

40 Rosa Guaycochea de Onofri. **Arquitectura de Mendoza. Gran Mendoza 1780-1925 Mendoza**. Universidad de Mendoza. Facultad de Arquitectura y Urbanisno. 1978 p. 1 y sgts.

41 Cit. por Gago p. 159.

42 Lucio Funes. **Mendoza colonial**. Artes Gráficas Mendoza. 1931. pp. 51 y 65.

43 Gago op. cit. pp. 193-194.

44 Edberto Oscar Acevedo. *Factores económicos regionales que produjeron la adhesión a la Revolución*. **Revista de la Junta de Estudios Históricos de Mendoza**. Segunda Época. Año 1. N° 1. pp. 107-134.

45 A. Álvarez, op. cit. p. 30 cit. Por Gago op. cit. p. 221-222.

46 Que Mendoza era relativamente próspera se puede inferir por la arquitectura: las casas y edificios fechados entre 1780 y 1830 tienen características constructivas de mejor calidad y más cuidadas que las del período posterior que va desde 1830 hasta la llegada del ferrocarril en 1885. Cfr. Guaycochea de Onofri op. cit.

47 Gago. Op. cit. p. 226.

48 Cuyo aportó 800 esclavos al Ejército Libertador, a quienes se les daba libertad a cambio del servicio de las armas. El resto del país aportó otros 800. El Estado se hacía cargo de la indemnización a los dueños de los esclavos. Massini Correas op. cit.

BIBLIOGRAFÍA

Acevedo, Edberto Oscar. **La revolución en Mendoza; investigaciones sobre el período 1810-1820.** Universidad Nacional de Cuyo. Facultad de Filosofía y Letras. Instituto de Historia. Mendoza. 1973. (Documentados trabajos sobre José Lorenzo Güiraldes, un precursor de la Revolución en Cuyo, y otros a favor y en contra de ella, y sobre la ideología y los distintos tipos de la resistencia a la Revolución de algunos contemporáneos a los sucesos revolucionarios).

Bagú, Sergio y Félix Weinberg. *La sociedad Argentina I; síntesis crítica de su desenvolvimiento durante una primera etapa de su historia.* **Polémica 20.** Centro Editor de América Latina 1970. (Presentación de las grandes líneas del desenvolvimiento social argentino desde el virreinato hasta 1853).

Comadrán Ruiz, Jorge. *Mendoza hacia la Revolución de Mayo.* En Varios autores, **La ciudad de Mendoza a través de cinco temas.** Buenos Aires. Fundación Banco de Boston. 1991, p. 77-117. (Trabajo que si bien está enfocado en la ciudad, es también una síntesis del punto de vista de la historiografía mendocina hispanista y fidelista con respecto a la independencia de España).

Documentos para la historia del general San Martín. Ministerio de Educación de la Nación. Instituto Nacional Sanmartiniano y Museo Histórico Nacional. Buenos Aires. 1953-1957.

Espejo, Gerónimo. **El paso de los Andes. Crónica histórica de las operaciones del Ejército de los Andes para la restauración de Chile en 1817.** Librería "La Facultad", de Juan Roldán. 1916.

Estévez, Alfredo y Oscar Horacio Elía. **Aspectos económicos-financieros de la campaña sanmartiniana.** Comisión Nacional Ejecutiva. 150º Aniversario de la Revolución de Mayo. Buenos Aires. 1961.

Funes, Lucio. **Mendoza Colonial.** Artes Gráficas Mendoza. 1931. (Trabajo pionero en la investigación sobre la historia de Cuyo en la época colonial).

Furlong, Guillermo. **El Paso de los Andes 1817-1819.** Buenos Aires. Huemul. 1967.

Gago, Luis Alberto. **Dinámica de acumulación de poder y conflictividad social en la región de Cuyo a través de los siglos.** Tesis doctoral. Mendoza. Universidad Nacional de Cuyo Facultad de Ciencias Políticas y Sociales. 1995.

Hudson, Damián. **Recuerdos históricos sobre la provincia de Cuyo. 1810-1852.** Crónicas y datos complementarios 1852-1966 por Edmundo Correas. Mendoza 1966. (Obra fundamental para empezar a leer acerca de esta época de la historia regional. Hudson fue mendocino de familia de actuación política, por lo que vio o le contaron muchos de los sucesos que narra. Escribió estas memorias en 1854 en base a recuerdos, entrevistas y documentos. La transcripción de muchos de ellos, hoy desaparecidos, aumenta el valor de su trabajo. Aunque en la actualidad agotada, se puede consultar Recuerdos... en la Biblioteca Pública General San Martín y en las de la Facultad de Filosofía y Letras y Central de la Universidad Nacional de Cuyo).

Larriqueta, Daniel. **La Argentina renegada**. Buenos Aires. Sudamericana. 1992. (Un excelente trabajo de síntesis de las grandes líneas de la política indiana española; de lectura ágil que facilita la comprensión de la inserción de Mendoza en el contexto hispano hasta los primeros años después de la independencia.

Lynch, John. Administración colonial española 1782-1810. El sistema de intendencias en el Río de la Plata. Buenos Aires. Eudeba. 1962. (Todavía hoy la obra clásica sobre el tema).

Lugones, Manuel. **El pronunciamiento de Mendoza por la Revolución de Mayo**. Publicación documental. Junta de Historia. Mendoza. 1925. (El autor, historiador y periodista, utilizó también tradiciones orales que al momento de escribir el opúsculo todavía se escuchaban en Mendoza. Se puede consultar en la Biblioteca Pública General San Martín).

Massini, José Luis. **La esclavitud negra en la República Argentina**. Epoca Independiente. Revista de la Junta de Estudios Históricos de Mendoza. Segunda época. Año 1. N. 1. 1961. Pp.135-164.

Morales Guiñazú, Fernando. **Los corregidores y subdelegados de Cuyo. 1561-1810**. Facultad de Filosofía y Letras. Publicaciones del Instituto de Investigaciones Históricas. Nº LXX. Buenos Aires. Coni. 1936. P. 112. (Cronología de las autoridades de la Corona en Cuyo. Se puede consultar en la biblioteca de la Fac. de Fil. y Letras y en la Central de la UNC.)

Ornstein, Leopoldo. **La Campaña de los Andes a la luz de las doctrinas de guerra modernas**. Talleres Gráficos del Colegio Militar. Buenos Aires. 1929.

Otero, José Pacífico. **Historia del Libertador don José de San Martín**. Tomo II. Biblioteca del Oficial. Volumen 689. Buenos Aires. 1978.

Raffo de la Reta, Julio César. Mendoza 1810-1820. En **Historia de la Nación Argentina**, X. Academia Nacional de la Historia Buenos Aires, 1947.

Punta, Ana Inés. **Córdoba Borbónica; persistencias coloniales en tiempo de reformas (1750-1800)**. Tesis doctoral. Córdoba. Universidad Nacional de Córdoba. 1997.

Roig, Arturo Andrés. **La Filosofía de las Luces en la Ciudad Agrícola. Páginas para la historia de las ideas argentinas**. Publicación del Departamento de Extensión Universitaria de la UNC. 1968.

___ *Los "Amigos del país" de Mendoza dentro del ámbito cultural hispanoamericano*. **Cuyo. Anuario de Filosofía Argentino y Americano**. 18-19, años 2001-2002. Instituto de Filosofía Argentina y Americana. Mendoza. República Argentina. pp. 184-194

Saguier, Eduardo. *El mercado de mano de obra indígena, liberta y mestiza y su impacto en la estabilidad del estado colonial. El caso de encomiendas del interior del espacio colonial rioplatense*. En **Cuadernos de Historia** N° 13. Departamento de Ciencias Históricas Facultad de Filosofía y Humanidades. Universidad de Chile. 1993, pp. 69-140.

Sánchez Ramos, Ignacio. **En el virreinato del Río de la Plata don Rafael de Sobre-monte. Secretario de Vértiz, gobernador intendente de Córdoba, inspector de Armas, virrey, mariscal de Campo, consejero de Indias. Contribución al estu-dio para su reivindicación histórica**. Buenos Aires. Peuser. 1929. (Primer inten-to documentado y valioso para revalorar la actuación de Sobremonte como buen funcionario de la Corona Española).

Satlari, María Cristina. *Festejos en la Mendoza colonial*. En Varios autores. **Colón y Mendoza colonial**. Mendoza UNO. 1997, p. 15- 19. (Descripción y análisis de las fiestas públicas y su lugar en el sistema de vida colonial para los distintos grupos que componían la sociedad).

Scalvini, Jorge M. Historia de Mendoza. Mendoza. Spadoni. 1965.

Torre Revello, José. **El marqués de Sobremonte. Gobernador intendente de Córdo-ba y virrey del Río de la Plata**. Buenos Aires. Publicación del Instituto de Inves-tigaciones Históricas. Facultad de Filosofía y Letras. Universidad de Buenos Aires. 1946. N. XCIII.

Zinny, Antonio. **Historia de los gobernadores de las provincias argentinas III. Par-te II; Provincia de Mendoza (1810-1881)**. Buenos Aires. Hyspamérica. 1987. (Clásico trabajo de la historiografía liberal realizado a fines del siglo XIX).

LA MENDOZA CRIOLLA.
ECONOMÍA, SOCIEDAD Y POLÍTICA (1820-1880)

Beatriz Bragoni

La Mendoza criolla se moderniza. Vista general de la Plaza Independencia que abarca cuatro manzanas con la cordillera de Los Andes al fondo. Foto de Christiano Junior de 1880, tomada desde la calle Unión, hoy Peatonal Sarmiento.

Estas páginas ofrecen al lector un panorama de la vida económica, social y política de Mendoza entre 1820 y 1880. Se trata de un período importante en torno al cual la provincia andina ofrece novedades de diversa índole. Por una parte, a lo largo de esos sesenta años, el perfil productivo que había dominado la vida durante la colonia cambia sustancialmente al entrar en crisis la producción de vinos y caldos cuyanos, como consecuencia del comercio libre implementado por el reformismo borbónico. La desintegración de circuitos mercantiles, que por siglos habían alimentado las nervaduras del mercado interno colonial, afectó gravemente la economía mendocina. Sin embargo, entre 1820 y 1850, la provincia asiste a un proceso de recuperación económica a partir de la venta de ganado en pie a Chile y de la producción de trigo y harinas. El aumento de la actividad ganadera se vinculaba con la expansión ganadera del Litoral, como también de la cría de ganado en microrregiones cordobesas que luego era engordado en alfalfares cuyanos para su posterior venta en el mercado chileno. En cambio la relevancia del cereal se explica en el abastecimiento del mercado local y de localidades de la ruta del Litoral. En consecuencia, el perfil productivo de la provincia se modificó sustancialmente en aquellos años. En 1852 Damián Hudson observaba que los viñedos habían sido abandonados casi por completo en beneficio de los alfalfares y cereales. El panorama de esa recuperación estuvo lejos de brindar condiciones estables y seguras para las transacciones: guerras, escasez de circulante, limitaciones en materia de transporte, pluralidad de monedas y debilidad de las finanzas públicas representan las notas más recurrentes del contexto inestable en el que se desenvolvió la economía provincial entre 1820 y 1880. Esas inestabilidades no se convirtieron en obstáculo en la formación de nuevas fortunas familiares que fueron decisivas en la reestructuración económica del siglo XIX.

En el orden político las innovaciones también fueron relevantes. Por una parte, en 1820 la provincia emerge como entidad política autónoma o soberana, al igual que la gran parte de las provincias argentinas organizadas sobre la base de las catorce ciudades fundadas por los conquistadores en los albores del dominio español en América. Por otra, entre 1820 y 1880 se configura un esquema de poder amparado en la legalidad republicana en el que convergen normas e instituciones que vigorizan el espacio político local. Esa arquitectura política estaba formada por actores sociales y actores políticos diferentes a los que habían dinamizado el juego de poder durante el orden colonial. Una sociabilidad política cruzada por solidaridades familiares y de amistad, y por funciones militares, políticas y administrativas se entrelazaba con identificaciones doctrinarias afines al liberalismo del ochocientos, ya sea en sus vertientes federales o unitarias, nacionalistas o autonomistas. A pesar de la sobrevivencia de las guerras civiles entre 1820 y 1880, el papel de los notables y de sus redes de relaciones políticas y sociales dio lugar a la edificación de un orden político relativamente exitoso que sintetizó las nuevas instituciones nacidas con la Revolución de 1810 con tradiciones, usos y prácticas del antiguo régimen español.

De la crisis de la vitivinicultura colonial a la ganadería comercial

Cuando Woodbine Parish visitó Mendoza en 1827 advirtió que la "ciudad agrícola" reunía algunas ventajas al servir como punto de intermediación entre dos mercados en franco crecimiento. A los ojos del cónsul británico, la conexión de Mendoza con el "extranjero" había hecho surgir "una especie de espíritu comercial entre los habitantes, estimulándolos hacia hábitos más industriosos" que no había localizado en su larga travesía. De acuerdo con Francis Head, esos atributos eran semejantes a los de sus pares ingleses residentes en Valparaíso, en donde, a excepción de un médico, todos se dedicaban al comercio. La percepción de los visitantes se asimilaba a la del sanjuanino Domingo F. Sarmiento cuando en *Facundo* (1845) había identificado Mendoza como la "Barcelona del Interior".

Hacia 1827 las exportaciones e importaciones de Mendoza permiten apreciar en primer lugar la mediación ejercida por la ciudad al interior de un amplio espacio económico. Ellas manifiestan que, a pesar de las dificultades arancelarias, financieras y políticas, de las inestables y primitivas condiciones de comunicación y traslado -tan señaladas como barreras para el normal desenvolvimiento del comercio interprovincial-, Buenos Aires constituía su principal mercado: allí arribaba el 80% de los caldos, el 75% de las frutas secas y el tercio de trigos y de las harinas. Chile en cambio recibía productos derivados del ganado: cueros, jabón, sebo y ganado en pie. El gobernador Pedro Molina reconocía que cerca de 10.000 cabezas de ganado cruzaban la cordillera cada año. En cuanto a las importaciones, Buenos Aires surtía el 64% de los "efectos de ultramar", que se sumaba al 16% de productos que ingresaban desde Chile, como textiles y diversos útiles de ferretería. En parte, esos beneficios eran producidos por una disposición del gobierno de 1824 que declaró libres de derechos a los artículos ingresados desde Chile, disposiciones que quedaban sujetas a condiciones de reciprocidad. Entre tanto, de Santa Fe provenía el 20% de las introducciones representadas por productos variados como yerba, arroz y azúcar. El consumo de textiles europeos en la ciudad parece haber estado bastante generalizado. Así al menos lo consideró Francis Head en 1825, cuando constató que en la ciudad "casi todas las casas son tienditas y las mercaderías que muestran son principalmente algodones ingleses". (Head,1986:56). Por esos años Samuel Haigh, al dar por concluida su estadía mendocina previa a su paso a Chile, afirmaba que Mendoza importaba "toda clase de manufacturas europeas de Buenos Aires, que es el canal directo de aprovisionamiento, pero en tiempo de guerra civil, cuando el camino había estado infestado por merodeadores, han suplido sus necesidades trayendo artículos de Chile". (Haigh,1988:53)

Este esquema de relaciones comerciales no parece haber dado condiciones de prosperidad. En 1828 la balanza comercial de Mendoza era desfavorable y la situación se agudizaría en los años siguientes. Esa situación explica el reclamo realizado por el entonces gobernador Pedro Molina ante el gobierno de Buenos Aires, y el *convenio particular* celebrado junto a San Juan con la República de Chile en 1835. Molina escribía el 8 de enero de 1835: "La desproporción inmensa en las introducciones de efectos ultramarinos comparada con la exportación de frutos del país, y que siendo necesario para llenar aquel déficit la extracción de numerario, la balanza de comercio es de todo punto desfavorable, resultando de aquí un principio corrosivo que gradualmente nos conduce a una ruina infalible. El gobierno y el pueblo todo de Mendoza están tocando hace mucho tiempo este estado. Imposible mirar con indiferencia el cuadro que ofrece un pueblo entero sumido en la escasez y marchando con rapidez a su total aniquilamiento[...] Al gobierno de Mendoza le es doloroso sobremanera ver el estado de conmoción en que se halla la provincia de su mando, y convencido de que sólo podrá salirse de él adoptando medidas que tiendan a dar una justa protección a su industria y producciones, se dirige al Exmo. de Bs Aires de quien es lícito esperar, por su posición, por sus luces y por hallarse al frente de los pueblos argentinos, que no mirará con fría indiferencia la muerte que amenaza a una provincia hermana cuyos intereses están ligados con los del gran pueblo de Buenos Aires que tan dignamente Ud. preside". (Peña y Lillo,1937:288)

Para entonces la exportación de vinos y aguardientes de Mendoza hacia Buenos Aires exhibía una presencia exigua, y las administraciones de Córdoba y San Luis habían elevado los derechos de tránsito. A diferencia de otras provincias, como Corrientes o Entre Ríos, el panorama que presentaba la balanza comercial de Mendoza era desolador: en 1828 las importaciones representaron 590.389 pesos plata y las exportaciones sumaron 227.720; en 1833 el cuadro era más agudo: 245.895 pesos plata frente a 36.500; finalmente, en 1834, el estado de cosas era asfixiante: 244.490 y 50.438 pesos plata. Ante esta situación Molina solicitó al gobierno de Buenos Aires "una justa protección a la industria y producciones nacionales", porque "la experiencia de hechos prácticos" recomendaba finalmente que había que prevenir "la ruina completa" que amenazaba a los pueblos. Sólo poniendo "un dique a la codicia extranjera, por medio de un sistema prohibitivo respecto, al menos, de aquellos artículos que la nación produce y cultiva", era posible obtener recursos que permitieran constituir definitivamente el país.

Al igual que en otras provincias, las finanzas públicas de

Mendoza dependían de los derechos de tránsito, es decir, de los impuestos o gravámenes al comercio; en situaciones de excepción se recurría a empréstitos forzosos. (Coria y Varo, 2001) Hasta 1855 se mantuvo la estructura tributaria colonial. Alcabalas y diezmos, imposiciones al ramo de carnes y derechos de tránsito completan el cuadro hacia 1830; después, el gobierno discrimina el gravamen al papel sellado y suma derechos de patentes. La presión fiscal ejercida por el gobierno mendocino, como sugiere Chiaramonte, evocaba criterios y prácticas neomercantilistas amparados en el status confederal vigente, representando una estrategia orientada a mejorar la introducción de la producción regional en un mercado que experimentaba un crecimiento singular. De allí la importancia que adquiría el tráfico mercantil para los precarios Estados provinciales de la época. Después de 1855 se introducen impuestos a la exportación de ganado, cobre y sobre el uso de los potreros a cargo de empresarios chilenos. En general, los esfuerzos para imponer obligaciones tributarias a la propiedad territorial fueron infructuosos.

La estrategia de Molina de mejorar los lazos mercantiles con Chile trajo como consecuencia una reducción de los aranceles a productos naturales e industriales, a excepción del vino. De tal forma se reiniciaron las reexportaciones de ganado, frutas secas y artesanías diversas. El convenio se renovó en 1838. Años después, en 1842, Chile suspendió su vigencia para luego reanudarla en 1846. (Segreti, 1977). Como se sabe, estas negociaciones generaron persistentes tensiones entre el gobierno de Mendoza y Rosas; en apariencia, las condiciones estables que existían en Chile beneficiaron a varios argentinos que emprendieron el camino del exilio después de 1840, dando lugar a una serie de conexiones entre ambos lados de la cordillera que culminaron en la formación de compañías comerciales y en un activo intercambio mercantil. A juicio de Vicuña Mackenna, pocas diferencias de sociabilidad podían ser percibidas en Chile y en Mendoza al promediar el siglo XIX.

Hacia 1850 el volumen de las exportaciones hacia Chile experimentó un marcado ascenso: frutas secas, sebo y jabón seguían representando los principales productos de exportación, que se sumaba a la reexportación de ganado en pie proveniente de Buenos Aires y otras regiones dinamizadas por la expansión ganadera del sur de Santa Fe y de Córdoba. El negocio de engorde de ganado en la provincia alcanzó tal magnitud que sirvió para que el chileno Vicuña Mackenna definiera a Mendoza en 1855 como el "potrero de la Confederación argentina". En efecto, 80.000 cuadras sembradas de alfalfa representaron una sólida evidencia de que el rubro de labranza estaba vinculado con el comercio de exportación de ganado. La abundancia de alfalfa hacía que el sistema de pastos artificiales se redujera al engorde; poca cantidad podía ser destinada a pasto enfardado, que se realizaba sólo en grandes explotaciones. Para entonces el campo se explotaba con técnicas muy rudimentarias, a excepción de la trilla, que era realizada con yeguas y algunas máquinas. De esta manera, el esquema de relaciones económicas dependía de variables ambientales y de simplificados esquemas productivos.

Las intensas relaciones comerciales de Mendoza con Chile se confirman en mayo de 1852, cuando el gobierno provincial adoptó la moneda de cobre chilena en virtud de la urgente necesidad de surtir de monedas menores que permitieran "pequeñas transacciones a las clases más acomodadas" y acceder a "artículos de primera necesidad para los menesterosos"[1]. A esa conclusión se arribaba después de evaluar la conveniencia de no acuñar una moneda provincial en virtud de la inminente organización de la Nación, como también de considerar las ventajas que ofrecía una moneda acreditada en una república que mantenía fuertes lazos con Mendoza. La adopción del cobre chileno se daba bajo ciertas condiciones: cada peso equivalía a diez décimos, y quien introdujera a la provincia un valor superior a 25 pesos obtendría un premio o interés del 25%. Vale agregar que los cobres chilenos pretendían sumarse a la circulación de la moneda boliviana y al patrón metalista que regía en casi todas las provincias. En 1867 un decreto del gobierno estableció la equivalencia oficial de las monedas que circulaban: la onza de oro equivalía a 16 pesos fuertes y a 20 pesos bolivianos; el cóndor chileno, a 9,25 pesos fuertes y 11,56 pesos bolivianos. La circulación del papel moneda de Buenos Aires era prácticamente nula en Mendoza hacia 1870. Este momento coincide con la aparición de los primeros bancos de emisión en la provincia: en 1866 comenzó a operar el banco *Daniel González y Cía.,* que sobrevivió hasta 1879, una asociación de negocios familiares que incluía socios chilenos. Luego le siguieron el *Banco de Mendoza,* cuya gerencia estaba a cargo de Tiburcio Benegas, futuro gobernador provincial en los años ochenta, y la casa de *Fernando Raffo,* un inmigrante italiano de temprana radicación en la provincia.

Entre 1860 y 1872 un ciclo de prosperidad experimenta el comercio de Mendoza con Chile, aunque también se evidencian intensas relaciones con el Litoral. Para entonces la construcción del ferrocarril Rosario-Córdoba introdujo expectativas favorables para sectores mercantiles vinculados a esos mercados: la recuperación del viñedo coincidió con un aumento considerable de la producción de trigo y harinas cuyo destino eran localidades de la ruta, que convergían en Rosario. Los artículos importados que provenían de Chile englobaban tejidos varios (como el bramante), lienzo, licores, arroz, aceite, cigarros, café, drogas, útiles de ferretería y mercería, máquinas, muebles, perfumería, pinturas, pieles, papel, indumentaria, sombreros, té, yerba y calzados. En cambio, el ganado estaba a la cabeza de las exportaciones, al que le seguían en orden de menor importancia minerales de plata, jabón y cueros, que representaban el 5% de las exportaciones. Existen cálculos sobre el incremento del negocio ganadero: de las 15.000 cabezas vendidas en 1850, los registros de 1871 indican más de 60.000 unidades. A su vez, ese incremento coincidió con el alza de los precios del ganado en Chile a raíz del auge de la producción de trigos y harinas en el valle central chileno, que alimentaba la ruta del Pacífico activada por la "fiebre del oro" en California. El ciclo triguero hizo caer la producción de ganado local y por ende los precios subieron: una vaca gorda valía $10 en 1846, $15 en el 1853, $26,50 en 1860 y $36 en 1875 (Bauer, 1970). Algunos calculan que los empresarios vinculados al negocio ganadero obtuvieron importantes beneficios económicos, ganancias que los contemporáneos explicaron además por la escasa presión fiscal y el contrabando. La mayoría de los investigadores coincide en que la disponibilidad de capitales les permitió a los empresarios locales destinar recursos a la inversión vitivinícola. (Fleming, 1976; Balán, 1977; Richard Jorba, 1998)

Las eventuales ganancias obtenidas por este tipo de comercio de tránsito no fueron suficientes para amortiguar los desequilibrios originados en la vinculación con el Litoral: así, mientras la balanza comercial con Chile era favorable, el intercambio comercial con las regiones del Litoral no lo era, en la medida en que los productos mendocinos -trigo y harinas- entraron a competir en calidad y precio con la producción cerealera del sur santafesino, en franco crecimiento después de 1870. Por consiguiente, la experiencia mendocina, dominada por el comercio de ganado y la producción cerealera que nutrió los términos del intercambio desde la primeros tiempos de vida independiente permitiendo sortear la crisis del antiguo mercado colonial, languideció progresivamente y dio lugar a una nueva reestructuración económica que estaría dominada ahora por la vitivinicultura agroindustrial. En tal sentido, el desarrollo vitivinícola posterior sí produjo beneficios importantes que se tradujeron en una diversificación social y económica destacada, no sólo adquirió vigor en el persistente aumento del mercado interno y el mejoramiento del sistema de transportes, sino que fue tributario del estímulo oficial en la proporción de crédito para financiar las inversiones, y de la presión empresaria que consiguió restringir el ingreso al mercado de vinos y licores extranjeros mediante el aumento de aranceles de importación. (Bragoni, 2002)

Empresarios y empresas familiares

En buena medida esta reconversión de la economía regional, caracterizada por el denominado modelo ganadero comercial, estuvo dinamizada por un puñado de empresarios regionales que dieron origen a verdaderas empresas familiares organizadas en torno a un patriarca y nutridas por parientes, allegados y socios esparcidos en puntos estratégicos del circuito económico (Bragoni,1999). Generalmente los pioneros provenían de familias originarias de la última migración borbónica que habían arribado desde Buenos Aires en búsqueda de nuevas oportunidades para hacer o activar negocios. El éxito empresarial se tradujo en la formación de nuevas fortunas construidas a partir de la disponibilidad de crédito mercantil, que los habilitó a acrecentar el patrimonio a través de propiedades urbanas y rurales. Las pautas de inversión de aquellos hombres de negocios, como José Benito González Milleiro o Domingo Bombal, fueron lo suficientemente flexibles como para articular actividades comerciales y productivas que conectaban el ámbito urbano y el rural. Sobre la base de operar en mercados distantes en función del control de establecimientos productivos sobre la ruta entre el Litoral y Mendoza, de concentrar información sobre el estado de esos mercados y de una mejor posición con respecto a la obtención de metálico en períodos de escasez, estos hombres de negocios generaron un proceso de capitalización destacable apoyado, a su vez, en el uso complementario de las unidades productivas y del stock ganadero. Chacras, haciendas y estancias constituían los principales establecimientos productivos que solían dar curso a la actividad agrícola y ganadera a lo largo de un extenso recorrido que podía incluir Corocorto (La Paz), La Dormida, Las Heras y Uspallata, y que también podía alcanzar a Luján o Maipú y extenderse al Valle de Uco y al oasis del Sur con establecimientos aledaños a San Rafael. En esa economía que seguía la rutas mercantiles de la colonia, el éxito de la estrategia empresarial se completaba con el suministro del sistema de cargas y de transporte en carretas y recuas de mulas que tenían como destino final el puerto de Rosario, el segundo centro comercial del país desde 1853, después de atravesar villas o postas intermedias como Achiras y Río Cuarto. La forma en que el sistema de cargas y carretas sostenía el comercio de tránsito entre las provincias fue subrayada en 1879 por un empresario mendocino: "[...]

Cuando iban nuestras expediciones al Rosario, todos los provincianos ganábamos con el transporte, y el Rosario tuvo su época favorable, amparado ese comercio con la visita de los provincianos. Desde que el FFCC Central empezó a trabajar, se ha sentido su dominio desde el Rosario al interior, y a medida que avanza es más notable el mal que nos causa".

Como en otras regiones de la Argentina o de América Latina, estos nuevos clanes familiares enriquecidos en la primera mitad del siglo XIX pasaron a desempeñar diversas funciones en la sociedad local -sobre todo en la política y en la justicia- y no tardaron en estrechar importantes vínculos con familias de más antiguo arraigo a través del matrimonio o de otras figuras de parentesco como el compadrazgo o la amistad. Para las familias que vieron languidecer la posición social, los hijos o hijas de estos nuevos linajes forjados en territorio cuyano se convertían en cónyuges aceptables para concertar buenos matrimonios. En ocasiones la política matrimonial seguida por estas familias traspasaba los límites de la localidad: era común que las relaciones comerciales de los progenitores diera lugar a la ubicación de sus hijas con comerciantes o empresarios de Córdoba o Buenos Aires. Las alianzas también cruzaron la política; sin embargo, era poco probable que se produjeran casamientos entre familias enfrentadas en el campo político. También era usual el matrimonio entre parientes: el elevado número de hijos hacía posible que un tío contrajera enlace con su sobrina, como también era regular el casamiento entre primos hermanos. Una sociabilidad extremadamente familiar y la protección del patrimonio territorial se convierten en argumentos relativamente sólidos para comprender las razones que hacían posible este tipo de elecciones matrimoniales. (Bragoni, 2001)

Al igual que el matrimonio, el acceso a estudios superiores representaba una contundente llave para escalar posiciones de prestigio por parte de los vástagos de estos clanes burgueses. Santiago de Chile era el principal destino de los jóvenes mendocinos que disponían de recursos para solventar la carrera de abogado (o de ingeniero) después de haber completado la escuela de primeras letras en la ciudad provinciana. A mediados del siglo XIX, Chile era uno de los escenarios de refugio de los exiliados argentinos. Esa "República Argentina flotante", de la que participaron los principales exponentes de la generación romántica, como Juan B. Alberdi, Domingo F. Sarmiento, Bartolomé Mitre y Juan María Gutiérrez, no sólo reunía a los intelectuales y políticos que procuraban derrocar al tirano Juan Manuel de Rosas, sino que aglutinaba a hombres de negocios dedicados al comercio exterior y a profesionales ligados a compañías inglesas afincadas en Valparaíso. Después de Caseros (1852) algunos de ellos confluyeron en experiencias asociativas como el *Club Constitucional Argentino,* creado a instancias de Alberdi, en 1852, por el mendocino Francisco Villanueva y el porteño José Cayetano Borbón, que pronto iba a promover filiales en otras ciudades chilenas y argentinas para ganar adhesiones en torno a la difusión del *consenso liberal* y a la convocatoria del Congreso constituyente a reunirse en Santa Fe [2]. Otros clubes políticos también ocuparon el escenario político de Mendoza después de Caseros, aunque su objetivo ya no fue el mismo. A partir de 1853 los clubes sirvieron para dirimir las candidaturas y bosquejar los mecanismos para ganar las elecciones. En esas reuniones masculinas, donde se jugaban partidas de billar, se comentaban las noticias y se bebía café, importantes personajes de la comunidad local podían acordar con individuos menos prominentes aspectos significativos del desarrollo político y económico provincial. Este importante espacio de constitución de consensos políticos da cuenta, por cierto, de que la política transitaba por caminos complementarios a la guerra. La experiencia asociativa se convirtió en una importante bisagra para acceder a carreras políticas destacadas. Así, mientras Martín Zapata se convertiría en representante por Mendoza en 1853[3], Lucas González Pintos (1829-1908) emprendería una trayectoria política notable que lo llevaría a integrar los gabinetes de Mitre (1862-1868) y de Avellaneda (1874-1880)[4].

Grupos sociales

El proceso de renovación de la élite o los grupos propietarios de Mendoza se daba en el marco de una sociedad caracterizada por una variada gama de ocupaciones y una abrumadora presencia de pobladores argentinos, nacidos en Mendoza o en provincias argentinas, que residían preferentemente en los departamentos de campaña adyacentes a la ciudad. En 1857 la población de Mendoza alcanzaba a 47.478 habitantes, en 1864 reunía 57.476 y en 1869 el número ascendería a 65.413. De acuerdo con una estadística de Tristany de fines de 1860, la capital reunía algo menos de 12.000 habitantes. En consecuencia, la población mendocina era fundamentalmente rural y analfabeta. Según las crónicas, el terremoto diezmó la población de la ciudad y sus alrededores: "No se veía más que desolación y ruina", anotaba en 1863 F. Ignacio Rickard en tránsito de Santiago a San Juan. De cara a la catástrofe cualquier descripción de lo sucedido se desmoronaba como las moles de adobe y ladrillo: "Mendoza apenas principia a renacer de sus cenizas -anotaba el chileno Victorino Lastarria-. La antigua ciudad yace como un esqueleto destrozado en la extensión que antes ocupaba, de diez y nueve cuadras de norte a sur y de siete de ancho. Los edificios demolidos en átomos, sus grandes templos convertidos en moles informes de ladrillos dispersados y sembrados donde antes se elevaba la bóveda que retumbaba con los cánticos sagrados; sus largas calles apenas delineadas por dos filas paralelas de escombros". (Lastarria, 1968: 177-188)

La tarea de reconstrucción de la "ciudad antigua" fue lenta; mayor vigor obtuvo el emplazamiento de la "ciudad nueva". Ambas conformaron un mercado de trabajo urbano de mano de obra extranjera -constructores y arquitectos- que no demoró en ser denunciado por la prensa. *El Constitucional* expresaba en 1864: "El artesano nacional ha llegado a la humillante condición de esclavo del artesano extranjero. De todas las obras en construcción, el Colegio, Hospital, Monasterio, Cárcel, Santo Domingo, etc., ninguna ha sido confiada a constructores nacionales". (Masini Calderón, 1966: 183)

Al momento del primer censo nacional, en 1869, el porcentaje de inmigrantes europeos era muy escaso: la mayoría de los extranjeros que residían en Mendoza hacia 1870 era de origen chileno. Sobre un universo de 6.144 extranjeros y mientras los chilenos representaban el 8,8% del total, la presencia en Mendoza de franceses, italianos y españoles alcanzaba al 0,3%. A diferencia de la población nativa, los inmigrantes europeos se asentaron en los pequeños centros urbanos que existían por entonces. Sin embargo, este panorama de nuevos pobladores en la provincia se alteró de manera sustancial hacia finales de siglo. Según el Censo Nacional de 1895, de los 116.142 habitantes de Mendoza el 13,7%

eran extranjeros: 5.210 chilenos (32,7%), 4.148 italianos (26%), 3.273 españoles (17,3%) y 2.467 franceses (15,5%). La composición de la población extranjera muestra entonces un flujo ascendente de los europeos que se robustecería en los años siguientes.

Es difícil establecer criterios de diferenciación social a través de categorías socio-ocupacionales. Sin embargo, esos instrumentos pueden iluminar aspectos de la compleja fisonomía social de la Mendoza de esos tiempos. Aquella sociedad mendocina conmovida por un trágico terremoto en 1861 reconocía en su cúspide a los grupos propietarios que concentraban buena parte de la tierra y controlaban los mecanismos del comercio de exportación e importación, con capacidad de intervenir en las decisiones políticas a través del monopolio de los principales cargos electivos. En la base, una abrumadora presencia de jornaleros, gañanes y peones dedicados a labores rurales y una destacada presencia de mujeres dedicadas a oficios domésticos. El trabajo femenino ocupaba un lugar para nada secundario en la subsistencia familiar. Si en las áreas rurales las mujeres podían convertirse en trabajadoras ocasionales en épocas de siega o de cosecha, en los espacios urbanos sus ocupaciones variaban. A las mujeres dedicadas al servicio doméstico se sumaban lavanderas, cocineras, tejedoras y costureras. Entre ambos extremos de la pirámide social existían otros grupos sociales: artesanos, cocheros y carreteros, pequeños comerciantes, empleados públicos y profesionales completaban el cuadro de ocupaciones de la ciudad. Para 1864 la representación de estos sectores profesionales era exigua: cinco médicos y doce boticarios, igual número de abogados y escribanos, entre otras profesiones, ilustran las particularidades de una población de baja calificación. En la periferia urbana como en las zonas rurales el escenario de oficios era variado: a labradores y criadores de ganado podían sumarse los oficios que articulaban el sistema de transportes, como arrieros, trenzadores y lomilleros. Completaban el escenario social y económico de la Mendoza previa al arribo del ferrocarril y a la modernización agroindustrial vitivinícola que se acelera poderosamente después de 1885.

La frontera

En los confines del oasis de riego, los fortines y el ejército se convertían en baluartes de los intereses de la sociedad criolla desde los tiempos borbónicos. Vivían en la frontera diversos personajes. Junto a soldados regulares, milicianos, desterrados y presos, la vida del fortín integraba a mujeres que seguían a sus compañeros: recibían el nombre de "soldaderas" y llevaban a cabo diferentes actividades. Eran diferentes a las mujeres que llegaban solas, acusadas de "vagas" o de ejercer la prostitución y alterar las buenas costumbres sociales de la llamada "gente decente" y sus jueces leales. La convivencia se explayaba en la reunión del fogón: un espacio de sociabilidad de primer orden de los habitantes de la frontera y del universo rural en general. El fortín era inseguro, precario y estaba lleno de carencias. Una dieta limitada, que incluía yerba, arroz, galletas, carne y tabaco, iba acompañada de bebidas alcohólicas proveídas generalmente por los "vivanderos", esos comerciantes menores y audaces que llegaban a los fortines y que competían con los proveedores oficiales del ejército. Finalmente se hallaban los pobladores de los confines, en general, grupos de familias habilitadas por el gobierno que quedaban expuestas a la incertidumbre de las orillas de la sociedad criolla a cambio de obtener el acceso a la tierra, imposible de obtener en zonas más estables o seguras.

Más allá de la frontera emergía el mundo de las tolderías indígenas que habían sobrevivido al avance "civilizatorio" a través del intercambio y la resistencia. Entre 1820 y 1880 las relaciones entre las comunidades indígenas del Sur y el gobierno criollo tuvieron momentos de paz y de guerra. La paz dependía de un sistema de negociaciones entre las partes -los "parlamentos"- en los que intervenían diversos mediadores como los curas o "lenguaraces", personajes confiables entre los contratantes para acercar posiciones entre ambos. Esas relaciones de amistad se robustecían con una economía de intercambios que incluía el comercio y el *conchabo*, ese sistema de regulación de trabajo que sujetaba el peón al patrón, introducido por el entonces gobernador intendente José de San Martín, y que luego los gobiernos provinciales reglamentaron con mayor precisión en 1834, 1845 y 1855 con el fin de moralizar y disciplinar a la "clase proletaria" para alentar "el desarrollo del progreso material de la Provincia"[5].

La paz era frágil. Se rompía cuando las inestabilidades y exigencias de los gobiernos provinciales y de las propias comunidades indígenas abrían el paso a avances violentos que incluían, por parte de los primeros, expediciones o campañas militares y al malón, por los segundos. No son pocos los testimonios que ilustran las características que asumían los malones sobre las localidades y ciudades expuestas a la amenaza latente del avance o las "correrías" de los indígenas: ganado, armas y mujeres representaban el principal botín de guerra.

Después de 1820 el equilibrio de la frontera se modificó sustancialmente: los requerimientos de las clases propietarias de asegurar sus bienes, y las transacciones comerciales y la urgencia del Estado de afirmar su poder en su jurisdicción confluyeron en una política de ampliación de la frontera destinada a someter a las comunidades indígenas. Las primeras campañas militares contra los indígenas fueron dirigidas por el gobierno provincial con el apoyo de empresarios locales; más tarde, en la segunda mitad del siglo XIX, esa tarea estaría a cargo de las autoridades nacionales.

En 1828 la acción ofensiva sobre los pehuenches del Sur mendocino estuvo liderada por el coronel José Félix Aldao, un antiguo guerrero de la independencia. En medio de las divisiones de la élite provincial entre unitarios y federales, el gobierno delegó en Aldao la conducción de las milicias provinciales. El triunfo obtenido representó el punto de partida de su ascenso militar y político. Desde entonces el influjo de Aldao en la política mendocina iría en ascenso como integrante del sistema de caudillos provinciales que dominó la vida política argentina de la primera mitad del siglo XIX. Entre 1828 y 1835 formaría parte de la pirámide caudillesca liderada por Facundo Quiroga, el líder de los llanos riojanos; a la muerte de éste, pasaría a formar parte de la pléyade de personeros locales de los que se valía el entonces gobernador de Buenos Aires, don Juan Manuel de Rosas, para intervenir, controlar y disuadir las situaciones provinciales que atentaran contra la hegemonía por él impuesta después de 1840.

En ese esquema de liderazgos territoriales tuvo lugar la denominada Campaña del Desierto de 1833, una estrategia ofensiva combinada entre los gobiernos de Buenos Aires, Córdoba y Mendoza con el fin de obligar a los indios a retirarse hasta la margen opuesta del río Colorado. La lucha contra el indio adquiría características diferentes a la lógica de la guerra ensayada por los ejércitos regulares. El conocimiento de la geografía y de la topografía del territorio sobre la que se desarrollaba ocupaba un lugar relevante. A su vez, los recursos con que contaban los indígenas daban la sorpresa y la velocidad de movimientos como las principales herramientas de la lucha. El coronel Velazco dejó un testimonio valioso de esas formas que asumió la guerra en 1833: "Yo dificulto que en todas las Américas haya hombres más prontos y de más inteligencia y perspicaz vista para las correrías de rapiña que estos indios, y al mismo tiempo de más serenidad, intrepidez y cordura para presentarse ante el enemigo con sus armas tan inofensivas, cargarle, confundirle con su algazara y estrépito, vencerle con la mayor prontitud, llevando la muerte y el terror a la vanguardia, o retirarse en orden, como la mejor milicia del mundo, protegiéndose mutuamente". (Newton, 1971:107). En consecuencia, para los hombres de armas fogueados en las huestes de los ejércitos patriotas, como Aldao, el enfrentamiento con los indios suponía incursionar en sus territorios y adoptar tácticas similares a las utilizadas por sus adversarios. Así, en su informe a Facundo Quiroga lo ponía en conocimiento del costo de la persecución y el botín obtenido. Si en esa ocasión lamentaba sólo dos muertes, celebraba en cambio que había conseguido dispersar y perseguir a los indios, despojándolos de 57 cautivas originarias de San Luis, 133 indios de chusma, 200 caballos de servicio, 120 cabezas entre potrillos y yeguas mansas, 48 ídem chúcaras, 352 cabezas de ganado entre chico y grande, y 1.000 cabezas de ganado entre lanar y cabras. (Newton, 1971:108). En ese primer momento de ampliación de la frontera, la clave del éxito era desplazar a los indígenas a zonas más australes y disminuir sus recursos. Para ello era indispensable decapitar las tribus a través de la captura y muerte de sus jefes o caciques. En la búsqueda del objetivo, Aldao utilizó los conflictos entre caciques para eliminar a los menos proclives a entablar negociaciones con el gobierno criollo. El coronel Rodríguez, después de eliminar al cacique Melipán y las familias que conformaban su tribu, capturó al cacique Barbón con la ayuda de Goyco, un jefe pehuenche que manifestó su alianza con Aldao desde su partida de San Carlos, quien puso a disposición a sus capitanejos para servir de guías e intérpretes. Según las crónicas, Goyco colaboró en apresar a Barbón por ser "el primero que se insurreccionó e invadió a los pueblos". Después de ser fusilado, su cabeza fue expuesta en una atalaya como se practicaba con los otros caciques muertos. El coronel Velazco concluía que no eran muertos por los soldados del ejército: "Todos eran entregados a los indios de Goyco para que les dieran muerte con arreglo a sus ritos".

La política entre 1820 y 1852

Damián Hudson, en *Recuerdos de las Provincias de Cuyo* (1898), no dudaba en sostener que la presencia de San Martín en Mendoza había favorecido la creación de un orden político relativamente estable y sujeto a la disciplina militar. Años después, en 1910, Agustín Alvarez adoptaría esa clave interpretativa para explicar los beneficios de aquella estabilidad política construida por el "ordenador" de la Gobernación de Cuyo.

Sin embargo, esa *pax sanmartiniana* no sobrevivió a la partida del ejército en enero de 1817. Un conjunto de situaciones confluyeron en ese resultado: los persistentes conflictos con los hermanos

Carrera, los patriotas chilenos que ganaron ascendiente entre los pobladores de la campaña influyendo además sobre las comunidades indígenas hasta 1821, la ruptura de la cadena de mandos entre los oficiales del ejército, la injerencia de las milicias criollas en la ciudad y la campaña, y la caída de la autoridad nacional en 1820 representan los rasgos más distintivos de la inestabilidad política que caracterizó las primeras décadas del período independiente.

La emergencia de la provincia como entidad política autónoma coincidió con la emergencia de un grupo de políticos que dispuso de una virtual autonomía para organizar instituciones y normas que darían vida al nuevo Estado provincial. La puesta en marcha del régimen político de Mendoza dependió de un grupo de políticos forjados bajo el clima de las "luces" y la razón. Era un contexto ausente de políticos profesionales. Se trataba de personajes que habían intervenido en la política doméstica como regidores, alcaldes y milicianos, que se desempeñaban además como comerciantes o hacendados. Los presbíteros del clero secular completaban el cuadro de notables que tomaban las decisiones de la política local. Muchos de ellos habían acompañado a San Martín en su gestión de gobierno suscribiendo su apoyo a la presión del director supremo en 1815. Generalmente eran hijos de antiguos linajes familiares o de funcionarios reales y portaban saberes jurídicos obtenidos en Santiago de Chile, Buenos Aires o en Córdoba. Algunos de ellos, como Agustín Delgado, Bruno García o Tomás Godoy Cruz, fueron editores de los periódicos que surgieron en aquellos años. Otros en cambio estaban suscriptos a ellos o favorecían la circulación de las hojas impresas a través de sus almacenes o bibliotecas particulares. *El Verdadero Amigo del País* (1822-1824), *El Eco de los Andes* (1825) *o el Iris Argentino* (1826-27) constituyeron vías privilegiadas para ganar opinión y adhesiones en torno a los preceptos que debían guiar los pasos de la nueva política que había nacido con la Revolución de 1810. A través de ella, esta élite ilustrada procuraba construir ciudadanos virtuosos, ajenos al oscurantismo de la colonia y educados bajo el signo de la razón ilustrada y republicana. La idea o ilusión de moldear una nueva sociedad y una nueva política suponía desacralizar la vida social y política prerrevolucionaria. Esas razones justificaban plenamente la financiación de periódicos, la creación de la biblioteca pública (1822) y la introducción de reformas educativas a través de la modificación del sistema de enseñanza y la introducción del método de Lancaster en el Colegio de la Santísima Trinidad, tarea que estuvo a cargo de Juan C. Lafinur y Lorenzo Güiraldes, entre otros más. (Roig, 1968)

El año 1824 abrió las puertas a una serie de acontecimientos que impactaron en la vida política de la pequeña provincia andina. El triunfo patriota sobre los realistas en Ayacucho y el regreso de los guerreros de la independencia, las expectativas abiertas con la convocatoria del Congreso constituyente que se reuniría en Buenos Aires, los sinsabores de una crisis económica y monetaria que asolaba a los pobladores y las divisiones entre los administradores del poder provincial dieron lugar a tumultos en la ciudad y a motines militares que culminaron en la renuncia de las autoridades. Esa crisis -maniobrada por Juan Lavalle- preparó el ascenso político de un grupo político vinculado al Partido del Orden porteño, con lo cual el espectro político mendocino asumía un perfil marcadamente unitario que emprendería un conjunto de innovaciones institucionales de larga pervivencia en la configuración política provincial. Por ejemplo, la supresión del Cabildo. (Bragoni; 2002)

La experiencia política, hacia 1825, disminuyó la confianza depositada en "la difusión y el progreso de las luces" por parte de la élite ilustrada de Mendoza. Por entonces, las expectativas en torno al restablecimiento de la antigua unión entre las provincias argentinas dividía la opinión entre los partidarios de un Estado unitario y los que promovían un Estado federativo. Esta tendencia mixturaba dos tradiciones políticas que habían protagonizado el itinerario del poder desde 1810: la de los "pueblos", que remitía a un lenguaje político de estilo antiguo, y el "espíritu de provincialismo", que condensaba la experiencia política de la breve vida independiente. Como en otras provincias -incluida Buenos Aires-, no eran pocos los que creían que la creación de un régimen representativo republicano plasmado en una Constitución podía ser una herramienta efectiva de unión entre las provincias para cerrar el ciclo abierto en 1820 cuando el poder central, representado por el Directorio, el Congreso y la Constitución de 1819, había sucumbido frente al poder de los caudillos del Litoral en los campos de Cepeda. Sin embargo, la progresiva influencia del caudillo riojano Facundo Quiroga en el ambiente político mendocino favoreció que algunos promotores del sistema federativo -como Tomás Godoy Cruz y Juan Gualberto Godoy- inclinaran su adhesión a la constitución unitaria de 1826. (Seghesso, 1999; Bragoni, 1999). Después de haber sido discutida en la Sala de Representantes, la Constitución fue rechazada en 1827; la medida fue condenada por la prensa local y el gobierno no tardó en ordenar la supresión de las imprentas de los periódicos opositores. De este modo se cancelaba en Mendoza una particular relación entre sociedad y política. A partir de entonces el "despotismo militar" signaría en parte un nuevo desengaño para los confiados en "las doctrinas y en la práctica de los principios que se han ido introduciendo (...) para asegurar completamente los derechos del ciudadano". Para entonces, la autoridad derivaba de "cargar una espada"; a su vez, lo "federal" pasó a ser identificado con el ejercicio arbitrario del poder y se constituyó en sinónimo de anarquía y guerra civil. Entre 1827 y 1831 las páginas del *El Huracán y El Coracero*, editadas por Juan Gualberto Godoy, ilustrarían con nitidez hasta qué punto la violencia invadía el lenguaje político que acompañaría el ciclo de guerras civiles que se cerraría medio siglo después.

La inestabilidad que marcó los años veinte no impidió la introducción de novedades institucionales de larga pervivencia en el régimen político provincial. La conformación de un orden político acorde con la legalidad republicana y la soberanía popular dio lugar a cambios decisivos que sobrevivirían a la lucha facciosa entre unitarios y federales. En 1820 se creó la Sala de Representantes, el ámbito por antonomasia de la "voluntad popular", y diferente al Cabildo, que sintetizaba representaciones corporativas y de carácter urbano. Hasta 1825 primó entre ambas una coexistencia conflictiva que culminó cuando la institución capitular fue suprimida siguiendo los pasos de Buenos Aires (1821) y San Juan (1823). Edificar un régimen representativo liberal basado en la soberanía popular y en la ecuación "un hombre, un voto", suponía poner en marcha nuevos procedimientos para elegir las autoridades. En 1824 se introdujo la elección directa de diputados nacionales y se habilitó a los pobladores de la campaña a emitir su voto. En 1828 la ley electoral estableció que podían votar todos los hombres emancipados mayores de 21 años, nacidos en Mendoza, que fueran propietarios o que demostraran tener una ocupación industriosa en ciencias, artes o comercio, empleo civil o militar, o que acreditaran haber recibido un premio por servir a la libertad; sólo quedaban exceptuados de voz activa y pasiva los "esclavos, vagos y fallidos". En 1830 la Sala de Representantes, al completar otros aspectos de la ley, robusteció de hecho la amplitud de los derechos políticos al disponer que la policía levantaría "un padrón prolijo de todos los habitantes varones con la exclusión de niños y esclavos". Por consiguiente, la legislación electoral de Mendoza establecía un voto activo amplio, aunque no llegaba a equipararse con la ley electoral porteña de 1821 que no introducía condicionamientos de riqueza o instrucción para sufragar.

El gobernador encabezaba la cúspide de la administración provincial. Era elegido por la Sala de Representantes y lo acompañaban pocos ministros. Ese simplificado esquema de poder sería robustecido a partir de 1828 por un abanico de funcionarios distribuidos en la ciudad y la campaña. Por el *Reglamento de Policía* (1828) se dispuso la renovación de jurisdicciones e instituciones provinciales. El reglamento estableció la división en departamentos, manteniendo la división por cuarteles de la antigua traza colonial. Cada departamento contaba con un comisario, un teniente y dos ayudantes. A su vez, cada cuartel era vigilado por un decurión, un teniente y un ayudante (Acevedo). Este esquema jerárquico y centralizado de personas/instituciones que dibujaban el ordenamiento político se completaba con la figura del *subdelegado de campaña*. De indiscutido ascendiente colonial, la institución había sido creada a instancias del gobernador, en virtud del crecimiento de la población de campaña después de 1820. Nombrados directamente por el gobernador a propuesta del jefe de policía, las funciones de estos verdaderos "árbitros de la política" eran diferentes a lo que establecían los reglamentos del reformismo borbónico, por cuanto el papel del subdelegado tendía a achicar distancias entre la población asentada en la campaña y la cúspide del poder provincial. En un comienzo sus atribuciones fueron judiciales, aunque de hecho ejercían funciones policiales y municipales, además de controlar el desarrollo de los comicios. En 1834, con el *Reglamento de Estancias*, el gobierno extendió la institución del subdelegado a cada uno de los departamentos de campaña, otorgándoles amplias atribuciones en materia de justicia y policía. En buena medida, las "subdelegacías" se convirtieron en instrumentos decisivos de la creación de las villas departamentales que acompañaron el crecimiento de los pueblos de campaña hasta fines del siglo XIX (Pérez Guilhou, 1961b). De manera complementaria, durante la gobernación de Pedro Molina (1834-1838) se completó el diseño institucional de la provincia al crearse juzgados en lo civil, criminal y comercial. También se organizó el Tribunal Consular, apoyado en lineamientos expedidos por el antiguo virreinato rioplatense que observaba las Ordenanzas de Bilbao y las Reales Órdenes adicionales de 1816, 1817 y 1818.

El juego de poder local no era ajeno al desarrollo político de otras regiones. La voluntad de unión entre las provincias cuyanas, celebrada a partir de los pactos interprovinciales como el tratado de las Lagunas (1822) y el de Guanacache, no fue suficiente para impedir crisis políticas y revueltas armadas que daban lugar a intervenciones de personajes o líderes políticos de importante ascendiente regional. Desde 1825 la influencia de Facundo Quiroga se había extendido a las provincias de Cuyo. El Tigre de los Llanos riojanos había intervenido en los asuntos domésticos sanjuaninos a pedido del propio gobierno; en 1827, sin embargo, rompió relaciones con el gobernador unitario Salvador del Carril, acrecentando sus vínculos en Mendoza con José Albino Gutiérrez, comandante de Armas, y José Félix Aldao, comandante de Frontera. A Quiroga y Gutiérrez los unían intereses ganaderos; con Aldao en cambio la relación era militar. Los tres compartían los mismos adversarios: el grupo de liberales cuyanos, promotores de la fórmula unitaria, que habían impulsado reformas religiosas con el fin de transformar la influencia de la Iglesia en la vida social.

Se trataba entonces de una configuración política que dependía de vínculos personales que canalizaban intereses privados y variadas identidades políticas. Esas redes de relaciones personales daba lugar a un juego de arbitrajes militares y políticos externos a la provincia, a partir del cual la comunidad política mendocina estrechaba lazos con otros poderes provinciales, reteniendo sin embargo una cuota relativamente importante de autonomía política. Esos nexos, de todos modos, no reconocían lealtades políticas duraderas. En efecto, después que el líder de la Liga del Interior, el general José María Paz, cayera prisionero en 1831, Mendoza se adhirió al Pacto Federal en setiembre de ese mismo año. Esta Mendoza "federal" sí reconoció a Facundo como "nuestro Exmo. Protector"; después de Barranca Yaco (1835), la provincia andina entabló relaciones más directas con Juan Manuel de Rosas, el gobernador de Buenos Aires.

En este esquema de poder la figura de Pedro Molina (1781-1842) ocupó un lugar importante. Como gobernador electo en 1834, Molina emprendió negociaciones directas con Buenos Aires y la república chilena para mejorar las condiciones de intercambio. Para el gobernador mendocino, la Revolución había causado estragos en las provincias carentes de erarios, razón por la cual los costos de la guerra habían caído sobre las fortunas particulares. En carta al gobierno de Buenos Aires expresaba que la única manera de que "los pueblos salieran de la miseria en que gimen es justamente cuando su gobierno de Ud. profese la industria territorial". (Peña y Lillo, 1937:290). Molina endureció notablemente el regimen político adoptando rasgos semejantes a los promovidos por el líder de la Confederación argentina en la provincia de Buenos Aires. Durante su gobierno, las relaciones con la Iglesia tendieron a aminorar los conflictos que dominaron la década anterior: dispuso la reparación del templo de San Agustín, ordenó la desocupación de la Casa de Ejercicios y devolvió la Maestranza a la orden de los dominicos. En 1835 pactó con el cacique Goyco dando garantías a los propietarios del Sur sobre sus bienes; controló dos conspiraciones contra su gobierno, la de Cuitiño y la de Lorenzo Barcala, instituyendo sumarios que culminaron en fusilamientos, y terminó decretando el uso de la divisa punzó a fin de obtener la "uniformidad y unión de la sociedad mendocina". La conquista del orden político en clave federal no sólo era tributario de la capacidad del gobierno de imponer su fuerza a través del destierro o la represión: el desplazamiento de antiguos unitarios -que incluía al propio Molina- se sumaba a la emigración voluntaria emprendida por aquellos que vieron disminuir las expectativas políticas y/o empresariales. Así también la obtención de seguridad de las propiedades y las personas había dependido de la acción de los "lomos overos", esos personajes oscuros que, como los "lomos negros" en Buenos Aires, habían utilizado la divisa punzó para pulverizar cualquier manifestación política contraria al régimen. Molina, en correspondencia a Rosas, no dudaba confesarle en 1835: "La divisa punzó, estoy generalizándola sin violencia y creo que no será resistido por alguno, por no manifestarse opositor, aun cuando conozca a uno por uno de los pocos unitarios que hay en la primera clase, pues, en la segunda no hay o al menos, lo ignoro". (Peña y Lillo, 1937: 295). Ese era el corolario de una política orientada a sofocar la vida política en sentido estricto, en cuanto disminuía las posibilidades de un "pueblo agricultor y pobre que no podía ocuparse de otra cosa que de su subsistencia".

Casi un año después, la Legislatura y el Poder Ejecutivo ratificaron la subordinación de Mendoza a Rosas. Molina veía en el gobernador de Buenos Aires, investido de la suma del poder público, al posible "presidente provisorio de la República" en el marco de un Estado federal. El intento de articular los Estados provinciales bajo un gobierno federativo aparece representado cabalmante en el tenaz reclamo de Molina por conseguir la sede del Obispado de Cuyo. En esa oportunidad el gobernador implementó una serie de negociaciones directas con las autoridades eclesiásticas en Roma, entre 1835 y 1836, sin delegarlas en Rosas como encargado de las relaciones exteriores de la confederación. Esas gestiones se apoyaban en el ejercicio del derecho de patronato y entraban en competencia con las aspiraciones del gobierno de San Juan, cuyas negociaciones encabezaba el vicario apostólico Santa María de Oro y que inclinaron la balanza a favor de la erección del Obispado en la provincia vecina. "He tolerado hace mucho tiempo, con agravio de mi provincia, y contra el sentir uniforme de mis conciudadanos, el tenaz empeño del Ilustrísimo Oro en pretender que Mendoza se someta a reconocer los Breves que, por medio de informes siniestros, han arrancado a S. Santidad", -expresaba Molina a Rosas en 1836, manifestando no sólo su rechazo o descontento por una medida que afectaba a la provincia sino también porque ninguna consulta se había realizado a su gobierno, que poseía derechos soberanos: "Mi negativa moderada, lejos de hacerles cesar en sus pretensiones, y máxime cuando tengo pendiente mi recurso ante la Silla apostólica, parece que sólo ha servido de nuevo pábulo a su temeraria empresa. No se han contentado con tener obispo sanjuanino, deán sanjuanino y catedral en San Juan, sin acordarse de Mendoza para nada, y sin consultar a su gobierno, que, en el estado de independencia en que se hallan las provincias, está en posesión de los derechos que asisten a cada una de ellas, sino que por maniobras obscuras han querido someter al pueblo mendocino a una sujeción degradante que choca con principios y ataca sus derechos y sus leyes". (Peña y Lillo, 1937: 306)

Esta fórmula transaccional de gobernabilidad no sobrevivió a 1840. El equilibrio político conseguido en los años de la gobernación de Pedro Molina se resquebrajó sensiblemente ante el nuevo estallido de la guerra civil entre las provincias. Una "revolución liberal" vinculada al general Lavalle, que lideraba la Coalición del Norte, depuso al gobernador don Justo Correas. En 1841 el general Aráoz de La Madrid, después de haber ingresado a la ciudad, fue derrotado por el general de la Confederación argentina Ángel Pacheco en la batalla de Rodeo del Medio, que determina el alineamiento mendocino al orden político diseñado por Juan Manuel de Rosas. Para los opositores al régimen político provincial, 1840 tuvo también otros significados: por una parte, el restablecimiento del predominio político militar del general José Félix Aldao hasta su muerte, en 1845; por otra, representó el punto de partida de los tiempos del exilio y del terror.

La política entre 1852 1880

Hacia 1852 el nuevo orden social no parecía ser objeto de grandes cuestionamientos cuando una alianza diversa y fragmentaria dio fin a la *pax rosista*, asentándose las bases de la institucionalización del país. Si por una parte la Argentina posterior a Rosas obtendría un desarrollo económico y social sin precedentes, también Caseros inauguró un proceso por el cual el país adoptó una fórmula política que incluía rasgos derivados de las viejas estructuras de dominio en los marcos de una nueva legalidad republicana. En el interior de ese itinerario, preso aún de luchas facciosas e impregnado de viejas y nuevas prácticas, la disputa de los grupos políticos por dirimir quiénes iban a dirigir ese proceso adquirió fuertes connotaciones. Los que vencieron en Caseros se enfrentaron a un doble dilema: el primero era construir un orden político capaz de integrar una amplia gama de sectores sociales que habían nacido a la política desde 1810 (Halperin, 1984); el segundo se reconoce en una suerte de fórmula política que iba a estrechar relaciones entre los gobiernos provinciales y el poder central. En buena medida, los casi treinta años que van desde Caseros hasta la federalización de la ciudad de Buenos Aires (1880) muestran la manera en que se asentó la unidad política, ese proceso de rupturas y continuidades a través del cual el poder central conquistó el monopolio de la violencia. Para Natalio Botana la derrota del último bastión del viejo federalismo no sólo fue el resultado de los hechos de armas que se sucedieron en esas tres décadas, sino que además una eficaz estrategia de alianzas políticas entre el gobierno federal y las oligarquías del interior terminó en acordar un efectivo régimen político que se mantuvo sin grandes sobresaltos hasta 1916. Asimismo, la nueva legalidad surgida en 1853, y fortalecida en 1860 con la incorporación de Buenos Aires, condicionó altamente la capacidad negociadora de las provincias, las cuales debían ajustarse a la nueva normativa constitucional que inducía, por la vía de nuevas reglas y códigos, el desarrollo social, económico y político del conjunto del territorio nacional.

Entre 1852 y 1859 el desarrollo político de Mendoza no fue demasiado diferente al de otras provincias. Caído Rosas, la mayoría de los federales mendocinos no tardó en adherirse al nuevo líder de la Confederación Argentina, el gobernador entrerriano Justo José de Urquiza. En el marco de la reunión del Congreso Constituyente Nacional de 1853, la provincia sancionó la Constitución de 1854. Inspirada en un proyecto de Juan Bautista Alberdi, la Constitución establecía entre otras cosas un Ejecutivo colegiado y la calificación del sufragio. Esta prescripción fue motivo de observaciones por parte del Congreso de Paraná, que obligó a derogar los artículos que atentaban contra el espíritu de representación amplia de la Constitución general. (Pérez Guilhou, 1961a; Seghesso, 1997)

A diferencia de San Juan, donde la lucha entre unitarios y federales fue sangrienta, los involucrados en la política mendocina dieron forma a una convivencia que se quebró hacia 1860. Poco después de Cepeda (1859), el clima cuyano se vio conmovido por el asesinato del gobernador Virasoro y por la insurgencia de una montonera en los territorios del Este mendocino. El conflicto dio lugar al arribo de Pascual de Echagüe como interventor federal, que calmó los ánimos. (Scobie, 1979). La gobernación mendocina posteriormente fue ejercida por el federal Laureano Nazar, sobrino del finado general Félix Aldao, quien gozaba de las simpatías de algunos viejos federales. Su gobierno duró poco: al disponer el "uso del cintillo encarnado" restablecido por el gobierno de Paraná, confiscar los bienes de familias acaudaladas mendocinas y firmar un decreto por el cual se apoyaba al presidente Derqui ante cualquier intento militar contra el gobierno de Buenos Aires, resquebrajó las relaciones con los liberales de Mendoza. La respuesta por parte del gobierno de Buenos Aires fue aleccionadora: la línea del ejército acantonada en Río IV arribó a la provincia.

Pavón (1861) significó una profunda vuelta de página en el escenario local. Suele sostenerse que la derrota de Urquiza da inicio al alineamiento de la provincia a la política encabezada por Mitre, y que desde entonces los grupos locales se sumaron a las directivas del puerto. (Pérez Guilhou, 1963). Sin duda, la coacción militar abrió las puertas a la cooptación política, las relaciones de poder suponían un movimiento de ida y vuelta entre el centro y la periferia. En tal sentido, el arribo del ejército a la ciudad y de Sarmiento, como auditor de guerra, dio origen a negociaciones que culminaron en la designación de Luis Molina como gobernador. En esa reunión participaron antiguos y nuevos dirigentes: el ex gobernador Pedro Pascual Segura, el senador Eusebio Blanco, Franklin Villanueva, Nicolás Villanueva y Carlos González Pintos representaban las cabezas más visibles de la élite política de la Mendoza posterior a 1861.

El gobernador Molina relevó a los subdelegados, esos personeros del poder político que controlaban el territorio provincial desde 1854, cuando la Constitución mendocina había establecido una vinculación directa del gobernador con la población afincada en la ciudad y la campaña. Los nuevos nombramientos robustecieron de hecho, por la vía indirecta de instituciones y

personas, el dominio político en los departamentos, que se re-
montaba al Reglamento de Policía (1828), de Estancias (1834 y
1845) y de Administración de Justicia (1834 y 1860). Esa efectiva *articulación territorial del poder* centralizada en el gobernador
logró prevalecer después de creadas las municipalidades, que quedaron a cargo de los *subdelegados*. Vale recordar que la Ley de Municipalidades fue promulgada en 1868 y la primera municipalidad
creada fue la Capital. Le siguieron después las de Guaymallén, Godoy Cruz y Luján. (Pérez Guilhou, 1961b)

Después de Caseros la reorganización de guardias nacionales
tuvo particular incidencia en la configuración política provincial
y nacional. En la primera mitad del siglo XIX los cuerpos urbanos
habían obtenido un protagonismo singular. Primero la revolución, luego las guerras de independencia y más tarde la emergencia de las provincias como entidades políticas soberanas, dieron
lugar a un proceso de militarización del poder articulado por ejércitos regulares y batallones de milicianos. En 1856 el gobierno nacional reglamentó el reclutamiento de la Guardia Nacional con el
fin de obtener la obediencia de los ciudadanos a las autoridades y
defender las leyes y sostener la Constitución general y local. Todos
los argentinos de entre 15 y 60 años estaban obligados a integrar-
las en cuerpos departamentales para servir en las guarniciones de
la ciudad o en la campaña. Si la idea de conformar estos cuerpos
cívicos se orientaba a sostener a las autoridades, la dinámica de estos cuerpos territoriales armados no se dirigía necesariamente
siempre en esa dirección. En 1862 el gobierno provincial emitió
un decreto por el cual dejó sin valor los grados militares concedi-
dos hasta la fecha y redujo la composición de la Guardia Cívica
sólo a 2.000 personas, distribuidas proporcionalmente en todos

los departamentos; además, el decreto otorgaba el enrolamiento a los comandantes y oficiales "que se nombren para este cuerpo reunidos en consejo, dando preferencia a los vecinos que por sus relaciones e intereses se hallen más arraigados a la localidad", con lo cual pretendía utilizar canales de autoridad de fuertes componentes territoriales. En general, los reclutados para cargar con los "servicios a la patria y sus sagrados derechos" eran varones jóvenes dedicados a tareas rurales, especialmente gañanes, seguidos por albañiles y carpinteros. El enrolamiento en guardias cívicas se conectaba a su vez con un ejercicio ciudadano concreto. Vale recordar que la ley electoral de 1877, sancionada por el Congreso nacional, estableció por primera vez que para votar no era obligatorio estar enrolado en la Guardia Nacional. En rigor, el requisito volvía a poner sobre el tapete el *magma* de la movilización política (y electoral) que desde Caseros venía estructurando la vida política argentina. No en vano en 1873 Aristóbulo del Valle había manifestado que el voto y el enrolamiento eran fenómenos entrelazados difíciles de discriminar al interior de una concepción política que reconocía el acto de votar como deber y derecho[6]. Esa ecuación hacía entonces que quien no cumpliera con la obligación patriótica de defender la patria no tenía derecho a sufragar.

A pesar de las disposiciones normativas y de las acciones políticas para consolidar el orden liberal, las insurrecciones armadas siguieron alimentando la vida política en los años '60. Tres años después de que la influencia del Chacho Peñaloza fuera liquidada, una nueva sublevación federal se extendió por el Oeste argentino. En noviembre de 1866, a sólo una semana de que el gobernador Carlos González hubiera terminado un exitoso mandato y de haber dejado como sucesor a Melitón Arroyo (su padrino político), los coroneles Juan de la Cruz Videla y Carlos Rodríguez lideraron una revolución que depuso al gobierno instalando a un nuevo gobernador y una cámara legislativa por algunos meses. Después de que el gobierno revolucionario consiguió controlar el territorio provincial y de extender su influencia en San Juan y San Luis, los rebeldes fueron derrotados por las tropas nacionales comandadas por el coronel José M. Arredondo en la batalla de San Ignacio, el 1 de abril de 1867.

La denominada Revolución de los Colorados ha merecido la atención de los historiadores, por varios motivos. En primer lugar porque exhibe la vigencia de un estilo federal en la provincia que pretendió competir y poner límites a los liberales de Mendoza aliados a Mitre, con lo cual el movimiento se constituyó en un eslabón más de las sublevaciones federales que arrancaron en 1863 con el Chacho Peñaloza y se conectaron luego con el levantamiento de Felipe Varela en 1867. Segundo, porque la insurrección puso al descubierto situaciones locales como el atraso de los sueldos y la monopolización de los cargos públicos en las manos de una parentela. Finalmente, los autores sostienen que su contenido político afinca sus raíces en un conjunto de ideas y de creencias más complejo. Esto es, el choque entre concepciones tradicionales y católicas, y las ideas racionalistas y laicas que imprimían el desarrollo del nuevo orden social y económico después de 1853.

La derrota de los "colorados" despejó el problema de quiénes iban a dirigir los destinos de la provincia. De este modo la élite liberal no volvió a ser cuestionada en lo sucesivo, aunque los conflictos políticos no desaparecieron o, mejor dicho, tomaron otro recorrido.

Al poco tiempo de restablecido el gobierno de Melitón Arroyo, éste se vio obligado a renunciar y se convocó a las elecciones de gobernador. En el marco de la disputa de las candidaturas en el seno del Club del Progreso, se conformaron dos grupos que entendían la forma de hacer política de manera diferente. Bajo el liderazgo de personajes de amplia trayectoria en la política provincial, Carlos González y Francisco Civit, se formaron dos agrupaciones políticas que dominaron el escenario provincial en los años '70. Si esta élite liberal estuvo unida ante los acontecimientos de 1866 y 1867, a partir de allí los enfrentamientos entre gonzalistas y civitistas no sólo se dieron en el escenario electoral para conseguir el control del poder político formal. Otros espacios públicos como la prensa y las reuniones callejeras fueron escenario de la competencia política de ambas facciones en pugna. Los civitistas obtuvieron en el periódico *El Constitucional* al principal formador de opinión pública provincial. Los gonzalistas editaron *El Eco de los Andes* para contrarrestar los poderosos efectos de la prensa oficial. Las estrategias para conseguir electores fueron complejas y dinámicas. Desde las relaciones de clientela y las redes de relaciones personales que se esparcían en la ciudad y en la campaña a través de instituciones públicas y de orden privado, hasta la búsqueda de adeptos en las filas de los nuevos pobladores de origen extranjero que comenzaban a pulular por la ciudad, la competencia electoral de esos años revela que la lucha de poder no se agotaba en cuestiones de familia. Por lo contrario, la disputa efectiva para conquistar los resortes del poder político provincial revela la conformación de un espacio político mucho más amplio y complejo que no terminaba en los arreglos entre parientes y amigos subsumidos en lo que Lucio Funes definió como "gobiernos de familia". (Bragoni; 1999 y 2003)

Sin duda, la estructuración del régimen político mendocino después de Pavón fue tributaria de un *sistema de parentela y alianzas políticas* en el cual los nexos personales se convertían en vehículos eficientes para canalizar lealtades e identidades políticas. Esos mecanismos latentes se activaban en épocas de elecciones cuando los grupos políticos se disponían a competir por los cargos electivos. ¿Qué itinerario seguía el poder entre la ciudad y la campaña mendocina? ¿Se trataba tan sólo de competencias facciosas delimitadas en el orden local?

Los preparativos electorales daban lugar a una serie de recursos movilizables para ganar la contienda. Los trabajos de las agrupaciones políticas comenzaban con la formación de candidaturas y la organización de comisiones que se extendían a las localidades de campaña con el fin de movilizar individuos capaces de motorizar cadenas relacionales, que aseguraran primero la inscripción del registro para luego garantizar el éxito en los comicios. La prensa y la edición de circulares o panfletos eran componentes ineludibles de la movilización electoral, que podían sumarse a la organización de bailes y otro tipo de reuniones públicas -como las convocadas en el teatro Variedades- que permitían ganar opinión entre grupos de extranjeros inhibidos de votar. La prensa ocupaba un lugar de privilegio en la conquista de opinión. A través de ella los clubes hacían públicos sus candidatos y las solicitadas suscriptas por los simpatizantes daban cuenta de una evidente calificación de adhesiones que al mismo tiempo sintetizaban cualidades personales e identificaciones políticas y sociales[7].

Esas madejas de mediaciones institucionales y personales que sostenían candidaturas y movilizaban eventuales apoyos daban cuenta de que cualquier individuo que contara con algún tipo de capital relacional era susceptible de integrar coaliciones o alianzas más o menos estables que, sin embargo, debían ser reeditadas en

175

cada elección. Las invitaciones en consecuencia activaban esos circuitos en el interior de los cuales se filtraban jerarquías políticas, militares e incluso territoriales.

Para ganar adeptos era necesario activar apoyos y sostenerlos. Durante los preparativos electorales de 1873, *gonzalistas y civitistas* cursaron de igual manera sus invitaciones al coronel de guardias nacionales Augusto Segovia para obtener su adhesión en los comicios. Las preferencias de éste se inclinaron a favor de los gonzalistas. De inmediato puso en marcha una serie de recursos movilizables para ganar la contienda echando mano a su propio poder territorial y capital relacional: "Desde el mes de marzo estoy en correspondencia con los amigos de San Carlos y trabajando con todos los de San Rafael para lograr este fin y puedo asegurarle que de Luján al sur no será nuestro amigo Don Francisco el que salga con la suya, bien que me dicen de Mendoza que su candidatura será sostenida por Arredondo: lo veremos". Pero su decisión no era independiente de los trabajos electorales de 1874. "Algunas indicaciones tengo ya de Buenos Aires sobre candidaturas y como se puede Ud. imaginar he contestado con la circunspección debida hasta no ver algo claro; no sucede así con la de Avellaneda, que desde un principio no he aceptado por la razón de ser hija de un círculo que desde que subió al poder no me ha dado sino disgustos de todo calibre y que seguirán indudablemente si triunfa Avellaneda y con él Arredondo, mi enemigo personal con toda su comparsa. Con la lectura de su carta, la duda que aún tenía sobre si me inclinaba a Mitre o Alsina, cualquiera de los cuales considero bueno, cesa pues en mí esa duda y puede estar persuadido de que no cesaré de trabajar activamente en la sordina por el primero, a quien no deja de deberle mucho toda la República"[8]. La forma en que la prensa local mantuvo informado a su público sobre los guarismos provinciales durante las elecciones presidenciales que consagraron a Nicolás Avellaneda anticipan un clima político lo suficientemente denso como para vincular el juego político a un puñado de manipuladores líderes interprovinciales.

Estas evidencias permiten poner en duda la idea de que las elecciones eran una parodia realizada por el "gobierno elector"- destinada a revelar un resultado conocido de antemano. Por el contrario, la competencia electoral mendocina de los años '70 invita a algunas conclusiones. Por una parte, que las identificaciones políticas jugaban un papel importante en el entramado político; por otra, que el juego de alianzas personales y políticas del ámbito local no era del todo independiente del sistema de alianzas que alimentaba la dinámica política nacional. En tal sentido, la experiencia política de la Mendoza de aquellos años ilustra en qué medida el contexto político que culmina con el liderazgo nacional de Avellaneda no era una simple y mecánica imposición del gobierno nacional amparado en el monopolio de la fuerza, sino el resultado de un complejo tejido de relaciones de poder que interconectaba situaciones locales de diversa índole en el marco de la unificación política.

REFERENCIAS

1 **Código de las leyes, decretos y acuerdos que sobre administración de justicia se ha dictado en la Provincia de Mendoza**, etc, Manual de Ahumada, Mendoza, Imprenta de El Constitucional, 1860, p. 217-218.

2 **La nota y el credo de los argentinos residentes en Santiago y la contestación con los documentos justificativos por el Club Constitucional Argentino instalado en Valparaíso**, Valparaíso, Imprenta del Diario, Calle de la Aduana, Noviembre de 1852.

3 Martín Zapata, un agudo abogado mendocino, también ejerció su profesión en Chile. Fue electo convencional en 1853 junto a Agustín Delgado y representó a Mendoza en el Congreso de la Confederación. Hombre preocupado por dar bases legítimas al orden político, discutió en repetidas ocasiones las condiciones de los sufragantes dando cuenta de la importancia del tema en la construcción de la República democrática. Zapata murió en 1861 a raíz del trágico terremoto que asoló la ciudad de Mendoza.

4 Lucas González estudió en Chile y después viajó a Europa, donde robusteció sus conocimientos jurídicos en Turín y Madrid. Volvió a Mendoza y contrajo matrimonio con la hija de Francisco Delgado. Se desempeñó como agente oficial del gobierno hasta que fue electo diputado por Mendoza al Congreso nacional. A partir de allí su carrera política obtendría un sólido corolario: fue ministro de Mitre y de Avellaneda. Retirado de la arena política, se dedicó a negocios agropecuarios, financieros y ferroviarios. Una de sus hijas se casó con Roque Sáenz Peña, alianza matrimonial que atestigua su nivel de integración a la élite política nacional.

5 **Código de Ahumada**, p. 58.

6 **Diario de sesiones de la Cámara de Diputados de la Nación**, 31 de julio de 1873, p. 569.

7 Solicitada de "federales netos", **El Constitucional**, 3 de julio 1873.

8 *Archivo Familiar Panquegua*, Correspondencia de Segovia a Benito González Marcó, marzo de 1873. El destacado es de Segovia.

BIBLIOGRAFÍA

Álvarez, Juan. **Las guerras civiles argentinas**. Buenos Aires. EUDEBA
___ Evolución económica. **Historia de la Nación Argentina**. Buenos Aires. El Ateneo. 1941.
Balán Jorge. *Una cuestión regional en la Argentina: burguesías provinciales y el mercado nacional en el desarrollo agroexportador.* En **Desarrollo Económico**, N° 69. 1978.
___ Nancy López. *Burguesías y gobiernos provinciales en la Argentina. La política impositiva de Tucumán y Mendoza entre 1873 y 1914.* En **Desarrollo Económico**. N° 67. 1977.
Bauer, Arnold. *Expansión económica en una sociedad tradicional: Chile central en el siglo XIX.* En **Revista de Historia**. Santiago. N° 9. 1970.
___ **La sociedad rural chilena. Desde la conquista española a nuestros días.** Santiago. Editorial Andrés Bello. 1994 (1ª edición, 1975).
Botana, Natalio. **El Orden Conservador, la política argentina entre 1880 y 1916. Sudamericana.** 1979.
___ *El federalismo liberal en la Argentina, 1852 1930.* En Marcello Carmagnani (comp.). **Federalismos Latinoamericanos. México, Brasil, Argentina.** FCE. 1992.
Bragoni, Beatriz. **Los hijos de la revolución. Familia, negocios y poder en Mendoza en el siglo XIX.** Buenos Aires. Taurus. 1999.
___ *Los avatares de la representación. Sufragio, política y elecciones en Mendoza, 1854-1881.* En Sábato, Hilda y Lettieri Lettieri (coords.): **La vida política. Armas, votos y voces en la Argentina del siglo XIX.** Buenos Aires. FCE. 2003 (en prensa).
___ *Condiciones y estímulos en la recuperación de una economía regional. Prácticas mercantiles e instituciones empresarias en Mendoza, 1820-1880.* En Irigoin Alejandra y Smith, Roberto, editores. **La desintegración de la economía colonial: comercio y moneda en el interior del espacio económico rioplatense 1800-1860.** Biblos. Buenos Aires. 2003.
___ *Redes y práctica política en Mendoza: un estudio de caso.* **En Cuadernos Americanos.** México. UNAM. N° 44. 1994.
___ *La utopía constitucionalista: Alberdi y el Club Constitucional Argentino de Valparaíso.* En Arturo Roig (comp.). **Proceso civilizatorio y ejercicio utópico en nuestra América.** Editorial Fundación Universidad Nacional de San Juan. 1995.
___ *"Meritorios españoles, ejemplares nobles...". Redes, inmigración y mercado: algunas notas sobre la formación de emporios bodegueros de origen español en Mendoza, 1860-1940.* En A. Fernández y M. Moya (comp.). **Inmigrantes españoles en la Argentina.** Editorial Biblos. 2000.

Chiaramonte, José Carlos. *Legalidad constitucional o caudillismo: el problema del orden social en el surgimiento de los Estados del litoral argentino en la primera mitad del siglo XIX.* **Desarrollo Económico.** N° 102. Vol. 26, jul.-set. 1986. pp. 175-196.

__ *Acerca del origen del Estado en el Río de la Plata.* En **Anuario IEHS**. Tandil. N° 10. 1995. pp. 27-50.

__ **Ciudades, provincias, estados: orígenes de la Nación Argentina (1800-1846).** Biblioteca del Pensamiento Argentino. Ariel. 1997.

__ *Las ideas económicas.* **Nueva Historia de la Nación Argentina.** Buenos Aires. Planeta-ANH. Tomo V. 2000.

Coria, A Luis y Varo, Roberto. *Federalismo y República reales en tres décadas de presupuestos provinciales (Mendoza 1853-1883).* En **Anuario - CEH.** N° 1. Año 1. 2001.

Cortés Conde, R. *Finanzas públicas, moneda y bancos (1810-1899).* En **Nueva Historia de la Nación Argentina.** Buenos Aires. Planeta-ANH. Tomo V. 2000

Cortés Conde, R., Converso F., Coria L., Ferreira A. I. y Schaller E. *Las finanzas públicas y la moneda en las provincias del Interior.* En **Nueva Historia de la Nación argentina.** Buenos Aires. Planeta-ANH. Tomo V. 2000.

Fleming, Willian. **Regional developmennt and transportation in Argentina: Mendoza and the Gran Oeste Argentino Railroad, 1885-1914.** Indiana University. Ph D. 1976.

Funes, Lucio. **Gobernadores de Mendoza. La Oligarquía.** 2 Tomos. 1952.

Gascón, Margarita S. *Frontera y poder durante el siglo XIX. Clientelismo político y servicios de frontera en Mendoza.* En **XAMA.** 2. Área Ciencias Humanas. CRICYT ME. 1989.

Halperin Donghi, Tulio. **Revolución y guerra. Formación de una élite dirigente en la Argentina criolla.** Siglo XXI. 1979.

__ **Proyecto y construcción de una nación, Argentina (1848 1880).** Biblioteca Ayacucho. 1984.

Head, Francis. **Los Andes y las Pampas.** Buenos Aires. Hyspamérica. 1986.

Hudson, Damián. **Recuerdos históricos sobre la Provincia de Cuyo.** Edición oficial. Mendoza. 1966. 2 tomos.

Lastarria J., Victorino. *Las cordilleras. Un viaje a través de los Andes.* En **La Revista de Buenos Aires**. Tomo 16. 1868.

Masini Calderón, José L. **Mendoza hace cien años. Historia de la provincia durante la presidencia de Mitre.** Theoría. 1967.

Parish, Woodbine. **Buenos Aires y las Provincias del Río de la Plata desde su descubrimiento y conquista por los españoles.** (Traducción aumentada con notas y apuntes de Justo Maeso). Buenos Aires. Hachette. 1958.

Pérez Ghilou, Dardo. *Repercusiones de Pavón en Mendoza (1859-1870).* En **Pavón y la crisis de la Confederación.** Buenos Aires. Equipo de Investigación Histórica. 1965, pp. 561-590.

__ *Instalación del régimen municipal en Mendoza.* En **Revista de Humanidades.** UN La Plata. Tomo XXXVI. 1961, pp.73-87.

__ *Representación y participación política en la historia del constitucionalismo provincial.* En **Homenaje a Edmundo Correas**. Junta de Estudios Históricos de Mendoza. 1993, pp.191-200.

Peña y Lillo, S. **El gobernador don Pedro Molina**. Mendoza. Best Hermanos. 1937.

Roig, Arturo Andrés. **La Filosofía de las Luces en la Ciudad Agrícola. Páginas para la historia de las ideas argentinas**. Publicación del Departamento de Extensión Universitaria de la UNC. 1968.

__ *El concepto de trabajo en Mendoza. La discusión de 1873*. En **Mendoza en sus letras y sus ideas**. Ediciones Culturales. 1995.

__ **El Pensamiento de don Manuel Antonio Sáez (1834 1887)**. Escuela Superior de Estudios Políticos y Sociales UNC. 1960, pp. 159-166.

Rosal, Miguel. *El Interior frente a Buenos Aires. Flujos comerciales e integración económica, 1831-1850*. En **Cuadernos del Instituto Ravignani**. N°9. 1995.

Rosal, Miguel y Schmit, Roberto. *Del reformismo colonial borbónico al libre comercio: las exportaciones pecuarias del Río de la Plata (1768-1854)*. **Boletín del Instituto Argentino y Americano "Dr. Emilio Ravignani"**. N°20. 1999.

Richard Jorba, Rodolfo. **Poder, economía y espacio en Mendoza 1850-1900. Del comercio ganadero a la agroindustria vitivinícola**. Mendoza. F. Filosofía y Letras- UNC. 1998.

__ Bragoni, Beatriz. *Empresarios-políticos y el control del Estado. Renovación en la élite y construcción de una economía regional en el marco nacional, 1850-1890*. En **Historia y Grafía**. México. N°11. 1998.

Rickard, F. **Viaje a través de los Andes**. Buenos Aires. Emecé. 1999, p. 86 (1ª edición, Londres, 1863).

Scalvini, Jorge. **Historia de Mendoza**. Mendoza. Ed. Spadoni. 1965.

Scobie, James. **La lucha por la consolidación de la nacionalidad argentina** (1852-1862). Buenos Aires. Hachette. 1979.

Seghesso de López, Cristina. *Expresión político-constitucional de un federalismo mixto en Mendoza (1819-1827)*. En **Revista de Historia del Derecho**. Instituto de Historia del Derecho. N° 22. 1995.

__ **Historia constitucional de Mendoza**. Instituto Argentino de Estudios Constitucionales y Políticos. Mendoza. 1997.

Segreti, Carlos. *El comercio con Chile y la renuncia del gobernador Pedro Pascual Segura*. En **Investigaciones y Ensayos**. N°27. Buenos Aires. ANH. 1977.

Vicuña Mackenna, Benjamín. **La Argentina en el año 1855**. Buenos Aires. 1952.

MENDOZA Y EL FERROCARRIL

Garcés Delgado

Tren del ferrocarril trasandino, de trocha angosta. Foto de una de las últimas locomotoras que cruzaron la cordillera de Los Andes en la década del setenta.

Los ferrocarriles Andino, Gran Oeste Argentino, Pacífico y General San Martín

Desde los tiempos coloniales era más propicio que Cuyo comercializara sus productos hacia el Pacífico que asumir los riesgos que demandaban las largas travesías hasta nuestro litoral metropolitano, por el constante ataque de los malones.

Cuando en la década de 1860 Chile denunció el tratado que permitía el tráfico de mercancías, las comarcas cuyanas quedaron en difícil situación económica. Entonces fue tomando fuerza la idea de construir un ferrocarril que las comunicara con puertos argentinos, y el reclamo fue formulado por los legisladores de Mendoza ante el Congreso de la Nación. Bien pronto el presidente Mitre, que dirigía la guerra contra el Paraguay, dictó el 15 de noviembre de 1867 un decreto que disponía tender una línea férrea desde Villa María, en Córdoba, hasta las provincias de Cuyo, pasando por Río Cuarto y Villa Mercedes.[1] Se tomaba Villa María como punto de arranque por ser el lugar ferroviario más cercano a aquéllas, ubicado sobre la vía del F. C. Central Argentino que el ingeniero Wheelwright construía desde 1863, entre Rosario y Córdoba.

Por otra parte, el puerto rosarino conservaba la importante gravitación que había tenido durante el gobierno de la Confederación Argentina, con capital en Paraná.

Los estudios técnicos para la construcción del ferrocarril a Cuyo estuvieron a cargo de una comisión encabezada por el director de la Oficina de Ingenieros de la Nación, ingeniero Pompeyo Moneta. En base a ellos, el senador por Mendoza Eusebio Blanco presentó el proyecto de construcción que el Congreso de la Nación aprobó, dando origen a la ley 280 promulgada el 14 de octubre de 1868.

Las obras se iniciaron en Villa María el 25 de noviembre de 1870, inaugurándose en Río Cuarto en 1873 y en Villa Mercedes en 1875 con la presencia del presidente Avellaneda, donde quedaron paralizadas.

Por su parte, el presidente Sarmiento patrocinaba otro proyecto que consistía en tender un ferrocarril que se denominaría "Trasandino"-en toda su extensión desde Buenos Aires hasta Valparaíso, pasando por Mercedes (Bs. As.), Rojas o Junín, Villa Mercedes, San Luis y Mendoza, por el Paso de Uspallata o por el de los Patos. El Congreso sancionó la correspondiente ley 583 promulgada el 5 de noviembre de 1872. La concesión para su construcción le fue otorgada al empresario chileno Juan E. Clark por decreto del 24 de noviembre de 1873.[2] La traza de la nueva vía entre Buenos Aires y Villa Mercedes, fue relevada por el ingeniero Luis A. Huergo en un recorrido de 690 km, en 1874.[3]

Desde que la empresa Clark se adjudicó la concesión, pasó casi una década hasta que en Londres logró capitales para constituir, el 10 de octubre de 1882, la empresa del F. C. de Buenos Aires al Pacífico, que inauguró la línea entre Mercedes (Bs. As.) y Villa Mercedes fundando pueblos como Rufino y Laboulaye, el 6 de octubre de 1886.[4]

Es decir que a Villa Mercedes llegaban dos ferrocarriles, uno era el Andino, que construía la Nación, y otro el Pacífico, ambos de trocha ancha (1,676 m) y cada uno con su respectiva estación, separadas sólo por 700 m, que fueron cubiertas mediante un empalme.[5]

Entretanto, antes de que Avellaneda terminara su presidencia, el Congreso sancionó la ley 1.005 del 10 de octubre de 1879 disponiendo la continuación de la obra del F. C. Andino desde Villa Mercedes hasta San Juan, y al año siguiente el presidente Roca nombró al ingeniero Guillermo Villanueva al frente de los trabajos,[6] secundado por el ingeniero italiano Cristóbal Giagnoni, quien tuvo a su cargo los estudios técnicos sobre un terreno topográficamente hostil por las pronunciadas pendientes existentes entre Villa Mercedes y San Luis, adonde la vía llegó en 1882, mientras que el 10 de abril de 1883 la locomotora "Zonda" cruzó por vez primera el río Desaguadero.[7] La línea quedó habilitada en La Paz el 11 de agosto de ese año. Al siguiente se hacía lo mismo hasta Maipú (Gral. Gutiérrez), y el 7 de abril de 1885 el presidente Roca arribaba a Mendoza en un tren especial, que continuó hasta San Juan cinco días después, totalizando un recorrido de 767 km desde Villa María.

Mientras tanto, Juan Clark dejó que el Estado construyera la sección del Andino de 513 km entre Villa Mercedes y San Juan, a pesar del primitivo compromiso de hacerlo cuando obtuvo la concesión en 1873. Para ello se establecieron contratos con el gobierno el 26 de enero de 1874[8] y el 19 de marzo de 1878[9], en cuyo art. 14 de este último acuerdo se le otorgaba a Clark el privilegio de adquirir la citada sección del F. C. Andino en el caso de que se dispusiera su venta, comprometiéndose únicamente por el Acuerdo del 7 de noviembre de 1881[10] a construir el F. C. Trasandino, ahora solamente de 240 km, entre Mendoza y Los Andes, así como también el tramo restante de 110 km del F. C. Pacífico entre Mercedes (Bs. As.) y Palermo, que se habilitó en 1888 y que esta empresa prolongó hasta Retiro el 7 de julio de 1912.

Bien pronto el presidente Juárez Celman, aduciendo que el Andino ocasionaba pérdidas al erario público, lo que se sumaba a la gravedad de la situación económica que padecía el país en vísperas de la crisis de 1890, resolvió por decreto del 20 de enero de 1887[11] vender la sección del Andino entre Villa Mercedes y San Juan, de acuerdo con el convenio preexistente, a Juan Clark, quien se dirigió a Londres donde gestionó capitales para conformar la empresa del F. C. Gran Oeste Argentino, que se instaló con su administración en Mendoza, construyendo para ese efecto, una década después, el actual edificio de Perú y Las Heras, ya que la sede del Andino estaba radicada en Río Cuarto.

Poco tiempo bastó para que las quejas populares resonaran con fuerza en el ámbito cuyano. La nueva empresa no realizaba las inversiones comprometidas, por lo que prestaba un servicio deficiente y oneroso por el alto costo de sus tarifas monopólicas. Recién hacia fines de siglo incorporó nuevas locomotoras y material rodante y en 1901 construyó el primer ramal de 16 km entre General Gutiérrez y Luján de Cuyo, pasando por Maipú, y en 1903 los correspondientes a Fray Luis Beltrán y el empalme Tropero Sosa, en Las Heras, y de Las Catitas a San Rafael.

Pero todo esto no alcanzaba a satisfacer las reiteradas protestas, que tuvieron su eclosión en junio de 1906 cuando las fuerzas vivas de Mendoza, reunidas en asamblea en el antiguo Teatro Municipal, reclamaron un cambio sustancial en la prestación del servicio.

Por su parte, el F. C. Pacífico, que sólo llegaba hasta Villa Mercedes y tenía tarifas 30% más bajas que el Gran Oeste Argentino, conocedor de lo que sucedía en Cuyo, mostró interés en extender su línea hacia esta región, por lo que Emilio Lamarca, presidente de la empresa en Buenos Aires, se presentó en 1902 ante el Congreso de la Nación solicitando permiso para construir una vía de 264 km entre Justo Daract (30 km al Este de Villa Mercedes) y La Paz, pasando por Beazley (60 km al sur de San Luis), con un trazado sobre un terreno menos accidentado que la primitiva del Andino tendida por esa capital, y que tantos trastornos causaba a la normal circulación de los trenes por sus pronunciadas pendientes, curvas y contracurvas.[12]

El Congreso sancionó la ley 4.130 del 4 de octubre de 1902, autorizando la construcción de la que sería la importante vía Beazley (en la actualidad, ruta ferroviaria del MERCOSUR), que fue habilitada en La Paz el 31 de marzo de 1910.

Ante el avance que protagonizaba el Pacífico hacia Cuyo y, como el Gran Oeste Argentino no estaba en condiciones de competir, ambas empresas resolvieron asociarse en Londres, quedando la primera a cargo de la administración a partir del 1 de junio de 1907 por el término de 20 años, que a su vencimiento fue renovada por igual plazo, que al cumplirse en 1947 coincidió con la fecha de la nacionalización de la empresa.

El F. C. Pacífico mejoró los servicios favorecido por la nueva vía Beazley, que aseguraba la circulación de los trenes de carga que podían portar un mayor tonelaje. En torno a esta circunstancia, fue el administrador de la empresa entre 1901 y 1910, James A. Goudge, quien desplegó su proyecto en Cuyo, estableciendo en Palmira el centro distribuidor de cargas de San Juan y Mendoza. En esta última, con acceso por el norte de la ciudad, se instaló la Estación de Cargas, cuya construcción fue autorizada por la ley 5.274 del 30 de setiembre de 1907. Es de destacar la vigorosa acción legislativa que cumplieron, para obtener la sanción de estas leyes, el diputado nacional por Mendoza, Julián Barraquero y el senador por la Capital Federal Benito Villanueva, mendocino de origen.

Por otra parte, en el Sur provincial, la vía de Las Catitas a San Rafael se extendió desde Guadales a Monte Comán en 1908, en tanto que en 1911 desde esta última estación se habilitó la línea hasta Buena Esperanza, en San Luis, empalmando con la que desde 1907 comunicaba con Huinca Renancó, en el extremo sur de Córdoba, que a su vez conectaba con Justo Daract hacia el norte y con el puerto de Bahía Blanca hacia el sur, con ramales adyacentes.

Todo este notable desarrollo ferroviario del F. C. Pacífico, que promovía la fundación de pueblos y la colonización de tierras vírgenes como las del Atuel, se completaba con la apertura del túnel internacional de Las Cuevas en 1910, cuando administraba al F. C. Trasandino.

A su vez, en 1908 se inauguraba el circuito Rivadavia por Palmira y Alto Verde; en 1912 se completaba el de Luján de Cuyo por Drummond y Benegas, y en 1914 el ramal de Palmira a Tres Porteñas. Previamente, la vía rumbo al sur desde Luján en 1911 llegaba a Tunuyán y Zapata, y en 1923 se extendía hasta Eugenio Bustos, en San Carlos.

A su vez, en el Sur provincial se inauguraban en 1912 los ramales de Monte Comán a Colonia Alvear y a Negro Quemado, continuando este último hasta Villa Atuel y Jaime Prats en 1925, fecha en que también quedaba habilitado el tramo de Monte Comán a San Rafael por Goudge, cerrando el circuito.

En 1927 el Pacífico construyó su último ramal en Cuyo, comunicando Espejo con la colonia Gustavo André, en Lavalle.

Dado el incremento en la circulación de trenes, la empresa duplicó la vía general en 1909 entre Panquehua y Rodeo del Medio, extendiéndola hasta Alto Verde en 1925. Hasta 1930, en la estación de pasajeros de Mendoza había un movimiento diario de 60 trenes locales que recorrían los circuitos de Luján de Cuyo, Guaymallén y Rivadavia. Esta intensa actividad cesó en 1938 debido a la competencia de los ómnibus que se desplazaban por las rutas provinciales, las que habían incrementado su pavimentación. Para defenderse de la competencia, el F. C. Pacífico estableció una empresa automotor subsidiaria denominada Compañía Internacional de Transportes Automóviles, más conocida por la sigla CITA, que fue el origen de la actual TAC. Con los ómnibus de la CITA y la incorporación de los primeros coches motor marca Leyland, sustituyó los trenes locales.

Por otro lado, el Pacífico no sólo se limitó a ser una empresa de transportes, sino que además hizo una importante contribución al desarrollo agropecuario desde que fundó en diciembre de 1917 su Revista Mensual BAP, primer órgano periodístico en su género editado en el país, mediante el cual los productores rurales tenían una guía certera para cultivar y hacer producir mejor sus tierras. Esta acción tenía como objetivo aumentar el tráfico de cargas.

Siempre en la misma tesitura, para promover el desarrollo de la frutihorticultura en Cuyo, en 1925 instaló en la estación Rama Caída un vivero para producir variedades certificadas de plantas frutales importadas de Francia, previamente aclimatadas en su campo experimental de José C. Paz, cerca de Buenos Aires, en donde en 1927 se utilizó el riego por aspersión por primera vez. Además tuvo participación societaria en la construcción del frigorífico de la SA Productores de Uvas de Exportar, inaugurado el 25 de marzo de 1931 en calles Maza y Chile de Mendoza, en terrenos de la ex Estación de Cargas.

La empresa ferroviaria también favoreció el desenvolvimiento de la industria vínica con la instalación de desvíos a las bodegas, la incorporación de vagones toneles para el transporte de vino a granel y la construcción de grandes depósitos para almacenarlo, en sus estaciones de Palermo y La Paternal.

En lo referente al transporte del petróleo, tanto al Pacífico como después al F. C. Gral. San Martín les cupo un trascendente papel al trasladar desde Anchoris, a partir de 1941, dos trenes diarios de 22 vagones-tanque cada uno con un total de alrededor de 2.000 toneladas, hasta la destilería de San Lorenzo.

En el rubro referido al turismo, el F. C. Pacífico fue pionero en su promoción en Mendoza, desde que construyó el primitivo hotel de Puente del Inca cuando promediaba la segunda década del siglo, el que fue administrado, por una empresa subsidiaria, al igual que los de Uspallata y El Sosneado, denominada Compañía de Hoteles Sudamericanos, que además atendía el servicio de los coches-comedor de los trenes y buffet de las estaciones. Por otra parte, en el actual edificio Galerías Pacífico de calle Florida, en la Capital Federal, que fuera la sede de su administración durante muchos años, se exponía sobre las ventajas que ofrecía el turismo de Mendoza, que eran accesibles a todos mediante un placentero viaje en el tren expreso El Cuyano, de 15 hs. 30', según rezaba la propaganda.

La acción del F. C. Pacífico duró cuarenta años, hasta 1947, fecha en la que vencía la concesión otorgada a las empresas ferroviarias mediante la ley 5.315 del 30 de setiembre de 1907.

Al ser nacionalizado, adoptó la denominación F. C. Nacional General San Martín a partir del 1 de enero de 1949. La transición se hizo gradualmente, ya que durante los primeros años continuaron ejerciendo los cargos de dirección antiguos funcionarios de la ex empresa británica.

Paulatinamente se fueron haciendo inversiones en la adquisición de material de tracción y rodante. Las últimas que había hacho el Pacífico en locomotoras y coches de pasajeros databan de alrededor de 1930, en coches motores de 1940 para defenderse de la competencia automotor en los ramales y en vagones en 1942. Sin embargo, todo el parque móvil de la empresa así como también la vía permanente y demás instalaciones se encontraban en buen estado de conservación por haber sido objeto de un constante y cuidadoso mantenimiento.

En 1952 el FCGSM incorporó trenes motores diesel de 4 unidades de la fábrica Ganz de Budapest, Hungría, para establecer servicios a Retiro, Rosario, Córdoba, Bahía Blanca, San Juan, San Rafael, Colonia Alvear y Bowen (F. C. Sarmiento).

En 1953 el FCGSM adquirió 20 nuevos coches de pasajeros, por primera vez con carrocería metálica, a la fábrica Werkspoor de Amsterdam, Holanda, y al año siguiente a la misma firma, 50 locomotoras diesel eléctricas para maniobras de playa.

En 1958 se pusieron en servicio las primeras 25 locomotoras diesel eléctricas de línea marca General Electric, tipo U 18 de 1.800 HP, que en Cuyo fueron remplazando a la tracción a vapor, que sólo subsistió en Monte Comán hasta 1972 para remolcar los trenes petroleros de Malargüe.

En 1962 se incorporaron 70 locomotoras procedentes de USA, de la fábrica Alco, del tipo RSD 35, y 75 más de mayor potencia tipo RSD 16, que aún prestan servicios. También procedentes del F. C. Mitre, el GSM utilizó 25 locomotoras canadienses Montreal, tipo FPD 7. En 1963 se efectuó la última incorporación de 11 trenes diesel Ganz-Mavago.

Los servicios de cochemotor fueron desapareciendo paulatinamente, durante las décadas de los '60 y '70, al haber cumplido su vida útil y no ser repuestos.

En 1964 se adquirieron nuevos coches de pasajeros a Materfer de Córdoba y en 1971 se efectuó la última inversión, al incorporar dormitorios de gran confort y vagones bandeja para el transporte de automóviles de los pasajeros que viajaban en el mismo tren; para correr en el expreso El Libertador, que fue el convoy símbolo de esta línea, así como El Cuyano lo había sido de la del Pacífico, aunque continuó corriendo hasta 1969, en que se lo suprimió como un anticipo de la cancelación definitiva de los trenes de pasajeros que se fue sucediendo; para El Sanjuanino al finalizar la temporada 1991/92 y por decreto 1.168/92 del PEN, El Cóndor el 25 de julio de 1992, El Libertador el día 29 y El Aconcagua el día 31.

Por unos meses más se dispuso la permanencia de un denominado "tren social" al que lamentablemente se le dio el nombre de El Cuyano, sin ningún confort, hasta el 10 de marzo de 1993, fecha en que partió el último convoy de pasajeros de Mendoza.

En lo que respecta a los servicios de carga, la nueva etapa del ferrocarril nacionalizado exigía la incorporación al tren rodante de vagones de distinto tipo para las diferentes cargas a transportar, suministrados por las fábricas de material ferroviario que se iban instalando en el país, las que tuvieron pronto desarrollo.

La nueva etapa que se abría para trasladar las cargas por vías férreas exigía que se cumpliera la legislación referente a la complementación de los distintos medios de transporte y no a su competencia, como lamentablemente sucedió, terminando con la destrucción del ferrocarril y el deterioro constante de los caminos. Ya en la década de 1930 y a partir de la sanción de la Ley Nacional de Vialidad 11.658 de 1932, que posibilitó un rápido desarrollo caminero, las empresas ferroviarias tuvieron que agudizar la imaginación para defenderse de la dura competencia del automotor, debido al erróneo trazado de nuestras principales carreteras al lado de las líneas férreas, siguiendo su recorrido.[13] Al ser nacionalizados los ferrocarriles, esta preocupación no tuvo la debida atención, y así los déficits de las empresas se enjugaban en rentas generales con la emisión de dinero espurio y el consiguiente aumento inflacionario, cuyo perjuicio recaía en toda la población, usara o no el ferrocarril.

Sucedió que por su ineficiencia el ferrocarril fue perdiendo el transporte de las mercaderías perecederas, que son las de menor volumen y mayor tarifa. Así, bien pronto el F. C. San Martín dejó de transportar las cosechas frutihortícolas en el caso de Mendoza y San Juan, un tráfico que fue a manos del camión. Lo mismo acaeció con los convoyes de vagones frigoríficos que cargaban la uva de mesa, que con tanto esfuerzo durante más de una década había conquistado mercados mundiales.

Todo eso se perdió al dejar de ser eficiente el transporte ferroviario. Algo parecido aconteció con la hacienda que viajaba en pie, remitida a Cuyo y a Chile desde la pampa húmeda. Las demoras que sufrían los trenes provocaban la muerte de los animales, por lo que los ganaderos optaron por enviar sus reses en camión.[14]

Al ferrocarril sólo le fue quedando la carga que, por su peso y volumen, no le interesaba llevar al transporte carretero. Fue el caso del petróleo, la principal que desde los '60 transportó en Cuyo el F. C. San Martín, al evacuar desde Malargüe hasta la destilería de Luján de Cuyo la enorme riqueza petrolera del departamento sureño hasta 1990, cuando se habilitó el oleoducto desde Puesto Hernández, razón por la cual el ferrocarril perdió ese tráfico.

Pero además y concomitante con todo esto, la inestabilidad política en el país se reflejó en la empresa Ferrocarriles Argentinos, que en el término de 42 años, entre 1948 y 1990, tuvo 45 administraciones distintas, con lo que de ese modo fue imposible ejercer políticas coherentes para su buena marcha. En los últimos 30 años, desde 1964 se hicieron pocas inversiones de importancia, acordes con la política de achicamiento que se practicó desde 1958 con la supresión de ramales y cancelación de servicios, lo cual a través de los años terminó con casi todo el sistema, que en el país alcanzó 45.000 km.

Por otra parte, los permisivos reglamentos de trabajo del personal y su excesivo número en las distintas actividades conspiraron contra la productividad, y la política partidista introducida en las entidades sindicales fomentaron la indisciplina laboral y los planes de lucha, a veces con las denominadas "huelgas salvajes", las famosas de dos horas por turno afectando a los trenes de pasajeros, que eran detenidos en el medio del campo.

Si a todo este panorama agregamos los constantes robos a la empresa en sus distintos departamentos,[15] el abuso de los pasajes de privilegio, así como también las cuantiosas sumas que se debieron pagar a raíz de sentencias judiciales por accidentes fraguados, se puede concluir que a la hora de partir el último tren, buena parte del público usuario hacía tiempo que había dejado de utilizar el ferrocarril. Y lo más grave es que ha calado hondo en la conciencia social la errónea apreciación de que es un medio de transporte que pertenece al pasado, sin reparar en la creciente trascendencia que tiene en los países centrales.

La decadencia ferroviaria argentina fue de tal magnitud, que cuando comenzaron a privatizarse los servicios de carga, en 1991, el tren sólo transportaba el 7% del total de las que se movilizaban en el país.

El F. C General San Martín cesó en su denominación el 26 de agosto de 1993, cuando se hizo cargo por 30 años para explotar los servicios de trenes de carga la empresa multimodal Buenos Aires al Pacífico-San Martín SA, que en Palmira tiene el centro de sus operaciones en Cuyo, lugar estratégico en la ruta del MERCOSUR.

Los ferrocarriles Trasandino, del Estado
y General Belgrano

Por el decreto del 20 de enero de 1887, el gobierno de la Nación también aceptó que la obligación que tenía Juan Clark de construir el F. C Trasandino la transfiriera a la Compañía F. C Trasandino de Buenos Aires a Valparaíso, debiendo construir 175 km de vía desde Mendoza hasta la cumbre de la cordillera, de los 240 que totalizaban el trazado hasta Los Andes, el que en 1877 había sido bosquejado por el ingeniero Allan Campbell mientras se tendía la línea telegráfica desde Chile a la Argentina.

Las obras se iniciaron a comienzos de enero de 1887 en el predio de la ciudad de Mendoza delimitado por las calles Sargento Cabral, Coronel Rodríguez, Pueyrredón y vías del F. C. Gran Oeste Argentino, que como eran de trocha ancha (1.676 m), accedían a la playa del Trasandino, que tenía trocha angosta (1 m), mediante la colocación de un tercer riel. De esa manera fueron llegando desde Villa Mercedes todos los materiales que Clark tenía acopiados para la construcción de la magna obra, que en los comienzos fue dirigida por el ingeniero Víctor Petrot Freire, el cual pronto fue remplazado por el ingeniero Emilio Mantegazza, y éste a su vez por el ingeniero Alfredo Schatzmann. También tuvo participación desde Londres, en carácter de consultora, la empresa de los ingenieros Livesey, Son & Henderson, con experiencia en la construcción del ferrocarril en los Alpes Suizos.

El edificio de la estación cabecera, ubicado en Sargento Cabral y Belgrano, se construyó en 1890, partiendo de allí el tren que inauguró la primera sección hasta Uspallata el 22 de febrero de 1891.

El 1 de mayo de 1892 se habilitó el tramo de 29,8 km entre Uspallata y Río Blanco, en tanto que el 17 de noviembre de 1893 las vías llegaron hasta Punta de Vacas, paralizándose al año siguiente a la altura del km 144.

Serias dificultades financieras sumadas al conflicto de límites entre ambas naciones relegaron la prosecución de los trabajos, que recién continuaron con los albores del siglo, alcanzando Puente del Inca el 1 de marzo de 1902 y Las Cuevas el 22 de abril del año siguiente.

Fue también en 1903 cuando el Trasandino pasó a ser administrado por el Gran Oeste Argentino, y por decreto del gobierno de la Nación del 1 de octubre de 1904 se lo denominó F. C. Trasandino Argentino.

Al ser administrado por el Gran Oeste, para posibilitar el acceso a su estación de Las Heras y Belgrano, debió tenderse un tercer riel, que aún perdura, para posibilitar la combinación de los trenes internacionales procedentes de Buenos Aires o de Santiago.

Cuando en 1907 el Pacífico se hizo cargo de la administración del Gran Oeste Argentino, también involucró la del Trasandino, y al año siguiente, por sugerencia de la consultora Livesey, Son & Henderson, fue concedida la construcción del túnel internacional en Las Cuevas a la empresa C. H. Walker y Cía., de Londres, la que con moderna tecnología efectuó la obra de 3.480 m de longitud, de los cuales 1.782 corresponden al lado argentino, a una altura de 3.200 m sobre el nivel del mar. La ceremonia oficial de inauguración se efectuó el 5 de abril de 1910, aniversario de la batalla de Maipú, en la estación chilena limítrofe de Portillo, con la presencia de los ministros de Obras Públicas de Argentina y Chile, Ezequiel Ramos Mejía y Manuel Guerrero respectivamente.

El 13 de mayo de 1923 la administración del Pacífico transfirió la del Trasandino a la Cía. del F. C. Trasandino Chileno- Argentino, que operó con la subvención de ambos gobiernos.

Entre mayo y diciembre de 1932 la empresa debió suspender los servicios por su precaria situación financiera.

El 10 de enero de 1934 un aluvión del río Mendoza, originado por la rotura del glaciar del Plomo, dañó severamente tramos de vía a lo largo de una extensión de 120 km, entre Blanco Encalada y Punta de Vacas, arrasando para siempre las estaciones de Río Blanco (km 123) y Zanjón Amarillo (km134).

El servicio se reanudó el 1 de agosto del mismo año, mediante un acuerdo entre ambos gobiernos, que permitía que el Trasandino chileno accediera hasta Punta de Vacas. Los pasajeros eran trasladados a Mendoza en automóviles de la empresa CATA (Cía. Argentina de Transportes Automóviles), y las cargas y el ganado en camiones por la ruta de Villavicencio.

El 22 de abril de 1937, en un acto que se celebró en la estación Mendoza del F. C. Trasandino, el presidente de la Nación, general Agustín P. Justo, anunció la decisión política de nacionalizarlo, para de inmediato reconstruirlo e integrarlo a la red del F. C. del Estado de igual trocha angosta, que contemporáneamente se construía mediante un ramal desde Pie de Palo, en San Juan, hasta la nueva estación de San José, en Guaymallén, con lo que quedaría integrada una amplia extensión geográfica que involucraba a Bolivia, el Norte y Centro argentinos, además de los puertos fluviales de Formosa, Barranqueras y Santa Fe, posibilitando acortar distancias con Paraguay y Brasil, con acceso hacia los puertos del Pacífico y viceversa. Todo un proyecto que se adelantaba en el tiempo, ya que en esencia estaba consustanciado con esta genuina aspiración sudamericana que en el presente reconocemos como MERCOSUR y en el que lamentablemente el ferrocarril está ausente como medio de transporte protagónico.

En 1938 se sancionó la ley 12.573 que dispuso nacionalizar el Trasandino, siendo promulgada el 20 de enero de 1939.

Después de más de ocho años de inoperancia en la estación del Trasandino de Mendoza, en noviembre de 1942 empezó a correr los días domingo el tren de excursión hasta Potrerillos, actividad que se extendió durante todo el año siguiente. Sería ése el último tren que de allí salió.

El 24 de marzo de 1944 se rehabilitó el servicio internacional con la partida desde la estación del F. C. Pacífico a las 7 hs. 50' del tren de combinación, luciendo la locomotora en su frente los símbolos patrios, mientras los presidentes de la Argentina y Chile, Edelmiro J. Farrell y Juan Antonio Ríos respectivamente, intercambiaban mensajes de salutación.

La reconstrucción de la línea estuvo a cargo de los ingenieros argentinos Horacio Romero, que dirigió los trabajos; Atilio Capa, Eduardo M. Huergo y Pedro Mendiondo, quienes corrigieron algunos tramos de su trazado primitivo para proporcionarle mayor seguridad, emplazando nuevos puentes y edificando la nueva estación Polvaredas en el km 131, que sustituyó a las desaparecidas Río Blanco y Zanjón Amarillo, ubicadas en la margen opuesta del río Mendoza.[16]

Los trenes internacionales del Trasandino continuaron operando en la estación del F. C. Pacífico, en tanto los restantes lo hacían desde la estación del F. C del Estado en San José, habilitada en 1943. La conexión entre este ferrocarril y el Trasandino se hizo mediante la construcción de un ramal de enlace de 22 km, hasta la estación Paso de los Andes, en Chacras de Coria, instalándose en cercanías de General Gutiérrez la estación de intercambio de cargas denominada Canota, a la que accedían mediante un desvío de trocha ancha los vagones del F. C. Pacífico.

Nacionalizados los ferrocarriles, a partir del 1 de enero de 1949 el Trasandino y el F.C del Estado pasaron a denominarse F. C. Nacional General Belgrano, aunque el primero estuvo operando breve tiempo por el F. C. General San Martín, nombre que adoptó el F. C. Pacífico.

En 1978, a raíz del conflicto de límites con Chile, cesó de funcionar definitivamente el servicio de trenes de pasajeros con el vecino país.

En 1984, debido a un alud que destruyó parte de la vía del lado chileno en la zona de Juncal, el ferrocarril quedó paralizado porque el gobierno trasandino no decidió repararlo.

En 1992, por decreto presidencial 532 del 27 de marzo, la Provincia de Mendoza debió hacerse cargo de las instalaciones del ex F. C. Trasandino. Con posterioridad, a fines de 1994, la Nación lo cedió a Mendoza por el término de 30 años.

Con el nombre de Ferrocarriles del Estado, la Nación agrupó sus líneas dispersas que no habían sido enajenadas, como sucedió con el F. C. Andino, el Central Norte y el Argentino del Norte. Se dictó un régimen legal al sancionarse la ley 6.757 en 1909. El Estado debía asumir el papel de tender líneas férreas en las regiones del territorio nacional a las que no tenía interés de acceder el capital extranjero, y fue así que llegó con el riel civilizador hasta los confines de la patria, ya fuera en los bosques chaqueños o en la estepa patagónica. Su extensa red alcanzó cerca de 14.000 km y pretendía penetrar en cada una de las provincias y gobernaciones.

Fue con esa política cuando en 1903 se sancionó la ley 4.267, que dispuso tender un ramal de San Juan a Mendoza, aprovechando la construcción de la línea que el Estado ejecutaba entre Córdoba y San Juan por Serrezuela. Por un punto intermedio de esta vía debía arrancar la que se dirigiría a Mendoza, que por ley 11.389 de 1927 se estableció sería la estación Pie de Palo, con un recorrido de 187 km, hasta la de San José, en Guaymallén.

Las obras fueron dirigidas por los ingenieros Lebren Onianten, N. Gigena y Nicolás Fernamona, y al poco tiempo de iniciadas debieron suspenderse debido a la ruptura del orden constitucional en setiembre de 1930, lo que provocó el abandono del campamento instalado en Colonia Segovia, en el que se encontraba acopiada una importante cantidad de materiales.

Cuando el gobernador Ricardo Videla asumió en 1932, realizó en Buenos Aires activas gestiones que permitieron la reanudación de las obras, para lo cual debió dictarse la ley 11.730 en 1933.

El 22 de abril de 1937, cuando aún faltaban 5 km para que las vías llegaran a la estación de San José, el presidente Agustín P. Justo inauguró la obra, aprovechando que al mismo tiempo anunciaba su conexión con el F. C. Trasandino y la nacionalización y reconstrucción de éste, lo que permitió potenciar durante muchos años el transporte de cargas de ambas líneas, tal el caso del azúcar enviado de Tucumán a Chile.

Aunque la línea del F. C. del Estado llegó tardíamente a Mendoza, aún hoy es tiempo de demostrar su acción civilizadora, pues su trazado cruzando el desierto de Lavalle todavía lo consagra como un medio para acceder a sus poblaciones. Desde la estación de San José partían trenes a Córdoba con combinaciones a Santa Fe, las provincias del Norte, Bolivia y viceversa. Por eso los primitivos inmigrantes de esa nación se radicaron en barrios cercanos a la estación. También de allí salían los convoyes que iban hasta Potrerillos.

Cuando en 1947 se nacionalizaron los ferrocarriles, todas las líneas de trocha angosta que había en el país, ya fueran privadas o estatales, pasaron a denominarse a partir del 1 de enero de 1949, F. C. General Belgrano.

En la actualidad sólo opera alguno que otro tren de carga que transporta azúcar desde Tucumán. El F. C. Belgrano, por decreto 685/97, pasó a ser administrado por la Unión Ferroviaria.

Otro ramal que el F. C. del Estado construyó en Mendoza fue el de Pedro Vargas a Malargüe, de 178 km, y en este caso de trocha ancha, para que pudiera ser operado por los trenes del F. C. Pacífico y a partir de 1949 por los del F. C. General San Martín.

Aunque desde 1921 se reclamaba para el Sur de Mendoza un ferrocarril minero[17]; recién cuando las circunstancias apremiaron debido a la escasez de combustibles que padecía el país ante la imposibilidad de importar carbón de piedra de Inglaterra por la conflagración mundial desatada en 1939, el gobierno de facto del presidente provisional general Pedro Pablo Ramírez dictó el decreto 4.926 del 9 de agosto de 1943[18] ordenando la construcción de la obra, que estuvo dirigida por el ingeniero Atilio Capa, del departamento técnico de los Ferrocarriles del Estado.

Ante la imposibilidad de importar rieles, la nueva vía se tendió con el material proveniente de ramales erradicados por falta de rentabilidad, como el de Espejo a ingeniero Gustavo André, en Mendoza.

Los trabajos se iniciaron el 27 de octubre de 1943 con la participación de cuatro empresas contratistas radicadas en Bs.As., que se desempeñaron con singular solvencia practicando desmontes y terraplenes, así como también la excavación de un túnel de 166 m y el emplazamiento de los puentes sobre los ríos Salado y Atuel, de 50 y 70 m de luz respectivamente.

El tren inaugural llegó a Malargüe el 8 de junio de 1944, habilitándose al público los servicios de pasajeros y de cargas el día 20.

El ferrocarril transportaba desde Malargüe el carbón de asfaltitas proveniente de las minas Minacar y La Valenciana, que sirvió para paliar la crisis energética. Con posterioridad vendría el transporte de petróleo a la destilería de Luján de Cuyo, y a veces hasta la de San Lorenzo, hasta que en 1990 se habilitó el oleoducto desde Puesto Hernández, con lo que el ferrocarril perdió ese tráfico.

En 1945 el gobierno de la Nación dispuso la continuación de la línea de Malargüe, hasta Bardas Blancas, tendiéndose 40 km de vía. También se edificaron las estaciones La Batra y El Chiuído, todo lo cual quedó abandonado para siempre en el desierto al dejarse de lado el proyecto de continuar el ferrocarril hasta Zapala, así como también a la región chilena del Maule por el paso El Pehuenche, en 1948.[19]

El ramal de Pedro Vargas a Malargüe que integraba la red del F. C. General San Martín, al producirse la privatización de los servicios de carga de esta línea, en agosto de 1993, pasó a ser operado por la empresa multimodal BAP-San Martín SA, la que lo clausuró un año después al cesar la actividad en Monte Comán.

Los Ferrocarriles Oeste y Domingo Faustino Sarmiento

También el F. C. Oeste de Buenos Aires, el más antiguo de la Argentina, aquel que empezó a correr el 30 de agosto de 1857 con la legendaria locomotora La Porteña, tuvo sus líneas en la provincia de Mendoza.

En 1854 se había formado la Sociedad Caminos de Hierro hacia el Oeste, compuesta por capitales privados aportados por hacendados de Buenos Aires.

Poco tiempo después, ante dificultades financieras, el gobierno provincial debió hacerse cargo de la empresa y emprender una notable extensión de vías, principalmente hacia el oeste, para civilizar el desierto duramente azotado por los malones, y ganar tierras vírgenes y feraces para la agricultura. Y tras el riel llegaron los inmigrantes para colonizarlas y ponerlas al servicio de la producción, fundando nuevos pueblos y ciudades.

En el incesante rumbo de las vías hacia el poniente, la mira estaba, hacia 1870 en atravesar los Andes y llegar a Chile por el paso El Planchón. Las locomotoras en su frente ostentaban la inscripción "Voy a Chile". Empero no fue posible, pero la idea de llegar a nuestra provincia por el sur había quedado latente.

En 1889, a pesar de su pujanza, el gobierno de Buenos Aires lo enajenó al capital británico. Por entonces, la línea con rumbo a La Pampa que llegaba hasta Bragado se fue extendiendo hasta Lincoln y General Villegas, dejando en el deslinde del Meridiano V el territorio bonaerense para penetrar en el pampeano pasando por Realicó y continuar hasta Bagual, en el sur de San Luis. Hasta allí llegaba la vía cuando en 1908 se propuso en el Congreso de la Nación extenderla 100 km hacia el oeste hasta alcanzar el

205

río Salado en el límite con Mendoza. El proyecto fue aprobado con la sanción de la ley 5.566 del 15 de setiembre del año indicado. Tan sólo 10 días después los mismos legisladores aprobaron otra ley, esta vez la 5.687 de fecha 25 de setiembre, que autorizaba a la empresa continuar la construcción otros 100 km al oeste del Salado, ya en territorio mendocino, hasta alcanzar un punto en donde el paralelo 35 cruza al río Atuel. Poco después se fundaba la localidad de Colonia Alvear, hoy cabecera del departamento de su nombre.

La línea quedó habilitada el 3 de diciembre de 1912 y el 6 de marzo de 1914 se extendió hacia el sur el ramal de 18 km hasta Carmensa, en tanto que el 15 de noviembre de 1917 se hizo lo mismo hacia el oeste, hasta alcanzar Soitué en una extensión de 20 km. Ambos ramales se ejecutaron bajo el régimen de la ley 5.703 del 12 de octubre de 1908, por la cual se autorizaba a construir líneas férreas de hasta 75 km de extensión sin que fuera necesario requerir del Congreso una ley específica.

Al igual que el F. C. Pacífico, el F. C. Oeste tuvo una acción extensionista, a favor de la colonización de las tierras, de su laboreo y aporte tecnológico para favorecer los cultivos agrícolas.[20]

Al nacionalizarse los ferrocarriles, el Oeste pasó a denominarse desde el 1 de enero de 1949 F. C. Nacional Domingo F. Sarmiento. Al poco tiempo, con un breve empalme en Alvear, unió sus vías también de trocha ancha a las del F. C. General San Martín (ex Pacífico), que permitió comunicar ambas estaciones. De ese modo, los trenes procedentes de Mendoza podían combinar con los del F. C. Sarmiento que partían a Plaza Once en la Capital Federal. El más recordado fue el expreso "El Ranquelino", por la rapidez y eficiencia de su servicio, que duró varios años.

Hacia 1960 Vialidad Nacional construyó la Ruta 188, que une Bowen con Lincoln en Buenos Aires, con un recorrido paralelo a la vía del F. C. Sarmiento, provocando, como en tantos otros lugares del país, la muerte del ferrocarril. El último tren a Plaza Once partió el 26 de setiembre de 1977.

El F. C. Sarmiento, el más antiguo de todos los que existieron en la Argentina, en la actualidad ha sido totalmente desmembrado. Muchos de sus ramales hace años que fueron clausurados y cuando el gobierno resolvió privatizar los servicios de trenes de carga, algunos pasaron a las empresas Ferroexpreso Pampeano y BAP-San Martín SA.

REFERENCIAS

1 Registro Nacional 1867, p. 122. JEH de Mza.
2 **Boletín Oficial de la Nación**, 28 de noviembre de 1873, p. 2. 127.
3 Vicente Cutolo. **Nuevo Diccionario Biográfico Argentino**. Tomo 1. Año 1971.
4 **La Nación**, 7 de octubre de 1886.
5 Registro Nacional Año 1883. Tomo 1. p. 501. J.E.H. de Mza.
6 Ibídem. Año 1880. P. 414. JEH de Mza.
7 **El Ferrocarril**, 13 de abril de 1883.
8 Registro Nacional Año 1874. Tomo décimo tercero, p. 75. JEH de Mza.
9 Ibídem. Año 1878. Tomo decimoséptimo, p. 50 JEH de Mza.
10 Ibídem. Año 1881. Tomo Vigésimo, p. 555. JEH de Mza.
11 Ibídem. Año 1887, p. 20. JEH de Mza.
12 Diario de Sesiones. Cámara de Diputados de la Nación. Tomo 1, p. 637.
13 Editorial de La Prensa del 13 de setiembre de 1944.
14 Ibídem de **La Nación** del 26 de junio de 1962.
15 Ibídem de **La Prensa** del 12 de agosto de 1975.
16 **Los Andes**, 24 de marzo de 1944.
17 **La Libertad**, 15 de mayo de 1943.
18 **Boletín Oficial de la Nación**, 23 de agosto de 1944, p. 4.
19 **Los Andes**, 8 de febrero de 1948.
20 Ibídem, 1 de marzo de 1948.

LOS INMIGRANTES EN MENDOZA

Alejandro Paredes

Banda Muncipal de Rivadavia, en la segunda década del siglo XX. Los músicos, vecinos aficionados eran se mayoria inmigrantes italianos y españoles.

Para el estudio de los procesos migratorios nacionales normalmente se ha aceptado la separación de dos grandes períodos, el de la llamada Gran Inmigración y el de la Nueva Inmigración. El primer período, compuesto fundamentalmente por europeos e inmigrantes del Asia Menor, se desarrolló entre 1880 y 1930. Posteriormente, en la Nueva Inmigración podemos distinguir dos etapas: la primera, entre 1940 y 1960, con un incremento de migrantes limítrofes a las provincias de frontera, y la segunda, entre 1960 y 1980, con un bajo incremento de migrantes de frontera pero con un aumento de la migración interna de argentinos y extranjeros que vivían en el interior hacia el Gran Buenos Aires. Aunque en realidad el proceso de inmigración interna había comenzado a mediados de la década del treinta.[1]

Sin apartarse del proceso migratorio nacional, en Mendoza los movimientos poblacionales adquirieron ciertas peculiaridades en las que influyeron su posición en zona de frontera y su fuerte relación con Chile, pero también el proceso de integración nacional impulsado por la Generación del Ochenta y muy favorecido por la inauguración del ferrocarril, en 1885. Así, la historia de las migraciones de esta provincia deja traslucir dos procesos distintos. La dinámica migratoria argentina, impulsada desde el Estado, y la dinámica migratoria propia de la zona de frontera, en la que influyeron fuertemente los procesos económicos y políticos de Chile. La intersección de ambos procesos en el escenario mendocino dio origen a una tercera dinámica que pretendemos analizar en este breve trabajo. Para esto, estudiaremos el desarrollo poblacional de Mendoza empezando por el proceso inmigratorio previo a la década del ochenta. En un segundo momento analizaremos brevemente el contexto de la Gran Inmigración y el impacto generado en

211

Mendoza. Seguiremos con el estudio de las migraciones en Mendoza entre los años 1930 y 1947, y lo que se conoció como la Nueva Inmigración y finalmente describiremos la inmigración política chilena durante la década del setenta.

El predominio de la comunidad chilena en Mendoza (1860-1880)

Si bien se encuentran crónicas de numerosos viajeros e inmigrantes europeos desde la fundación de Mendoza,[2] esta ciudad se contactaba principalmente con la región del valle central chileno y su población se nutría de la inmigración a través de la cordillera. Esto no desconoce los aportes del inmigrante de ultramar (entre ellos la llegada de soldados ingleses, entre 1807 y 1810, que habían sido tomados prisioneros luego de las fallidas invasiones de 1806 y 1807 y que se establecieron en Mendoza), pero de hecho eran una minoría.

Su ubicación geográfica la convirtió en un nexo entre Buenos Aires, Córdoba y Santiago de Chile, alternativo al estrecho de Magallanes, lo que favoreció cierto desarrollo agropecuario que abastecía al país trasandino (recordemos que hasta 1776 esta ciudad perteneció a la Capitanía de Chile). Este fuerte intercambio económico y también cultural no se interrumpió ni siquiera cuando se integró al Virreinato del Río de la Plata o posteriormente cuando en 1820 se constituyó en provincia independiente de San Juan y San Luis.[3] Además, a partir de 1849, el auge de la explotación aurífera en la precordillera mendocina había generado a pequeña escala algo parecido a la fiebre del oro californiana, que atrajo a muchos mineros chilenos.[4] Todo esto contribuyó a conformar una

importante comunidad chilena. En 1864, de los 57.476 habitantes de la provincia, 3.456 eran chilenos, es decir el 6% de
la población. Los chilenos eran la primera minoría y superaban
ampliamente a las demás colectividades extranjeras: el 89,5%
de los inmigrantes que vivían en Mendoza eran chilenos. Además era la más grande comunidad trasandina de Argentina ya
que nucleaba al 41% de los llegados de ese país. El siguiente
cuadro muestra la superioridad de los inmigrantes chilenos
con respecto a otros.

Cuadro 1
Cantidad de extranjeros en Mendoza. Año 1864

Origen	Cantidad	Origen	Cantidad
Chile	3.456	Portugal	5
Francia	180	Suiza	5
España	91	México	2
Italia	72	Bolivia	2
Inglaterra	11	África	3
Estados Unidos	9	Bélgica	1
Uruguay	7	Dinamarca	1
Perú	7	Grecia	1
Alemania	6	Total de extranjeros	3.859

Fuente: Calderón Masini, José Luis. Op. Cit., p. 15

En 1869, el porcentaje de chilenos en Mendoza ascendió a
8,82%. Se habían censado 5.774 inmigrantes trasandinos sobre
un total de 65.413 habitantes de la provincia de Mendoza.[5] Paralelamente el número de europeos había descendido de 362 a 261.
Por esos años, los inmigrantes europeos preferían principalmente
Buenos Aires (donde moraban el 84,91% de los italianos, el
83,73% de los españoles y el 83,81% de los franceses [6]) y en menor medida Santa Fe y Entre Ríos. En el resto de las provincias

predominaba la población argentina, excepto en Mendoza y Jujuy, que presentaban un número importante de chilenos y europeos respectivamente. En general, la población no nativa en Mendoza siguió creciendo en importancia a medida que se acercaba el siglo XX: del 9,4% en 1869 al 13,72% en 1895. Con respecto a los inmigrantes trasandinos en Argentina, aumentaron entre 1865 y 1869 de 8.423 a 10.882, de los cuales el 53,06% prefirió albergarse en Mendoza.[7] Por otro lado, sólo fueron censados 9 bolivianos en Mendoza: 7 más que los declarados en 1864.

Cuadro 2
Principales comunidades extranjeras en Mendoza
Año 1869

Origen	Cantidad	Origen	Cantidad
Chile	5.774	Alemania	16
Francia	78	Bolivia	9
España	75	Brasil	9
Italia	75	Asia	8
Estados Unidos	23	Otros países	77
		Total de extranjeros	**3.859**

Fuente: Datos censales de 1869

Sin embargo, el predominio chileno decreció con la llegada de inmigrantes europeos. Esta inmigración fue promovida desde áreas de gobierno por su posible acción positiva sobre la economía cuyana debido al aporte de nuevas tecnologías y conocimientos, a la generación de emprendimientos de diversificación de la producción y al aumento de la mano de obra (ejemplo de ello fue la incipiente industria apícola iniciada por el francés Michel Aimé Pouget, en 1875). Por esto, ese mismo año, el gobierno recibió con entusiasmo a los 296 inmigrantes de ultramar que componían el primer gran contingente que llegaba a Mendoza.[8]

214

El origen de la Gran Inmigración

El desarrollo de la inmigración de ultramar a Mendoza durante este lapso fue parte de una dinámica mundial que influyó fuertemente a la Argentina. Desde mediados del siglo XIX el avance de la tecnología provocado por la revolución industrial contribuyó a la conformación de imperios coloniales que buscaron nuevos mercados que consumieran las manufacturas y proveyeran de materia prima. Gran Bretaña, Francia y Alemania se convirtieron en las principales naciones exportadoras de capitales a países con escasa población y grandes recursos naturales, como Estados Unidos, Canadá, Australia y Argentina. Simultáneamente, entre 1870 y 1914 emigraron cuarenta millones europeos debido a diversos factores, como la depresión económica europea durante los ochenta y noventa, que en algunos países como Italia y España alcanzó gran profundidad. En Italia, por el tardío proceso de industrialización,[9] mientras que en el caso español influyó el proceso de concentración de la tierra en latifundios y las pésimas condiciones laborales.[10] En tanto, otras colectividades tuvieron que emigrar debido a persecuciones soportadas por algunos grupos, tal es el caso de los judíos y los galeses.[11]

Estados Unidos fue la primera nación receptora de este vasto movimiento migratorio (32.244.000 migrantes), en segundo lugar estaba la Argentina (6.405.000 migrantes) y posteriormente Canadá, Brasil y Australia.[12] El impacto en Argentina no sólo fue un abrupto crecimiento de la población sino también la adquisición de nuevas pautas culturales y la reafirmación de un proceso de urbanización. El siguiente cuadro muestra la importancia de la población migrante.

Cuadro 3
Población no nativa en Argentina. Censos 1869, 1895 y 1914

Censo	Población total	Población de extranjeros	Porcentaje de extranjeros
1869	1.737.076	210.189	12,1
1895	3.954.911	1.004.527	25,4
1914	7.885.237	2.357.952	29,9

Fuente: *Población de la Argentina, Serie de Análisis Demográfico N°6, INDEC*

La llegada de inmigrantes al país se quintuplicó entre 1869 y 1895, y se duplicó entre 1895 y 1914. Esto fue, sin duda, un logro de un proyecto de país que había terminado con las guerras civiles y había logrado consolidar un gobierno nacional. La Generación del Ochenta contribuyó, desde el comienzo de la organización constitucional, a construir un país abierto a la inmigración para poblar extensas áreas del territorio donde se debía asegurar la soberanía nacional, como sucedió con la Patagonia y "las pampas", que habían quedado desiertas luego de la sangrienta campaña del desierto. Esto era decisivo para la inclusión de la nación en la división internacional del trabajo por medio de la exportación de materias primas, bajo un *nuevo pacto colonial* que exigía adelantos tecnológicos y mayor cantidad de fuerza de trabajo disponible.[13] Para esto, Argentina necesitaba grandes capitales (propios o extranjeros) y una mayor cantidad de población lograda a través del crecimiento vegetativo y a la incorporación de migrantes, sobre todo europeos, que poseían conocimientos sobre el manejo de algunas herramientas. Con este fin, la Ley de Inmigración y Colonización de 1876 garantizó lo que se conoció como el período de la Gran Inmigración de europeos y de comunidades del Asia anterior, entre 1880 y 1930.[14]

Pero el éxito en la atracción de inmigrantes no se debió solamente a esta ley. Fue importante la intensa acción de propaganda desarrollada por agentes de inmigración y armadores europeos. De esta manera, la pobreza de gran parte de la población europea que contrastaba con la acción de la propaganda argentina movilizó a contingentes bajo la promesa de la entrega de tierras a inmigrantes.[15] En la práctica esto favoreció la especulación y aunque entre 1883 y 1903 el Estado entregó en concesión treinta millones de hectáreas, sólo se mensuraron poco más de cinco millones.[16] Esto generó una gran concentración urbana, sobre todo en las ciudades portuarias (Buenos Aires, Rosario y Bahía Blanca) y entre 1880 y 1930 creó un segundo ciclo de fundación de ciudades.

Mendoza estaba muy interesada en la promoción de la inmigración y sobre todo después del terremoto de 1861, que disminuyó su población urbana (según Calderón Masini, causó cerca de 8.000 muertos[17]) y muchas de sus riquezas. Con este fin, al año siguiente el gobernador Luis Molina envió al gobierno nacional un plan de colonización en el Este y en el Sur de la provincia, y en 1864 se formó la Comisión Mendocina de Promoción de la Inmigración. Esto se debió a que el gobierno de Mitre intentaba revertir la concentración de inmigrantes en Buenos Aires y el Litoral. A tal efecto nombró una comisión de promoción de la inmigración en Rosario que podía nombrar comisiones sucursales en las otras provincias. En Mendoza fue nombrado el doctor Ángel Ceretti.[18] Posteriormente, en 1876 se organizó en la Provincia una Comisión de Inmigración presidida por José Vicente Zapata. Las ciudades del interior competían por los pocos inmigrantes que no se quedaban en las zonas portuarias, y la comisión preparó un informe favorable sobre Mendoza y lo envió a cancillerías y consulados europeos.[19]

La llegada de los inmigrantes europeos (1880-1930)

Pero además varios factores contribuyeron a que inmigrantes europeos eligieran nuestra provincia sobre otras. A partir de 1885 el límite sur de la provincia se amplió, atravesando el río Diamante, lo que afianzó la protección sobre las estancias que se encontraban más allá de la costa de este río. Las avanzadas pehuenches no podrían impedir el aprovechamiento "criollo" de nuevas tierras. Esto, unido a cuantiosas obras hidráulicas que aumentaron el área bajo riego y a una política económica proteccionista, logró un florecimiento de la provincia. Pero sin lugar a dudas, un gran aporte fue la creación de la línea férrea que unía Buenos Aires y Mendoza. Esto abarató los costos de comercialización de las mercaderías (tanto para vender como para comprar) y favoreció la llegada de inmigrantes europeos desde el puerto. El ferrocarril fue inaugurado en Mendoza en 1885 con la presencia del presidente Julio Argentino Roca y en 1903 en San Rafael. Este nuevo medio de comunicación debilitó la fuerte relación económica y social mendocina con Chile, en tanto que favoreció la integración y el comercio con la región pampeana. De esta manera, aunque la colectividad chilena siguió aumentando, lo hizo ya en forma muy leve y su importancia decreció con el paso del tiempo. En el siguiente cuadro podemos ver cómo la importancia porcentual con respecto a la totalidad de la población mendocina estaba en ascenso antes de la inauguración del ferrocarril, pero en fechas posteriores a 1885 comienza a descender.

Cuadro 4
Evolución de los inmigrantes chilenos en Mendoza, entre 1864 y 1914

Año		Población total	Inmigrantes chilenos	Porcentaje sobre la población total	Porcentaje sobre el total de extranjeros
Antes del ffcc.	1864	57.476	3.456	6,00	89,50
	1869	65.413	5.774	8,82	93,98
Después del ffcc.	1895	116.136	5.210	4,48	32,77
	1909	206.393	6.183	2,99	12,12
	1914	277.535	5.539	1,99	6,27

Fuente: Elaboración propia

Paralelamente crecieron otras comunidades inmigrantes de ultramar y sobre todo la italiana, la española y la francesa. Estas comunidades aportaron a la provincia sus conocimientos sobre la agricultura y nuevas tecnologías en la elaboración de vinos, lo que a su vez favoreció el desarrollo económico de Mendoza y contribuyó a acentuar la atracción que estas tierras ejercían sobre nuevos inmigrantes. Así, en las márgenes del río Atuel y Diamante nacieron las colonias Francesa, Italiana y Cuadro Salas, además de los distritos de Las Paredes, Cuadro Benegas, Rama Caída y Cañada Seca.[20] Con respecto a esto, fue muy importante el aporte de la inmigración francesa a la colonización del Sur provincial. No podemos olvidar el valioso aporte de los franceses Julio Balloffet, Rodolfo Iselín y Morand, fundadores de la Colonia Francesa en la hoy ciudad de San Rafael. Además, con la radicación de empresas de Gran Bretaña, como los ferrocarriles y los bancos Anglosudamericano y de Londres, de la familia Lloyds, llegaron numerosas familias británicas. La mayor parte de ellos trabajaron como ingenieros, técnicos, personal superior y empleados administrativos de los ferrocarriles, mientras que en los bancos fueron gerentes, subgerentes, contadores y tesoreros. Así, se conformó una colectividad que se agrupó en la Sociedad Británica de Mendoza y en el elegante Club Unión. La mayoría de los miembros de esta colectividad eran de religión protestante (bautistas, metodistas, liberales, anglicanos o presbiterianos) que asistían a cultos especiales en idioma inglés con sacerdotes anglicanos que viajaban desde otras provincias a dar los oficios religiosos.[21] Esta comunidad trajo consigo nuevas costumbres que se generalizaron fuertemente: en Rama Caída, por ejemplo, la práctica del rugby o el golf se difundió ampliamente.[22]

En conclusión, a sólo diez años de la inauguración del ferrocarril, en 1895, el mapa poblacional había cambiado bastante. Las colectividades de extranjeros europeos crecieron y Mendoza casi duplicó su población, pasando de 65.413 a 116.136 habitantes. El siguiente cuadro distingue a los inmigrantes por nación de origen.

Cuadro 5
Principales comunidades extranjeras en Mendoza.
Año 1895

Origen	Cantidad	Origen	Cantidad
Chile	5.210	Brasil	24
Italia	4.148	Paraguay	23
España	2.751	Bolivia	15
Francia	2.467	Otros países	1.147
Uruguay	111	**Total de extranjeros**	**15.896**

Fuente: Segundo Censo de la República Argentina, Tomo II

La comunidad chilena estaba siendo alcanzada por las europeas. La segunda comunidad en importancia, la italiana, contribuyó profundamente al desarrollo provincial. Algunos inmigrantes italianos contribuyeron con grandes aportes en el campo de la hidrología y la irrigación (por ejemplo, los ingenieros Cesare Cipolletti y Galileo Vitali), en el crecimiento de la vitivinicultura (entre ellos, agricultores y bodegueros que luego formarán parte de los estamentos tradicionales de la provincia: Gabrielli, Baldini, Tomba, Toso, Filipini, Tittarelli, Pulenta, Bianchi, Giol, etc.)[23] y en la arquitectura y el urbanismo (Andrea y Basilio Petazzi, Santiago y Cayetano Ayroldi).[24]

La colectividad italiana se organizó en distintas entidades. En 1889 se creó la Sociedad Italiana de Socorros Mutuos y en 1904 el Círculo Italiano. Más tarde nacieron la Reducci Excombatienti (1919), la Sportiva Italiana (1921) y la Acción Católica Italiana (1923), además de otras asociaciones más pequeñas como Damas Italianas, La Asociación Cristóforo Colombo, Italia Unita, Patronato Pro Inmigrante, Círculo Italiano de San Martín, 5 de Octubre, La Dante Alighieri de Rivadavia, y en 1935 se concreta la inauguración de la tan ansiada escuela italiana XXI de Abril.[25] Esta intensa actividad, según Caltagioni *"fa probabilmente di Mendoza la provincia più italianizzata dell'Argentina".*[26] En 1909 eran la mayor comunidad extranjera en Mendoza.

Cuadro 6
Principales comunidades extranjeras en Mendoza.
Año 1909

Origen	Cantidad	Origen	Cantidad
Italia	18.665	Inglaterra	298
España	17.248	Suiza	203
Chile	6.183	Estados unidos	98
Francia	2.437	Portugal	64
Brasil	1620	Bolivia	57
Austria	1030	Paraguay	36
Alemania	396	Otros	2.307
Uruguay	307	**Total de extranjeros**	**51.012**

Fuente: Rodríguez, Op. Cit., p.180

Una comunidad que llegó a la provincia cuyana pero que no se ve representada en el cuadro anterior es la judía. A principios del siglo XX se vivió una escalada bélica fruto de la imposibilidad de continuar con el modelo imperialista (basado en el dominio de colonias políticas para el mantenimiento de mercados cautivos) y de la puja por un nuevo reparto de las colonias entre las potencias que habían quedado relegadas del reparto anterior, como era el caso de Alemania. Estos conflictos generaron nuevamente una expulsión masiva de población, que en Mendoza tuvo sus repercusiones. Sin contar Israel, Argentina es el quinto país con población judía luego de Estados Unidos, Unión Soviética, Inglaterra y Francia.[27] Entre 1896 y 1914 las colonias judías pasaron de ocupar 200.719 hectáreas a 579.915 hectáreas.[28] En 1910, los primeros en llegar a la provincia fundaron la Sociedad Israelita de Beneficencia de Mendoza, que tenía como objetivo la construcción de un templo y un cementerio. A medida que el siglo XX transcurría esta comunidad siguió organizándose y logró la creación del Club Israelita, la Escuela Max Nordau (1954) y un camping.[29]

A partir de la década del veinte también se establecieron en la provincia los primeros inmigrantes libaneses, en Luján de Cuyo. Allí fundaron, en 1933, la Sociedad Libanesa de Luján.[30] Estas y otras comunidades menores siguieron creciendo, según el censo realizado en 1914. Así, Mendoza alcanzaba los 277.535 habitantes gracias a los 88.354 extranjeros que se distribuyeron según lo muestra el cuadro de la página siguiente.

Para estos años, la colectividad española era la de mayor importancia numérica. Una de las asociaciones más importantes de los albores del siglo XX fue sin duda la Asociación Patriótica Española, fundada en 1886 y creada a raíz de la guerra por la independencia cubana. Luego de una colecta nacional, esta asociación le regaló a España el crucero Río de la Plata. Además, contaba con una bolsa de trabajo en Buenos Aires y era una especie de confederación de asociaciones españolas en todo el país.[31] Por otra parte, en Mendoza crecieron varias instituciones, como el Centro Catalán, el Círculo Valenciano, el Centro Asturiano, el Banco Español, fundado en 1886 y que contribuyó con la construcción del Hospital Español.[32] Otras muy importantes aparecen en una grilla elaborada entre 1929 y 1931 para todo el país. Estas son las Sociedades españolas de Socorros Mutuos de Mendoza, de General Alvear, de San Rafael y de Luján; el Club Español de Mendoza, la Casa de España de San Martín y el Centro Español de San Rafael.[33]

Cuadro 7
**Principales comunidades extranjeras en Mendoza.
Año 1914**

Origen	Cantidad	Origen	Cantidad
España	41.534	Paraguay	26
Italia	28.646	Bolivia	22
Chile	5.539	Colombia	10
Francia	2.741	Ecuador	6
Brasil	2.709	Venezuela	3
Uruguay	407	Otros países	6.610
Perú	101	**Total de extranjeros**	**88.354**

Fuente: Tercer Censo Nacional, pp.314-315

De más está decir que el crecimiento de todas estas colectividades (española, italiana, francesa, judía, libanesa, británica, etc.) repercutió también en las bases económicas de la provincia. Entre 1880 y 1925, la clase media, formada en gran parte por inmigrantes, comenzó un proceso de expansión al diversificar la actividad económica.[34] En el Sur, mientras que la actividad principal de las estancias, provenientes del siglo anterior, eran los campos de alfalfa para el engorde, las colonias de inmigrantes prefirieron el cultivo de frutales y viñedos.[35] Según el censo vitivinícola de 1914, de las

6.160 propiedades, 1.599 eran italianas (el 26% del total y el 50% de las propiedades extranjeras).[36] En 1936 este porcentaje había aumentado aún más: el 70% de las 1.351 bodegas existentes y de las 100.619 hectáreas eran patrimonio de italianos o de sus descendientes.

Sin embargo esta expansión no logró evitar el regreso de los europeos a sus lugares de origen debido a las dificultades estructurales del país en colocar a la inmensa cantidad de inmigrantes. El estallido de la Primera Guerra Mundial provocó un descenso de esta emigración, pero a su vez redujo la emigración a una cantidad estable. Todo esto dio como resultado un saldo negativo en el movimiento migratorio nacional.

Cuadro 8
Movimientos migratorios de Argentina entre 1914 y 1919

Años	Inmigrantes	Emigrantes	Saldo
1914	115.321	178.684	-63.363
1915	45.290	111.453	-66.169
1916	32.990	73.348	-40.358
1917	18.064	50.995	-32.931
1918	13.701	24.075	-10.374
1919	41.29	42.279	-980
Total	266.665	480.840	-214.175

Fuente: Panettieri, José. Op. Cit.. p.35

La atracción ascendente de otros países y la subida de los pasajes de ultramar contribuyeron a que, exceptuando el año 1927, después de la primera guerra mundial, el contingente inmigrante no volviera a tener la dimensión de años anteriores.[37] Esto también fue producto de la política restrictiva que empezó a implementar el gobierno argentino debido a la repercusión en el país de la crisis económica del '29 y al temor a las ideas anarquistas y sindicalistas que traían los inmigrantes europeos. Algo similar ocurría en los Estados Unidos con la imposición del *National Original Plan*, que disminuyó los ingresantes anuales a 150.000, permitió la llegada de 100 inmigrantes por país europeo por año, prohibió el ingreso de asiáticos, y a los grupos de inmigrantes no regidos por este sistema (como era el caso de Canadá, México y el resto de Latinoamérica) se les condicionó el ingreso a la posesión de propiedades.[38]

En Argentina, frente a la gran desocupación producto de la crisis del treinta, el gobierno provisional del general Uriburu organizó una política selectiva de inmigración que implicaba el pago de un arancel para conseguir el certificado de buena conducta y salud. Posteriormente, el gobierno del general Justo promulgó el decreto de "Defensa de los trabajadores argentinos", que impedía la llegada de inmigrantes que no tuvieran ocupación garantizada y buena conducta.[39]

Estas medidas fueron apoyadas por un sector de la intelectualidad y los gobernantes, representantes de la reacción tradicionalista, que decepcionados de los inmigrantes (a quienes tildaban de pobres, brutos y anarquistas) proponían la reactualización de las tradiciones castizas de la nación.[40] Este discurso creció con el aumento de las huelgas de los movimientos obreros anarquistas. Para reprimir la acción obrera, ese mismo año se sancionó la Ley de Residencia, que permitió expulsar del país a todo extranjero sospechoso de actividades subversivas sin intervención del Poder Judicial.[41] Gracias a esta ley, sólo entre 1902 y 1904 se deportaron más de 4.000 obreros, mientras que en 1919, 476 obreros fueron encarcelados en la isla Martín García y desde allí se los deportó.[42]

En Mendoza una gran cantidad de inmigrantes devinieron en célebres dirigentes políticos, como los italianos Bianchi y Della

Santa, el austríaco Adler, el alemán Lallemant y el español Jesús Gonzáles Lemos, entre muchos otros. Otros eran hijos de inmigrantes, como Morey y Bustelo, hijos de españoles, o Benito Marianetti, cuyos padres eran italianos.[43] También de Chile llegaron perseguidos políticos que continuaron con su militancia en la Argentina, como el fundador del Partido Socialista Chileno, Luis E. Recabarren, en 1906, y a partir de 1927 varios dirigentes obreros, miembros del Partido Comunista y el Frente Obrero Chileno, que huían del gobierno del general Ibáñez del Campo. [44]

El impacto de los conflictos internacionales en las asociaciones mendocinas de inmigrantes (1931-1947)

Entre 1931 y 1946 la inmigración europea fue casi nula; sin embargo, teniendo en cuenta los inmigrantes de países limítrofes, el saldo migratorio argentino fue positivo.[45] El retraimiento de las inmigraciones fue fruto del endurecimiento aún mayor de la política migratoria. En 1938, durante la presidencia de Ortiz, un decreto prohibió el ingreso de refugiados a la nación, que eran generalmente judíos centroeuropeos que escapaban del nazismo. Esta restricción afectó mucho más a los españoles republicanos que escapaban de la Guerra Civil Española. De todos modos, entre 1933 y 1945 ingresaron al país 22.500 judíos y 13.200 españoles.[46] Mientras que Mendoza también recibió un pequeño contingente de personal jerárquico británico, cuando el Banco de Londres adquirió el Banco Anglosudamericano, en 1936.[47]

La provincia creció y cambió su distribución poblacional, aumentando de 440.000 ciudadanos en 1932 a 588.231 en 1947.

Por otro lado, el progreso en los medios de comunicación contribuyó al crecimiento de la zona Sur de la provincia y, en menor medida, el Valle de Uco. La Zona Sur había crecido bastante a pesar de la grave destrucción que causó en Malargüe la erupción del Descabezado, en 1932. Recién en la década del cuarenta esto se revirtió gracias a la actividad minera.[48]

Sin embargo, con respecto a la inmigración en estos años, fue muy interesante la respuesta de las colectividades a los diferentes acontecimientos internacionales. Los cruentos episodios de la guerra civil que dividieron al pueblo de España tuvieron una intensa repercusión en nuestra provincia. Numerosas organizaciones, la acción de la prensa mendocina y la visita de intelectuales y artistas presentaron una atmósfera de preocupación por el destino de estos acontecimientos. A modo de ejemplo podemos mencionar las gestiones llevadas a cabo por el gobierno, políticos, plásticos e intelectuales para obtener el retorno a Mendoza del periodista español Eduardo Llosent Malañón, del diario *La Libertad*. La guerra civil española tuvo una amplia difusión a través de diarios locales, así como de las actividades de las diversas entidades españolas que actuaron en conjunto y separadamente.[49]

Por otro lado, los miembros de la colectividad italiana en Mendoza reaccionaron y se posicionaron frente a la ascensión del fascismo, creándose muchas divisiones internas entre la Escuela Italiana y el cónsul, que apoyaron a Mussolini, y el Club Unione Italiana, que agrupó a los inmigrantes italianos democráticos. Además, el pacifismo encontró su expresión en la Asociación Femenina Antiguerrera, que divulgaba su pensamiento en su periódico *El mensajero de la Paz*. En él escribieron, entre otras, Florencia Fossatti y Alicia Rouquaud.[50] Luego, en el período de posguerra surgieron nuevas instituciones que los congregaban, como el Club Italiano, el Centro Friulano, L'Associazone Scuole Italiane, la Unione Amici della Lingua Italiana (UALI) y el Hospital Italiano en Capital. En Maipú y Godoy Cruz se encontraban la Associazione Trevisani ne'l Mondo, y la Sociedad Italia Nuova, en San Rafael.[51] Además, por esos años podemos mencionar tres períodos de gobierno presididos por dos gobernadores descendientes de italianos entre 1941 y 1965: Adolfo Vicchi (1941-1943) y Francisco Gabrielli (1961-1962 y 1963-1965).

La Nueva Inmigración en Mendoza (1947-1970)

A partir de la década del cuarenta llegó una segunda ola inmigratoria conocida como la Nueva Inmigración. Diversos factores confluyeron para su origen, por ejemplo, el crecimiento de la industria liviana argentina que produjo la demanda de mano de obra en los centros industriales, la atracción que ejercieron los salarios un poco más altos que en la actividad agrícola y la interrupción de la migración europea. Además, también influyó la situación económica de los países vecinos, que en algunos casos se convirtieron en regiones expulsoras de población. Así, comenzó un nuevo movimiento inmigratorio en la nación proveniente de los países limítrofes y una migración interna desde las regiones rurales argentinas hacia las ciudades donde emergían estas industrias, conformando los distintos anillos urbanos de Buenos Aires, Rosario, Córdoba y Mendoza. En la década del cuarenta Argentina recibió alrededor del 87% de los inmigrantes de los países limítrofes con excepción de Brasil.[52]

Durante este período, el comportamiento de las migraciones en Argentina era el siguiente:

Cuadro 9
Porcentaje de migrantes internos e internacionales en Argentina.
Años 1947, 1960 y 1970

Año	Nativos	Migrante interno	Migrante país limítrofe	Migrante de otros países
1947	68 %	17 %	2 %	13 %
1960	68 %	19 %	2 %	11 %
1970	67 %	24 %	2 %	7 %

Fuente: Torrado, Susana. Op. Cit., p. 77

En este cuadro se ve claramente cómo, a pesar del aporte constante de la inmigración limítrofe y del decaimiento de la de ultramar, la migración interna fue aumentando. Esto repercutió en el peso poblacional que adquirió el Gran Buenos Aires con respecto al resto del país. De esta manera, algunas regiones perdieron población (la Región Pampeana, el Nordeste y el Noroeste), otras la atrajeron (Gran Buenos Aires y muy levemente la Patagonia), mientras que la región cuyana mantuvo el equilibrio. La población urbana, que en 1947 albergaba al 62,2% del total, en 1960 alcanzó al 72%. Durante este período la tasa de crecimiento de la inmigración en Mendoza era del 5 por mil. Valor muy moderado, en comparación al 20 por mil del Gran Buenos Aires. De igual manera, aunque la escasa inmigración que llegaba a la provincia era de países limítrofes, en 1947 la mayoría de los extranjeros eran europeos. Así, de los 588.231 habitantes de la provincia, sólo el 11,7% (68.904 personas) eran inmigrantes extranjeros. Entre ellos, 57.629 provenían de Europa y 8.120 de América del Sur.[53]

Cuadro 10
Comunidades migrantes en Mendoza,
según el Censo de 1947

Origen	Cantidad	Origen	Cantidad
Otras provincias	98.089	A.del Norte y Central	181
Europa	57.629	África	77
América del Sur	8.120	Oceanía	3
Asia	2.868	Sin determinar	26

Fuente: Elaboración propia sobre datos censales 1947, pp.292-293

En este cuadro comienza a notarse también la presencia de los migrantes internos, que son los de mayor representación en la provincia; en segundo lugar encontramos las colectividades europeas nutridas durante la Gran Inmigración y en tercero los inmigrantes de América del Sur, que en su mayoría (aunque no todos, como sucede con los peruanos) son inmigrantes limítrofes.

La inmigración europea se redujo aún más debido a la nacionalización de los ferrocarriles ingleses, que disminuyeron la comunidad británica, ya que entre 1948 y 1950 buena parte del personal fue trasladado a la empresa de Perú, mientras que otros fueron despedidos o renunciaron y volvieron a su país de origen.[54] En cuanto a la migración limítrofe, excepto para la comunidad chilena, Mendoza no había sido una provincia de gran atractivo; sin embargo, entre el censo de 1947 y 1960 es notorio el aumento de la población boliviana en la provincia.

La inmigración limítrofe que había caracterizado a la provincia era la migración chilena. Sin embargo, a partir de la década del cincuenta comenzó a crecer la inmigración boliviana. Esto se debió a numerosos factores, entre ellos el fracaso de la reforma agraria boliviana, en 1952, que empujó a muchos campesinos a probar suerte en otras regiones. La llegada de bolivianos a través del ferrocarril Belgrano llevó a concentrar esta comunidad alrededor de la estación, donde se levantaron numerosas hosterías.[55] Ya en la provincia se dedicaron a actividades agrícolas, como trabajadores golondrinas (principalmente los originarios de Potosí y Cochabamba), mientras que otros se dedicaron a tareas de construcción (orureños)[56] o trabajaron en los hornos de ladrillos o en comercio. Ya en la década del sesenta eran la cuarta comunidad en importancia.

Cuadro 11
Evolución de los inmigrantes limítrofes en Mendoza, 1895-1960

Origen	1895	1914	1947	1960
Bolivia	15	22	421	3.622
Brasil	24	2.717	2.666	2.546
Chile	5.210	5.583	4.212	9.476
Paraguay	23	27	83	259
Uruguay	111	420	376	416
Total	5.383	8.769	7.758	16.319

Fuente: Mármora, Lelio, La inmigración desde países limítrofes hacia la Argentina, Oficina Sectorial de Desarrollo de Recursos Humanos, 1976, pp.69-72

Cuadro 12
Proporción de colectividades extranjeras en Mendoza. Año 1960

Nacionalidad	Porcentaje sobre el total de extranjeros
Españoles	37,0 %
Italianos	32,0 %
Chilenos	10,6 %
Bolivianos	4,6 %
Brasileños	2,9 %
Otros	13,5 %

Fuente: Elaboración propia sobre datos de López Lucero, Marta, Op. Cit., 1997, p.22

De igual manera, no era una comunidad muy representativa en el ámbito nacional. El 76% de los bolivianos se establecieron en Jujuy y Salta, el resto en el Gran Buenos Aires y finalmente encontramos a los que vivían en Mendoza.[57] Lo mismo había sucedido con la comunidad chilena de esta provincia que había sido desplazada por las colectividades chilenas de la Patagonia. De todos modos, aunque la población extranjera y nativa de Mendoza creció entre 1947 y 1960, los inmigrantes lo hicieron en mucho menos proporción que los nativos.

Cuadro 13
Crecimiento de extranjeros y nativos en Mendoza entre 1947 y 1960

Año	1947	1960	Crecimiento 1947-1960	Proporción del aumento con respecto a 1947
Nativos	519.327	750.211	230.884	44,45 %
Extranjeros	68.904	75.324	6.420	9,31 %
Total	588.231	825.535	237.304	40,34 %

Fuente: Elaboración propia, sobre datos censales.

Si bien la inmigración era pequeña en este período, en la década siguiente el grado de emigración comenzó a ser mayor al de inmigración. Esto es, sin duda, efecto del proceso de inmigración interna, que concentraba población en el Gran Buenos Aires. Entre 1960 y 1970 las corrientes migratorias internas fueron más importantes, aunque el Gran Buenos Aires creció en forma más lenta en tanto emergían otros núcleos urbanos como Rosario, Córdoba, Mendoza y La Plata. A pesar de esto, en Mendoza el saldo del crecimiento migratorio era negativo, alcanzando el valor de -1,4 por mil.[58]

Simultáneamente, la inmigración limítrofe continuaba y la colectividad boliviana en Mendoza, nucleada en gran parte en el Centro Cultural Boliviano, creció en tamaño y organicidad. En 1974,

14 clubes deportivos que esta comunidad había esparcido por toda la provincia crearon la Liga Deportiva Confraternidad Boliviana. Tres años después se inauguraron consultorios médicos que atenderían a alrededor de 15.000 bolivianos residentes en el departamento de Guaymallén. Con el correr del tiempo a estas organizaciones se agregaron la creación de numerosas comparsas, la FM Éxitos, el Centro de la Colectividad Boliviana y la Asociación Civil Integración Boliviana, entre otras.[59] Todas estas actividades han significado para Mendoza un valioso aumento de su riqueza cultural, manifestada a través de fiestas (como el Carnaval de Ugarteche)[60] y el retorno a tradiciones precolombinas casi extintas en Cuyo.

La inmigración política chilena de los años setenta

Anteriormente dijimos que la colectividad chilena, a partir de la inauguración del ferrocarril, comenzó a perder importancia con relación a las comunidades europeas. Ni siquiera al aumentar la inmigración de los países limítrofes, a partir de la década del cuarenta, logró revertir esta tendencia.

Cuadro 14
Evolución de los inmigrantes chilenos en Mendoza, entre 1947 y 1970

Año	Población provincial	Inmigrantes chilenos	Porcentaje sobre la población total
1947	588.231	8.120	1,38 %
1960	825.535	8.700	1,05 %
1970	973.075	8.304	0,85 %

Fuente: elaboración propia a partir de datos censales

Es decir que este grupo fue sufriendo un desarrollo decreciente hasta principios de la década del setenta, período en el cual el ingreso de chilenos a Mendoza aumentó considerablemente, como se observa en el siguiente cuadro.

Cuadro 15
**Cantidad de migrantes chilenos
que ingresaron a Mendoza por año**

Período de ingreso	N° de inmigrantes chilenos
1971	1.600
1972	8.100
1973	4.100
1974	31.800
Enero y Febrero de 1975	71.900

Fuente: Heras, Guillot y Galvez, Op. Cit., p.13

En 1974 se multiplicó casi 8 veces la cantidad de ingresantes con respecto al año anterior, con un total de 31.800 chilenos y en 1975, sólo en los dos primeros meses, se duplicó la cifra anterior. Así, desde 1974 hasta febrero de 1975 ingresaron a Mendoza 107.800 chilenos, cifra equiparable a la cantidad de europeos llegados a Mendoza a finales del siglo XIX: 100.240 en el censo de 1895. Esta inmigración fue causada por la aguda crisis política chilena debido a la caída del gobierno de Allende, el 11 de setiembre de 1973. Según un estudio realizado por la Dirección de Estadísticas y Censos de Mendoza, el 66% de los chilenos que vivían en Mendoza en 1978 había llegado después de 1973.[62] De esta manera, la inmigración se conformó con chilenos que escapaban de una cruenta represión que dejó como saldo cerca de 1 millón de exiliados, 42.486 presos políticos, según el Ministerio del Interior; 1.102 desaparecidos, según la Corporación Nacional de Reparación y Reconciliación, y cerca de 80 chilenos muertos en los países vecinos.[63]

Debido a las causas que motivaron la inmigración, este grupo tuvo algunas características particulares. La mayoría provenía de zonas urbanas, esto se debe a que el contingente migrante generalmente estaba comprendido por militantes políticos y sujetos pertenecientes a grupos o sectores implicados en la lucha por la hegemonía. Otra característica es que era una migración grupal-familiar o en la que hay un reencuentro relativamente rápido, debido al temor a represalias por motivos políticos hacia la familia del afectado. Este temor se manifiesta también en el destino elegido. Debido a la urgencia de salir de Chile muchos de ellos sólo tomaron como lugar de paso a Mendoza para, después de sentirse a salvo, pensar en un destino. De esta manera, se dieron tres situaciones: los que se radicaron en la provincia (mayormente, los sectores económicos más bajos) los que escogieron otro país para quedarse (profesionales y con un nivel de educación más elevado) y, por último, los que sólo quieren regresar; en este grupo encontramos a los que actuaron más activamente en la lid política.

El hecho de que fue un flujo involuntario o forzado quedó demostrado en la forma de ingreso al país: El 70,8% de los migrantes llegó por vía terrestre; sin embargo, llama la atención que el entonces muy costoso y aristocrático medio aéreo fuera empleado por la cuarta parte del contingente (24%).[64] Pero si aún quedaran dudas sobre el proceso de expulsión que se desarrollaba en ese período histórico de Chile, éstas serán superadas al observar otro dato importante: según diversas fuentes, un número no precisable, muchos de ellos miembros del MIR (Movimiento de Izquierda

Revolucionario), cruzó la cordillera a pie.[65] Esta situación motivó que, finalmente, en 1978 Gendarmería Nacional y Migraciones prohibieran transitoriamente el cruce de arrieros chilenos a Argentina.[66]

Para apoyarlos en su llegada, el 20 de marzo de 1974 se creó el Comité Ecuménico de Acción Social (CEAS), que contó con la colaboración del Consejo Mundial de Iglesias y estableció fuertes relaciones con el ACNUR (Alto Comisionado de las Naciones Unidas para los Refugiados), permitiendo que la recepción, protección y asistencia de refugiados se realizara bajo el amparo de las Naciones Unidas, con recursos provenientes de ese organismo.[67] Los titulares del estatus de refugiado recibieron un subsidio de la ONU para alimentación, vestimenta, educación, salud, cuyo monto era menor al mínimo necesario, y los obligaba a buscar trabajo. Además, esta institución tramitaba visas para ir a otros países. Los principales países que aceptaron refugiados fueron Canadá, Nueva Zelanda, Australia, Estados Unidos, países de Europa occidental y ciertos países de Europa oriental. Lamentablemente, gran parte de esta organización de ayuda solidaria a los exiliados chilenos se vio entorpecida por el golpe militar argentino en 1976.

Conclusiones

Este trabajo grafica cómo la historia de la inmigración en Mendoza, entre 1869 y 1976, estuvo fuertemente influenciada por la intersección de dos grandes tendencias migratorias nacionales: la chilena y la argentina. Esto se debe a la posición de frontera de la provincia. En el período analizado se encuentran dos momentos de una fuerte influencia chilena. Uno de ellos fue a finales del siglo XIX, antes de la inauguración del ferrocarril y del comienzo de la Gran Inmigración. El segundo momento fue en la década del setenta del siglo XX, y tuvo que ver con la crisis política chilena luego del golpe militar pinochetista y con las simpatías ideológicas que movilizó entre los mendocinos.

Paralelamente, la inserción de Mendoza en el ámbito nacional se fortaleció aún más gracias a la extensión del ferrocarril, que contribuyó a la llegada de cientos de inmigrantes como había sucedido en las regiones portuarias. Los períodos de la Gran Inmigración y de la Nueva Inmigración repercutieron en Mendoza adquiriendo ciertas peculiaridades propias de la zona de frontera: la llegada de europeos fue proporcionalmente menor que en Buenos Aires y Rosario y la inmigración limítrofe estuvo ligada al país trasandino.

De este modo, podemos ver la dinámica de la población mendocina como una puerta entre el Pacífico y el Atlántico. Esto se ha repetido a lo largo de todos los períodos estudiados. Este trabajo se proponía estudiar la evolución del proceso del desarrollo inmigratorio desde 1864 hasta 1976, sin embargo no se puede evitar pensar los desafíos que implicaría, desde esta perspectiva, abordar los años siguientes. Desafío que ya ha sido tomado por algunos investigadores mendocinos. Así, podemos reflexionar sobre las implicancias del exilio político en Mendoza durante la dictadura militar en Argentina, la inmigración coreana y el contingente laosiano que se desarrolla en nuestra provincia durante la década del ochenta, la llegada de peruanos en los noventa y la emigración actual que comenzó a acentuarse desde fines del noventa hasta hoy.

FUENTES

Anuario Estadístico 1977 y 1978, Dirección de Estadísticas y Censos, Mendoza, 1979.
Censos de la República Argentina de 1869, 1895, 1914, 1947, 1960, 1970 y 1980.
Discurso de Edmundo Correas en la Junta de Estudios Históricos de Mendoza al recibir al cónsul de Italia, Dr. Ottone Mattei, el título de comendador otorgado por el Gobierno de Italia, Mendoza, 2 de junio de 1970.
Entrevista a Elgar Jones, miembro de la Sociedad Británica de Mendoza, inédita, agosto 2001.
Libro de Sesiones de Diputados, días 10 y 11 de Diciembre de 1947 y 26 de Octubre de 1954.

NOTAS

1   Torrado, Susana. **Estructura Social de la Argentina: 1945-1983,** De la Flor, Buenos Aires, 1994, p.85.
2   De hecho las fundaciones en América se hicieron con algunos elementos nativos, pero el grupo dominante era español o portugués según el conquistador en suerte.
3   Rodríguez, Sergio E. **"Distribución de la inmigración española en la provincia de Mendoza. República Argentina 1869-1914. Su evolución en relación con la superficie de viñedos cultivados".** En: López de Perdezoli, Marta (Dirección), **La inmigración española en Mendoza.** Cuatro estudios monográficos, Consulado General de España, Mendoza, p.163.
4   Halperin Donghi, Tulio. **Historia contemporánea de América Latina,** Alianza, Bogotá, 1969, p.166.
5   Censo de 1869, p. 350. Sin embargo, Calderón Masini afirma que son 4.118 chilenos los que vivían en Mendoza (Cfr. Calderón Masini, José Luis. **Mendoza hace cien años. Historia de la provincia durante la presidencia de Mitre,** Theoria, Buenos Aires, 1967, p.16).
6   Rodríguez, Sergio E. Op. Cit., p.167.
7   *Primer Censo de la Población Argentina, 1869, p.157.*
8   *Este contingente estaba compuesto por inmigrantes de Italia (122); Dinamarca (5); Francia (96); Suecia (2); España (30); Polonia (2); Alemania (18); Estados Unidos (2); Suiza (11) e Inglaterra (8). Correas, Edmundo. Discurso en la Junta de Estudios Históricos de Mendoza al recibir del cónsul de Italia, Dr. Ottone Mattei, el título de comendador otorgado por el Gobierno de Italia,* Mendoza, 2 de junio de 1970, pp. 63-63:

9   Rapoport, Mario. **Historia económica, política y social de la Argentina (1880-2000)**, Macchi, Buenos Aires, 2000, pp. 39-40.

10 Rodríguez, Op. Cit., p.151.

11 La represión económica y cultural por parte de la burguesía inglesa, junto a la prohibición del uso del galés en Gran Bretaña desencadenaron una emigración de alrededor de 100.000 galeses, entre 1814 y 1914, de los cuales alrededor de 3.000 se asentaron en la provincia de Chubut. Reynolds, Siân y Óhannaidh, Iain. **¡Hable galés!** Siaredwch Gymraeg, Editorial El Regional, Gaiman, Chubut, s/f, pp. 9-11. Ver también: **"Galeses en Chubut"**, *Tradiciones Argentinas* N°6, Perfil, Octubre de 1998, pp. 4-5.

12 Rodríguez, Sergio E. Op. Cit.,pp. 59-151.

13 Sobre este tema ver: Halperin Donghi, Tulio. **Historia contemporánea de América Latina**, Alianza, Colombia, 1969.

14 López Lucero, Marta I. *"La Reciente Inmigración Peruana, su Incidencia en la Sociedad Mendocina 1992-1995"*. En: **Inmigración, Sociedad y Cultura**. Serie Cátedras N° 14, Mendoza, 1997, p. 29.

15 Rodríguez, Sergio E., Op. Cit., p.155.

16 **El país de los argentinos**, Tomo III, Centro Editor de América Latina, Buenos Aires, 1975 pp.50-70, citado por Rodríguez, Op. Cit.

17 Calderón Masini, José Luis. Op. Cit., p. 13.

18 Calderón Masini, José Luis. Op. Cit., pp. 15-16

19 Gran parte del informe se encuentra detalladamente descripto en el discurso del Dr. Edmundo Correas que citamos anteriormente.

20 Debener, Marcela. *"Frontera agraria y comercio ganadero: Mendoza-Neuquén"* (1850-1930). En: Bandieri, Susana. **Cruzando la cordillera. La frontera argentino-chilena como espacio social**. Centro de Estudios de Historia Regional, Universidad Nacional del Comahue, Neuquén, 2001, pp. 322-323.

21 Jones, Elgar. **Entrevista como miembro de la Sociedad Británica de Mendoza**, inédita, Mendoza, Agosto de 2001.

22 Izuel, María E. **"Rama Caída"**. En: Lacoste, Pablo (compilador). San Rafael: Historia y perspectivas, Uno, Mendoza, 1996, p. 98.

23 Caltagioni, Luigi. *La colonia italiana di Mendoza*, **Quaderni di Affari Sociali Internazionali**, Franco Angeli, 1985, pp. 84-86.

24 Los primeros arquitectos mencionados contribuyeron en la reconstrucción de Mendoza posterior al terremoto de 1861. Caltagioni, Luigi, Idem. Ver también: Videla, Eusebio. *"Descripción de la ciudad de Mendoza"*, **La Revista de Buenos Aires**, Tomo 25, p. 81, citado por Correas, Op. Ct., p. 61.

25 López Lucero, Marta. *Inmigración, sociedad y cultura*. **Serie Cátedra N°13**, Universidad Nacional de Cuyo, Facultad de Ciencias Políticas y Sociales, Mendoza,1997, p. 22.

26 Caltagioni, Luigi. Op. Ct., p. 93.
27 López Lucero. Marta. Op. Cit., pp. 9-21.
28 Senkman, Leonardo. **La colonización judía**. Centro Editor de América Latina, Buenos Aires, 1984.
29 López Lucero, Marta, Ibídem.
30 Lacoste, Pablo (compilador). **Luján de Cuyo**. Historia y perspectivas, Uno, 1996, Mendoza, p. 110.
31 Rondino, Hugo José. **Inmigrantes españoles en la Argentina: Adaptación e identidad,** Coedición, Biblioteca Nacional, Página 12 y Telecom, Buenos Aires, 1999, p. 17.
32 Ibáñez Ruggieri, Alejandra L. **"Inmigrantes españoles en Mendoza a través de la prensa de la época"**. En: López de Perdezoli, Marta (Dirección), Op. Cit., pp. 230-231
33 Cabeza, Ramón. **Guía del inmigrante español en Buenos Aires, ca. 1929-1931**. Publicado nuevamente en: Rondino, Hugo José. Op. Cit.
34 Rapoport, Mario. Op. Cit., pp. 131-132.
35 Debener, Marcela. Op. Cit., pp. 323.
36 Cozzani de Palmada, M. R. *Contribución al estudio de las migraciones en la Región Cuyo, 1869-1870*, citado por Caltagioni, Luigi. *La colonia italiana di Mendoza*, **Quaderni di Affari Sociali Internazionali,** Franco Angeli, 1985.
37 Panettieri, José. **La inmigración en la Argentina,** Ediciones Macchi, Buenos Aires, 1970, pp. 34-37.
38 Krout, J. Jhon y Rice, Arnold S. **United State Since 1865**, The Barnes & Noble Boocks, Toronto, 1977, pp. 23, 149-150.
39 Rapoport, Op. Cit., pp. 270-271.
40 Cfr. Mancuso Hugo, Minguzzi, Armando. **Entre el fuego y la rosa. Pensamiento social italiano en Argentina: Utopías anarquistas y programas socialistas (1870-1920),** Coedición Biblioteca Nacional, Página 12 y Telecom, Buenos Aires, 1999, pp. 18-26.
41 Di Tella, Torcuato. **Historia de la Argentina contemporánea**, Troquel, Bs. As., 1998, pp. 118-119.
42 González Lemos, Jesús. **Libro de Sesiones de Diputados**, días 10 y 11 de diciembre de 1947, p. 3.218 y 26 de octubre de 1954, p. 119. Ver también: Paredes, Alejandro. **"Nota 5 y 6"**, pp. 495-497. En: Lacoste, Pablo y Moyano, Rodolfo (coordinadores). Santiago Felipe Llaver. **Introducción a medio siglo de historia de Mendoza**, Coedición Universidad de Congreso y Ediciones Culturales de Mendoza, 2001.
43 Lacoste, Pablo. **El socialismo en Mendoza y Argentina**. Tomo I, Centro Editor de América Latina, Buenos Aires, 1993, p. 84.

44 Witker, Alejandro. *"El movimiento obrero chileno"*, en: **Historia del movimiento obrero en América Latina**, Siglo XXI Editores, México 1984, Vol. 4 pp. 91-92. También Di Tella, Torcuato. **Historia de la Argentina contemporánea**, Troquel, Buenos Aires, 1998, p. 247.

45 Panitteri, José. Op. Cit., p. 37.

46 Rapoport, Mario. Op. Cit., p. 272.

47 Jones, Elgar. **Entrevista como miembro de la Sociedad Británica de Mendoza**, inédita, Mendoza, agosto de 2001.

48 Debener, Marcela. Op. Cit, p. 325.

49 Gil, Silvana. **"La inmigración española durante el período de la guerra civil. Características y repercusiones culturales"** En: López de Perdezoli, Marta, Op. Cit., p. 113-145.

50 Lacoste, Pablo, Op. Cit., 1993, pp. 71-72.

51 Caltagioni, Luigi. Op. Cit., p. 87-93.

52 Heras, Eduardo; Guillot, Daniel; Galvez, Rodolfo: *"Migración Tradicional y Migración de Crisis. Una década de afluencias bolivianas y chilenas a Argentina y la región cuyana (1965-1975)"*. Documento final presentado a PISPAL, Mendoza, 1978, pp. 45-55.

53 Torrado, Susana, Op. Cit., p. 85.

54 Jones, Elgar. **Entrevista como miembro de la Sociedad Británica de Mendoza**, inédita, Mendoza, agosto de 2001.

55 López Lucero, Marta, Op. Cit., 1997, p. 12.

56 Török, Mildred y Conte, Gabriel. *"Los inmigrantes bolivianos"*. En: Lacoste, Pablo (compilador) **Guaymallén: Historia y perspectivas**, Uno, Mendoza, 1996, p. 146.

57 Panettieri, José. Op. Cit., p. 141.

58 Igualmente era poco comparado con el Chaco (-25,4), Catamarca (-22,7) o Tucumán (-20,9). Torrado, Susana, Op. Cit., p. 82.

59 Cfr. Carrizo Rubia, Celeste. *Identidades sociales y procesos culturales, los bolivianos en Mendoza*, tesina de licenciatura, Facultad de Ciencias Políticas y Sociales, Universidad Nacional de Cuyo, 2000.

60 Cfr. Satlari, María Cristina. *"El Carnaval de Ugarteche"*. En: Lacoste, Pablo (compilador). Luján de Cuyo: **Historia y perspectivas,** Uno, 1996, Mendoza, pp. 111-113.

61 La cantidad de chilenos es menor a esa cifra, ya que según el IV Censo General de la Nación de 1947 (p. 292-293), 8.120 es la totalidad de extranjeros residentes en Mendoza, provenientes de toda América del Sur.

62 *Anuario Estadístico 1977 y 1978*, Dirección de Estadísticas y Censos, Mendoza, 1979, p. 15.

63 Mariano, Nilson Cezar. **Operación Cóndor. Terrorismo de Estado en el Cono Sur**, Ediciones Lohlé-Lumen, Buenos Aires, 1998, pp. 86-87.

64 Ibídem, p. 152.
65 Bustelo, Gastón. *"Impacto de la dictadura pinochetista en Mendoza (1973-1988)"* En: **Revista de Estudios Trasandinos Nº5**, coedición U. Nac. de Cuyo, U. Nac. de San Juan, U. del Comahue, U. de Congreso, Convenio Andrés Bello, Santiago de Chile, 2001, pp. 355-356.
66 Scher, Ofelia Beatriz. *"Inmigración limítrofe a la República Argentina: una aproximación al caso chileno 1950/1990"*. En: **Revista de Estudios Trasandinos, Nº1**, junio de 1997, pp. 211 y 219.
67 Bustelo, Gastón. Op. Cit., pp. 353-354.

BIBLIOGRAFÍA

Bustelo, Gastón. *"Impacto de la dictadura pinochetista en Mendoza* (1973-1988)". **Revista de Estudios Trasandinos Nº5**, Santiago de Chile, 2001.

Cabeza, Ramón. *Guía del inmigrante español en Buenos Aires,* ca. 1929-1931. Publicado nuevamente en: Rondino, Hugo José. **Inmigrantes españoles en la Argentina: Adaptación e identidad,** Coedición, Biblioteca Nacional, Página 12 y Telecom, Buenos Aires, 1999.

Calderón Masini, José Luis. **Mendoza hace cien años. Historia de la provincia durante la presidencia de Mitre,** Theoria, Buenos Aires, 1967.

Caltagioni, Luigi. *La colonia italiana di Mendoza,* **Quaderni di Affari Sociali Internazionali,** Franco Angeli, 1985.

Carrizo Rubia, Celeste. **Identidades sociales y procesos culturales, los bolivianos en Mendoza,** tesina de licenciatura, Facultad de Ciencias Políticas y Sociales, Universidad Nacional de Cuyo, 2000.

Codina, Iverna. **Detrás del grito,** Ediciones Culturales Mendoza, Mendoza, 1993.

CRESO (Centro Regional de Estudios Sociales), **International chilean migration towards Argentina in times of political crisis.** Mendoza, s/f.

Debener, Marcela. *"Frontera agraria y comercio ganadero: Mendoza-Neuquén (1850-1930).* En: Bandieri, Susana. **Cruzando la cordillera. La frontera argentino-chilena como espacio social.** Centro de Estudios de Historia Regional, Universidad Nacional del Comahue, Neuquén, 2001.

Di Tella, Torcuato. **Historia de la Argentina contemporánea,** Troquel, Bs. As., 1998.

"Galeses en Chubut". artículo de la revista: **Tradiciones Argentinas Nº6,** Ediciones Perfil, octubre de 1998.

Halperin Donghi, Tulio. **Historia contemporánea de América Latina,** Alianza, Bogotá, 1969.

Heras, Eduardo; Guillot, Daniel; Gálvez, Rodolfo: **Migración Tradicional y Migración de Crisis. Una década de afluencias bolivianas y chilenas a Argentina y la región cuyana.** (Documento final presentado a PISPAL, Mendoza, 1978.

Izuel, María E. *"Rama Caída".* En: Lacoste, Pablo (compilador). **San Rafael: Historia y perspectivas,** Uno, Mendoza, 1996.

Krout, J. Jhon y Rice, Arnold S. **United State Since 1865**, The Barnes & Noble Books, Toronto, 1977.

Lacoste, Pablo (compilador). **Luján de Cuyo: Historia y perspectivas,** Uno, 1996, Mendoza.

Lacoste, Pablo. **El socialismo en Mendoza y Argentina. Tomo I,** Centro Editor de América Latina, Buenos Aires, 1993.

Lacoste, Pablo. **La Unión Cívica Radical en Mendoza y en la Argentina,** Ediciones Culturales de Mendoza, Mendoza.

Lacoste, Pablo. **Sistema Pehuenche. Frontera, sociedad y caminos en los Andes Centrales argentino-chilenos (1658-1997),** Coedición Cultura de Mendoza, Gobierno de Mendoza y Fac. de Ciencias Políticas y Sociales U. Nac. de Cuyo, Mendoza, 1998.

López de Perdezoli, Marta (Dirección), **La inmigración española en Mendoza. Cuatro estudios monográficos,** Consulado General de España, Mendoza.

López Lucero, Marta I. "La Reciente Inmigración Peruana, su Incidencia en la Sociedad Mendocina 1992-1995". En: **Inmigración, Sociedad y Cultura.** Serie Cátedras Nº14, Mendoza, 1997.

López Lucero. Marta. **Inmigración, sociedad y Cultura,** Serie Cátedra Nº13, Universidad Nacional de Cuyo, Facultad de Ciencias Políticas y Sociales, Mendoza, 1997.

Mancuso Hugo, Minguzzi, Armando. **Entre el fuego y la rosa. Pensamiento social italiano en Argentina: Utopías anarquistas y programas socialistas (1870-1920),** Coedición Biblioteca Nacional, Página 12 y Telecom, Buenos Aires, 1999.

Mariano, Nilson Cezar. **Operación Cóndor. Terrorismo de Estado en el Cono Sur,** Ediciones Lohlé-Lumen, Buenos Aires, 1998.

Panettieri, José. **La inmigración en la Argentina,** ediciones Macchi, Buenos Aires, 1970.

Paredes, Alejandro. *"Nota 5 y 6"* En: Lacoste, Pablo y Moyano, Rodolfo (coordinadores). **Santiago Felipe Llaver. Introducción a medio siglo de historia de Mendoza,** Coedición Universidad de Congreso y Ediciones Culturales de Mendoza, 2001.

Rapoport, Mario. **Historia económica, política y social de la Argentina (1880-2000),** Macchi, Buenos Aires, 2000.

Reynolds, Siân y Óhannaidh, Iain. ¡**Hable galés! Siaredwch Gymraeg,** Editorial El Regional, Gaiman, Chubut, s/f.

Rondino, Hugo José. **Inmigrantes españoles en la Argentina: Adaptación e identidad,** Coedición, Biblioteca Nacional, Página 12 y Telecom, Buenos Aires, 1999.

Satlari, María Cristina. *"El Carnaval de Ugarteche".* En: Lacoste, Pablo (compilador). **Luján de Cuyo: Historia y perspectivas,** Uno, Mendoza, 1996.

Scher, Ofelia Beatriz. *"Inmigración limítrofe a la República Argentina: una aproximación al caso chileno 1950/1990".* **Revista de Estudios Trasandinos, Nº1,** Santiago de Chile, junio de 1997.

Senkman, Leonardo. **La colonización judía.** Centro Editor de América Latina, Buenos Aires, 1984.

Török, Mildred y Conte, Gabriel. *"Los inmigrantes bolivianos".* En: Lacoste, Pablo (compilador). **Guaymallén: Historia y perspectivas,** Uno, Mendoza, 1996.

Torrado, Susana. **Estructura Social de la Argentina: 1945-1983,** Ediciones de la Flor, Buenos Aires,1994.

Weecks, John. **Sociología de la Población,** Alianza Universidad Textos, Madrid, 1984.

Witker, Alejandro. *"El movimiento obrero chileno".* En: **Historia del movimiento obrero en América Latina,** Siglo XXI Editores, México1984, Vol. 4.

Zinny, Antonio. *"Gobernadores de San Juan (1810-1881)".* En: **Revista de la Junta de Estudios Históricos de Mendoza,** Best Hermanos, Mendoza, 1938.

ENTRE EL ORDEN Y EL PROGRESO (1880-1920)

Ana María Mateu

El periodista Jules Huret que visitó la Provincia en 1910 visitó el Parque como se le llamaba entonces y escribó ese año "...Pero la gloria de Mendoza la constituye, más que los hospitales y cárceles, el magnífico Parque del Oeste, que se extiende sobre una superficie de 300 hectáreas en la base del cerro del Pilar, y que es un verdadero Bosque de Bolonia en formación tratándose de una ciudad de 50.000 habitantes".

Escribir sobre la historia de Mendoza entre 1880-1918 es particularmente interesante por una serie de motivos. El primero de ellos se relaciona con que entre 1880 y 1918 se conformó la Mendoza moderna, de la cual todavía persisten muchos rasgos. En segundo lugar, porque desde los difíciles años actuales, algunos sectores consideran aquélla como una época "dorada" en la que un grupo de hombres exitosos pudo y supo poner en marcha un nuevo y también exitoso modelo económico en la provincia. En tercer término, porque esos años de profundos cambios permiten analizar con nitidez cómo interactúan y se reacomodan las múltiples relaciones entre el diseño del Estado y las relaciones sociales, políticas, económicas y sociales de una época.

El objeto de este trabajo es analizar el proceso de cambio de las relaciones políticas, sociales y económicas en la provincia de Mendoza entre 1880 y 1918, y el surgimiento en el panorama histórico de nuevos actores, nuevos conflictos y nuevos mecanismos de integración y de control.

El contexto nacional

Alrededor de 1880 se inicia en el país un momento de grandes cambios relacionados con el ingreso al circuito capitalista internacional y con la consolidación del Estado nacional moderno.

Dentro de un mercado internacional asentado sobre el librecambio, los distintos países fueron orientándose hacia la especialización productiva y se produjo la división internacional del trabajo: quienes aportaban las materias primas y quienes las industrializaban. Argentina se ubicó dentro de la primera variante, la más rápida y la más limitada en el largo plazo porque retardó el desarrollo industrial del país como exportador de lanas, cueros y cereales.

La adecuación a la nueva situación mundial fue propiciada desde el Estado por una élite innovadora, progresista en lo económico pero conservadora en lo político. Este grupo, llamado por algunos autores Generación del 80, profesaba una ferviente creencia en el orden y el progreso y unía a su liberalismo económico un acendrado conservadorismo político para defender y mantener el poder que tradicionalmente había retenido en sus manos.

El progreso no llegó por igual a todos los lugares del país. La expansión económica favoreció especialmente a aquellas regiones que consiguieron incorporarse a la economía agroexportadora. Otras, como el caso de Mendoza, aprovecharon la expansión del mercado interno y se insertaron en él con su producción agroindustrial.

La vieja oligarquía mendocina

El grupo de familias que había retenido el poder prácticamente desde la colonia y que ocupaba los cargos principales en el aparato del Estado supo aprovechar y acompañar la racionalización capitalista, que era la tónica de los nuevos tiempos. Este grupo, la "oligarquía" mendocina (nombre con que ya la denominaban en aquella época opositores y adherentes), compartía intereses políticos, a pesar del "internismo" que la dividía en oportunidad de alguna elección.[1] Adhirieron al triunfo liberal de 1861 y permanecieron en el poder con distintos nombres (Partido Liberal, Partidos Unidos, Concentración Cívica Regional y Partido Conservador) hasta la llegada del radicalismo al poder en 1918.

Estas parentelas no solamente estaban unidas por prácticas políticas, sino también por complejas y redituables redes comerciales. Esa multiplicidad de lazos se afianzaba y reforzaba merced al nepotismo y la endogamia. La pregunta relacionada con los intereses que estos gobiernos defendían no es difícil de responder en una sociedad donde lo político y lo económico estaban tan estrechamente relacionados: el poder servía para fortificar y defender estas intrincadas redes parentales.

La ganadería comercial y los vínculos con Chile habían sido la principal actividad económica, pero 1878 marcó un decaimiento de estos vínculos y ya en 1881 las exportaciones comerciales al país trasandino representaron el 20% de los volúmenes de 1873. No había un tratado de comercio que facilitara el intercambio y el precio del ganado a Chile dejó de compensar el capital empleado y los gastos. De todas maneras, durante algunos años la ganadería comercial y la vitivinicultura convivieron.

No fue difícil para la dirigencia mendocina pasar de un modelo económico a otro. Estaba acostumbrada a la diversificación de capitales para dispersar los riesgos, y su lugar privilegiado en el Estado le permitía impulsar las actividades que considerase convenientes y beneficiarse con ellas.

La vitivinicultura había sido hasta ese momento una actividad marginal, pero fue recuperada y modernizada para adaptarse a la nueva coyuntura económica que comenzó a avizorarse con claridad en las dos últimas décadas del siglo XIX. Ya desde los años '70 la prensa había comenzado a demandar al Estado para que asumiera un rol activo en dicha tarea, asegurando que "nuestros vinos con métodos perfeccionados (están llamados) a ser de excelente calidad para el consumo fuera de la provincia... si hay por parte de los vinicultores deseo y propósito de entregarse a la tarea, abandonando los dictados de la rutina... En este siglo, en países más adelantados, necesitamos a toda costa emprender grandes plantaciones de vides sin que la carencia de un lucro inmediato arredre a los vinicultores".[2]

Las políticas públicas del Estado mendocino

El desarrollo provincial no podía dejarse librado a la iniciativa privada y por ello el Estado mendocino adoptó un rol intervencionista muy activo para fomentarlo y protegerlo. Las palabras de Civit en 1909 son demostrativas de la importancia que los gobiernos de la época dieron a la vitivinicultura: "La provincia ejerce primera y directamente su influencia de Estado protector sobre su industria, la cuida, la depura, la fiscaliza, la defiende. Es al amparo de las leyes provinciales, y por los estímulos y cuidados de ella, que nuestra principal industria ha crecido y prosperado".[3]

En este sentido, las políticas públicas, ya iniciadas a mediados de la década de 1870, estuvieron dirigidas hacia el logro de tres elementos básicos: tierra irrigada, capital y mano de obra.

La tierra irrigada

Como primer paso, el Estado debía realizar su propia transformación. Sus nuevas funciones y ámbitos de actuación se materializaron en una serie de instituciones, con cierto grado de profesionalización de sus funcionarios y control centralizado sobre un número cada vez mayor de actividades. Este Estado fue netamente intervencionista y a la vez que fue potenciando ciertas relaciones políticas, sociales y económicas, las fue reglamentando.

Llevó a cabo la extensión de la irrigación provincial y contrató especialistas para la concreción de las primeras obras importantes de riego, al mismo tiempo que en 1884, durante el gobierno de Rufino Ortega, dictó la primera Ley de Aguas.

La expansión en las concesiones de riego iba unida a su utilización como recompensa política. En 1887 se llegó al extremo de concederle a Rufino Ortega derechos de agua para 10.000 ha de terreno en Malargüe. Ante algunas objeciones de legisladores, se hicieron valer los servicios prestados por Ortega a la provincia y a la República en la Campaña del Desierto. En el mismo año, de una concesión tan generosa, se decidió no otorgar a una sola persona derechos de agua en el Diamante y el Atuel por más de 500 ha, demostrando con claridad la utilización del agua como recompensa política, el famoso "torniquete del agua".

El mejor aprovechamiento del agua iba unido a la valorización y ocupación de la tierra. La finalización de la Campaña del Desierto permitió incorporar importantes territorios al patrimonio provincial en el Sur mendocino, que los agrimensores comenzaron a mensurar. Las tierras fiscales sirvieron como garantía de los empréstitos que contrató la Provincia para poder financiar el desarrollo económico. Un ejemplo claro es que en 1888 se negoció un crédito con la casa Cahen D'Anvers que dio un impulso decisivo a la reconversión productiva. El préstamo fue de cinco millones de pesos, garantizados por cuatro millones en acciones del Banco Provincia, 4.000 leguas de tierras públicas y las rentas generales de la Provincia.

La burocratización del Estado provincial se materializó en la creación de varias dependencias públicas a cargo de especialistas, con importantes sueldos, que fueron orientando, organizando y fiscalizando el desarrollo provincial. Así, por ejemplo, se fueron creando el Departamento Topográfico, la Oficina de Estadística, la Oficina Química para la vigilancia de los establecimientos industriales y la Dirección General de Industrias.

Las exoneraciones impositivas

La exoneración de impuestos a la viñas fue una de las políticas públicas con efectos más decisivos. Su objetivo fue brindar alicientes a quienes quisieran dedicarse a la plantación de viñedos, que por las características del cultivo, demoran tres años en dar beneficios. En 1881, a la par de que se fundó el Club Industrial, se sancionó una ley de eximición impositiva por cinco años para los plantadores de viñas, olivos y nogales. Esta medida fue renovada varias veces hasta 1902. Entre 1884 y 1892 se presentaron 503 solicitudes, correspondientes a 377 propietarios, cuyo promedio en superficie era de 11,79 ha para un total de 5.887 ha. El departamento en el que se exoneraron más propiedades fue Guaymallén, pero el que mayor superficie abarcó fue Maipú, con 1.241 ha. Si relacionamos el total de las hectáreas beneficiadas con los beneficiarios, podemos concluir que el 44% del total de la superficie fue a parar a 24 personas (6% del total) pertenecientes a las familias más importantes de Mendoza. Solamente once propietarios poseían más de 100 ha, entre los cuales encontramos miembros del sector tradicional como Honorio Barraquero, Juan Serú, Rufino Ortega y Tiburcio Benegas, y también dos inmigrantes exitosos como Antonio Tomba y Rodolfo Iselín y un técnico como Aaron

Pavlovsky. Las hectáreas plantadas a través de la desgravación impositiva representó el 63,5% del total de las 9.269 que se plantaron entre 1882 y 1892.

La viticultura fue una actividad protegida. Merced a las eximiciones impositivas, no la afectó la suba de la contribución directa, que pasó en 1889 del 2 al 6 por mil. Solamente en 188 se la gravó con un impuesto extraordinario, junto a los demás cultivos, con el objetivo de combatir la langosta. Esta política de protección es la que permite afirmar a Balán que gran parte del costo de la expansión agrícola de la provincia no fue pagada por los viñateros y se trasladó a otros contribuyentes, por ejemplo, los propietarios urbanos y los que no se volcaron a las explotaciones vitivinícolas.

Sin embargo, el idilio terminó cuando comenzaron las dificultades financieras de 1890. La industria vitivinícola, que había sido la "niña mimada" de la oligarquía mendocina, se convirtió entonces en un recurso para sortear la crisis y para soportar el peso de la deuda externa contraída. De allí en adelante la industria, en forma creciente, financiaría la provincia.

La defensa de la vitivinicultura

El Estado se preocupó por la mejora y difusión de las prácticas vitivinícolas a través de la Escuela de Agricultura, con el objeto de proporcionar instrucción agrícola, teórica y práctica a los jóvenes que se dedicasen a la explotación o administración de propiedades rurales. Por otra parte, también tomó medidas para defender la industria y la calidad de los productos. Contrató en 1896 un especialista para el estudio de las plagas y dictó medidas para la protección contra la filoxera y la langosta. Creó en 1899 una Comisión de Defensa de la Industria, en momentos en que se temía por su futuro a raíz de la baja en el precio del vino, y legisló sobre la fabricación de vinos en distintos momentos de este período.

Esta protección hacia la vitivinicultura fue resistida desde el principio por otros sectores de la economía provincial (olivo, la remolacha azucarera, los nogales o la fabricación de vasijas), tal como se desprende de la lectura de las discusiones legislativas.

Las políticas crediticias

El panorama bancario, anterior a la creación del Banco Provincia en 1888, estuvo caracterizado por instituciones que tenían una excesiva dependencia con los gobiernos de turno, que manejaban en forma imprudente los fondos, que abusaban del crédito y que no tenían respaldo. Se habían favorecido las relaciones comerciales, a la par que había un importante y bien organizado mecanismo de crédito fuera de la esfera bancaria.

Cuando Benegas accedió a la gobernación de Mendoza puso todos sus esfuerzos en la creación de un banco provincial para el fomento de la vitivinicultura. Ya tenía experiencia bancaria como gerente del Banco Nacional e incluso al frente de su propio banco y era, por otra parte, un viticultor y bodeguero preocupado por el tema del mejoramiento técnico de la industria.

Los fondos que posibilitaron la creación del Banco Mendoza tuvieron su origen en el empréstito exterior de 1888, que fuera gestionado por el propio general Roca, y que también estuvo destinado a construir escuelas públicas, a la elaboración de un plano catastral de la provincia, a la provisión de aguas corrientes en la Capital, a obras de regadío, de desagüe y saneamiento, y a la apertura de calles. Con estos fondos externos se creó una entidad mixta que ingresó dentro del sistema nacional de bancos garantidos creado en 1887. El capital del banco fue de $5.000.000, de los cuales le correspondieron al gobierno 40.000 acciones de $100 cada una y a los particulares 10.000 acciones, que fueron entregadas a la suscripción pública.

Del análisis de los préstamos hipotecarios otorgados entre 1880 y 1910 se desprende que fueron utilizados en su mayoría por los sectores dominantes para pasar exitosamente la transición de un modelo económico a otro y solamente en un 29% por los inmigrantes. Si incluimos dentro de los sectores dominantes a personajes de fuerte prestigio, aunque ajenos a las familias tradicionales, como el caso de Lagomaggiore y Pavlovsky, el porcentaje asciende al 66%, quedando para los inmigrantes solamente el 14%.

En 1890, la grave crisis económica dificultó la marcha del banco y se tradujo en la falta de credibilidad hacia las instituciones bancarias, cuyas carteras estaban inmovilizadas porque la gente prefería guardar el dinero bajo el colchón. Se dudaba acerca del destino que los deudores habían dado a sus préstamos y un artículo de *Los Andes* [5] llegó a expresar que el dinero fue para lujos y no viñas y que incluso algunos clientes lo habían vuelto a prestar a altísimos intereses.

La crisis económica había acabado con los fondos del empréstito francés y se había llegado a la cesación de pagos de los depósitos y a la utilización de vales. Se llegó a dudar de la suerte del banco, que además de las dificultades propias de la coyuntura, había incurrido en varias irregularidades y favoritismos con algunos de sus clientes. Se realizó una investigación, de la cual surgía que se habían hecho operaciones ilícitas de crédito, "que constituyen una estafa perpetrada contra el establecimiento y contra la fortuna pública y privada".[6] Para salir de la difícil situación se decidió dar una mayor participación a los accionistas, posición que fue revisada posteriormente, ya que el banco se oficializó en 1898.

En los primeros años del siglo XX, la situación del banco siguió complicada, aunque la mejoría de la situación vitivinícola que se dio luego de 1903 también trajo alivio a esta entidad. Cuando en 1907 llegó Emilio Civit al gobierno, el banco fue una herramienta decisiva para lograr el éxito de su plan económico y por ello se encargó de consolidarlo financieramente con dos millones de pesos en letras de tesorería, con la transferencia de tierras públicas y con los fondos de un empréstito contraído con la banca Dreyfus, de seis millones de pesos oro. Ante las críticas por el endeudamiento externo, Civit se defendió argumentado que la tasa de un 5% anual, era muy baja, ya que los prestamistas locales cobraban entre el uno y medio y el dos por ciento mensual. Sin embargo, de las actas del banco surge que ya en 1913 el gobierno no podía atender los servicios del empréstito y debió recurrir a los fondos del banco para poder cumplir con sus obligaciones.

Los préstamos civitistas de habilitación y fomento agrícola e industrial para pequeños propietarios brindaban el capital necesario para poder convertirse en bodeguero o viñatero, con grandes facilidades en cuanto a intereses y plazos. Lo llamativo es que estos préstamos, brillantes en su letra y espíritu y recordados en la actualidad por muchos políticos, nunca se pusieron en práctica, posiblemente por la demora de la venta de tierras públicas de la cual vendrían los fondos o por el cambio de guardia en las huestes conservadoras que se produjo con el surgimiento del Partido Popular.

La búsqueda de la mano de obra

La llegada del ferrocarril en 1885 fue otro de los hitos en el despegue vitivinícola. Permitió el mejor acceso de la producción mendocina a los mercados nacionales, y también la llegada de inmigrantes y tecnología. Comunicó a la provincia con el resto del país y también con las nuevas áreas de cultivo en el Sur provincial que se habían ido extendiendo luego de la finalización de la Campaña del Desierto.[7]

El arribo de los rieles del ferrocarril hizo intensificar las medidas oficiales que habían comenzado a tomarse, ya desde la década del '70, para la búsqueda de mano de obra extranjera. Así, en 1884 se dictó una ley que autorizaba al Ejecutivo a invertir un peso para ser pagado a un agente, por cada inmigrante que remitiese y que reuniera las siguientes condiciones: moralidad y buena salud, práctica en el cultivo de la vid y en la elaboración del vino y que, preferentemente, viniera integrado a un grupo familiar apto para trabajos agrícolas. Los hombres debían tener entre 14 y 45 años y las mujeres, de 13 a 40. Por aquéllos que resultasen inútiles o fuera de la edad, el agente no percibiría remuneración alguna. Todos los inmigrantes tendrían un certificado con edad, estado civil, nacionalidad, profesión, estudios, de los cuales se notificaría al gobierno, mensualmente. Para reforzar estas medidas, se trasladó un agente a Europa para contratar 400 agricultores destinados al cultivo de la vid. En 1887 se nombró un agente de inmigración en Buenos Aires con el objetivo de aumentar la población y traer nuevos brazos. En forma simultánea el gobierno inició una intensa propaganda de las "bondades" de Mendoza concurriendo a todas las la exposiciones nacionales e internacionales.

El importante ingreso de inmigrantes llegados a Mendoza transformó su estructura demográfica. Para 1869, momento del Primer Censo Nacional, los extranjeros representaban el 9% de la población y eran en su mayoría chilenos. Pero para 1895, fecha del segundo recuento censal, dicho porcentaje había ascendido a casi el 14%, cifra que aumentará al 37% para 1913, superando en algunos años los volúmenes arribados al resto del país.

La tendencia general de los inmigrantes, muchos provenientes de lugares con tradición vitivinícola, había sido ofrecerse como mano de obra asalariada en un agro que requería fuerza de trabajo. El 75% de las 14.095 personas llegadas en 1910 se ubicó dentro del mercado laboral agrícola. En los avisos clasificados de la prensa de la época se denotaba una marcada preferencia hacia la demanda de mano de obra extranjera. Esto se corrobora con la opinión de Bialet Massé que sostuvo que los extranjeros se apoderaron de las artes y oficios, relegando al criollo a segundo término.

El censo de 1895 hizo evidentes los cambios en la estructura económica y su estrecha relación con la inmigración. Mientras en 1869 los vinicultores representaban el 0,2% de las principales profesiones, en 1895 participaban con el 5%. Los agricultores aumentaron para las mismas fechas del 73% al 83% y de los censados en 1895, el 24% era viñatero (71% argentino y 29% extranjero). Esto significa que ya en 1895, cuando aún no había arribado el mayor volumen de inmigrantes, un cuarto de sus agricultores estaba dedicado a la vitivinicultura. Por otra parte, dentro de los 447 bodegueros mencionados en dicho censo, el 83% era extranjero, mientras que, por el contrario, el 84% de los hacendados y estancieros era argentino, demostrando la permanencia de los criollos en las actividades económicas tradicionales.

Los extranjeros comenzaron sus actividades públicas al frente de las entidades sociales o asistenciales de sus propias colectividades.[8] El proceso de desenvolvimiento agrícola e industrial permitió que algunos inmigrantes hicieran realidad la esperanza de ascenso social e integraran los sectores medios de la sociedad. Muchos lograron acceder a la propiedad de la tierra y hasta tener su pequeña bodeguita. Otros se dedicaron al comercio y vieron con orgullo cómo sus hijos se convirtieron en profesionales. Los inmigrantes más destacados participaron del directorio de los bancos y tuvieron un rol importante en las entidades empresariales y de socorros mutuos. Alrededor de 1915 manejaban el 82% de los establecimientos industriales.

La nueva economía

Los intereses representados por la industria vitivinícola adquirieron tanta importancia que llegaron a confundirse con los de la provincia, de la misma manera como se entremezclaron los intereses del Estado y de la burguesía bodeguera. La vitivinicultura se convirtió en hegemónica, llegando a representar en 1914 el 76% del PBI provincial, constituyendo las diez bodegas de mayor tamaño el 15% de esa cifra.

El crecimiento fue muy acelerado. En 1873 las hectáreas cultivadas de viña alcanzaban al 10,2% de la superficie total de la provincia, mientras que en 1910 este porcentaje ascendió al 34,6%. El número de bodegas pasó de 334 en 1884 a 1398 en 1914. Entre 1900 y 1915 se habían plantado un 98% de hectáreas nuevas de viña y entre 1906 y 1915 se había duplicado el número de establecimientos bodegueros, e incrementado la producción de vino un 90,4% entre 1901 y 1915. Ya en la primera década del siglo XX, la provincia ocupaba el décimo segundo lugar en el mundo en lo referido a la producción de vino, alcanzando para 1916 un volumen de 3.518.000hl, con 59.605ha de viñedos y una existencia de 1.398 bodegas. En directa relación con el desarrollo vitivinícola, se produjo un vertiginoso aumento de las propiedades rurales. Desde 1869 a 1901 el crecimiento había sido del 28,6%, y entre 1901 y 1915 aumentó en un 167%, ritmo mayor que el de la pampa húmeda. El tamaño medio de las propiedades para esta última fecha fue de 34ha, y el 77% estaba en manos de sus propietarios. Para 1914, el 71,95% de los extranjeros que dirigían los establecimientos agrícolas eran propietarios, un 5,9% arrendatarios y el resto empleados. La provincia contó con un mayor ritmo del proceso de industrialización que el resto del país, sólo superado por Buenos Aires, y tuvo en esos años uno de los índices de mayor productividad. En líneas generales, podemos concluir que se transformó la estructura económica de Mendoza con un notable aumento de las propiedades rurales de tamaño mediano en manos de sus propietarios y con un elevado porcentaje de extranjeros.

Los nuevos actores sociales

Como consecuencia de los cambios económicos, se fue conformando en la provincia un amplio sector agroindustrial que incluía a varias fracciones: jornaleros, carreros, toneleros, contratistas, viñateros y bodegueros. El papel articulador estaba dado por el grupo de los bodegueros, que al encontrarse en la cúspide iba imponiendo las pautas básicas de comportamiento y organización de las otras actividades vinculadas.

Si bien en la dirigencia mendocina había un consenso generalizado acerca de la necesidad de proteger y acrecentar el desarrollo de la industria vitivinícola, por cuanto era la que más renta proporcionaba al erario, el tipo de relaciones que estaba reproduciendo el Estado favorecía especialmente a los grandes bodegueros y no a la totalidad de los sectores vitivinícolas o al resto de los sectores económicos provinciales, y eso generó conflictos. Debemos recordar que una gran porción de los bodegueros por su carácter de inmigrante no tenía participación política, pero sin embargo era la más favorecida por las políticas públicas del Estado, y esto motivará cambios en la relaciones sociales, económicas y hasta políticas, y permanentes conflictos interiores y exteriores al sector: entre grandes y pequeños productores, entre viñateros y bodegueros, así como la larga lucha de los contratistas de viña con los propietarios por mejorar sus relaciones laborales, y de los carreros y toneleros por conquistar algunos beneficios sociales.

La "burguesía vitivinícola"

Los caminos para llegar a ser bodeguero o viñatero eran varios y podían ser utilizados en forma alternativa o simultánea: los créditos hipotecarios, la acción de los prestamistas privados, la reconversión de cultivos, la inversión de capitales provenientes de la ganadería y el comercio o traídos desde Europa por parte de propietarios afectados por la filoxera.

Para la mayoría de los inmigrantes las cosas fueron bastante difíciles porque carecían de capitales iniciales para comprar tierras, plantar viñas, contratar peones y por supuesto para construir bodegas. Tuvieron mayores dificultades en acceder al crédito bancario, aunque las redes familiares y de paisanaje les dieron el puntapié inicial para abrirse paso en la sociedad y en la economía. La creencia generalizada de que cualquier inmigrante esforzado podía convertirse en un bodeguero acaudalado, avalada por unas pocas y conocidas historias exitosas, está muy arraigada en la cultura mendocina y oscurece muchas de las distintas estrategias que se dieron en el proceso de conformación del sector que denominamos "burguesía vitivinícola".

Cuando utilizamos este concepto, no estamos haciendo referencia a la totalidad de un sector muy heterogéneo, criollo [9] e inmigrante, que era propietario de viñas y bodegas y que abarcaba desde el propietario de una o dos hectáreas y que hacía el vino "a pata"[10], hasta los grandes productores o elaboradores, como el caso extremo de Arizu, con 725ha de viña, o de Tomba, con una elaboración de más de 220.000hl anuales.[11] Hemos considerado miembros de la "burguesía vitivinícola" a quienes tenían poder económico y vinculaciones con el poder político, es decir, a quienes elaboraban más de 50.000hl, y a aquellos que, aunque produjesen menos, ocupaban posiciones destacadas en el aparato del Estado, en los organismos crediticios y/o desempeñaban un papel activo en las entidades sectoriales. De estas tipologías surgieron nombres que solían repetirse y que nos permiten afirmar que este grupo estaba integrado por no más de veinte personas.

Dentro del sector vitivinícola los conflictos eran permanentes. Para lograr mayores excedentes, el bodeguero debía bajar los costos de elaboración del vino y para esto lo más fácil era pagar lo menos posible por la uva, lo que se traducía en un perjuicio para los viñateros. Sobre esta situación, llegó a afirmar Bialet Massé que los viñateros eran explotados como los "cañeros de Tucumán". Los bodegueros podían especular con los precios por las características perecederas del producto y, en el peor de los casos, recurrían a la adulteración. A estos conflictos se les unía el de los grandes productores con respecto a los pequeños, que no tenían ninguna capacidad de decisión ni influencia en los mercados. Con relación a estas diferencias, es paradigmático el caso de Tomba, que según el Álbum del Centro Vitivinícola Nacional llegó a comprar casi la totalidad de la cosecha de 1910.

Mientras la industria parecía vivir una suerte de progreso indefinido y sin límites, el conflicto de intereses entre los distintos sectores vitivinícolas no se hacía tan evidente. En 1901 comenzaron los primeros problemas cuando se produjo una recesión en los mercados del Litoral y la consiguiente disminución en la demanda y en el precio del vino. Los grandes productores responsabilizaron a los pequeños bodegueros por haber inundado el mercado y bajado los precios y reclamaron también por un mayor control sobre la adulteración.

Ante la crisis, las dos fracciones de la burguesía vitivinícola, la criolla y la inmigrante, decidieron juntarse para que el control de la situación no se les fuera de las manos. La unión a través de organizaciones gremiales, para constituirse en organismos de presión, fue uno de los mecanismos utilizados.[12] Entre finales del siglo XIX y principios del XX surgieron varias. Otra de las estrategias consistió en centralizar la producción o la venta de los vinos a través de cooperativas privadas, como la presidida por

Domingo Tomba, y oficiales, como la de venta que implementó el gobernador Villanueva, y que fueron muy resistidas porque se constituían sobre la base de impuestos extraordinarios, porque atentaban contra la libertad de comercio y porque expresaban el predominio de los grandes productores sobre los chicos. *Los Andes* llega a afirmar que se estaba formando un trust del vino amparado por el gobierno para perjudicar a los bodegueros chicos y a los viñateros chicos y grandes. "Así todo quedará en casa: bodegas, viñas, bancos y gobiernos irán a manos de los grandes del sindicato". El artículo aparece titulado "Struggle for life", es decir, la "Lucha por la vida", expresión típica del darwinismo social.[13]

A través del estudio de un técnico como Pedro Arata podemos ver con claridad cómo no todos los sectores sufrieron con la misma intensidad las consecuencias de las crisis: a quienes denomina "viñateros puros", es decir, que no elaboraban vino y que constituían la mayoría, se les había reducido la renta desde 1900 a l903 de un 20% a un 3 %; los "bodegueros puros" disminuyeron sus ganancias desde un 11,8% a un 10,7% y el gremio de "los bodegueros viñateros" perdió un poco más que los bodegueros puros. Refiere Arata que el dueño de 10ha de viña, que en 1893 sacaba $10.000 de renta al año, en 1903, teniendo los mismos costos fijos, ganaba $800. La solución para ese año 1903, como tantas otras veces, estuvo en manos de la naturaleza, que con los accidentes climáticos obró como la mejor reguladora de la oferta y la demanda.

Algo similar ocurrió en 1914, durante el gobierno de Francisco Álvarez, cuando un gran stock acumulado de vino se intentó solucionar a través del derrame de 234.800hl en las acequias y la destrucción de gran número de hectáreas. Se llegó hasta contraer un empréstito para financiar la destrucción de uvas y vinos, en momentos en que la terrible situación económica obligaba a la instalación de ollas populares en las plazas. La alianza del Estado con los industriales no logró los resultados anhelados, pero sí repercutió desfavorablemente en los otros sectores vitivinícolas, como el caso de los cosechadores, quienes al ararse los viñedos no pudieron efectuar sus tareas y cobrar sus magros salarios. Como los bodegueros se veían amenazados por la caída de los precios del vino y por los costos de la materia prima, reclamaron, con largos petitorios, ante un poder político en manos conservadoras (en su variante coyuntural del Partido Popular) que estaba plenamente identificado con sus intereses. Así fue que el gobierno creó una cooperativa, la Compañía Vitivinícola, con la adhesión de bodegueros que representaban el 72% del total provincial y de viñateros que representaban el 47% de las hectáreas de viña cultivadas.

La cooperativa sería financiada por un impuesto que equivalía prácticamente al precio de la uva y del vino y que finalmente fue declarado inconstitucional. El primer Directorio de la Sociedad lo integraron los mayores productores vitivinícolas: (La Germania, Arizu SA, Giol SA, Escorihuela y Strimatter y Hilbing). En la práctica, la sanción de la ley representó el inmenso poder de los grandes bodegueros, que pudieron, con el auxilio del Estado, crear con fondos públicos, obtenidos a través de un impuesto confiscatorio, una sociedad con la potestad de controlar la industria y la economía provincial. Esta entidad monopólica y coactiva tenía como principal objetivo bajar el costo de la uva en la elaboración del vino, es decir, beneficiar a los bodegueros, objetivo plenamente obtenido, ya que esta proporción bajó del 78,1% para 1915 al 42,9% para 1917.

En la lucha contra esta cooperativa, el gobierno lencinista, que arribó al poder en 1918, puso tanto empeño, que Yrigoyen terminó por decretar la intervención nacional a la provincia y el prestigio de José Néstor Lencinas quedó debilitado.

Los sectores populares

Así como el Estado intervencionista de la época se fue ocupando de legislar sobre todos los temas que demandaba el desarrollo agrícola e industrial de la provincia, el problema de las relaciones laborales no mereció su atención en la etapa que analizamos. El mercado de trabajo estuvo marcado por la inestabilidad, la estacionalidad, la ambulatoriedad, la escasez de brazos, la preferencia hacia los extranjeros y hacia los grupos familiares y por la ausencia de una posición oficial acerca de estos temas.

Si bien una gran proporción de inmigrantes logró ascender a los estratos medios, también muchos formaron parte de los sectores populares. Un estudio sobre el trabajo y los comportamientos familiares en los trabajadores rurales de Mendoza sostiene que en la última década del siglo se podía observar una minoría de trabajadores con mayor especialización, que tenían empleo estable y un salario relativamente alto (maestros en los diferentes oficios, toneleros o empleados de comercio). Pero en general existía una mayoritaria proporción de trabajadores, con escasa o ninguna calificación, que alternaban el empleo remunerado con otras formas de subsistencia. La situación de los trabajadores populares criollos se veía agravada por la competencia de la mano de obra extranjera, hacia la que el grupo dominante mostraba sus preferencias.

En los cenáculos del poder se creía que en aquella Mendoza "progresista y tranquila" no podrían generarse huelgas: "Qué se pretende en un pueblo como el nuestro, donde hoy existe plétora de trabajo... Si el trabajador comparte, aquí en nuestro país por mitades el beneficio del capital..." En Mendoza tenemos un ejemplo vivo. Toda la propiedad está entregada a la mediería con el trabajador -las viñas, por ejemplo- contratada con el 25%, es una prueba de concordia entre capital y trabajo (y aclara que el 75% es utilizado para el pago de impuestos, reparaciones, etc.)[14].

La vida urbana sufrió modificaciones y mostró los cambios y desajustes sociales, alternando lujosas viviendas con inquilinatos y rancheríos. La ciudad que tiró abajo el terremoto de 1861 fue dejada en el abandono y se convirtió en el Barrio de las Ruinas, donde permanecieron viviendo los sectores populares. Los recursos oficiales fueron para la parte nueva de la ciudad, en los alrededores de la actual plaza Independencia, que recibió un impulso decisivo con la intendencia de Luis Lagomaggiore en 1888 y que fue elegida como residencia por los sectores con mayores recursos económicos. Prácticamente en el límite oeste de la nueva traza urbana, a lo largo de las vías del ferrocarril, se establecieron los inmigrantes en los numerosos conventillos de la calle Belgrano. Fue allí donde comenzó el primer caso de cólera, en 1886, que evidenció las graves deficiencias sanitarias de la ciudad (costó 4.000 vidas en los primeros tres meses) y aumentó el control sobre lo urbano. El principal problema era la falta de agua potable (solamente un 5% de las casas tenían conexión domiciliaria) y como los surtidores públicos eran escasos, la mayoría de la gente tomaba agua de las acequias, que a su vez servían de desagües cloacales. En 1897 se contrataron los servicios del higienista Coni debido a la alta tasa de mortalidad, especialmente infantil (56 por mil en 1894). La falta de salubridad era una de las contracaras del progreso, pero sin embargo Coni no la relacionó con las malas condiciones de vida de los sectores populares.

En las zonas rurales, los trabajadores, alentados por la demanda laboral, se instalaban preferentemente en las zonas donde predominaban las explotaciones vitivinícolas, aunque todavía los potreros de alfalfa durante algunos años mantuvieron su importancia. La gran mayoría estaba constituida por jornaleros y gañanes, e incluso carreros, que realizaban tareas estacionales y que no alcanzaban los salarios de supervivencia. Generalmente deambulaban de una propiedad a otra, careciendo de estabilidad en la vivienda y en las relaciones familiares. Los contratistas de viña constituían una categoría especial de trabajadores rurales y estaban ligados al propietario a través de un "contrato" que permitía compartir riesgos y ganancias. De esta manera, el propietario se evitaba el trabajo directo, recibía sus ganancias, podía atender otras actividades y por otra parte tenía en la finca un control sobre los trabajadores. Este sistema se implantó priorizando el arraigo de familias, que incorporaban mayor fuerza de trabajo a la propiedad. Había por lo menos dos tipos de contrato establecidos por la costumbre, ya que el Estado no intervino al respecto ni legisló sobre la materia.

La crisis del '90 había mostrado con crudeza algunas consecuencias del modelo económico conservador. A la falta de trabajo se le unió el alza de los precios de los artículos de primera necesidad. Las páginas de los diarios mendocinos de la época muestran que la escasez de demanda laboral acrecentó las actitudes xenofóbicas de los criollos hacia los extranjeros. Algunas colectividades

llegaron a exigir garantías para sus connacionales que eran ape-
dreados por las calles de la ciudad.

La grave crisis económica, con la consiguiente baja de los salarios,
la inflación y el desempleo, motivaron los primeros intentos de los
trabajadores por organizarse y reclamar por sus derechos. En los
años '80 había surgido el Club de los Artesanos, que en un principio funcionaba como clientela política del oficialismo y luego de
1891 reafirmó su autonomía y se pronunció por Lencinas. En este
mismo año se creó la Federación Obrera, que comenzó su lucha por
una mejora en las condiciones laborales, sin respuesta alguna. En
1892 una manifestación de 1.500 desocupados llegó a la Casa de
Gobierno reclamando soluciones para paliar el desempleo que había traído la crisis del '90. En 1896 estalló la primera huelga en
Mendoza, protagonizada por los carreros de la Municipalidad que
protestaban porque se les habían bajado sus sueldos. Con la fundación en Mendoza del Partido Socialista en 1900, los trabajadores
encontraron un espacio alternativo para canalizar sus demandas y
con el correr de los años las huelgas fueron una muestra más de un
progreso económico que no había sido equitativo para todos.

Los cambios económicos y sociales fueron tan rotundos que
provocaron el descontento de los sectores menos favorecidos. Por
ello se dedicaban tantos recursos al control sobre la sociedad, para mantener el orden institucionalizado en la policía. En un primer momento, las protestas se expresaban en los hechos de la vida cotidiana. Por ejemplo, eran frecuentes las disputas en la cola
de los surtidores públicos porque el agua no alcanzaba para todos y el control de las peleas terminaba requiriendo de la ayuda
policial. También las chinganas, lugares de diversión de los más
pobres en la Cuarta Sección y en la zona de Pedro Molina, eran

permanentemente custodiadas por la policía porque allí, en medio del alcohol, los sectores populares expresaban su malestar. Al mismo tiempo, se perseguía la prostitución y se controlaba a los mendigos, que sólo podían salir a pedir ciertos días y con un distintivo que los acreditara como tales. La alta tasa de mendicidad de los niños motivó la creación del Asilo de Huérfanos.

Pero la papeleta de conchabo, de antigua data pero reflotada en 1896, seguía siendo la principal forma de ordenamiento y control laboral y social para los sectores populares criollos, y convivió durante algunos años con las nuevas relaciones laborales propias del capitalismo.

Aunque debemos aclarar que si bien los sectores populares criollos eran controlados a través de la papeleta de conchabo, el Estado provincial no implementó, como en otras provincias, medidas coactivas para reclutamiento o disciplinamiento de la fuerza laboral ni dictó un código rural o estatuto del peón. Creemos que esta flexibilidad en el mundo del trabajo estuvo relacionada con la gran necesidad de mano de obra. Sin embargo, como ya hemos visto, el "ordenamiento" de la ciudad requirió mayores partidas presupuestarias que el progreso.

Las consecuencias políticas del progreso

Las modificaciones en la estructura económica y social habían traído a la escena a nuevos actores, pero los resortes del poder seguían en las mismas manos. La política, con otros ritmos, había intentado permanecer ajena a estos cambios, y controlarlos y ocultarlos a través del fraude.

Sin embargo, los nuevos actores sociales reclamaban por algún tipo de participación. La demanda provenía no sólo de los sectores populares vinculados al agro, a la industria, a los servicios o a distintos oficios, sino también de aquellos grupos que habían logrado una cierta movilidad social y se habían instalado en los sectores medios: hijos de inmigrantes, pequeños propietarios o industriales que habían crecido con la expansión económica, comerciantes, profesionales. Todos ellos quisieron unir las posibilidades de crecimiento económico a una mayor participación política. Si bien, en una primera etapa, su afán de progreso material los había alejado de otras preocupaciones, paulatinamente comenzaron a insertarse en la sociedad a través de las instituciones que agrupaban a las distintas colectividades y luego en los municipios, en las entidades sectoriales y en los bancos.

Muchos extranjeros y criollos cumplieron sus aspiraciones de ascenso social pero no se quedaron allí: quisieron participar en política. El poder político cerrado, propio de una democracia restringida, contrastaba con una sociedad que presionaba por distintas formas de participación a través de su actuación en clubes, partidos políticos, sindicatos, organizaciones sectoriales.

Los extranjeros habían comenzado a participar de la vida pública dentro de las municipalidades, cuyas reglamentaciones no los limitaban para votar y ser electos candidatos. Pero aún esta acotada participación generaría recelos en los sectores dirigentes. Un orador del Partido Popular, fracción separada del civismo, expresaría en un mitin los temores de la clase dirigente por perder su situación de predominio, atacando "a esos gringos que abandonaban el azadón o la bordalesa para participar en las contiendas políticas". Estas palabras produjeron la reacción en aquellos que reconocían la importante misión del extranjero en el país y creían que no se los podía relegar únicamente al trabajo, igualándolos al buey o al mulo que mueve la noria.[15] Pero estas demandas de participación no se podrían frenar. Esto queda claramente evidenciado en un estudio sobre los revolucionarios de 1905, que detectó que la mayoría eran trabajadores mendocinos, no había hijos de inmigrantes y las clases altas y medias estaban escasamente representadas.

El año '90 fue decisivo para la historia del país. El nacimiento de la Unión Cívica significó una respuesta distinta a un profundo malestar social y a un sistema político elitista que no permitía la participación popular.

De las dos fracciones en que se dividió ese movimiento heterogéneo constituido por los cívicos surgió la Unión Cívica Radical, opuesta a toda connivencia con lo que llamaba el "régimen falaz y descreído". Su lucha se centró en la revolución y en la abstención electoral para reclamar por que el pueblo no sólo pudiera elegir a sus representantes, sino también ser elegido.

Los sucesos del año '90 en Buenos Aires tuvieron repercusión en Mendoza, donde se gestaron acuerdos e intransigencias. Los "cívicos" mendocinos, al igual que los nacionales, eran también una mezcla de personajes que fueron depurándose a través de las propias prácticas políticas. Algunos habían militado en las filas de los gobiernos de la oligarquía, mientras que otros no habían tenido participación política. Aunque algunos evolucionaron hacia posiciones más progresistas, otros volvieron a militar en las huestes conservadoras. De las dos ramas en que se dividió la Unión Cívica mendocina, la fracción liderada por José Néstor Lencinas formó la Unión Cívica Radical y adoptó la intransigencia como arma de lucha contra los gobiernos conservadores. Este abogado, perteneciente a una familia de cierta posición económica pero ajena a los resortes del poder, encabezó la fallida revolución radical de 1905 en Mendoza y desde 1906 presidía el comité provincial de la UCR. Su personalidad tenía los ribetes de un caudillo popular, con un temple distinguido por su inflexibilidad y su profundo misticismo.

Un sector del radicalismo pactará con Civit, integrando en 1895 los Partidos Unidos, en donde se mezclaron liberales, cívicos y radicales moderados. Esta fue otra de las maniobras de Civit para continuar la hegemonía liberal durante casi veinte años más. Una permanencia tan prolongada en el poder, con opositores bloqueados a través del fraude electoral, permitió a este grupo promover nuevas actividades (mataderos, mercados, empresas de gas, de tranvías, concesiones de agua, bancos, etc.), beneficiarse con ellas y encauzar todos los recursos del Estado para hacer del desarrollo vitivinícola una realidad.

En 1907, unos pocos años antes de que el país y Mendoza festejaran con pompa el centenario del primer gobierno patrio, Emilio Civit llegó al gobierno. La sociedad y la economía habían cambiado a ritmos acelerados y por ello su gestión fue como una especie de despedida, aunque temporaria, del "estilo político conservador". Llevaba muchos años manejando los hilos del poder, y su pensamiento y su práctica eran un típico exponente del lema "orden y progreso".

Su acceso a la primera magistratura, como candidato de los Partidos Unidos tiene el apoyo explícito de los bodegueros, que manifestaron su adhesión en largas listas en la prensa, en las que hacían constar sus volúmenes de producción. Este sector confiaba plenamente en que Civit utilizaría nuevamente el poder para seguir consolidando la estructura económica vitivinícola. Durante su campaña electoral les había recordado a los grandes bodegueros su campaña contra los abusos ferroviarios y prometido una nueva conexión ferroviaria con el Litoral.

Por otra parte, su elección también nos demuestra la profunda apatía electoral en que había caído el pueblo mendocino. Fue elegido por 1.000 votantes entre 20.000 empadronados y gobernó sin oposición en las cámaras. Ni los socialistas, brillantes en sus discursos, pero con escaso predicamento popular, ni los lencinistas se presentaron a los comicios.

El nuevo gobernador expresará al asumir el cargo que "su ideal de gobernante era el progreso y el cumplimiento de la Constitución y la leyes", es decir, el viejo lema de la Generación del '80 a la que Civit perteneció, aunque pronunciadas casi treinta años más tarde y ante un escenario histórico totalmente transformado.

El análisis de la legislación civitista en su segundo gobierno (1907-1910), prácticamente en las postrimerías del orden conservador y en los estertores de los "gobiernos de familia", demuestra acabadamente la estrecha relación entre Estado, política y economía. Apuntó decididamente a la consolidación del modelo agrícola industrial, al que previsoramente intentó diversificar: estudios sobre irrigación, reglamentación de concesiones de agua, creación de la Dirección de Industrias, mejoramiento de los medios de comunicación y transporte. El Estado, según palabras de Civit, debía impulsar el desarrollo provincial con sus tierras, sus rentas y recursos: el Banco de Mendoza, la venta de tierras fiscales, la emisión de letras de tesorería (que llega a extremos tan exagerados que motiva la intervención del gobierno nacional), los empréstitos externos y la imposición fiscal (que se duplica).

Ya en la época, se comentaba que los beneficiarios de su gestión eran los mismos de siempre: el agua, las tierras y los créditos habían sido repartidos "en casa".[16] Esta opinión puede ser corroborada a través del análisis de los beneficiarios de los créditos y de las concesiones de riego, de obras públicas, y de varios servicios que fueron a parar a manos del grupo de siempre.[17] Esta había sido la estrategia con la cual el sector tradicional había controlado durante décadas importantes resortes económicos: el matadero, cuya concesión estaba en manos de Elías Villanueva; la empresa de tranvías a caballo de los Civit, el mercado central de Civit y Villanueva, la compañía de alumbrado a gas de los mismos propietarios, la del adoquinado, las concesiones de riego, los negocios de tierras y otras muchas y redituables oportunidades económicas que iban surgiendo con la expansión económica. Pero este progreso había venido de la mano del orden y por ello debemos destacar la gran cantidad de recursos asignados al control social, propias de la época y de una personalidad autoritaria como la de Civit. Del presupuesto destinado al Ejecutivo, un 50% se derivó a la policía, mientras que solamente el 17% a Obras Públicas. *Los Andes*, enemigo acérrimo de su gestión, llegó a hablar de falta de libertad, de detenciones y de espías o "vichadores". Las disensiones políticas también estaban controladas por el régimen electoral de la época: la oposición no se presentó a los comicios, así es que no hubo grandes discusiones ni debates en la Legislatura ni en la Convención Constituyente de 1909. La economía se manejó a través una entidad sectorial como la Bolsa Vitivinícola, creada durante su gestión e integrada por los bodegueros civitistas. Servía de "lobby" para los grandes bodegueros y como instrumento para manejar el precio de la uva, tema en el que Civit no intervino directamente.

La concepción civitista del Estado y del poder tuvo su expresión institucional en la Constitución de 1910, a la que podemos considerar su hija ideológica. Para Civit, el Estado era él y de esta concepción no podía surgir el respeto por la clásica división del poder en tres órganos. Aunque ya existía una tradición nacional de un Ejecutivo fuerte, la Constitución provincial le otorgó al gobernador tantas facultades, que motivaron que el texto fuera tachado de inconstitucional por el Colegio de Abogados mendocino debido a su alejamiento de los principios del racional normativismo jurídico y por consagrar la "suma del poder público".[18] La Legislatura y el Poder Judicial se vieron menoscabados en sus funciones por su estrecha dependencia del Ejecutivo y el ciudadano quedó desprotegido frente al Estado al suprimirse la garantía del hábeas corpus, existente en los textos de 1895 y 1900, así como los requisitos para las órdenes de pesquisa, secuestro de bienes y detenciones e incomunicación. A pesar de que el derecho de huelga fue incluido en los textos constitucionales en fechas muy posteriores, debemos resaltar que en la Constitución de 1910 fue expresamente prohibido. Por otra parte, fue el único tema que originó discusiones en el seno de la Convención, porque algunos miembros defendieron este derecho al que consideraban como una libertad de los trabajadores. La posición contraria era sostenida por aquellos que temían la presencia de los agitadores en lo que ellos consideraban "el tranquilo panorama social mendocino". Demostrando alguna preocupación social, se estableció, por primera vez que la Legislatura dictaría leyes amparando la libertad de trabajo y reglamentando el de las mujeres y niños, medidas que recién se efectivizarán con el gobierno de José Néstor Lencinas, aunque en 1917 se presentó un extenso proyecto de legislación obrera que no llegó a sancionarse.

La reforma electoral de Sáenz Peña de 1912 permitió blanquear la realidad del país y significó un cambio fundamental en los comportamientos electorales. Los radicales levantaron la abstención electoral y comenzaron a ganar comicios.

En 1910 a Civit le sucedió en el gobierno Rufino Ortega (h) y durante su gestión se produjo en el seno de la clase dirigente tradicional un planteo reformista de las prácticas políticas, aunque limitándolo solamente a la crítica al autoritarismo civitista y a algunas medidas de la gestión anterior. Esta agrupación tomará el nombre de Partido Popular. El gobierno de Francisco Alvarez, don "Pancho Hambre", se haría famoso por las ollas populares y por su falta de capacidad para llevar adelante con éxito el proyecto de alejarse del civitismo. Finalmente los "populares" terminarán uniéndose nuevamente al civitismo para formar el Partido Conservador.

El panorama político se había renovado. Con la presencia de los radicales lencinistas y de los socialistas se comenzaron a discutir otros temas. Es ilustrativo el ejemplo de los debates de la Convención Constituyente de 1916, en la que los socialistas defenderán la lucha de clases y la dictadura del proletariado o pondrán en duda cruda y abiertamente la existencia de Dios.

Conclusiones

Como hemos visto, éstos no fueron para Mendoza años de poca trascendencia. Los sectores políticos tradicionales controlaron un Estado modernizado e intervencionista que se propuso ordenar y hacer progresar a Mendoza. Las políticas públicas lograron adaptarse a los cambios mundiales y nacionales y modificaron la estructura productiva para alcanzar el desarrollo de la vitivinicultura, que para 1914 alcanzó al 76,6% del PBI provincial. Los cambios demográficos motivados por la llegada de un gran número de inmigrantes modificaron la estructura social de la provincia.

Pero también fueron años de reclamos y protestas sociales contra un orden y un progreso que no había sido equitativo para todos los sectores de la sociedad. Criollos y extranjeros conformaron un mercado laboral que comenzó a organizarse y a demandar mejores condiciones de trabajo. Y también desde la política surgieron las primeras impugnaciones a un régimen político restrictivo y con prácticas electorales fraudulentas.

La acción de gobierno civitista, así como la de los anteriores gobiernos de la llamada "oligarquía" mendocina, había servido para la consolidación de aquellas relaciones económicas y sociales que mantenían y reforzaban la situación de privilegio del grupo tradicional. Su lugar estratégico en el Estado le había permitido conocer las actividades más lucrativas o impulsar las que considerase convenientes.

Si hacemos un balance acerca de las políticas públicas de los gobiernos mendocinos entre 1880 y 1916 podemos afirmar que, indudablemente, iniciaron a Mendoza en el camino del desarrollo económico y de la modernización y burocratización de un Estado intervencionista que en nuestros días está en pleno proceso de reforma. Pero creemos que es necesario establecer algunos matices.

Las políticas estatales y la instrumentación de esas decisiones estuvieron en manos de unas pocas personas, que fueron también los principales beneficiarios. En los integrantes de este grupo muy reducido recayeron las designaciones, los cargos electivos y hasta los nombramientos para combatir la langosta, pero también los créditos y los beneficios impositivos. Dos de las principales herramientas para el cambio, la exención impositiva y el crédito oficial, fueron utilizadas por los propios sectores tradicionales para pasar airosamente la transición y mantenerse dentro del cambio. Las listas de los principales deudores del Banco Provincia y de los propietarios que exoneraron impuestos por mayor cantidad de hectáreas, y en más de una oportunidad, repiten los mismos nombres y entre ellos descuellan los de aquellos técnicos y especialistas, como Pavlovsky y Lagomaggiore, por los que tanto habían reclamado los dirigentes provinciales. Lagomaggiore, considerado como el "hacedor de la Nueva Ciudad" fue higienista, intendente, jefe de policía, director de Escuelas, director de Administración Sanitaria y presidente del Consejo de Irrigación. Pavlovsky se había desempeñado como director de la Quinta Agronómica, tenía una empresa constructora y participaba del poder seguramente por ser un especialista en temas vitivinícolas.

Este grupo también había controlado el aparato financiero e impuesto al Estado un rol intervencionista que socializó los costos y los riesgos, mientras que los beneficios se redujeron al grupo de siempre. Sin embargo, esta última afirmación debe ser matizada porque el desarrollo agrícola e industrial también reportó oportunidades de trabajo a los sectores populares y de acceso a la propiedad de la tierra a los sectores medios.

Todavía prácticamente sobre los años del Centenario, con el gobierno de Civit, la vieja "oligarquía" mendocina, que se había convertido en una parte importante de la burguesía vitivinícola, seguía aumentando su poder. Sin embargo, ya el desequilibrio que habían originado los profundos cambios producidos en el país y en Mendoza se había hecho evidente y la correspondencia entre el poder político y económico había comenzado a fisurarse.

A lo largo de estos años y en medio de estas vacilaciones entre "orden y progreso", el Estado provincial se fue conformando y consolidando a la vez que fue adquiriendo nuevas funciones. Las características de su "estatidad" estuvieron directamente relacionadas con las que fue tomando la sociedad, ya que ambas, Estado y sociedad, se fueron influyendo mutuamente.

REFERENCIAS

1 El concepto de "oligarquía" ya fue utilizado por Lucio Funes, miembro de las familias tradicionales mendocinas y contemporáneo de esos años, que escribió una obra que tituló: Funes, Lucio. **Gobernadores de Mendoza. La oligarquía.** Best, Mendoza, 1951. Funes rescataba de estos grupos su fomento del bien público y del progreso general de la provincia, aunque reconocía que eran poco respetuosos de la opinión del pueblo. Este mismo concepto también era utilizado frecuentemente por la prensa de la época en relación al gobierno de Emilio Civit. Así por ejemplo *Los Andes,* el 5 de octubre de 1909 ponía el acento en los lazos económicos de estos grupos y los definía como un "grupo de elementos afines y que exhibía su nepotismo sin descaro, dándose ayuda mutua a costa de los intereses generales".

2 *El Constitucional,* 20 de noviembre de 1873.

3 Centro Vitivinícola Nacional. **La Vitivinicultura Argentina en 1910,** s/f. p. 22.

4 *Los Andes,* 23 de junio de 1890.

5 **Antecedentes e informes de la Comisión de Cuentas sobre las operaciones y situación del Banco de la Provincia y ejercicios fiscales de 1889-1891.** Bazar Madrileño, Mendoza, 1892.

6 Un destacado colonizador de las tierras de San Rafael fue un sacerdote, el cura Marco, que incluso viajaba al puerto de Buenos Aires para traer inmigrantes. Sin embargo, en 1891 el gobierno le hizo juicio porque adeudaba en impuestos de 1887 a 1890. $3.212,47.Se le trabó embargo a una tropa de 7 carros, 53 mulas, 2 yeguas, 10.000 kg. de sal y varios inmuebles de poca importancia.

7 En 1888 se creó el Orfeón Español, en 1900 la Sociedad Suiza de Socorros Mutuos y Beneficencia, en 1901 la Sociedad Italia Unita, en 1901 la Sociedad Asistencial José Garibaldi, en 1903 la Sociedad Cristóforo Colombo, en 1905 la Sociedad Alemana Deutscher Verein, en 1905 la Sociedad Mutual Catalana, en 1910 la Sociedad Española de San Rafael, en 1911 el Club Cosmopolita, en 1911 el Club Español, en 1913 el Orfeón Español y el Círculo Valenciano, en 1914 el Centro Región Valencia, en 1914 la Sociedad Italiana, en 1915 el Club de Residentes Extranjeros, en 1915 el Centro Asturiano, la Sociedad Israelita de Damas de Beneficencia y la Sociedad Española de Alvear, en 1916 la Unión Siria, en 1917 la Sociedad Escolar Alemana y la Biblioteca de Obreros Israelita, en 1918 la Asociación Patriótica Española y la Sociedad Italia Nueva. *(Fte. Archivo de Personas Jurídicas de Provincia de Mendoza).*

8 Los criollos también ocuparon un lugar destacado en dicha burguesía. Disponían de capital de sus anteriores actividades económicas y estaban acostumbrados a diversificar sus inversiones y por ello supieron pasar airosos la transición que, por otra parte, ellos mismos habían alentado. Eran propietarios de alfalfares en los que podían reconvertir el tipo de cultivos, y también de tierras sin cultivar.

9 Prieto y Choren sostienen que aquellos propietarios de menos de 5ha (67% del total) obtenían una rentabilidad que no les permitía llegar a los niveles mínimos de subsistencia. Por ello tenían también su chacrita, sus animales o vendían su fuerza de trabajo en otras propiedades. Prieto, María y Choren, Susana. **El trabajo familiar en el
contexto rural de Mendoza a fines del siglo XIX,** *Xama,* Mendoza, 1994.

10 La estructura productiva asemejaba una pirámide muy ancha en la base, ya que el
92% de las bodegas elaboraba menos de 10.000 hl y solamente un 1% producía
más de 40.000 hl, aproximadamente el 37% de la producción.

11 Entre finales del siglo XIX y principios del XX surgieron varias. En 1894 se creó
el Centro Vitivinícola de Buenos Aires, para propaganda, y el Club Industrial. En
1898 el Centro de Bodegueros. En 1902 el Sindicato de Defensa y en los primeros días de diciembre de 1903 se creó el Comité de Vitivinicultores. En 1904 se
creó el Centro Vitivinícola Nacional.

12 *Los Andes,* 20 de setiembre de 1903.

13 *El Debate,* 8 de mayo de 1909.

14 *La Época,* 22 de febrero de 1916.

15 *Los Andes,* 7 de febrero de 1908.

16 En 1889, 1890 y 1891 se realizó una investigación sobre los ejercicios fiscales en
la que se detectaron serias irregularidades: pagos indebidos a funcionarios, compras personales para el gobernador imputadas a gastos de la administración pública, sueldos indebidos, evasión de impuestos por razones de amistad política o de
familia, "odioso beneficio que desdice a nuestra igualdad constitucional e impide
el funcionamiento regular de la administración". El informe termina con la expresión de deseos de que éste sea el último escándalo administrativo que se tenga que
afrontar con el hambre y la sed de los mendocinos.

17 *El Debate,* 7 de marzo de 1907.

BIBLIOGRAFÍA GENERAL

Angueira, M. *El proyecto confederal y la formación del Estado Nacional.* **Conflictos y procesos.** Buenos Aires, Centro Editor de América Latina, 1989, N. 31.

Ansaldi, Waldo. Estado y sociedad argentina en el siglo XIX. Conflictos y procesos, 1988, N. 4.

Ansaldi, Waldo. *Frívola y casquivana. Mano de hierro con guante de seda. Una propuesta para conceptualizar el término oligarquía en América Latina.* En: **Cuadernos del CLAEH,** 61,1992, año 17.

Bonaudo, Marta y Sonzogni, Elida. *Estado, empresario y colonos en pos de un proyecto de desarrollo agrario. (Santa Fe, segunda mitad del siglo XIX).* En Bonaudo, Marta y Pucciarelli, Alfredo (comps). **La problemática agraria. Nuevas aproximaciones.** Buenos Aires, Centro Editor de América Latina, 1992.

Bonaudo, Marta y Sonzogni, Elida. *Redes parentales y facciones en la política santafesina, 1850-1900.* **Siglo XIX,** México, **Revista de Historia,** 1992.

Bonaudo, Marta y Sonzogni, Elida. **El mercado de trabajo como problema. La experiencia santafesina decimonónica.** Ponencia presentada en la Jornada sobre "El trabajo en la actualidad. Transformaciones y desafíos", Rosario, junio de 1994.

Botana, Natalio. **El orden conservador.** Buenos Aires, 1977.

Cardoso, Fernando Henrique. **Estado y sociedad en América Latina.** Buenos Aires, Nueva Visión, l973.

Cardoso, Ciro y Pérez B, H. **Historia económica de América Latina.** T. II. **Economía de exportación y desarrollo capitalista.** Barcelona, Crítica, 1984.

Carmagnani, Marcello. **Estado y sociedad en América Latina. 1850-1930.** Barcelona, Crítica, 1984.

Cavarozzi, Marcelo. *Elementos para la caracterización del capitalismo oligárquico.* En: **Revista Mejicana de Sociología.** México, 1978, N.4, 78.

Cornblit, Oscar, Gallo, Ezequiel y O' Connell, Arturo. *La generación del '80 y su proyecto, antecedentes y consecuencias.* En: **Desarrollo Económico,** Buenos Aires, 1962, I, 4.

Cortés Conde, Roberto. **El progreso argentino.1810-1914.** Sudamericana, Buenos Aires, 1979.

Cortés Conde, Roberto. **Dinero, deuda y crisis. Evolución fiscal y monetaria en la Argentina. 1862- 1890.** Buenos Aires, 1989.

Cúneo, Dardo. **Comportamiento y crisis de la clase empresaria.** Buenos Aires, Centro Editor de América Latina, 1984

Chiaramonte, José Carlos. **Formas de Sociedad y Economía en Hispanoamérica,** México, Grijalbo, 1989.

Di Tella, T. y Halperin Donghi, T. (editores) **Los fragmentos del poder.** Buenos Aires, 1968.

Dorfman, A. **Historia de la industria argentina.** Buenos Aires, 1970.

Florescano, Enrique. (comp). **Orígenes y desarrollo de la burguesía en América Latina (1700-1955).** Buenos Aires, Nueva Imagen, 1984.

Ford, Aníbal. *La Argentina y la crisis de Baring de 1890.* En Giménez Zapiola, Marcos. **El régimen oligárquico. Materiales para el estudio de la realidad argentina (hasta 1930).** Buenos Aires, Amorrortu, 1975.

Giménez Zapiola, Marcos. *El interior argentino y el "desarrollo hacia afuera", el caso de Tucumán.* En **El régimen oligárquico. Materiales para el estudio de la realidad argentina (hasta 1930).** Buenos Aires, Amorrortu, 1975.

Girbal de Blacha, Noemí. **Historia de la agricultura argentina a fines del siglo XIX.** Buenos Aires, 1982.

Guerra, Francois Xavier. *Hacia una nueva historia política: actores sociales y actores políticos.* **Anuario Universidad Nacional del Centro de la Provincia de Buenos Aires,** IEHS, 1989, 4.

Halperin Donghi, Tulio. **Una nación para el desierto argentino.** Buenos Aires, CEAL, 1982.

Lechner y otros. **Estado y política en América Latina,** México, Siglo XXI, 1981.

O' Donnel, G. y Oszlak, O. *Estado y políticas estatales en América Latina: hacia una estrategia de investigación.* Buenos Aires, **Estudios de CEDES,** 1976, N.4.

Oszlak, O. **La formación del Estado argentino.** Buenos Aires, 1982.

Poulantzas, Nicos. **Poder político y clases sociales en el estado capitalista.** México, Siglo XXI, 1985. Rapoport, Mario (comp). **Economía e historia. Contribuciones a la historia económica argentina.** Buenos Aires, Editorial Tesis, 1988.

Romero, Luis Alberto. **Los sectores populares en las ciudades latinoamericanas, la cuestión de la identidad.** Buenos Aires, CONICET-PEHESA, 1987.

Romero, Luis Alberto. **Los sectores populares urbanos como sujeto histórico.** Buenos Aires, UBA, CONICET-PEHESA, 1988.

Sábato, Jorge. **La clase dominante en la Argentina moderna. Formación y características.** Buenos Aires, 1988.

Sábato, Hilda y Romero, José Luis. **Los trabajadores en Buenos Aires: la experiencia del mercado (1850-1880).** Buenos Aires, Sudamericana, 1992.

Schvarzer, Jorge. *Los industriales.* En: **Profesiones, poder y prestigio. Cuadernos de Historia Popular Argentina.** Centro Editor de América Latina, 1982- 1986.

Schvarzer, Jorge. **La industria que supimos conseguir. Una historia político-social de la industria argentina,** Buenos Aires, Planeta, 1996.

Therborn, Goran. **Cómo domina la clase dominante. Aparatos de Estado y poder en el Feudalismo, el Socialismo y el Capitalismo.** Madrid, Siglo XXI, 1978.

BIBLIOGRAFÍA Y FUENTES
EDITADAS SOBRE MENDOZA

Aguirre Molina, Raúl. **Mendoza del 900. La ciudad desaparecida,** Buenos Aires, 1966.

Arata, Pedro. **Las viñas de Mendoza,** Argos, 1897.

Arata, Pedro. *Investigación vinícola.* En: **Anales del Ministerio de Agricultura,** Sección de Comercio, Industria y Economía. Buenos Aires, 1903, T:I, N.I.

Balan, Jorge. *Una cuestión regional: Burguesías provinciales y el mercado nacional en el desarrollo agroexportador.* En: **Desarrollo Económico,** 1978, 65:5.

Balan, Jorge. **Urbanización regional y producción agraria en Argentina. Un análisis comparativo.** Buenos Aires, CEDES, 1979.

Balan, Jorge y López, Nancy. *Burguesías y gobiernos provinciales en la Argentina. La política impositiva de Tucumán y Mendoza entre 1874 y 1914.* En: **Desarrollo Económico.** 1977, 67:l7.

Barrio, Patricia. *Difusión de los componentes espaciales en el modelo vitivinícola de Mendoza.* Inédito.

Bialet Massé, Juan. **Informe sobre el estado de la clase obrera,** Buenos Aires, Hyspamérica, 1985.

Bragoni, Beatriz. *Signos de reconocimiento social de un grupo familiar elitista a través de las viviendas y las sepulturas. 1800-1930,* **XAMA,** 1991, 3.

Bragoni, Beatriz. *Inmigración y movilidad social en Mendoza. Racionalidad empresaria y modos de relaciones políticas de una parentela finisecular. 1880-1930.* **Estudios Migratorios Latinoamericanos,** Buenos Aires, 1993, 8.

Centro Vitivinícola Nacional. **La vitivinicultura en 1910.** Buenos Aires. s/f.

Cirvini, Silvia. *El ambiente urbano en Mendoza a fines del siglo XIX. La higiene social como herramienta del proyecto utópico del orden.* En Cerutti Goldberg y Rodríguez Lapuente (comp.). **Arturo Roig, filósofo e historiador de las idea.** México. Guadalajara, 1989.

Correas, Edmundo. **Historia del Banco de Mendoza.** En: **Revista de la Junta de Estudios Históricos de Mendoza.** 1975, N. 8. T. I.

Correas, Jaime. **Historias de familias,** *Primera Fila,* Mendoza, 1992.

Cueto, Adolfo (comp.). **La ciudad de Mendoza. Su historia a través de cinco temas.** Banco de Boston, 1991.

Cueto, Adolfo. **La participación del italiano en el campo económico laboral mendocino entre 1870 y 1930. Revista de Estudios Regionales,** T. V. CEIDER, Facultad de Filosofía y Letras, Universidad Nacional de Cuyo.

Cunietti Ferrando, A. **Los bancos emisores de Mendoza. 1866- 1882.** En: **Cuadernos de Numismática y Ciencias Históricas,** diciembre de 1989, 16:70.

Díaz Araujo, Enrique. *The Great Wester Argentine Railway frente a Mendoza en 1890.* En: **Estudios Económicos.** Mendoza, Instituto de Investigaciones Políticas y Sociales, Universidad Nacional de Cuyo, 1967.

Fontana, Esteban. *Una etapa crítica del comercio mendocino. 1873-1883.* En: **Revista de la Junta de Estudios Históricos de Mendoza,** 1975, N. 9. T. I.

Funes, Lucio. **Gobernadores de Mendoza. La oligarquía.** Mendoza, l956.

Furlani de Civit, María y Manchón de Gutiérrez, Josefina. *Dinámica agraria de un oasis de especialización vitícola.* **Revista Geográfica.** Río de Janeiro, Brasil, N. 117. OPGH.

Fleming, W. *Cultural determinantes of entrepeneurship and Economic Development of Mendoza Province, Argentina, 1861-1914.* **Journal of Economic History,** Indiana. 1979. XXXIX, 1. Tesis doctoral.

Gascón, Margarita. *Formas de control y de conflicto social durante el siglo XIX en una comunidad periférica. Notas sobre Mendoza (1820-1870).* **Cuadernos de la Universidad Nacional de Luján,** 1989.

Giamportone De Frau, Teresa. *La oligarquía mendocina a través de la prensa.* Tomo I **Primer Encuentro de Historia Argentina y Regional: Repensando el '90.** Mendoza, 1991.

Heaps Nelson, G. **Argentine provincial politics in an area of expanding electoral participation. Buenos Aires and Mendoza, 1906-1918.** Ph. D. University of Florida, 1975.

Hualde de Pérez Guilhou, Margarita y otros. *Constitución y revolución en Mendoza (1889-1900).* **Revista del Instituto de Historia del Derecho,** Buenos Aires, 1972, 23.

Huret, Jules. **La Argentina del Plata a la cordillera de los Andes,** Buenos Aires, París, 1911.

__ **La Agricultura, Revista semanal ilustrada.** Años 1894 y siguientes.

Lacoste, Pablo. **Hegemonía y poder en el Oeste Argentino,** Buenos Aires, Centro Editor de América Latina, 1992.

Lacoste, Pablo. **La generación del '80 en Mendoza (1880-1905).** Mendoza, EDIUNC, 1995.

Lemos, A. **Memoria descriptiva de la Provincia de Mendoza,** Mendoza, 1888.

Marianetti, Benito. **El racimo y su aventura. La cuestión vitivinícola,** Buenos Aires, 1965.

Martín, Francisco. **Estado y empresas. Relaciones inestables. Políticas estatales y conformación de una burguesía industrial regional.** Mendoza, EDIUNC, 1992.

Massini Calderón, José Luis. **Mendoza hace cien años.** Buenos Aires, 1967.

Mateu, Ana y Gascón, M. *Radiografía de un gran cambio. Mendoza y el despegue vitivinícola.* En: **Boletín del Centro de Informaciones.** Bolsa de Comercio de Mendoza, agosto de 1990, N. 318.

Mateu, Ana. y Gascón, M. *El surgimiento de la burguesía vitivinícola en la provincia de Mendoza. Argentina a finales del siglo XIX.* En: **Revista Paraguaya de Sociología.** Enero-abril de 1990, 27:77.

Mateu, Ana. *Emilio Civit y el progreso de Mendoza.* En: **Revista de la Junta de Estudios Históricos de Mendoza,** 1983, 10.

Mateu, Ana. **Los inmigrantes y el acceso al poder político y económico.** Trabajo presentado en las Jornadas sobre Inmigración, Buenos Aires, 1981.

Mateu, Ana. *La Constitución de la provincia de Mendoza de 1910,* **Revista de Historia del Derecho 8,** Buenos Aires, 1980.

Mateu, Ana. *Crisis son las de ahora o eran las de antes.* **Los Andes,** Mendoza, 11 de mayo de 1991.

Mateu, Ana. *Mendoza y la Compañía Vitivinícola de 1916 como un instrumento de control.* Mimeo.

Mateu, Ana. *Algunas consecuencias socieconómicas de la Campaña al Desierto, San Rafael, 1880-1910.* **Actas de la Academia Nacional de la Historia.** Buenos Aires, 1982, Vol. 3.

Mendoza, **Memorias Estadísticas,** 1900 y siguientes.

Morales Guiñazú, Fernando. *Genealogías de Cuyo.* **Revista de la Junta de Estudios Históricos de Mendoza**, Primera Epoca, 1939.

Olguín, Dardo. **Lencinas, el caudillo radical. Historia y mito.** Mendoza, Vendimiador, 1951.

Pérez Guilhou, Dardo. *Emilio Civit.* En Ferrari y Gallo, eds. **La Argentina del '80 al Centenario,** Buenos Aires, 1980.

Pérez Guilhou, Dardo. *"Repercusiones de Pavón en Mendoza".* En: **Pavón y la Crisis de la Confederación,** Buenos Aires, 1965.

Pérez Guilhou, Dardo. *"Mendoza y la crisis del '90".* **Boletín de Estudios Políticos,** Universidad Nacional de Cuyo, 1957.

Ponte, Ricardo. **Mendoza aquella ciudad de barro. Historia de una ciudad andina desde el siglo XVI hasta nuestros días.** Mendoza, Municipalidad de Capital, 1987.

Prieto, María del Rosario y Choren, Susana. *"Trabajo y comportamientos familiares en una ciudad finisecular. Mendoza l890-l900".* **XAMA,** Publicación de la Unidad de Antropología del CRICYT, Mendoza, l990.

Prieto, María del Rosario y Choren, Susana. *El trabajo familiar en el contexto rural de Mendoza a fines del siglo XIX.* **XAMA.** Publicación de la Unidad de Antropología, CRICYT, Mendoza 1994.

Richard, Rodolfo y Pérez Romagnoli, Eduardo. *"La década de 1870 en Mendoza. Etapa de reordenamiento de la economía y el espacio hacia el dominio vitivinícola".* **Boletín de Estudios Geográficos,** UNC, 1992, Vol. XXV, N.88.

Richard, Rodolfo. *"Las acciones de la élite y los cambios espaciales resultantes. 1875-1895"*. **Boletín de Estudios Geográficos.** Universidad Nacional de Cuyo, Mendoza, 1992, Vol. XXV, N.89.

Richard, Rodolfo. *"Inserción de la élite en el modelo socioeconómico vitivinícola de Mendoza. 1881-1900"*. **Revista de Estudios Regionales,** CEIDER, Mendoza, 1992.

Richard, Rodolfo. *"Estado y empresarios regionales en los cambios económicos y espaciales: la modernización de Mendoza entre 1870 y 1910"*. **Cuadernos de Historia,** Instituto de Investigaciones de la Facultad de Filosofía y Letras, Universidad Autónoma de Nueva León, Monterrey, México, 1995, N.9.

Roig, Arturo. *"El pensamiento de Manuel A. Sáenz. Una contribución para la historia del tradicionalismo en Argentina"*. **Cuadernos del Instituto de Estudios Políticos y Sociales.** Mendoza, 1960, N.5.

Roig, Arturo. **El concepto de trabajo en Mendoza. La polémica de 1873. Mendoza en sus letras y sus ideas.** Ediciones culturales de Mendoza, Mendoza, 1996.

Seghesso de López, Cristina. **"La política mendocina y el Unicato (1880-1886): las fuerzas políticas, su estructura y prácticas electorales"**. Academia Nacional de la Historia. 1983, Vol. 2.

Seghesso de López, Cristina. *"El régimen electoral en la provincia de Mendoza desde la ley Sáenz Peña hasta 1930"*. En: **Revista de Historia del Derecho,** Buenos Aires, 1981, Vol. 9.

Suplee, Joan. **Provincial elites and the economic transformation of Mendoza. Argentina 1880 1914.** Ph. D. dissertation, University of Texas, 1988.

Suplee, Joan. **"Vitivinicultura, recursos públicos y ganancias privadas en Mendoza. 1880-1914"**. Siglo XIX. México, 1993, Año II. N.5.

Vicuña Mackenna, Benjamín. *"Argentina en el año 1885"*. En: **Obras Completas,** Santiago de Chile.

EL ESTADO DE BIENESTAR (1918-1955)

María Cristina Satlari

Los ómnibus y taxis colectivos presentes en las ciudad desde la década del veinte hicieron feroz competencia al clásico servicio de tranvías. En noviembre de 1928 se inauguró un servicio especial de taxis colectivos. En 1934 el aluvión destruyó la usina de Cacheuta beneficiaando los vehículos a nafta. Cuando se recuperó la capacidad de circulación de los tranvías, primero se produjo una guerra de tarifas: Tranvías y ómnibus rebajaron el boleto de 10 a 5 centavos. Pero después, tanto tranvías como rodados realizaron una huelga para que se reglamentara el servicio de transporte de pasajeros.

La vida de los mendocinos de todo tipo y condición cambió bastante desde 1918 a 1955. Mucho más en los centros urbanos que en las zonas rurales, por supuesto. Pero, a unos primero y a otros después, les llegó la radio como el medio de comunicación nuevo y accesible a todos. Para escuchar radio no hace falta saber leer. A fines del período estudiado casi todos los mendocinos habían oído por esa vía alguna comunicación presidencial. Los mensajes radiales del poder invadieron, como en el resto del país, la vida cotidiana.

Las facetas positivas de los tres signos políticos que gobernaron la provincia entre 1918 y 1955 fueron el énfasis en la legislación social de los gobiernos lencinistas (1918-1930), el énfasis en las obras públicas en los gobiernos conservadores (1932-1943) y la doble tarea de legislación social y obras públicas de los gobiernos peronistas (1946-1955). El lado oscuro de todos ellos fue la represión, que alcanzó sus mayores picos en la etapa de los gobiernos conservadores de la década del treinta y en la intervención nacional de 1928, la intervención "Borzani" que se hizo presente en 1928 y siguió en la provincia hasta el golpe de 1930.

Relaciones con el poder central

En 1918 se inauguró la gobernación del primer mandatario que era elegido en elecciones limpias a partir de la sanción de la ley electoral de 1912. A partir de allí, una larga lista de intervenciones, interrumpiendo gobiernos surgidos de elecciones, fue una pulseada entre Provincia y Nación que se resolvió a favor de ésta con la incorporación del peronismo al poder. Por último, el golpe de 1955, la Revolución Libertadora tronchó en Mendoza un gobierno exitoso que además había dado origen a un peronismo que se convertía en mendocino.

Las principales fuerzas políticas que actuaron en el lapso estudiado fueron cinco, algunas de las cuales se subdividieron en etapas. Son éstas el radicalismo y su variante, el lencinismo; el Partido Demócrata (que hasta 1931 se llamó Partido Liberal), el Partido Socialista -de cuyas filas se desprendieron el Partido Socialista Obrero y el Partido Comunista- y, finalmente, el peronismo, que se nutrió de elementos radicales y socialistas, además de trabajadores agremiados.

Desde 1927 hasta 1929 la tensión entre yrigoyenismo y lencinismo tuvo su manifestación más rotunda con el tratamiento del pliego de Carlos Washington Lencinas, elegido senador nacional por la Legislatura mendocina en 1927 y cuyo diploma junto con el del sanjuanino Cantoni fue rechazado después de arduos debates con asidua participación de sectores del público. Cuando el diploma de Lencinas fue rechazado definitivamente, la provincia estaba intervenida con mano dura por Carlos Borzani. En el que sería su último viaje a Buenos Aires, Lencinas había impuesto a Yrigoyen de los abusos que se cometían por parte del interventor en la provincia. Antes de viajar de vuelta a Mendoza, Lencinas fue informado de que había órdenes de Buenos Aires de matarlo. Lencinas envió a Yrigoyen un telegrama dando cuenta de las denuncias y haciéndolo responsable de lo que pudiera suceder. El 10 de noviembre de 1929, inmediatamente después de llegado en el tren desde Buenos Aires, Lencinas se dirigió al Círculo de Armas, lugar de reunión habitual de los lencinistas. Salió al balcón para arengar a los seguidores que lo aclamaban. En un momento se escuchó un

"¡Viva Yrigoyen!" que venía desde un árbol cercano, Lencinas se adelantó en el balcón de la derecha donde estaba ubicado y al grito de "no se dispersen", se oyó un disparo que le atravesó el pecho en diagonal provocándole la muerte casi instantáneamente. El gobierno de Mendoza encargó una investigación que llegó a una conclusión que nadie pudo creer: había sido un crimen pasional. Indagaciones posteriores han determinado quién fue el autor material del asesinato: Mariano Facioli, un mercenario matón, en ese momento pagado por el gobierno de la Nación.[1]

Los gobiernos demócratas (1932-1943) tuvieron una relación mucho más aceitada con el Gobierno nacional. Colaboró en este sentido la acción del hombre fuerte del conservadurismo mendocino, Gilberto Suárez Lago, senador nacional de 1935 a 1943 y presidente del Partido hasta la revolución de 1943.[2] Los gobiernos conservadores llevaron adelante, en buen entendimiento con el gobierno central, la política nacional de caminos a partir de la creación en 1933 de la Dirección Nacional de Vialidad. La Provincia creó la Dirección Provincial de Vialidad y encaró la tarea de mejorar las rutas provinciales que unían con las tres rutas nacionales de la red troncal de rutas que tiene Mendoza: la 7, que une la Capital Federal con Las Cuevas para empalmar a Chile; la 40, que atraviesa la provincia de Norte a Sur, y la 143, que empalma con la 40 en San Rafael y se dirige de allí hacia el este a Santa Rosa de La Pampa. Las buenas relaciones de los gobiernos conservadores con el poder central facilitó la fuerte intromisión que los entes reguladores nacionales introdujeron en las economías. Entre otras se estableció la Junta Reguladora de Vinos, que repercutió fuertemente en la industria del vino.

El peronismo nació casi abruptamente, como en el resto del país, inmediatamente después de la revolución del 4 de junio de 1943. En un comienzo se nutrió con elementos radicales, lencinistas, socialistas y con los nuevos gremios que surgieron a través de la labor que llevó a cabo la delegación en la provincia del Departamento del Trabajo de la Nación. Las autoridades provinciales del partido eran decididas desde Buenos Aires. El partido casi siempre estaba intervenido. Había control del partido sobre el gobierno y viceversa. El gobernador a veces se quejaba de que el interventor o la delegada censista (nombre que se le daba a la interventora de la rama femenina del Partido Peronista) le obstruían o perjudicaban la acción de gobierno. Y de esta situación observa un político peronista de la época: "Eso era bueno para Perón porque era una excelente manera de saber qué estaba pasando en todas partes. Para elegir los candidatos para las elecciones, cada una de las ramas tenía un tercio: mujeres, CGT y hombres. Para elegir los candidatos funcionaba un comando táctico, integrado por el gobernador, el interventor, el secretario general de la CGT y la delegada censista. Se pedían las listas a la CGT, a las mujeres y también intervenía el gobernador. Tenía alguna preeminencia en la confección definitiva de las listas el interventor del partido. Siempre se elevaban las listas a Buenos Aires para su aprobación".[3] Una de las situaciones que más claramente muestran la subordinación del Partido Peronista provincial a Perón fue la forma en que el gobernador electo para el período 1948-1951 llegó al poder. Éste no sólo obtuvo su candidatura porque era hombre de absoluta confianza de Perón, ya que se había desempeñado como secretario general de la Presidencia, sino que una vez electo se trasladó a Mendoza y prácticamente comenzó a administrar el gobierno antes de que expirara el término del mandato de su antecesor, Faustino Piccallo.

Un alto funcionario del gobierno de Evans manifestaba: "Además del verticalismo del peronismo, la realidad es que la organización federal no ha funcionado nunca. Ha sido una entelequia en el país. En el caso nuestro, nosotros estábamos muy subordinados al poder central. Más aún, la subordinación clara al poder central era la que permitía hacer mejores gobiernos".[4]

Con motivo de la discusión de la Constitución de 1949 en la que participaron convencionales peronistas, radicales y comunistas, los debates y trabajo de los convencionales hicieron llegar a la redacción un texto constitucional que logró consenso entre los partidos políticos que participaron en la Convención. Sin embargo, cuando unos meses después fue necesario cambiar el texto para adaptarlo al de la Constitución nacional, los delegados peronistas hicieron prevalecer su obediencia al Gobierno nacional al allanarse absolutamente a todas las exigencias en los 60 artículos que hubo que reformar para adecuar el texto a la Constitución nacional, incluso el que cambiaba el derecho a la explotación de combustibles y minerales a la Provincia.[5]

Ambiente de la ciudad de Mendoza en la década del '40

A todo esto, ¿cómo era Mendoza en aquellos años del cuarenta? Cuando me familiaricé con ella, la ciudad -vista desde el Cerro de la Gloria- se me ofrecía como inmersa en un bellísimo parque de noble arbolado y espacios verdes. Las frondas, con su oleaje de verdes en el verano, protegían de la luz violenta y pictóricamente algo fría de la paleta de la naturaleza. Por cierto fui atrapado por el sortilegio del Parque, las naves de sus avenidas y caminos, veredas catedrales que filtraban la luz y proyectaban hilos brillantes de un sol fuerte y joven.

No menos artísticos me parecieron los Portones del Parque, un tríptico en hierros forjados, los Caballitos de Marly, la esbelta Fuente de los Continentes, el ajardinado Rosedal y sus purísimas esculturas de mármol, el festoneado Lago y las reverberaciones de su ondulante superficie acuosa, la perspectiva acuosa con sus cielos, formas y aves en claro vuelo, y algún lindo ángulo hacia el oeste por donde la mirada subía hasta los cerros de la precordillera, a veces envuelto por el terroso y aleonado viento Zonda.

¿Y las plazas? La plaza San Martín de entonces era espaciosa, extendida en un solo plano, con sus árboles añejos que cobijaban bajo sus sombras algunos bancos de madera y, muy cerca, una clara fuente donde los niños movían barquitos de papel, que me traían la nostalgia del "Bateau ivre" de Rimbaud en sus versos terminales.

Demolían estruendosamente, con fuertes explosivos, en la plaza Independencia, las bases y los macizos muros del sueño de algún gobernante: alzar la Casa de Gobierno en mitad de la simetría trazada por árboles y jardines de cuatro manzanas. Cada mañana, los que vivíamos en las cercanías éramos despertados por cañonazos. ¡Destruían! Y ello entre las zozobras de la Segunda Guerra Mundial que nos tenía inquietos a todos.

Muy luego, junto a un gran espejo de aguas en unos muros horizontales se proyectó otro sueño: un friso con chapas sanmartinianas, cuya ejecución se encomendó al talentoso escultor Lorenzo Domínguez. El artista preparó numerosos dibujos en cartón, previos a la obra, pero el vaivén de la "política" loca dio por tierra el buen empeño del escultor. ¡Otro proyecto marrado, otro sueño convertido en sombra!

¿Y la plaza Chile? En ella fue a posarse otro sueño, esta vez con mejor suerte. El proyecto del friso de la plaza Independencia se transformó en la plaza Chile. Se le pidió al mismo escultor Domínguez un monumento en piedra de la cordillera que representase la amistad argentino-chilena en las figuras de los próceres San Martín y O'Higgins. La obra del escultor presenta ambas personalidades como emergiendo de la piedra de la cordillera y responde a un concepto monumentalista, de superficies simplificadas y geometrizantes, para mejor recibir la luz ponderando los volúmenes y los huecos. A la luz del atardecer, siempre rasante, la piedra adquiere tonalidades rosáceas que dan belleza al conjunto. Es lo que advertía por aquellos años en el monumento de la plaza Chile.

En relación con la plaza Italia, sus trazas eran semejantes a las actuales, enmarcada como en un cuadro por las grandes tipas, de floración amarilla azafranada, que al caer iba tejiendo en el aire finos hilos de un bastidor colorido y un tapiz áureo en las veredas y en las calzadas. Hacia el centro de la plaza, la expresión arquitectónica de la muy conocida leyenda de Rómulo y Remo y la loba amamantadora.

En el centro de la ciudad, sobre la avenida San Martín la obra arquitectónica hacia el decenio del '40 seguía siendo el edificio Escorihuela y su pasaje San Martín.

Hacia el lado de la Alameda (en los cincuenta), la Biblioteca fundada por el prócer de la independencia y la ilustración argentina, con un tesoro bibliográfico de los siglos XVII y XVIII.

Los domingos, a la salida de misa, la gente joven y no tan joven se concentraba en la confitería Colón, que entonaba socialmente la ciudad de Mendoza. No podían barruntar aquellas gentes que hacia 1990, ya cercanos a los 500 años del descubrimiento de América, aquel nombre del gran almirante iba a tener resonancias especiales.

Allí, entre San Martín y Necochea se ataban los diálogos amistosos, las conversaciones sobre esto y aquéllo, y -¿por qué no?- comenzaban los vínculos de simpatía y los noviazgos. Entre la gente mayor siempre había ocasión para entrelazar ondulantes conversaciones acerca de sucesos y acontecimientos políticos del país, la provincia y las peripecias de la conflagración mundial.

Por la noche, en las mesitas de la vereda, junto al rumor de la acequia y sus entremezclados sonidos, algunos escritores de la ciudad tomaban café o escanciaban el dulce blando del anís o el verde bronco del ajenjo. Y discurrían sobre la esencia de la poesía y los problemas de la narrativa y el buen teatro que solía recalar en el Independencia, a veces en las figuras de excelentes actores franceses, españoles o italianos. Eran horas "ocium cum decorum", como gustan decir los latinos.

Coincidían o disentían cordialmente en aquellos encuentros amistosos e informales algunos escritores de Mendoza. De momento se vuelven estatura y realidad Américo Calí, Ricardo Tudela, Abelardo Vázquez, Rafael Ortega, Juan Alberto Molinelli, Ángel Fragapane, Vicente Nacarato, Santa María Conill y algunos otros.

De vez en vez, cuando venían a la ciudad de Mendoza, desde San Rafael o desde San Juan, se aunaban a aquellas voces las de Alfredo Bufano y Antonio Delatorre. El diálogo entre los contertulios se tornaba más afinado, substancioso y esencializado. Bufano había publicado Mendoza, la de mi canto, *y Delatorre* Mi padre labrador. *Entre los jóvenes hacían sus ejercitaciones Juan Solano Luis, Humberto Crimi, Santiago Arango, y no son todos.*

Al destramarse aquellas reuniones en la alta noche se formaban corrillos y grupos menores que, entre cita va y viene, entre pensamientos agudos y hasta diciendo a viva voz algún poema clásico, moderno o actual, o de la propia cosecha, recorrían el trecho que los

298

acercaba a los diarios Los Andes *y* La Libertad, *que borroneaban en sus pizarras las noticias nacionales o del exterior. Cuando la noticia era sobremanera importante atronaba la sirena de Los Andes, proclamándola a los cuatro vientos.*

Otros refugios abohemiados detenían el paso de los coribantes: El Cabildo y La Bola de Nieve. Y de nuevo el sorbo de café o el helado, o el anís o el rojo de algún licor intenso. ¡Y otra vez las letras y la poesía y la delicada o apasionada manera de decir versos! Noches así hacían un enorme bien y daban sentido antiburgués a aquellos escritores de Mendoza que a su modo eran también productores creadores de cultura.

El ojo avizor debía estar atento al último tranvía de la noche, que recorría la avenida San Martín de un extremo al otro y que a la altura de la calle Montevideo, con el desvío de un ramal, se dirigía hacia el oeste de la ciudad. Todavía me parece oír la voz del guarda. ¡Que se vaya, hemos perdido tantos trenes en la vida!

¿Cines y teatros? Entre los primeros, los de mayor prestancia se llamaban Avenida e Independencia, el Alhambra, el Palace y algún otro. Había uno pintoresco dentro de su modestia. Le llamaban La Bolsa y abría su vestíbulo y taquillas en la primera cuadra de la calle Necochea. Era a la vez cine y bar. Mientras los parroquianos, vendedores de revistas y diarios y alguno que otro bohemio miraban la película, consumían bebidas, aplaudían las escenas de acción y protestaban airadamente contra los cortes o las interrupciones en la proyección. No faltaban los que se ponían de pie y enristraban al maquinista su poca habilidad.

Tiempos de la década del cuarenta de calefacción a kerosene, o braseros de carbón, de los "mariditos" para calentar los pies, de yodo para evitar el "coto" y de los ablandadores de agua para volverla

299

potable y sin daño para la salud. Y el diario Los Andes *que daba noticias a la salida del sol.*

Tomado, con su autorización, de la conferencia que dictó el profesor Diego Pró con motivo del homenaje que le rindió la Universidad Nacional de Cuyo en 1998. (El profesor Pró llegó a Mendoza contratado por la Universidad Nacional de Cuyo, en 1940.) Falleció en mayo de 2000.

Los dos primeros golpes de Estado que se produjeron durante el lapso estudiado sorprendieron a los políticos mendocinos. El de 1930 fue en vísperas de elecciones a gobernador, que lógicamente no llegaron a realizarse. De tal manera que a un interventor enviado por el gobierno de Yrigoyen (Borzani) sucedió otro enviado por el gobierno de facto de Uriburu (José María Rosa). En cuanto al golpe de 1943, en la provincia se vivía un clima de tranquilidad que no fue alterado ni siquiera por las noticias que llegaban por radio de los movimientos de tropas en la Capital Federal. Sólo algunos pocos en Mendoza, como el coronel Campos y el capitán Carlos Serú García, estaban al tanto de los planes revolucionarios de los militares del GOU.[6] Después de unos días de intervención del coronel Humberto Sosa Molina, quedó designado como interventor provincial el general Luis E. Villanueva. Al igual que Borzani en la década del treinta, Villanueva llegó con su gabinete formado en Buenos Aires. Pero, a diferencia de anteriores intervenciones, inmediatamente instalado el gobierno interventor, incrementó los sueldos de la administración pública, creó un organismo destinado a estudiar la rebaja de alquileres y disminuyó la tasa de contribución directa. Por otra parte, se le dio gran importancia a la Delegación Mendoza del Departamento de Trabajo de la Nación, que inmediatamente se puso a la tarea de crear sindicatos en todos los rubros que no existieran en la provincia.[7] El golpe del 16 de setiembre de 1955 sorprendió al elenco gobernante. El gobernador Evans decidió constituir su gobierno en la sede del Comando del Ejército para desde allí apoyar a las tropas leales. Pero a las pocas horas fueron informados de la renuncia del presidente y de que las tropas de Mendoza se plegaban a la Revolución Libertadora.

Política

Las luchas por el poder entre conservadores y radicales o entre conservadores y lencinistas fueron duras, y muchas veces sangrientas. Violencia hubo de todos lados, especialmente hasta 1943. La revolución de ese año aplacó las oposiciones, que se reiniciaron, pero menos virulentamente, a partir de 1946. Cuando el peronismo llegó al poder, las relaciones entre peronistas y radicales, peronistas y demócratas, y peronistas y socialistas fueron duras, hasta convertirse, a fines del último gobierno peronista de la época, en la polarización peronistas-antiperonistas.

José Néstor Lencinas llegó al poder como avezado luchador político. Había sido el líder del levantamiento de 1905 y era indiscutiblemente el líder radical más prestigioso del interior del país. Según los estudios de Lacoste, la primera conducción del radicalismo hasta la década del treinta se caracterizó por la presencia de sectores de la burguesía, pero de ellos una gran mayoría provenía de los nuevos industriales y un sector mucho menor de miembros de la "oligarquía de familia". Escasa participación en este radicalismo tuvieron elementos del clero o del Ejército. De todas maneras, fueron la figura de José Néstor Lencinas y de su hijo Carlos Washington quienes ejercieron un liderazgo absoluto sobre el radicalismo primero y, cuando se dividió éste, sobre el lencinismo después. El Partido tenía sus cuerpos orgánicos, comités y convenciones partidarias, pero las actividades que se realizaban en estas instituciones tendían a exaltar la figura y el mito del líder.

Con la elección de José Néstor Lencinas en 1918 se inauguró la entrada de elementos ajenos a la "oligarquía de familia" y apenas llegado Lencinas al poder se produjo la división entre lencinistas y radicales. Desde ese momento actuaron enfrentados. Los radicales buscando siempre el apoyo de la Nación, que se oponía al díscolo lencinismo. A los 33 años, asumió como gobernador Carlos Washington Lencinas, hijo de José Néstor. El lencinismo estuvo en la cúspide del poder hasta su muerte, en 1929. Último gobernandor lencinista fue Alejandro Orfila, acompañado como vicegobernador por Carlos Sáa Zarandón (1926-1929).

El programa del lencinismo basaba su soporte popular en su discurso antioligárquico. Para reforzar su imagen antioligárquica se presentaba la alpargata como el símbolo del partido. Así, el lencinismo se comprometió en una serie de leyes sociales. En 1918, apenas llegado José Néstor Lencinas al poder, la legislatura mendocina creó la Secretaría del Trabajo para atender al cumplimiento de las leyes laborales (ley 731). También se sancionó por primera vez en la Argentina una la ley de salario mínimo y jornada laboral máxima de ocho horas (ley 732). Estas leyes mejoraron notablemente la situación de los obreros, ya que según cálculos realizados por distintas investigaciones [8] los obreros cuadruplicaron su salario. Por otra parte, el gobierno de Lencinas abolió el uso de torturas: cepo, barra y penas de azotes. La ley

716 creó la Caja de Jubilaciones y Pensiones de la Provincia y la 717, la Caja de Jubilación y Seguro para Docentes. Desde 1918 el radicalismo lencinista declaró feriado el 1º de mayo, festejo que recién fue adoptado por el Gobierno nacional en 1925.

La estrategia que concibió el gobernador para hacer ver a la gente que era el pueblo el que había llegado al poder con él fue la apertura de la Casa de Gobierno para que el público pudiera conocerla y recorrerla. Reforzó aquella imagen el banquete popular que hizo realizar en la plaza Independencia cuyos gastos corrieron por cuenta de las arcas provinciales.[9]

Sin embargo, merece destacarse un hecho represivo que ocurrió apenas llegado Lencinas al poder. Se trata de la huelga del magisterio mendocino, que fue violentamente reprimida por el gobierno. El movimiento se originó en la falta de pago que por seis meses sufrían los docentes mendocinos. El acontecimiento se inscribe en la ola de huelgas que se produjeron prácticamente a lo largo de todo el país en 1919. Después de varios meses de conflicto docente, la política represiva aplicada por el gobierno motivó el repudio de la FORA (Federación Obrera Regional Argentina, de cuño anarquista, que nucleaba a la mayoría de los gremios organizados por aquellos años), que organizó una huelga general, y por la FUA (Federación Universitaria Argentina, que había tenido principal actuación en la reforma universitaria de ese año). Diez dirigentes del magisterio mendocino fueron esposados de dos en dos y trasladados al desierto de las Lagunas de Guanacache. En ese lugar se les abandonó sin recurso alguno. Los deportados lograron llegar a Caucete, en San Juan, y allí fueron auxiliados.

Esa huelga significó el comienzo de la política represiva del lencinismo, pero también el surgimiento de la conciencia gremial del magisterio mendocino en lucha por sus derechos. El hecho significa también la toma de conciencia política y gremial de la mujer mendocina, ya que la mayoría del magisterio estaba compuesta por mujeres. La principal dirigente de la huelga fue la destacada docente Florencia Fossatti, quien una década más tarde lideraría el movimiento de renovación educativa más importante de todo el lapso estudiado: la llamada Escuela Nueva.

La huelga dio por resultado conciencia gremial pero no soluciones a los conflictos; en 1922 se repitió la situación de 1919. En diciembre de ese año a los maestros se les adeudaban 10 meses de sueldo. En 1924, la revista *Palanca,* de la Federación de Maestros Mendocinos, informaba que en algunos departamentos se adeudaban sueldos de maestros de 1918 y 1919. El gobierno de la Provincia responsabilizó a la Nación por no cumplir en término con los subsidios. Se hicieron gestiones ante Alvear para solucionar el problema.

En la década del veinte el Estado provincial comenzó a organizarse. En 1922 se creó el Tribunal de Cuentas, cuya reglamentación fue reformada en 1939.

En noviembre de 1928, por ley de la Nación se intervino la Provincia. El interventor fue Carlos A. Borzani. Su staff político estaba compuesto por numerosos colaboradores llegado de Buenos Aires. Uno de ellos fue Ricardo Balbín. La intervención Borzani fue la más dura que experimentó la Provincia en el período revisado.

Cuando se produjo el golpe del 6 de setiembre de 1930, en Mendoza estaba todo listo para realizar las elecciones gubernamentales: el oficialismo yrigoyenista llevaba la fórmula Rufino Ortega (h)-Eduardo Evans, impuesta desde Buenos Aires; el lencinismo oponía la fórmula Rafael Néstor Lencinas-Fausto Alfonso. Todo indica que el radicalismo nacional, con el aval de los candidatos gubernamentales, tenía todo preparado para un gran fraude en Mendoza.[10] Las elecciones no se hicieron: el 12 de setiembre llegaba un nuevo interventor, esta vez enviado por el gobierno del golpe del 6 de setiembre de 1930. Se trataba de José María Rosa. A los tres días de establecida la intervención, se dispuso una rebaja en el sueldo de los empleados municipales. Poco días después el interventor decretaba que quien portara armas sin autorización o fuera sorprendido cometiendo delitos comunes sería pasado por las armas. Unos meses después de este decreto se produjo el único fusilamiento oficial llevado a cabo en la provincia. Pedro Icazzatti, acusado de un asalto en Godoy Cruz, fue fusilado. El preso alegó su inocencia hasta último momento.

Después del golpe del treinta se había ido formando un nuevo bloque de poder en todo el país. Hasta ese momento los conservadores de las distintas provincias eran fuerzas separadas, pero el desplazamiento del radicalismo obligó a los conservadores a unirse en una fuerza de poder nacional, uniendo los distintos partidos conservadores provinciales. Así es como en Mendoza a partir de 1931 los conservadores dejaron el nombre de Partido Liberal, que habían adoptado en 1921, y asumieron el de Partido Demócrata Nacional. Este nucleamiento organizó una Concordancia a nivel nacional, en la que tuvieron importancia la Unión Cívica Radical Antipersonalista y el Partido Socialista, que tenía mucha fuerza en la Capital Federal. En Mendoza, la totalidad de la representatividad de la Concordancia la ejercieron los conservadores.

La década del treinta fue dominada por el Partido Demócrata Nacional con bastante fraude y violencia de por medio. A la gobernación de Ricardo Videla-Gilberto Suárez Lago (1931-1934) siguió la de Guillermo Cano-Cruz Vera(1934-1937) y a éstos, del mismo partido, Rodolfo Corominas Segura, acompañado de Armando Guevara Civit (1938-1941). El último gobierno "ganso" de la época fue el que interrumpió el golpe de Estado de 1943: Adolfo Vicchi-José María Gutiérrez.

El Partido Demócrata Nacional tenía matices. Una facción más liberal y laica (blancos) y un ala conservadora católica (azules). El ala liberal tuvo su hegemonía en la provincia del '31 al '35. La puja interna entre blancos y azules terminó con el triunfo azul, mucho más conservador y de tendencia clerical. El gobernador Guillermo Cano (blanco) sufrió la derrota interna durante su gobierno y debió ceder a las presiones más clericales y conservadoras. El triunfo de los azules significó un retroceso en algunas áreas, especialmente en educación. Se suprimieron las innovaciones introducidas por un grupo de maestros liderados por Florencia Fossatti y Néstor Lemos que se conoce con el nombre de Escuela Activa o Escuela Nueva. Esta experiencia había sido puesta en práctica en la provincia a partir de 1931 en distintas escuelas-taller, algunas de las cuales funcionaron con entusiastas maestros ad honórem. Las innovaciones pedagógicas se basaban en una renovación que había tenido inicios en Ginebra, Bélgica y Estados Unidos y se caracterizaba por un desarrollo del juicio crítico del alumno, su participación activa a través de "centros de interés" y fundamentalmente una participación activa del niño en su educación.[11] A mediados de 1936, Julio César Raffo de la Reta -azul-, que remplazó a Enrique Day -blanco- en la Dirección de Escuelas, suprimió las reformas de la escuela activa que se estaban implementando en varias escuelas de la provincia. Además trasladó o cesanteó a quienes dirigían estas reformas. Entre ellos

Florencia Fossatti, despedida de su cargo de directora de la escuela Presidente Quintana, y Néstor Lemos, director de la Escuela Experimental Nueva Era, trasladado a una escuela en las afueras.[12] Los maestros eran sospechados por el ala clerical de "izquierdistas". La mayoría de los cesanteados fueron incorporados a la Comuna de Godoy Cruz, liderada hasta 1942 por el socialista Renato Della Santa, quien utilizó este valioso recurso humano para implementar la escuela activa en los colegios municipales.[13] Tal vez para aminorar el impacto de la supresión de las reformas de la escuela activa o para contrarrestarla se realizó en Mendoza, durante el siguiente mandato -Corominas Segura-, de tendencia claramente azul, una activa campaña de alfabetización.

A partir de la creación de la Universidad Nacional de Cuyo, en 1939, este ámbito pasó a ser el espacio donde se manifestó la "política" educativa de las sucesivas administraciones. Cuyo no escapó al general sentimiento antiperonista de las universidades argentinas. La respuesta del peronismo no se hizo esperar. Aquí, como en las demás universidades numerosos profesores fueron separados de sus cargos a través de distintos procedimientos: la anulación de concursos ganados años antes fue lo más corriente.[14] Dirigentes de los partidos Demócrata y Comunista y la prensa independiente unieron su reclamo al de la comunidad académica, pero fue en vano. Cuando los grupos antiperonistas se hicieron cargo de la Universidad Nacional de Cuyo en 1956, en un acto solemne se reincorporó a los 47 profesores cesanteados en la época peronista. Pero se repitió la *razzia* de signo contrario. Peor aún, no sólo se cesanteó o impidió el ingreso a la Universidad a profesores peronistas, sino también a comunistas e independientes sospechosos de haber apoyado al "régimen depuesto". Todas las fuerzas políticas, menos los radicales, que las apoyaron abiertamente, protestaron contra estas medidas. Docentes y alumnos llevaron a cabo una huelga que se prolongó por cincuenta días. El conflicto fue de tal magnitud que hasta se llegó a la represión armada. Sin embargo, el gobierno universitario de la intervención no reincorporó a ninguno de los excluidos.[15]

La mayoría de los dirigentes obreros que se acercaron al principio al peronismo eran choferes de ómnibus como Félix Cruz Quinteros y Albino Sánchez.[16] La tendencia ideológica de la revolución del 4 de junio quedó indicada en dos medidas: la disolución del Partido Socialista Obrero[17], al que se acusaba de marxista y por lo tanto disolvente de la nacionalidad, y la obligatoriedad de la enseñanza de religión católica en las escuelas públicas. Por otra parte, se creó una comisión para investigar a ex funcionarios públicos, especialmente en lo referido a contribuciones aportadas al Partido Demócrata Nacional. Cuando, después de ayudar a los damnificados del terremoto de San Juan en 1944, Perón vino a Mendoza a imponer a la Virgen del Carmen de Cuyo la banda de generala, una concentración obrera lo aguardó en la plaza Independencia, aclamándolo largamente como futuro presidente de la Nación.

Al conocerse en Mendoza la prisión de Perón, el 9 de octubre de 1945, se sucedió una serie de manifestaciones callejeras reprimidas casi siempre por la policía o bomberos. Al otro día del 17 de octubre, la jornada que marcó la historia social y política del siglo, los gremios de la provincia acataron masivamente la huelga que había declarado la CGT. Había nacido el peronismo en la provincia.

Así como a nivel nacional hubo acercamiento a líderes radicales, en Mendoza también se estableció esa clase de contactos. A comienzos de 1945 varios líderes radicales mendocinos fueron designados por el gobierno militar al frente de algunas comunas. Ese fue el caso de Faustino Picallo al frente de la Capital. La Junta Renovadora Mendoza realizó una asamblea en la que 5.000 afiliados decidieron la alianza con el peronismo.

El Partido Laborista, creado por los gremios peronistas, concurrió a la elección del 24 de febrero de 1946 asociado con la Unión Cívica Radical Junta Renovadora. El radicalismo se había dividido en el Comité Nacional, antiperonista, y en la Unión Cívica Radical Junta Renovadora, peronista. Llevaba a Perón como candidato a presidente. Dirigentes principales del peronismo en Mendoza eran Picallo y Tabanera. Sobre todo Tabanera, el más activo en la militancia. Picallo era la figura ante la gente, ya que había sido intendente municipal. Los secretarios de la Municipalidad fueron Humberto De Paolis, después senador nacional, y Humberto Latino Córdoba. Los radicales lencinistas votaron a Perón-Quijano, pero en el resto de la lista fueron con candidatos propios. Sin embargo, poco después de aquella primera elección, todos los dirigentes principales del lencinismo se volcaron al peronismo.

La prédica nacional y popular de Perón encontró en Mendoza un campo abonado no sólo por las mejoras sociales que se habían otorgado a través del Departamento de Trabajo, durante los años de la Revolución -1943-1945- y de las ideas nacionalistas predominantes en la época -aspectos que han sido analizados profusamente en muchos estudios-, sino también porque desde fines de la década del treinta se había ido dando en el país -y Mendoza no había sido ajena al fenómeno- una revaloración del tango, el folclore y las costumbres tradicionales que se pueden rastrear en diarios, revistas, libros, publicidades y repertorios de canciones de aquellos años; en suma, campeaba un espíritu de "argentinidad" que supo canalizar para sí aquel primer peronismo. Por otra parte, la acción de los dirigentes mendocinos para consolidar la figura de Perón parece no haber sido menor.[18]

La relación del peronismo con los partidos opositores, socialistas y conservadores, fue bastante dura. Los legisladores apenas se saludaban. Pero hacia fines de 1954 y comienzos de 1955, cuando llegó a un máximo la polarización entre peronismo y antiperonismo, la tirantez llegó incluso al interior del peronismo mendocino. Los dividió fundamentalmente la cuestión con la Iglesia. A pesar de que Perón había recalcado ante los suyos de que no se trataba de un problema religioso, sino clerical y político, el resultado fue la desconfianza interna. A mediados de 1955 algunos legisladores peronistas de la provincia estaban absolutamente en contra de la política de Perón contra la Iglesia.[19]

Aspectos culturales: arte y ciencia

Como en el resto del país, la década del veinte vio la extraordinaria expansión de la importación de autos, camiones y neumáticos. La mayoría de ellos proveniente de los Estados Unidos. Pero también se notó el extraordinario crecimiento de las inquietudes intelectuales. Es la década en que plásticos y literatos se definieron por lo que Roig ha llamado el regionalismo literario. Por otra parte, existieron serios intentos de escritores y plásticos de trabajar en conjunto.

En 1922 el artista plástico Fidel de Lucía alcanzó dimensión nacional al exponer en la Capital Federal. Ese mismo año, la Municipalidad de la Capital organizó una serie de exhibiciones cinematográficas que se realizaron en varias plazas de la ciudad.

En 1923 comenzaron las transmisiones experimentales de radio en la provincia. Al año siguiente, las transmisiones regulares. Las dos primeras radioestaciones fueron LO Radio Parque y Radio Andina. Ese año existían en la provincia por lo menos 21 periódicos.[20]

1926 fue, de acuerdo con los comentarios periodísticos, el año de la consagración de Roberto Azzoni. Fue también el año de la reapertura del cine Avenida, en la calle San Martín entre Lavalle y Buenos Aires, que era el elegante de la época.

A semejanza de Buenos Aires, desde fines de la década del veinte se sintió en Mendoza una fuerte demanda cultural. La competencia entres socialistas y gansos primero, y peronistas y radicales después motivó a los intelectuales enrolados en una u otra corriente a difundir sus ideas. En la amplia tarea de difusión de las ideas de los intelectuales mendocinos fue importantísima la labor del editor Gildo D'Accurzzio, que permitió con su ayuda la publicación de numerosos libros, revistas y demás.

Entre los personajes más talentosos y reconocidos figuraba el dibujante Diógenes Taboada, de repercusión internacional, con sus dibujos humorísticos. A su muerte, en 1926, acudió al velatorio inclusive el gobernador de la provincia, Alejandro Orfila.

Durante el gobierno de éste se inauguró el Museo Provincial de Bellas Artes y se realizó una película acerca del trabajo de los inmigrantes italianos en Mendoza y San Juan, para ser exhibida en las ferias de Milán y Sevilla.[21] En 1942 se encargó a Fidel de Lucía la búsqueda de obras para integrar la primera colección del museo.

Los cines de la provincia incorporaron en 1930 el sistema sonoro con la primera película de su tipo: *El cantor de jazz,* con Al Jonson. Un año después se estrenó en Mendoza la primera película argentina sonora: *Muñequitas porteñas*, con María Turgenova, Floren Delbene y el mendocino Mario Soffici.

En 1926 entró a la Legislatura un proyecto para expropiar el solar de calle Remedios Escalada, en la Alameda, que perteneciera al general José de San Martín. Se lo destinaría, según el proyecto, a escuela superior, biblioteca y archivo histórico. Isidro Maza y Frank Romero Day habían presentado sucesivamente proyectos para expropiar ese solar para destinarlo a biblioteca archivo y museo. Finalmente prosperó el proyecto de Julio Fernández Peláez, en 1949. En 1950 se colocó la piedra fundamental para el edificio en el Solar Histórico de la Alameda. La Nación aportó fondos para su construcción. El edificio fue inaugurado en 1956. Fernando Horacio Puebla, el director que desde 1944 tanto había trabajado junto con otros intelectuales y políticos mendocinos para la concreción de tal anhelo, renunció con motivo de la revolución de 1955 y fue otro quien inauguró las obras. Durante las décadas del treinta y del cuarenta la Biblioteca Pública General San Martín tuvo activa participación en la vida cultural de la provincia. Con los gobiernos conservadores interviniendo en varios innovadores proyectos educativos, como la Escuela del Aire,[22] y con los gobiernos peronistas como activo centro cultural, especialmente desde la creación de la Dirección de Cultura en 1948, que funcionaba en la Biblioteca.

La Fiesta de la Vendimia

Aunque en 1911 se realizó un desfile alegórico con carros y elementos de la industria, fue a partir de 1936 cuando tuvo continuidad. La particularidad de este festejo, que es a la vez popular y oficial y que dura varios días, es la gran adhesión popular que recoge en todas sus manifestaciones. Cada departamento tiene su festejo vendimial, en el que se elige de entre candidatas distritales a la joven que lo representará en la Fiesta Central por el trono de Reina de la Vendimia. Durante años se ha ido construyendo un ritual que comienza con la Bendición de los Frutos, un desfile nocturno de carros alegóricos de los distintos departamentos denominado Vía Blanca y uno al día siguiente: el Carrusel. Esa misma noche, en el anfiteatro Frank Romero Day del parque General San Martín se realiza la Fiesta, espectáculo siempre dedicado a despedir a la reina saliente y a recibir a la nueva soberana. El espectáculo se realiza con un guión siempre relativo a la vendimia, en el que actúan bailarines, artistas y músicos de la provincia. En 1947, con motivo de la visita de Eva Duarte de Perón a la Fiesta, le fue ofrecida la corona de la Vendimia, lo que simboliza de alguna manera la alta estima que por esta celebración tenían -y tienen- los mendocinos.

En 1936 nace la historia contemporánea de la Fiesta de la Vendimia, cuando el 18 de abril se concreta el primero de los festejos en series consecutivas. Desde las 10 se ofrece en la rotonda del Parque música, coros y el desfile de un carrusel encabezado por el carro de la Dirección de Turismo, un cartel anunciando la historia del transporte, seguido por llamas cargueras, arrias de burros, mulas, una carreta tirada por bueyes, tropas de carros, camiones, carretelas de

313

transporte de vino y camiones con vendimiadores, mientras sobrevolaba una avioneta.

A mediodía se ofrece un banquete de camaradería entre representantes de productores y ministros.

Desde las 21.30, en el estadio de Gimnasia y Esgrima se realiza el acto central para una concurrencia calculada en 25.000 personas, que desborda todo sitio disponible. Bailes del país y del extranjero atraen el entusiasmo del público de tal forma que se llega a invadir el escenario.

Se estrena la Canción de la Vendimia, *ganadora de un concurso del que participan más de treinta compositores de todo el país. Delia Larrive Escudero, representante de Godoy Cruz, es consagrada primera Reina de la Vendimia.*

Tomado de Cien años de Vida Mendocina, Los Andes, 1982, p. 105

Ambiente cultural

Numerosos esfuerzos de distintos círculos intelectuales desde comienzos de la década del veinte tuvieron su fruto con la creación de la Universidad Nacional de Cuyo en 1939. Hubo reuniones de grupos estudiantiles, entrevistas con políticos, etc. Cuando el presidente Ortiz y el vicepresidente del Castillo visitaron la Provincia en 1937 fueron interesados por distintos grupos en la creación de la universidad. El 16 de agosto de 1939, el flamante rector de la nueva Universidad Nacional de Cuyo, Edmundo Correas, daba por inaugurada la casa de altos estudios.

En 1949 Mendoza fue sede del Primer Congreso Nacional de Filosofía. Aunque criticado por varios estudiosos porque no se invitó

a personalidades que no respondieran a las concepciones nacionalistas y católicas que se enseñoreaban en la Universidad Nacional de
Cuyo, el hecho fue importante y allí concurrió el primer mandatario acompañado por su esposa. En la inauguración del congreso, Perón expuso los lineamientos de su doctrina política.

Los escritores mendocinos habían intentado a veces con éxito, a
veces infructuosamente, unirse en sociedades literarias que estuvieran por encima o por afuera de las ideas políticas de sus integrantes. Una de éstas había sido La Peña, que tuvo su actuación más
importante en la década del cuarenta. Reunía entre sus miembros
a artistas y científicos, historiadores, poetas, escritores, folcloróló-
gos. Hacia 1954 se constituyó la Sociedad Mendocina de Escritores, que reunía a poetas y escritores de distintas ideologías y espe-
cialidades. La sociedad intentaba limar asperezas anteriores.[23]

Cuando en 1952 una ley de la provincia adoptó el texto *La razón de mi vida*, escrito por Eva Perón el año anterior, como obligatorio para las escuelas públicas, la intelectualidad mendocina,
conservadora y socialista, que había tenido en las décadas anteriores una importante presencia en los debates y en la acción educativa de la provincia, vivió aquel hecho como un avasallamien-
to a la libertad y a los contenidos de la enseñanza pública y el
descontento fue generalizado.

Aspectos sociales

Durante la primera década estudiada, las huelgas más importantes fueron las protagonizadas por maestros, empleados de bodegas y tranviarios. Todas fueron reprimidas con severidad y en

casi ningún caso se atendieron los requerimientos de los huelguistas. Se reprimió duramente tanto en los gobiernos lencinistas como en los conservadores. En 1921 una huelga de empleados de bodega paraliza 16 de los 19 establecimientos de Godoy Cruz. Entre huelguistas y policía se registró un tiroteo de media hora. Algunos obreros incendiaron el pasto de la bodega. Hubo 30.000 pesos de pérdida y numerosos heridos en la refriega.

En 1924 estalló una huelga general por falta de cumplimiento en los pagos de la Caja de Jubilaciones (17 de enero de 1924).

El 16 de abril de 1924 estalló una huelga de tranviarios en demanda de mejoras salariales. El jefe de Policía actuó de mediador con la empresa; intervino el Ministerio de Gobierno, pero la empresa permaneció inflexible. El lunes 27 de abril se reanudó el servicio con personal contratado en Buenos Aires. Al día siguiente la dotación reinició sus tareas, pero la mitad quedó sin trabajo.

El gobierno de Orfila dictó en 1926 una resolución que obligó al uso del guardapolvo en las escuelas. Fue el primer intento de igualar a través de éstas.

Regía desde 1926 la ley del salario mínimo, pero en un juicio seguido por una bodega contra uno de sus trabajadores, la Corte Suprema de la Nación la declaró inconstitucional, con lo cual se produjo un retroceso en la situación de los trabajadores mendocinos. Pero por lo menos los gobiernos demócratas dispusieron en la década del treinta, a través de una ley provincial, la jubilación para empleados públicos con más de 75 años de edad y 27 de trabajo en la provincia.

Desde la década del 20 uno de los semanarios mendocinos, *Mundo Cuyano*, había llevado adelante una campaña especial: la denuncia en contra de las tres o cuatro empresas de servicios fúnebres que, a juicio de la revista, lucraban exorbitantemente con el dolor ajeno. Estas y otras quejas hicieron posible que durante el gobierno de Ricardo Videla (1932-35) se creara un servicio fúnebre de tercera categoría a cargo de la Comuna de la Capital. Se estableció así la Cochería Municipal, que funcionó durante mucho tiempo en la segunda cuadra de la calle Pedro Molina.

Cuando el precio de la carne subió excesivamente, el gobierno de Orfila dispuso la compra de ganado, de manera que llegara al público a 50 centavos el kilo, en lugar de los 70 a que se había cotizado. En 1927 se dispuso el sistema de ferias francas para abaratar los precios al consumidor. El acto inaugural de estas ferias se realizó en La Pirámide, en uno de los extremos de la Alameda.

Con la llegada de la revolución del 4 de junio se produjeron numerosos reclamos sociales llevados adelante por los gremios. Se sucedieron en 1945 dilatadas huelgas de los gastronómicos, panaderos y personal de colectivos, contratistas de viña en San Rafael, cementistas en Las Heras. Los conflictos terminaron casi todos con la concesión de los pedidos a partir del arbitraje del Departamento de Trabajo.

El diario *Los Andes* registra que en 1926 casi dos mil familias vivían en inquilinatos, 190 fueron los conventillos detectados en la Capital. Ese año se lanzó un proyecto para construir 160 viviendas para obreros, rodeadas de parque, en el sector ubicado entre las calles San Luis a Ayacucho y desde Montecaseros al zanjón; el barrio propuesto debería disponer de plaza de ejercicios físicos. La propuesta no prosperó. Recién en 1937 se proyectó y concretó el primer conjunto de viviendas para obreros en la calle Boulogne Sur Mer: las casas colectivas. Un antecedente de la política de vivienda social del peronismo se encuentra en la Dirección Provincial de Vivienda Popular, creada durante el gobierno demócrata de Corominas Segura. El Estado provincial asumía -aun antes de desarrollada la teoría del Estado benefactor- su rol de mediador de las demandas de los distintos grupos sociales incluso en las épocas más liberales.

El gobierno de la revolución de 1943 realizó sus primeras viviendas sociales con el barrio 4 de Junio, cuyas casas comenzaron a adjudicarse en 1946. Cuando se creó el Instituto Provincial de la Vivienda, éste tomó posesión de los barrios Cano y 4 de Junio, poniendo a estudio las viviendas sin adjudicar. Desde algunos medios, como el diario *Los Andes*, se criticaba que eran demasiado "brillantes" para los sectores obreros. Desmereciendo la decisión oficial de facilitar viviendas para los asalariados, corría la versión de que los obreros hacían fuego con el parquet de las casas. Durante el gobierno de Brissoli se construyeron tres barrios con 317 casas. El incremento de la construcción fue tal en esos años, que el cemento producido en la provincia no alcanzaba, por lo que se recurrió a exportar desde Chile. En 1952 terminó la construcción de los barrios Bancario, en el departamento de Godoy Cruz, y Presidente Perón (hoy Ejército de los Andes), en Guaymallén. También concluyeron las obras de los barrios CELA e YPF. Ya estaban construidos el Ferroviario, Vialidad y Suboficiales. De todos ellos se encaró una segunda etapa.

Eva Perón llegaba a aquellos que no eran alcanzados por las leyes que protegían a los trabajadores a través de la fundación que llevaba su nombre. En Mendoza, la esposa de Blas Brissoli, Esmeralda Carabajal,[24] presidió la filial Mendoza de la fundación, pero su labor fue muy personalista y, sin la presencia ni el carisma de Eva Perón, significó más bien una carga que una ayuda para el gobierno de su marido.

La salud de la mayoría de la población era afectada por problemas de carbunclo, bocio, neumonía apestosa; en las bodegas, por emanaciones de gases, y fundamentalmente por la difteria. En 1937 la provincia era la segunda en cantidad de muertes por casos de difteria, con un índice de 46,5 por mil. De acuerdo con la idea de que la responsabilidad de la salud pública recae en el Estado, a fines de la década del treinta maduró el propósito de mejorar los servicios del viejo hospital San Antonio y del Lagomaggiore a través de la creación del Hospital Central, con la posibilidad de crear uno similar en el Sur de la provincia. Las obras del Hospital Central, concretadas con fondos de un subsidio nacional y con presupuesto provincial, comenzaron en 1941. El nuevo concepto sanitario era centralizar para evitar la dispersión de los servicios. El hospital fue bruscamente inaugurado con motivo del terrible terremoto que asoló a San Juan en 1944.

Vida cotidiana

Si la vida en la ciudad y en el agro habían sido muy distintas en los períodos anteriores, en el que analizamos alcanzó su máxima diferenciación. Tanto en los sectores medios y altos y bastante menos en los bajos, algunas ventajas de la ciudad se hicieron evidentes. En primer lugar, el agua corriente. Pero estas mejoras no llegaron al campo con facilidad; tampoco la luz eléctrica ni el gas, que muchos hogares mendocinos disfrutaban desde la década del '20. Hasta ese período, la ciudad de Mendoza tenía un aspecto de ciudad bastante rural. Recién en 1927 la Dirección de Salubridad dispuso el cierre de todos los tambos y caballerizas de la Primera Sección. Ese mismo año se inauguró el Pasaje San Martín, en la esquina de Sarmiento y San Martín, primer edificio de seis pisos con departamentos en alquiler. Durante más de treinta y cinco años fue el edificio más alto de la ciudad, sobrepasado en altura por el edificio Gómez recién en 1954. El temor a los terremotos hizo que mucha gente dudara antes de vivir en el Pasaje San Martín. Para promocionarlo se regalaron algunos alquileres. Pero cuando se produjo el terremoto de 1927 y el edificio pasó la prueba sin dificultad se convirtió en un sitio codiciado para vivir.

Durante la década del veinte y hasta mediados del treinta se produjo en Mendoza una verdadera ola de "duelos de honor" entre los miembros de la clase dirigente, especialmente entre políticos. Tantos hubo, que los medios gráficos llegaron a caricaturizarlos. Hasta el interventor José María Rosa (enviado del gobierno de facto de Uriburu) se batió a duelo en la explanada al pie del Cerro de la Gloria. Su rival en la ocasión fue el diputado nacional, recientemente electo, Valentín González. Rosa tiró primero y al aire. *"No he venido a Mendoza para matar a nadie",* dijo el interventor del gobierno de facto. Y el duelo, como la mayoría de ellos, terminó en humo, pero sin reconciliación.

El paso de la ciudad agraria a la ciudad moderna se hizo a costa de algunas medidas en contra del arbolado citadino, que paradójicamente fue y es el orgullo de los mendocinos: en 1933 una ordenanza municipal aprobó la erradicación de las palmeras y jardines centrales de avenida Las Heras. Comenzó a convertirse desde allí en una arteria comercial que atrajo durante muchos años al viajero rural que llegaba a la estación ferroviaria enclavada al final de dicha calle. Hacia fines de la década del treinta era tan evidente el crecimiento anárquico de la ciudad, que crecía a impulsos de la valorización de los terrenos, que el gobierno de Rodolfo Corominas Segura, guiado por un buen criterio urbanístico, determinó la creación de una comisión para trazar un plan regulador de obras urbanísticas. La Comisión de Estudios Urbanísticos, que actuó durante los gobiernos de Corominas Segura y Vicchi, aconsejó demoler o destinar a otros fines la inconclusa Casa de Gobierno situada en el medio de la plaza Independencia, a la vez que recomendaba remodelar el paseo. Otra iniciativa propuesta por la comisión fue el Centro Cívico. La idea quedó convertida en la ley 1.235 dada durante la administración de Adolfo Vicchi, por la que se destinaron los terrenos de la Quinta Agronómica para erigir una casa de gobierno con frente al norte y otros edificios que centralizarían en esa zona la administración provincial. Durante el gobierno peronista de Brissoli se le dio gran impulso a la construcción de la Casa de Gobierno que fue proyectada, por haber ganado un concurso que se hizo con ese fin, por el arquitecto Belgrano Blanco. A la Casa de Gobierno comenzó a trasladarse el Poder Ejecutivo en 1952. Lamentablemente, después de esa primera obra no se edificó el conjunto armónico de edificios que estaban proyectados. Peor aún, durante el gobierno de Evans se desvirtuó el uso de parte de los terrenos de la ex Quinta Agronómica, ya que se regalaron los ubicados al noroeste del Centro Cívico y se construyeron viviendas.[25]

El paisaje de la ciudad actual comenzó a completarse cuando en 1946 se erradicaron viñas, olivos y frutales de la finca Bombal, al sur de la Quinta Agronómica, para lotear el barrio Gobernador Domingo Bombal. Cuando se construyó el barrio, la ciudad quedó conectada urbanamente con el departamento de Godoy Cruz.

El parque General San Martín, orgullo pasado y presente de los mendocinos, fue fuente de atención de casi todos los gobiernos de la época. Durante el de Carlos Washington Lencinas se inauguró el Rosedal, que lleva su nombre. En la década del treinta se dispuso la construcción de un balneario "popular" a la orilla del Lago. Para eso se construyó un hermoso edificio cuya silueta que rememora un barco hoy alberga al Museo de Ciencias Naturales Juan Cornelio Moyano. En aquellas épocas el balneario fue un lujo para la provincia. Y no está muy claro que fuera realmente popular. Desde su inauguración y hasta la revolución de 1943 las instalaciones de Playas Serranas fueron sitio también de reuniones danzantes y lugar elegante elegido por las autoridades para cenas y recepciones oficiales.

Un proyecto cultural que perdura es la Escuela de Dibujo al Aire Libre, que pergeñó y llevó a cabo el artista y benefactor don Lahír Estrella. Todos los domingos a partir de 1933 se desarrollan -aun hoy, ya que la obra de Lahír Estrella la continúan sus discípulos- en el Parque, clases gratuitas de pintura. En aquellos primeros tiempos los niños de edad escolar eran trasladados los domingos a la mañana gratuitamente por los tranvías, que los dejaban en los Portones del Parque para ir caminando a los prados en donde recibían sus clases de pintura. El Parque adquirió su fisonomía y nombres actuales en la década del cuarenta. En 1947 dejó de llamarse Parque del Oeste y pasó a llamarse General San Martín.

En la década del veinte se instaló bajo las tribunas del Club de Regatas un restaurante y casino amenizado por una orquesta de señoritas. Las regatas eran seguidas por una selecta concurrencia desde las tribunas. Los elegantes paseaban en autos a su alrededor. Los jóvenes de la sociedad se divirtieron en la cantina del Parque hasta que ésta fue demolida a comienzos de la década del cuarenta. Con el arquitecto Daniel Ramos Correas en la Dirección de Parques y Paseos, comenzó en la década del cuarenta una profunda remodelación: se eliminaron los corrales y viviendas para cuidadores con el objetivo de ensanchar los prados; también se eliminaron las verjas frontales para mejorar la imagen paisajística y se suprimieron las dos alas laterales de los portones de acceso. En el Cerro de la Gloria, Ramos Correas eliminó las columnas neoclásicas de las balaustradas y limpió el monumento de placas, ensanchando a su vez el acceso y el estacionamiento. Proyectó el Zoológico como un sitio casi natural a los pies del cerro y, explotando las sinuosidades del terreno, trasladó allí el viejo zoológico. En el antiguo lugar de aquél se proyectó un teatro al aire libre.

El parque General San Martín ha ido reflejando simbólicamente las tendencias de los gobiernos que lo fueron administrando; así como fue invitado José Ingenieros durante el lencinismo en 1924 con motivo de la inauguración del busto de Agustín Álvarez en el Rosedal, el gobierno conservador instauró al Parque como el lugar de festejo de la Fiesta de la Vendimia, y durante el peronismo se construyó e inauguró en 1953 la Escuela Hogar 17 de Octubre para atender a niños de 4 a 12 años, lo que simbólicamente ponía el Parque, que había sido paseo aristocrático, al alcance de los más desposeídos. La habilitación del autódromo Presidente Perón en 1953 hizo llegar al Parque un deporte que en ese momento era seguido por mayorías.

A pesar de que la industria cinematográfica argentina estaba en dificultades inmediatamente después de la guerra -falta de celuloide-, esta situación no revirtió el fenómeno del aumento de espectadores en las salas de cine. El crecimiento de los recursos de las clases trabajadoras repercutió rápidamente en el aumento de las salas de cine. Se multiplicaron en la provincia los cines de barrio, muchos de ellos al "aire libre". Ir al cine periódicamente se convirtió en una realidad posible para las mayorías. En esta época se abrieron dos cines en la capital de la provincia, el Fantasio y el Gran Rex. En San Rafael se inauguró el Gran Sur en 1945. En 1946 se abre el cine Cóndor, en 1953 se habilita al público el cine teatro Ópera.

Pero el medio de difusión que más impacto tuvo en la vida cotidiana desde su aparición fue la radio. La importancia de la radio fue advertida rápidamente por los dueños del diario *Los Andes,* quienes decidieron tener una radioemisora propia. En 1942 establecieron Radio Aconcagua, que nació para hacerle competencia a Radio de Cuyo, presente desde una década atrás en la provincia. A partir de la competencia de las dos emisoras -aunque probablemente tuviera bastante más audiencia Radio Aconcagua- los mendocinos se aficionaron a las ondas del éter. Todos los personajes que pasaron por Mendoza estuvieron en la radio. Conciertos, conferencias, comunicados. Y sobre todo música. Artistas locales y foráneos desfilaron por nuestras radios. Cuando el ciclo de *El Radioteatro del Hogar* por Radio Aconcagua comenzó en 1943, una costumbre fue rápidamente adoptada en los hogares mendocinos: escuchar la radionovela de la tarde.

Economía

La industria vitivinícola fue la gran sostenedora de la economía provincial por lo menos hasta la década del sesenta. A eso deben sumarse desde mediados de la década del treinta las regalías petroleras.

Gracias a una maniobra empresaria, en 1924 los dividendos de la industria vitivinícola quedaron en manos de los bodegueros, ya que éstos vendían sus productos fuera de la provincia y los cobraban en pesos, mientras que pagaban sus insumos y mano de obra en letras de tesorería. Se calcula entre 6 y 8 millones de pesos la diferencia alcanzada por ese medio en 1924.

Recién en 1934 el gobierno de Ricardo Videla dispuso el uso de tachos de capacidad uniforme para la cosecha, con lo que se morigeró el abuso en contra de los cosechadores.

Sólo después de la crisis del treinta, que afectó gravemente la industria vitivinícola, comenzó un intento de diversificación de cultivos. El primer ensayo que dio excelentes resultados fue con tomate. Los viñateros también realizaron un intento de mejorar su situación: el 1 de enero de 1930 se realizó un paro general con el objetivo de constituir la Sociedad Vitivinícola. Esta sociedad comenzó a actuar con carácter ejecutivo: fijó precio al vino y a la uva y bonificó la diversificación del cultivo. Hacia abril de ese año, el 90% de la producción estaba en manos de la sociedad. Alcanzar esa meta permitió conseguir un millón de pesos para cosecha y diversificación. Sin embargo, la sociedad no logró sus objetivos de fondo, que eran la defensa del interés común, el estudio para disminuir los costos, la mejora en las condiciones del crédito, la organización de una policía del vino y una publicidad adecuada para los productos vitivinícolas. La salida del vino disminuyó un 10% con respecto a 1928 y el consumo local disminuyó a la mitad con respecto a los niveles del mismo año.

Otro intento fue la Junta Reguladora de Vinos, autorizada a funcionar por el Poder Ejecutivo Nacional en 1935. La Junta comenzó adquiriendo sobrantes de cosecha y otorgando préstamos sobre vino con garantía de prenda agraria. Por otra parte, con el objetivo de mejorar el precio del vino la junta dispuso comprar viñedos, para erradicarlos. Hacia 1936 disponía de ofertas por 10.000 hectáreas de viña para erradicar. Al año siguiente se reglamentó el funcionamiento de la Comisión Reguladora del Mercado del Vino, estableciendo que dispondría de la facultad para adquirir fincas hasta redondear una producción de 2 millones de hectolitros (de los cuales 1.200.000 correspondían a Mendoza). Los terrenos pasarían a dominio de la Nación para ser fraccionados por parcelas que no permitieran replantar viñas.[26]

En 1938 se tomó una medida criticada por muchos sectores: se derramaron más de 2 millones de hectolitros de vino en las acequias mendocinas. Por otra parte, campañas de investigación realizadas en la época descubrieron que muchos de los que vendían sus predios eran los mismos bodegueros, para aumentar sus ganancias a expensa de los viñateros sin bodega. Hacia 1940 estaba claro que ni el derrame ni la erradicación de viñedos habían solucionado el problema de la industria del vino. Recién entonces se empezó a tomar conciencia de que el índice de consumo de vino por habitante era bajo, que la comercialización era desordenada y que los productores se habían lanzado entre ellos a una guerra suicida que los perjudicaba a todos. Para regular la industria comenzó a difundirse por los medios de la provincia la idea de que era el Estado quien debía mediar construyendo bodegas regionales en las zonas productoras.[27] Desde la época de los gobiernos lencinistas se había intentado realizar legislaciones protectoras por los daños de heladas y granizos que afectaban fundamentalmente a los pequeños productores. En el año 1940 el gobierno demócrata había establecido en un decreto que "el único medio práctico existente por el momento para atenuar los daños y perjuicios económicos ocasionados por los fenómenos naturales es el seguro".[28] De acuerdo con el decreto, se contrató a un técnico para que estudiara y proyectara la Institución del Seguro Agrícola en la provincia. Sin embargo, la Ley de Seguro Agrícola (Nº1.963) recién se sancionó en 1951, durante la administración peronista de Brissoli, y comenzó a ser aplicada en 1952. Este seguro, estatal y obligatorio en toda la provincia, se implementó con el fin de proteger la producción de los cultivos dañados. Mientras estuvo vigente cumplió su cometido.

A partir del descubrimiento de los yacimientos petrolíferos de Barrancas, Mendoza cuadriplicó su producción de petróleo, con lo que pasó a ocupar el segundo puesto de producción del país. De tal manera, Yacimientos Petrolíferos Fiscales decidió programar una nueva destilería y se eligió como lugar de emplazamiento el departamento de Luján de Cuyo, equidistante de los dos principales centros de producción: Tupungato y Barrancas. A partir de 1945 YPF comenzó a entregarle a Gas del Estado fluido para distribución domiciliaria; se abrieron así mejores perspectivas para la vida hogareña.

La política del Estado como orientador y regulador de la economía, poniendo un piso y un techo al mercado y favoreciendo el gasto porque implica consumo, por lo tanto mayor producción y como consecuencia empleo, llegó a su punto más aceitado durante el gobierno de Carlos Horacio Evans. Su más importante impulsor fue el ministro de Economía, Benedicto Caplán.[29] Este ideó medidas para obtener recursos en ese momento, en que era imposible acceder a un crédito que no fuera el cupo que daba el Banco Central a las provincias. De todas ellas, la compra de Giöl fue la más importante, ya que además de convertirla en una empresa semipública cumpliría el objetivo de convertirse en un polo de desarrollo vitivinícola para la provincia. La experiencia, que estaba resultando exitosa, fue truncada por la revolución de 1955.

La idea básica de la compra de Giol fue satisfacer la necesidad de fondos por parte del Estado sin aumentar la carga tributaria, que siempre es resistida por quienes deben soportarla. Como ministro de Hacienda, Benedicto Caplán pergeñó la estrategia de crear empresas públicas y semipúblicas que tendrían que incluir en sus metas objetivos y planes del gobierno. Como estas iniciativas estaban concebidas como "empresas", es decir con fines de lucro, debían dar ganancias. Estos ingresos serían utilizados para su existencia y gestión y además para volcar recursos genuinos y frescos a la gestión de las funciones del Estado.[30] Los recursos iban a utilizarse en obra pública. La compra de la mayoría de las acciones de Giol por parte del Estado de Mendoza era parte de aquella estrategia ideada por Caplán.

La bodega Giol pertenecía a un holding que se llamaba Crédito Español. El holding tenía empresas azucareras, el banco y muchos negocios más. Dentro de ese holding la empresa que daba pérdidas era Bodegas Giol, porque tenía las dos limitaciones: no podía vender todo el vino que necesitaba porque estaba regulado y debía mantener su plantel de personal. Los cupos se manejaban desde Buenos Aires y se repartieron de manera muy poco transparente.[31] La operación de compra se realizó sin que la Provincia movilizara un solo peso. Se trató, en líneas generales, de una sustitución de deudor y de la consolidación de una deuda por otra a veinte años de plazo al cuatro por ciento de interés anual.[32] Una vez comprada la empresa, para arreglar el tema de exceso de personal no se violaron las leyes sociales vigentes, sino que entraron obreros en el directorio. *"Era el gremio el que castigaba y echaba a todos los que no trabajaban. Así se emprendió la tarea de racionalizar la empresa y resolver los problemas internos. Yo dije y mantengo: les doy a los gobiernos de Mendoza 100 años antes y 100 años después para que hagan una obra tan importante como ésta."* [33] La operación por la cual se adjudicó a obreros y empleados de Giol 30.000 acciones ordinarias fue anulada después de setiembre de 1955. A los principales actores de esta operación, el gobernador Carlos Horacio Evans y el ministro Benedicto Caplán, se les inició una causa y después de un año y medio de prisión fueron sobreseídos de todos los cargos.

REFERENCIAS

1   Castilla, Estela y Ahumada, Mirta. **Mariano Faccioli, pistolero en Alvear**, en **General Alvear: Historia y perspectivas.** Pablo Lacoste compilador. Serie Departamento de Mendoza. Mendoza UNO, 1996, pp. 74-80.

2   Suárez Lago se exilió durante un año después de la revolución de 1943. Para volver al país tuvo que jurar no dedicarse nunca más a la política. (Lacoste, Pablo. **Los gansos de Mendoza.** Buenos Aires. CEAL. 1991).

3   Testimonio de Alberto Serú García (jefe de bloque de diputados peronistas entre 1948 y 1955), 14 de setiembre de 1997.

4   Testimonio de Emilio Fluixá (diputado provincial peronista y ministro de Gobierno de Carlos Evans), 18 de setiembre de 1997.

5   Lacoste, Claudia. **El Proceso de Reforma Constitucional en Mendoza**. En Legislatura y Ciencias Sociales, Mendoza, 1995, p. 143.

6   Entrevista con Alberto Serú García, 14 de setiembre de 1998.

7   Entrevista con Alberto Serú García.

8   Prieto, María del Rosario y Choren, Susana. **La familia en los sectores populares criollos a fines del siglo pasado.** 1991.

9   La victoria de Lencinas en las urnas en las elecciones legislativas de 1919 fue aplastante: 15.097 votos contra 6.459 de los intransigentes.

10 Lacoste, Pablo. **La Unión Cívica Radical en Mendoza y en la Argentina. Mendoza 1890-1946,** Ediciones Culturales de Mendoza, 1994, pp. 114-115.

11 La experiencia enmarcada en el contexto nacional en **Puiggrós, Adriana. Historia de la educación en las provincias, Historia de la educación argentina.** Vol. 3. 1992.

12 Detalle de las reformas pedagógicas y de las luchas ideológicas y debates a que dio lugar, en Fossatti, Florencia, Alegato Pedagógico, y en Lacoste, Pablo, El Socialismo en Mendoza y en la Argentina. pp. 145-177.

13 La Escuela Activa se basa en principios de democracia y sigue siendo una meta por alcanzar. Cuando en 1973 se expulsó a eximios profesores de la Universidad Nacional de Cuyo, aquéllos "fueron expulsados y/o perseguidos por gentes que consideraban que los viejos ideales de la escuela activa, remozados con el despertar de una generosa defensa de la propia, eran parte de la subversión". (Arturo Roig, **La Universidad hacia la democracia**, Mendoza, EDIUNC, 1998, p. 13).

14 Fueron cesanteadas importantes figuras académicas, como Juan José Arévalo (quien luego fuera presidente de Guatemala), el conocido arqueólogo Salvador Canals Frau; Manuel Lugones, quien había sido el primer decano de la Facultad de Filosofía y Letras; Julio César Raffo de la Reta, Emilio Jofré, León Nijhenson, Lázaro Schallman y una cincuentena de profesores más. (Lacoste, Pablo,

Los conflictos educativos de 1936, 1946 y 1956 en Mendoza.1995, pp. 71-74).

15   En 1956 perdieron sus cátedras, entre otros, Lorenzo Soler, Pedro Baglini, José Jorge Bonamico, Mariano Kozak, Randolfo Paolantonio, Benedicto Caplán, Alfonso Solá González, Hilario Velasco Quiroga, Julio Suárez Marzal. (Lacoste, op. cit. p. 76).

16   Ambos fueron legisladores provinciales. Albino Sánchez fue presidente de bloque.

17   El Partido Socialista Obrero tenía su mayor cantidad de afiliados y adherentes en Mendoza, ya que su líder era el veterano y carismático político Benito Marianetti. (Lacoste, Pablo. **El socialismo en Mendoza y en la Argentina**, Buenos Aires, CEAL, 1993, capítulos II y III).

18   No tenemos para Mendoza un estudio como el de Raanan Rein (1998), que deja en claro que la acción y las relaciones que aportaron las figuras de segunda línea como el caso de Bramuglia o Mercante fueron decisivas para el desarrollo del peronismo. Todo indica que en Mendoza hicieron ese tipo de aportes figuras como Alberto Serú García, César Tabanera, Juan Bautista Ramos y Albino Sánchez, entre otros.

19   "Yo era presidente del bloque y tuve algunos enfrentamientos por la política del partido. Yo lo apoyaba. Sobre todo le echaban la culpa a Teisaire. Decían que era masón. Se mantenían dentro del partido pero quejosos. Me acuerdo que Corvalán Nanclares era diputado. Corvalán era presidente de la cámara. No estaba de acuerdo con la política del partido con la Iglesia. Viajó a Buenos Aires. Se entrevistó con el general Sosa Molina, que parecía que estaba en esa posición crítica también, a favor de la Iglesia. El apoyo a la política (anticlerical) procedió de los diputados que venían de origen socialista. Algunos querían ir más allá. Se dictaron algunas leyes acá, cobrándoles impuestos a los colegios católicos, a las iglesias". Del testimonio de Alberto Serú García cit.

20   **Mundo Cuyano**. Marzo de 1923.

21   **Centenario**. p. 88.

22   La Escuela del Aire fue una iniciativa educacional que se llevó a cabo durante el gobierno de Corominas Segura. Consistió en educar en una escuela para hacer radio. Desde allí se preparaban y ejecutaban programas culturales que se emitían por Radio de Cuyo. El director de la biblioteca San Martín, Serafín Ortega, era miembro del consejo de la Escuela del Aire. El proyecto estaba bajo la supervisión de Lázaro Schallman.

23   Era su presidente Alejandro Santa María Conill y socio honorario Gildo D'Accurzio. Participaron como socios activos Luis Codorniú Almazán, José Baidal, Constante Billieux, Américo Calí, Alberto Cirigliano, Humberto Crimi, Josefina De la Rosa, Julio Fernández Peláez, Iverna Codina, María Gattani, Francisco Gallardo, José Grosso Dutto, Alicia Rouquaud de Lemos, Fernando Lorenzo, Luisa Marienhoff, Rafael Mauleón Castillo, Juan Jorge Molinelli, Benito Marianetti, Vicente Nacarato, Leonardo Napolitano, Carlos Alberto Núñez, Clemente Armando Oli-

va, Carlos M. Puebla, Juan Bautista Ramos, Alberto Rampone, Verónica Riglos, Juan Rodón, Ricardo Romagnoli, Antonio Vázquez, Hilario Velasco Quiroga, Julio César Vitali y Néstor W. Vega. (Es una lista de muy distintas ideologías y compromisos, pero el más importante poeta de la época, Jorge Enrique Ramponi, no figura entre sus miembros, tal vez porque por su carácter puede haber estado enemistado con alguno de los demás miembros).

24 La *Chancha Negra* le decían peronistas y no peronistas a la esposa del gobernador, que no era muy agraciada físicamente, era muy entrada en peso y usaba unos lentes nada graciosos.

25 Ignacio González Arroyo. Gobernación del Tte. Cnel. Blas Brissoli (1942-1952). En **Historia contemporánea de Mendoza a través de sus gobernadores**, p. 194.

26 **Centenario**, p. 106.

27 **Los Andes**, 16 junio de 1948, p. 5.

28 Marianetti. Op. cit., p. 195.

29 Benedicto Caplán administró las finanzas de Mendoza durante diez años (1946-1955). En 1957 se radicó en Buenos Aires y fue profesor de Política Económica y Finanzas Públicas de las universidades de Rosario, Buenos Aires, Cuyo, Central de Panamá, Central de Ecuador, Esapac de Costa Rica y de la Empresa (de Buenos Aires). Ha sido consultor internacional de las Naciones Unidas y de los gobiernos de Uruguay, Panamá, Costa Rica, Honduras, El Salvador, Nicaragua, Guatemala y Ecuador.

30 Caplán, Benedicto. **Giol, un experimento financiero**. Buenos Aires. 1957. Los fundamentos teóricos de esta política económica se encuentran en las ideas de John Maynard Keynes sobre el ingreso, el gasto y la ocupación.

31 Se cuenta de esa época el caso de un boxeador, de apellido Prada, que manejaba cupos de vino desde Buenos muy inescrupulosamente. (Entrevista con Emilio Fluixá, cit.).

32 Leiva Hita, Francisco. *Gobernación del doctor Carlos Horacio Evans; financiamiento de la inversión pública 1952-1955*, en **Historia contemporánea de Mendoza a través de sus gobernadores**, Mendoza. Junta de Estudios Históricos, p. 229.

33 Emilio Fluixá, entrevista cit. (Benito Marianetti, dirigente comunista que se había opuesto tenazmente a la compra de Giol en 1954, recomendaba en 1965 "Mendoza necesita una corporación como el CAVIC y también necesita a Giol. Y necesita al mismo tiempo de las cooperativas. Con Giol, con una corporación y con numerosas cooperativas, tendríamos un bloque económico muy fuerte que podría enfrentar al grupo monopolista". (**El Racimo y su aventura**, p. 270.).

FUENTES EDITADAS

Diarios **Los Andes** (1920-1955), **La Libertad** (1924-1955), **Mensajero de la Paz**, *Periódico de la Asociación Femenina Antiguerrera* (1935-1939). Revistas **Mundo Cuyano** (1932-1950), **La Quincena Social** (1919-1954) y **Revista de Instrucción Pública** (1932-1950).

Economía y Obras Públicas. Publicación Oficial del Ministerio de Economía y Obras Públicas de la Provincia de Mendoza. Año1. Números 1 y 2. 1945.

Economía y Obras Públicas. Publicación Oficial del Ministerio de Economía y Obras Públicas. Números 3 y 4. 1946.

Evans, Carlos Horacio, gobernador de la Provincia. **Mensaje 1953-1954.** Mendoza. Imprenta Oficial. Dirección de Informaciones.

Idem. Mensaje 1954-1955. Mendoza. Imprenta Oficial. Dirección de Informaciones.

Guía General de Mendoza; compendio de todas las actividades de la provincia. Buenos Aires. Kraft. 1940.

Gobierno de Mendoza. Secretaría de Informaciones. **Agua, vivienda y salud: tres años de labor justicialista.** Buenos Aires. Peuser. 1952.

ENTREVISTAS PERSONALES:

Martha Fleury, Emilio Fluixá, Susana Galeano de Fontana, Fernando Horacio Puebla, Alicia Rouquaud de Lemos, Elena Ramos, Arturo Roig, Julia Saavedra, Beatriz Sales Auriol de Martínez y Alberto Serú García.

TESTIMONIOS EDITADOS

Aguinaga, Juan Carlos, *Gobernación de don Ricardo Videla (1932-1935), Gobernación del Dr. Guillermo Cano (1935-1938), Gobernación del Dr. Rodolfo Corominas Segura (1938-1941)*, En **Historia contemporánea de Mendoza a través de sus gobernadores.** Tomo I (1932-1966). Mendoza. Junta de Estudios Históricos. 1996, pp. 18-72.

Caplán, Benedicto. Giol, un experimento financiero. Ed. del autor. Buenos Aires. 1957

Fossatti, Florencia. Alegato pedagógico. 1957.

González Arroyo, Ignacio. *Gobernación del Tte. Coronel Blas Brissoli (1949-1952)*. En **Historia contemporánea de Mendoza a través de sus gobernadores**. Tomo I (1932-1966). Mendoza. Junta de Estudios Históricos. 1996, pp. 179-198.

Leiva Hita, Francisco. *Gobernación del doctor Carlos H. Evans; financiamiento de la inversión pública (1952-1955)*. En **Historia contemporánea de Mendoza a través de sus gobernadores**. Tomo I (1932-1966). Mendoza. Junta de Estudios Históricos. 1996, pp. 199-230.

Tabanera, César. *Gobernación de don Faustino Piccallo (1946-1949)*. En **Historia contemporánea de Mendoza a través de sus gobernadores**. Tomo I (1932-1966). Mendoza. Junta de Estudios Históricos. 1996, pp. 155-178.

Velasco Quiroga, Hilario. **Mi vida en el recuerdo**. Mendoza. Edición del autor. 1973.

Vicchi, Adolfo (h.). *Gobernación del Dr. Adolfo Vicchi (1941-1943)*. En **Historia contemporánea de Mendoza a través de sus gobernadores**. Tomo I (1932-1966). Mendoza. Junta de Estudios Históricos. 1996, pp. 73-154.

UTOPÍA Y RESISTENCIA (1955-1973)

Pablo Lacoste

Efectivos del Ejército Argentino patrullan en un Unimog las calles de Mendoza el 24 de marzo de 1976. Pasan frente a la emblemática esquina de San Martín y Amigorena, sede del Automóvil Club Argentino. Esta escena se repetía en todo el país a partir de la toma del poder por parte de la dictadura militar que había derrocado a Isabel Martínez de Perón.

Se vivía en un estado de perpetua efervescencia,
donde todo se podía hacer; de pronto parecía que todo
era realizable, alcanzable, la utopía era cuestión de es-
tirar el brazo; existíamos inmersos en una permanente
primavera, cada mañana era posible que lo maravillo-
so hubiérase inaugurado definitivamente. Mis deseos
son la realidad, y nos levantábamos con la expectativa
del ser y del acontecer. Eran tiempos en que fuerzas
misteriosas (la vida, la espontaneidad, la imaginación,
el amor) se habían desatado y sobrevolaban las ciuda-
des buscando alguna o alguno en quien encarnarse.[1]

Eduardo Devés

A partir del golpe de Estado de 1955 comenzó una etapa de 18 años en la cual la mitad del país estuvo excluida. El gobierno de facto dispuso, explícitamente, que los peronistas no podían ni elegir ni ser elegidos, se les conculcaba el derecho a expresar sus ideas, a organizarse y reunirse. Los que tenían empleos eran en muchos casos dejados cesantes. Los que tenían fortuna eran investigados y en muchos casos, sus bienes confiscados. Los dirigentes gremiales, políticos y universitarios quedaban proscriptos y, de hecho, inhabilitados para ocupar nuevos cargos. Además, la puesta en vigencia del Plan Conintes facultó a las Fuerzas Armadas a detener por tiempo indeterminado a los sospechosos de peronismo sin intervención de la Justicia. Los votantes peronistas no podían respaldar a sus candidatos: debían reciclarse, fragmentarse y lentamente dispersarse entre los partidos "aceptados" por el nuevo bloque de poder.

Fue un tiempo de exclusión y de revancha. Así como en el tiempo de hegemonía peronista se acumularon odios y rencores, después de 1955 se produjo el desquite. Ni la excelencia académica en las universidades, ni la militancia social en los gremios, ni la honradez en las demás funciones públicas podía atenuar el impacto de la nueva política. La alianza de radicales, liberales, conservadores, socialistas y militares que controló el país durante esas casi dos décadas, más allá de sus discrepancias coyunturales, coincidió en la necesidad de barrer con el peronismo. Además de las personas, el nuevo bloque de poder procuró combatir los símbolos, las figuras, las ideas, las obras. Los medios masivos de comunicación tenían expresa prohibición de utilizar términos como "Perón", "Eva Perón", "justicialismo" y demás referencias. Para referirse al ex presidente se acuñó la fórmula "el tirano prófugo". En este contexto se produjo la derogación de la Constitución nacional de 1949 por medio de un bando militar, y con ella, de buena parte de la legislación social que había impulsado el peronismo.

De todos modos, la heterogénea alianza de antiperonistas no logró conformar un gobierno estable. Apenas caído Perón, se desató una lucha entre los distintos sectores que integraban el nuevo polo de poder, sin acordar nunca reglas de juego claras ni límites precisos. Como todos habían participado del golpe de Estado de 1955, de alguna manera habían legitimado esta metodología como herramienta para luchar por el poder. Y así como la usaron para derribar a Perón, apelaron a ella para derrocarse unos a otros. La tendencia a la fragmentación y el enfrentamiento llegó incluso al interior de los partidos políticos más tradicionales. Los conservadores, que en la década de 1930 habían sido la fuerza hegemónica, unida bajo el sello del Partido Demócrata Nacional, se partieron en numerosas escisiones, dando lugar a distintos sellos (Partido Demócrata, Conservadores Populares, Partido Liberal, Pacto Autonomista Liberal). Los radicales sufrieron una división debido a las luchas por candidaturas. Se dividieron en dos partidos nuevos, la UCR del Pueblo, liderada por Balbín, y la UCR Intransigente, de Arturo Frondizi y Oscar Alende. La UCRI no tardaría en sufrir una nueva división entre el Movimiento de Integración y Desarrollo (MID) y el Partido Intransigente (PI). La tendencia fragmentaria y fragmentante llegó también a las playas del peronismo, que en los años '60 sufrió además una profunda división entre los verticalistas y vandoristas.

Entre 1955 y 1973, lo normal hubiese marcado que se deberían haber sucedido tres presidentes. Sin embargo, el Poder Ejecutivo Nacional estuvo en manos de ocho personas, cinco de ellas militares. Algunos de estos presidentes llegaron al poder por medio de elecciones proscriptivas, donde el peronismo no pudo presentar candidatos (Arturo Frondizi, 1958-1962, y Arturo Illia, 1963-1966). Otros accedieron a la presidencia mediante golpes de Estado (Lonardi, setiembre a noviembre de 1955; Pedro E. Aramburu, 1955-1958; Guido, 1962-1963; Juan Carlos Onganía, 1966-1970; Levingston, 1970-71 y Alejandro Agustín Lanusse, 1971-1973). Todos debieron abandonar el cargo antes de lo que quisieron, forzados por su crisis de legitimidad de origen y la presión de la fuerza.

Mientras la mitad del país rotaba en los roles de "constitucionalistas" y "golpistas", para construir gobiernos efímeros e ilegítimos, la otra mitad sufría en silencio. Eran en su gran mayoría, los sectores más pobres de la población. Las masas obreras se habían quedado sin conductor desde 1955 y no se sentían contenidas por ninguna de las fuerzas legales subsiguientes. La fronda aristocrática de éstas no hizo más que facilitar la identidad y relativa cohesión del peronismo proscripto, cuyos dirigentes lograron lentamente reagruparse y diseñaron una estrategia tendiente a cuestionar la legitimidad del sistema reclamando por sus derechos. Para avanzar en esta dirección se llevaron adelante distintas formas de acción. Algunas eran pacíficas y "constitucionales", como el voto en blanco o las manifestaciones callejeras; otras eran apelaciones a la violencia y la fuerza, como las huelgas, sabotajes, atentados y hasta alzamientos de milicias armadas. Este movimiento se llamó La Resistencia, y caracterizó en buena medida a todo el período 1955-1974.

Como resultado, esos 18 años se perfilaron como la época de una sociedad fragmentada, con la mitad del país excluido y la otra pulverizada en partes enfrentadas entre sí. Pero fue también un tiempo rico en contrastes, época de grandes sueños y utopías.

Porque más allá de la violencia y la torpeza de sus formas, el "régimen" dejaba muchas grietas que lo hacían percibir como débil y vulnerable. Su crónica ilegitimidad dejaba entrever que no podía durar mucho tiempo. Por lo tanto, era posible que alguna vez se derrumbara. Y entonces sobrevendrían los grandes cambios.

En este sentido, el clima cultural mundial era muy favorable para esta línea de pensamiento. Basta mencionar los sucesos de Fidel Castro en Cuba, el Mayo Francés en 1968, la llegada del hombre a la Luna, la irrupción de los Beatles para marcar una nueva etapa en la música popular, el ascenso de las ideas socialistas en los países vecinos, especialmente en Chile; el fantasma de Ernesto Guevara, convertido en mito, y el giro a la izquierda de la Iglesia latinoamericana, que se derramaba desde Medellín con la fuerza de un alud arrollador.

Los cambios mundiales llegaban cada vez más rápido y con mayor poder de penetración a partir del gran salto que se dio en estos años en materia de comunicaciones. A los tradicionales diarios y radios, en la década de 1960 vino a sumarse la televisión. La transmisión de la imagen cambió completamente las posibilidades de acceso a los nuevos paradigmas culturales.

Este proceso coincidió con un gran cambio en las actividades deportivas. La ampliación de los medios de comunicación coincidió con el retorno de la Argentina a los campeonatos internacionales (suspendidos en tiempos de Perón) y a la unificación de las competencias internas con el surgimiento de los torneos nacionales. La participación de representantes mendocinos en éstos o bien de las selecciones argentinas en las copas del Mundo fueron parte también de un proceso de cambio, de sueños, de metas imposibles que podían hacerse realidad.

Este era el contexto cultural en el cual se desarrolló la Resistencia, tanto en la Argentina como en Mendoza. La capital cuyana sería considerada, es cierto, una "zona fría", en comparación con otros puntos del país, donde las posiciones se radicalizaron mucho más rápido y alcanzaron niveles de profundidad muy notables. De todos modos, la sociedad mendocina vivió también su experiencia. Con su estilo, con su tradicional moderación. Pero con intensidad. Con pasión. Algunos, con ciertos temores, se preocupaban de "conservar"; otros preferían soñar, apostaban a un mundo nuevo para el cual era necesario acabar con las viejas estructuras. En el medio, un ancho campo de mendocinos ambivalentes que, sin definirlo teóricamente, se iban abriendo al cambio de una u otra manera. Y ésta fue la actitud culturalmente predominante. Y en esta confluencia original de integración y cambio, Mendoza se iba a convertir en sede de grandes utopías, respaldadas por grandes grupos. Algunos terminarían en la violencia, como en el Mendozazo (1972). Pero la mayor parte de las veces esta cultura de la utopía se canalizaría en forma pacífica, con la construcción de caminos a Chile, con el crecimiento de los espacios estudiantiles, con la expansión de las obras públicas (sobre todo diques y rutas), con corrientes renovadoras que alcanzarían renombre nacional en el terreno artístico (sobre todo en la música, la filosofía y el pensamiento). La inquietud llegaría también a la política, y Mendoza sería uno de los bastiones principales del neoperonismo, ensayo que luego se iba a expandir por todo el país. También sería el primer lugar de la Argentina donde iba a resurgir con fuerza el antiguo Partido Conservador, que parecía definitivamente aniquilado desde 1943. Además, los radicales mendocinos iban a tallar fuerte estos años, hasta ocupar lugares clave en los gabinetes del Poder Ejecutivo Nacional, tanto de gobiernos civiles como militares. No se quedaron atrás los empresarios, que encontraron una nueva fórmula para derrotar al desierto, esta vez con la explotación del acuífero mediante los pozos con bombas eléctricas.

Todo se podía soñar. El empresario y el político. El artista y el filósofo. El estadista y el vecino. El joven y el adulto. La mujer y el varón. El estudiante y el trabajador. El clérigo y el deportista. Cada uno iba a encontrar un espacio para sus sueños y sus utopías. Un nuevo sentido para su vida, que ahora se confundía con una pasión.

Aspectos políticos: entre la resistencia, la heterogeneidad y la continuidad

Después del golpe de Estado de 1955, el gobierno de facto emanado del mismo dispuso la intervención a la provincia de Mendoza. Luego de una serie de interinatos breves, se llegó a un acuerdo en el interior del nuevo bloque de poder. El Poder Ejecutivo Nacional reconoció a la Unión Cívica Radical (UCR) y al Partido Demócrata (PD), en ese orden, como las dos fuerzas políticas legítimas y a ellas les cedió el control del poder.

Al frente del Poder Ejecutivo Provincial, como interventor federal de facto quedó **Isidoro Busquets (1956-1958)**, dirigente radical de larga trayectoria tanto en la Legislatura como con la Convención Constituyente provincial de 1948. Los ministerios se distribuyeron equitativamente entre radicales y conservadores, al igual que los municipios. Para compensar que el gobernador fuese radical, los conservadores lograron supremacía en el Poder Judicial.

Desde estas posiciones, el radicalismo mendocino tuvo un gran protagonismo en la interna nacional de la UCR por la candidatura a la presidencia de la Nación. Disconforme con lo resuelto por la Convención Nacional en Tucumán, que había ungido al centroizquierdista Frondizi como candidato a presidente de la Nación, el Comité Provincia de la UCR, controlado por los "unionistas" (ala conservadora del radicalismo), resolvió desconocer lo resuelto por la Convención y proclamó su autonomía con relación a las autoridades nacionales del partido. Este movimiento se generalizó en todo el país. Los comités de las demás provincias argentinas se dividieron, algunos apoyaron a Frondizi y otros, siguiendo el ejemplo de los mendocinos, se inclinaron en favor de su adversario, Ricardo Balbín. Rápidamente se estructuraron dos fuerzas casi similares, que dieron lugar a dos partidos totalmente autónomos, como se ha señalado más arriba.

Entre los dos sectores radicales, las diferencias eran más de ambiciones personales que de ideología. No obstante, el sector frondicista optó por un táctico acercamiento al peronismo con vistas a lograr su soporte popular. Para consolidar esta imagen, los partidarios de la UCRI evitaron participar en el gobierno de facto, dejando ese papel simbólico a los balbinistas de la UCRP. En Mendoza, el 90% del radicalismo se volcó hacia el balbinismo. El sector que apoyaba a Frondizi apenas representaba el 10% de la estructura partidaria.[2]

A mediados de 1957, el gobierno de facto convocó a elecciones para convencionales constituyentes a los efectos de legitimar su medida por la cual había derogado por decreto la Constitución nacional de 1949. En estas elecciones se impuso la UCRP por estrecho margen. En los hechos, el electorado quedó partido en cuatro cuartos: uno para los peronistas, que votaron en blanco; otro para la UCRP, que se impuso en las provincias grandes (Buenos Aires, Córdoba y Santa Fe); otro para la UCRI, con mayor peso en las provincias menos pobladas y el tercero para los demás partidos, con irregular distribución.

En la provincia de Mendoza se produjo un hecho sintomático: a pesar de todos los antecedentes, el triunfo correspondió a la UCRI. Este resultado tuvo un efecto nacional importante, pues fue la joya de la corona que Frondizi ofreció a Perón para formalizar el pacto de Caracas, por el cual el "tirano prófugo" accedió a respaldar con sus seguidores a los candidatos de la UCRI.

De esta forma, en febrero de 1958 los votos peronistas volcaron la balanza en favor del frondizismo, que se impuso en todo el país por cerca del 58%. En Mendoza, la UCRI impuso como gobernador al sanrafaelino **Ernesto Ueltschi (1958-1961)**. Quedó también con el control de los 18 municipios y las dos cámaras legislativas.

Toda la acción de gobierno de los tres años siguientes iba a estar limitada por tres problemas políticos que Ueltschi nunca pudo superar. Primero, la falta de legitimidad de origen, carencia que compartió con el presidente Frondizi. Apenas el peronismo le retiró el apoyo de sus "votos prestados", el gobierno se vio aislado, en medio de dos fuegos abiertos por las corporaciones empresarias de un lado y los gremios cada vez más combativos del otro. Segundo, el enfrentamiento entre los dos sectores internos de la UCRI, el Movimiento de Intransigencia y Renovación, MIR, que respondía al gobernador, y Pueblo y Partido, conducido por el ministro del Interior, Alfredo Vítolo. Esta división se trasladó a los bloques legislativos y a los concejos deliberantes hasta generar serios problemas de gobernabilidad; se llegó incluso a provocar la caída de gobiernos municipales por diferencias internas. Tercero, la ausencia de equipos técnicos preparados y experimentados en el manejo de los cada vez más complicados asuntos de Estado. Salvo escasas excepciones, los dirigentes de la UCRI no habían tenido posibilidades de sumar experiencia en estas tareas. La falta de la continuidad política argentina hizo sentir sus efectos sobre esos hombres que, sin realizar un cursus honórum, sin foguearse en cargos modestos, habían llegado de golpe a la cima, catapultados por una ola resultante de violencias, proscripciones y oportunismo.

Con estas limitantes, el resultado no difirió mucho de lo esperado. Como se verá más adelante, la administración Ueltschi logró algunos objetivos. Fundamentalmente, el Estatuto del Docente, la creación del Banco de Previsión Social y la apertura de la traza del camino a Chile por el paso Pehuenche. Pero en líneas generales su gestión no logró el consenso, ni aun en la mitad de la sociedad, aquella que no estaba proscripta. Como resultado, la UCRI sufrió una derrota tras otra, hasta sumar seis en seis años.

Su lugar fue ocupado por los conservadores. Tras la escisión de esta fuerza a nivel nacional, en Mendoza se conformó el Partido Demócrata, ahora convertido en agrupación meramente provincial. El PD logró convertirse en alternativa y rápidamente se transformó en la fuerza más popular de Mendoza. En 1959 triunfó en las elecciones de diputados provinciales. También se impuso en las legislativas de 1960, con lo cual pasó a controlar la Cámara de Diputados de la provincia logró un bloque importante en senadores, la mayoría en buena parte de los concejos deliberantes y, sobre todo, dos bancas en la Cámara de Diputados de la Nación. De esta manera, tras 17 años volvían al Congreso los representantes de las fuerzas conservadoras. Pero el impulso no quedó allí. En 1961, el PD ganó las elecciones y ello le permitió imponer al nuevo gobernador de Mendoza: **Francisco Gabrielli (1961-1962)**. Hijo de inmigrantes, Gabrielli aportaba una figura renovadora para la fuerza política que durante un siglo habían monopolizado las viejas familias tradicionales de Mendoza. Además, era un buen representante de los sectores técnicos y eficientes de los gobiernos conservadores de la década de 1930, época en la cual Gabrielli actuó como director de Vialidad Provincial y como superintendente de Irrigación. Era la contracara de la improvisada administración de Ueltschi.

Los gobiernos demócratas se extendieron de 1961 hasta 1966, pero con algunos sobresaltos. En 1962, la administración Gabrielli se vio frustrada por el golpe de Estado y la subsiguiente intervención federal a la provincia. Pero en las elecciones de 1963 volvió a triunfar el PD y regresó al sillón de San Martín el ingeniero **Francisco Gabrielli (1963-1966)**. En las elecciones de renovación de gobernador, el PD logró un nuevo triunfo, esta vez con la candidatura de **Emilio Jofré**. Pero Gabrielli no pudo ni cumplir su mandato ni entregar el poder a su correligionario, debido al nuevo golpe de Estado.

Como se ha señalado más arriba, la situación del peronismo era muy difícil. El Plan Conintes facultaba a las fuerzas de seguridad a detener "sospechosos" y mantenerlos encarcelados sin participación de los jueces. Este sistema permitió la privación de libertad de numerosos dirigentes peronistas de todos los niveles, algunos de ellos muy representativos, como el ex gobernador Faustino Picallo y el ex intendente de Tunuyán Francisco Felipe Rosas. Discriminados y perseguidos sus militantes, alejados de los medios de prensa y cargos públicos, constantemente detenidos y maltratados, encontraban muchos obstáculos para organizarse. A pesar de todo, encontraron la forma de hacer sentir su peso.

Durante varios años adoptaron una actitud desestabilizadora. Como el armazón institucional relegaba a los peronistas, éstos optaron por ignorarla y tomaron la justicia en sus propias manos. Resolvieron contestar la violencia de arriba con la violencia desde abajo. Para ello efectuaron una serie de atentados en lugares clave. En 1960 realizaron cuatro atentados con explosivos. El primero se produjo en la ciudad de Mendoza y causó la destrucción del busto de Justo José de Urquiza, impulsor de la Constitución nacional de 1853. El atentado era todo un símbolo. Poco después, un artefacto explotó en el puente sobre el arroyo La Estacada, cerca de Tunuyán, causando un boquete de cuatro metros de diámetro. También pusieron bombas en el hotel San Francisco, de Chacras de Coria, lugar donde se alojaban ejecutivos de empresas petroleras de capitales extranjeros, y en el domicilio del general Cecilio Labayrú, jefe del Plan Conintes en Mendoza. Además fueron importantes los atentados y sabotajes en vías férreas, todo lo cual contribuyó a cuestionar la legitimidad del gobierno y a desestabilizarlo.[3]

En algunas oportunidades, para burlar la proscripción, los seguidores del "tirano prófugo" optaron por utilizar siglas aparentemente independientes. Surgieron de esta manera el Partido Blanco, el Partido Tres Banderas y el Movimiento Popular Mendocino. Con este procedimiento, los peronistas lograron acotados espacios políticos, ya en los concejos deliberantes, ya en la Legislatura provincial. También alcanzaron la conducción de algunos municipios. En 1963, los peronistas controlaban tres departamentos estratégicos del Gran Mendoza (Las Heras, Maipú y

Luján), uno del Este (Rivadavia) y todo el Valle de Uco (San Carlos, Tupungato, Tunuyán). Siete sobre dieciocho. Además, en varias comunas habían logrado alta cantidad de votos, pero no alcanzaron a imponer el intendente por presentarse divididos en dos listas (fundamentalmente en San Rafael, el más importante de la zona Sur).

La experiencia del Movimiento Popular Mendocino se convirtió en modelo de exportación. Los peronistas perseguidos de otras provincias adoptaron esta fórmula, en algunos casos con éxito, fundamentalmente en Neuquén. En efecto, en esta provincia se constituyó el Movimiento Popular Neuquino, fuerza que se iba a mantener como la más popular de esa provincia durante más de tres décadas.

Lentamente se fue consolidando en Mendoza la figura de Alberto Serú García, que no tardó en estrechar lazos con el dirigente nacional Augusto Timoteo Vandor. La división del peronismo nacional tuvo su reflejo y hasta su clímax en Mendoza, en oportunidad de las elecciones de gobernador de 1966. Más allá de las candidaturas locales (Serú García por el vandorismo y Ernesto Corvalán Nanclares por el peronismo verticalista), lo que estaba en juego era el control de las masas populares peronistas. En aquellos comicios triunfó, como hemos señalado, el candidato conservador Jofré. Pero en el duelo interno del peronismo, especial preponderancia tuvo el triunfo de Corvalán Nanclares, pues significó que la conducción seguía en manos del ex presidente exiliado. Esto desalentó las expectativas despertadas entre los sectores "gorilas" y generó seria preocupación sobre un eventual retorno del peronismo en las elecciones nacionales siguientes. Fundamentalmente porque el radical Arturo Illia, si bien había llegado al poder sobre la base de elecciones proscriptivas, se había comprometido a legalizar al peronismo y lo estaba cumpliendo.

En este contexto, el triunfo de Corvalán Nanclares sobre Serú García en los comicios mendocinos de 1966 contribuyó al proceso por el cual los sectores más antiperonistas del Ejército ejecutaron un nuevo golpe de Estado en julio de 1966.

Otro actor importante en el escenario político fue el radicalismo. Después de la traumática división de 1956, el viejo tronco radical, con las siglas de la UCRP, se vio obligado a un lento proceso de recomposición. En el período 1958-1966 no pudo llegar a la gobernación pero fue la segunda fuerza más popular de la provincia. Ello le permitió contar con bancas legislativas nacionales y provinciales, numerosos concejales y hasta algunos municipios. Sobre todo en la zona Este (San Martín, Junín y Rivadavia), así como también en el Valle de Uco (San Carlos y Tunuyán) y en el Sur (General Alvear). Un rol destacado cupo al principal dirigente radical de Mendoza, Leopoldo Suárez, que se desempeñó como ministro de Defensa durante todo el gobierno de Illia.[4]

Para completar el panorama político, es preciso señalar la eficiente administración del Partido Socialista en la Municipalidad de Godoy Cruz. **Renato Della Santa** fue electo intendente por tercera vez (1959-1962) y nuevamente se pusieron en marcha sus políticas de salud, educación y mejoramiento de la calidad de vida de los vecinos. Igual que en sus intendencias anteriores (1936-1939 y 1939-1942), Della Santa exhibió criterios de equidad y procuró achicar las brechas entre los ricos y los pobres. De todos modos, el fallecimiento del caudillo precipitó la virtual extinción del socialismo en la provincia de Mendoza.[5]

Un comentario aparte merece la **Convención Constituyente de 1965.** Surgió de un oscuro pacto entre radicales y conservadores con el objetivo de obstaculizar el acceso del peronismo a la gobernación de Mendoza. Para ello, el bloque de poder que controlaba la Convención procedió a modificar el artículo 120 de la Carta Magna, en el sentido de derogar la elección directa del gobernador. En su lugar se dispuso el sistema indirecto, a través del cual radicales y demócratas esperaban efectuar alianzas entre ellos y, de esta manera, "burlar el resultado de las urnas", según sus críticos tanto de dentro como de fuera de sus respectivos partidos. Fue éste el punto culminante de la aproximación del radicalismo hacia las posiciones más conservadoras.

El golpe de Estado de 1966 suprimió por muchos años el funcionamiento de los partidos. El gobierno de facto dispuso la disolución de los mismos y, para desalentar esperanzas, advirtió que tenía "objetivos, no plazos". Su intención era implantar una dictadura de larga duración, parecida a la que había impuesto Francisco Franco en España desde 1939. Durante unos años, el dictador Onganía gobernó Mendoza mediante interventores federales de extracción militar. Bajo un clima de aparente tranquilidad, los uniformados administraron el Poder Ejecutivo y las comunas. Pero por debajo se fue acumulando el malestar, que poco a poco fue subiendo a la superficie, hasta hacer evidente que la ilegitimidad del gobierno de facto era patética. Así lo demostraron los distintos sucesos que se fueron registrando en todo el país, hasta culminar en el Cordobazo. El papel de los mendocinos no fue menor en este proceso. Basta mencionar a **Santiago Pampillón**, mendocino, obrero industrial, estudiante de ingeniería en la Universidad de Córdoba, primera víctima fatal de las fuerzas represivas. Su asesinato profundizó la indignación popular, y estimuló la movilización que terminó por forzar la renuncia de Onganía.[6] El advenimiento de Lanusse significó la reapertura del juego político en todo el país, incluyendo la provincia de Mendoza. Los partidos se reorganizaron con vistas a los comicios de 1973.

A fin de garantizar un clima de transición, Lanusse buscó dirigentes, para integrar sus equipos de gobierno, entre los partidos políticos. El caso más destacado fue el del radical Arturo Mor Roig, que asumió como ministro del Interior. En las provincias, el PEN procuró aplicar el mismo criterio. En Mendoza se buscó a un hombre del Partido Demócrata. Finalmente **Francisco Gabrielli (1971-1972)** volvió a ocupar la gobernación, esta vez como interventor de facto.

A pesar de todo, el clima de agitación seguía adelante. En abril de 1972, las protestas populares se desbordaron. La agresión policial cayó sobre el segmento más débil de los disconformes: las maestras. "Primero, carros hidrantes. Luego, gases lacrimógenos. Finalmente, caballos y fustas". Algunas maestras son heridas, lo cual genera mayor indignación entre los obreros, que desde todo el Gran Mendoza avanzan hacia la Casa de Gobierno hasta conformar una masa de 20.000 personas. Fuerzas de Ejército y Gendarmería abren fuego para reprimir. Se producen tres muertos y varios heridos, entre ellos mujeres y niños. Finalmente, los manifestantes se dispersan y las fuezas de seguridad detienen a decenas de dirigentes". El episodio pasaría a la historia como el **Mendozazo**.[7] Una de sus consecuencias fue la renuncia del gobernador Gabrielli. Con él cayó también el prestigio hasta entonces invicto del Partido Demócrata. Lo sucedió su correligionario **Félix Gibbs (1972-1973)**, quien debió hacer frente a otra pueblada, esta vez con epicentro en el Sur de la provincia. **El Malarguazo** fue otra manifestación de la crisis de legitimidad que sufría el gobierno de facto y terminó de desgastar a los conservadores.[8]

351

Mientras tanto, el peronismo preparaba su vuelta. En el marco de la gran ola nacional, que tenía su vórtice en Madrid (Juan Perón) y su delegado en Buenos Aires (Héctor J. Cámpora), los dirigentes mendocinos se aprestaban a su hora de la victoria. La visita de Cámpora a Mendoza permitió la convocatoria de 20.000 personas, proporcionalmente menos que en otras provincias pero mucho más de lo que podía movilizar cualquier otra fuerza política local.[9] En el momento de elegir candidatos, el Congreso Provincial del Partido Justicialista nominó a Pedro Cámpora para la gobernación. No obstante, presiones de cúpula forzaron un cambio y en su lugar fue designado Alberto Martínez Baca.[10] Farmacéutico sanrafaelino, Martínez Baca acreditaba una larga militancia en las filas del peronismo. En 1966 había acompañado a Corvalán Nanclares como candidato a vicegobernador. Era un hombre modesto, de notable honradez y austeridad (aun siendo gobernador, muchos lo recordarían viajando de su oficina a la casa en el transporte público de pasajeros).

Las elecciones, por el sistema de ballottage, consagraron como gobernador a **Alberto Martínez Baca (1973-1974)**. El peronismo pasó a controlar las dos cámaras de la Legislatura y los 18 municipios. Su poder era enorme, igual que en el contexto nacional. No obstante, sus divisiones internas no tardarían en generar profundas crisis, como se examinará en el próximo capítulo de este libro.

Inestabilidad política y frustración de proyectos

Una de las principales características de esta época fue el constante proceso de frustración de proyectos y realizaciones cada vez que se producía un cambio de gobierno. Emprendimientos iniciados con grandes esfuerzos se veían abandonados, paralizados o anulados por la acción de la intolerancia entre los distintos grupos que se turnaban en el poder.

En el terreno institucional, el ejemplo más claro fue la derogación por decreto de la Constitución provincial de 1949, la Carta Magna más democrática y progresista que se había sancionado en todo el país. Paradójicamente, mientras en el resto del país el peronismo había impuesto unilateralmente las reformas constitucionales, en Mendoza este proceso se había logrado en un clima democrático y pluralista, dando por resultado una enmienda capaz de reconocer la representación de las minorías, los derechos sociales (incluyendo el derecho de huelga), la provincialización del petróleo y demás mejoras consensuadas. No sólo los peronistas, sino también los radicales y comunistas estaban orgullosos de la reforma de 1949. El mismo Isidoro Busquets había participado en la Convención Constituyente. A pesar de todo, el gobernador de facto se allanó a las órdenes de Buenos Aires y derogó la Constitución en 1956.

El espíritu antiperonista se debía reflejar también ante las obras públicas realizadas o iniciadas durante el "régimen depuesto". En este sentido, el gobierno de Busquets mantuvo paralizadas las obras de construcción del edificio del Poder Judicial durante dos años. Su sucesor, Ueltschi, debió batallar durante otros dos años para destrabar la obra y recién hacia 1961 se pudieron recomenzar las tareas. El retraso en la conclusión de esta obra produjo una significativa pérdida para la provincia, pues el tiempo había hecho sentir sus efectos en la obra a mitad de construir, dañándola en buena medida, con lo cual fue preciso efectuar costosas reparaciones.

Por otra parte, después del golpe de 1955 comenzó la decadencia y el olvido de obras entrañables, como la Escuela Hogar, que los peronistas habían construido para albergar como pupilos a 640 niños y otros 1.000 bajo el régimen de semipupilos. Esta filosofía se mantendría casi intacta en las siguientes décadas y, hacia fines del siglo XX, la Escuela Hogar quedaría en un estado deplorable, dando lugar al escándalo público.

Educación: entre la agitación y la creación

En el ámbito del empleo público fue también época de revanchismos, resistencia e integración. Después del golpe de Estado de 1955, las nuevas autoridades cambiaron directivos, bibliografía y, en muchos casos, personal.

Comenzaron por retirar los libros escolares que el gobierno peronista había impuesto. Se trataba de obras de propaganda política, con decenas de fotos del presidente Perón y su esposa Eva, con lecturas infantiles tendenciosas y parciales. Su utilización como bibliografía escolar había sido obligatoria por ley, lo que generaba el rechazo de muchos docentes, padres y alumnos. El retiro de estos textos fue un alivio para la escuela pública.

En materia de personal, en esta época hubo un avance decisivo: el Estatuto del Docente, ley sancionada durante la gestión de Ernesto Ueltschi. Con esta norma lograron reducirse al mínimo las posibilidades de arbitrariedad de los gobiernos de turno, y se aseguró un piso de estabilidad y racionalidad al trabajo del docente. Fue saludado como una conquista, por el gremio.

Otra innovación importante fue la abolición de la coeducación. En efecto, la Dirección General de Escuelas dispuso la separación por sexo de los niños de las escuelas públicas. La medida fue adoptada durante el gobierno de Ueltschi, como evidente concesión a las presiones de los sectores tradicionalistas. Se mantuvo vigente a lo largo de las administraciones conservadoras y de facto. Recién fue derogada durante la administración peronista de Martínez Baca. En total, estuvo vigente más de una década. Su aplicación fue relativa, debido a las limitaciones que establecían los edificios escolares. Fue duramente criticada por sectores docentes y por la oposición, especialmente por el Partido Socialista.

La derogación del principio de la coeducación fue uno de los aspectos de la política educativa que provocaron la protesta del gremio docente. Este expresó su malestar en reiteradas huelgas, se movilizó y logró un amplio espacio en el escenario público. La ola creció hasta convocar a miles de docentes de toda la provincia a participar de los "seminarios", a través de los cuales se elaboró una propuesta concreta, ambiciosa e innovadora para la transformación de la educación pública, presentada en 1973 al gobernador Martínez Baca.

La universidad y la Iglesia en tiempos de utopías

En el ámbito universitario, la agitada época de la Resistencia tuvo también un espacio de debate y lucha. El primer conflicto se suscitó poco después del golpe de Estado de 1955.

Así como en tiempos del peronismo se exigía la afiliación al partido dominante para acceder a puestos en el Estado, tras el cambio de gobierno se comenzó a aplicar el criterio inverso. El lugar de mayor impacto fue la Universidad Nacional de Cuyo, terreno que quedó en manos de los radicales mendocinos más "gorilas". Entre ellos cabe citar al ex senador Hernán Cortés Petra, designado decano interventor en la Facultad de Ciencias Económicas pero de gran influencia ante el rector, Germinal Basso. Las nuevas autoridades procuraron devolver al peronismo el golpe, reiterando las purgas masivas por motivos políticos e ideológicos. Numerosos docentes fueron separados de sus cargos, se desmantelaron centros de estudio y publicaciones. El mayor golpe fue la disolución de la Dirección de Investigaciones Científicas (DIC), donde se encontraba el instituto de matemáticas más prestigioso de Sudamérica. Esta política dio lugar a manifestaciones de protesta en las calles y en los medios de prensa, que culminaron con la muerte de una persona frente al Rectorado.

De todos modos, la sangre no se derramó en vano. Las autoridades advirtieron que no podían prolongar más su política discriminatoria. En 1958 se convocó a la Asamblea Universitaria para la sanción de un nuevo estatuto y poco después el gobierno devolvió la autonomía a las casas de altos estudios. Sobrevino entonces una etapa de relativa libertad académica, con la reincorporación de algunos peronistas discriminados, con cierta agitación, pero dentro de un marco de convivencia y pluralismo.

Como el resto del país, el movimiento estudiantil universitario tuvo un alto grado de movilización en estos años. Motivados por los sueños de un mundo mejor, indignados por las arbitrariedades de las dictaduras y en solidaridad con sus compañeros, los jóvenes ganaban la calle, se desplazaban con cánticos y pancartas por los espacios públicos de la ciudad. Una de las principales marchas de protesta se registró durante la dictadura en Onganía, como resultado del asesinato del estudiante y trabajador mendocino Santiago Pampillón. La tragedia se produjo en Córdoba, pero sus restos fueron trasladados a Mendoza, su ciudad natal. Este episodio causó un fuerte impacto en el estudiantado local, que se movilizó para expresar su repudio a la violencia del aparato represivo del Estado.[11]

El clima cultural, de sueños y utopías, se extendía también a los ámbitos religiosos. Las ideas del Concilio Vaticano II, el espíritu renovador de Medellín, la fuerza identitaria de la Iglesia latinoamericana y el Movimiento de los Sacerdotes para el Tercer Mundo tuvieron su impacto en Mendoza. El epicentro se ubicó en Lunlunta, en la sede del Seminario Diocesano. Conducido por jóvenes imbuidos de las nuevas ideas, se convirtió en el espacio para el debate sobre el nuevo papel del cristiano en la sociedad, sobre todo desde la perspectiva de la "opción preferencial por los pobres". En poco tiempo se consolidó una línea de pensamiento progresista y de fuerte contenido social, que estrechó lazos con los claustros universitarios, donde algunos profesores descubrieron la riqueza del filón y de esta manera acuñaron un pensamiento original. El doctor Dussell, catedrático de la Facultad de Filosofía y Letras, se convirtió en la cabeza visible de la "filosofía de la liberación", línea de investigación que tendría una fecunda acción en el resto de Latinoamérica.[12]

De todos modos, estos movimientos de apertura y renovación no tardaron en estrellarse contra la reacción de los sectores más conservadores y tradicionalistas de la sociedad. Uno de los principales exponentes de este grupo fue monseñor Alfonso María Buteler, obispo de Mendoza (1940-196). Se oponía a muchas de las ideas de los sacerdotes de Lunlunta, agrupados en el llamado Grupo de los 27. Las posiciones se tornaron irreconciliables y el conflicto llegó al mismo Vaticano. Como resultado, Buteler cerró el seminario de Lunlunta, la mayoría de los sacerdotes abandonaron los hábitos y Roma destituyó a Buteler, designando en su lugar a monseñor Olimpo Santiago Maresma, de espíritu conciliador.[13]

La diversidad de ideas generaba un clima de debate, un espacio al pensamiento. Era tiempo de búsqueda, de construir un mundo nuevo. Muchos entendían que ello exigía destruir todo lo viejo. Tirar abajo lo anterior. Y tomaron medidas que más tarde se iban a lamentar. Entre ellas, el cierre de instituciones, la demolición de edificios, la persecución por motivos ideológicos. La clausura del Seminario de Lunlunta, la demolición de la iglesia parroquial de San Martín (joya arquitectónica con más de un siglo de antigüedad, con frescos de afamados pintores europeos), el derrumbe de la Casa del Observatorio, sobre calle Emilio Civit, para constuir en su lugar un edificio; la expulsión del profesor Pérez Guilhou de su cátedra en la UNC, fueron algunos ejemplos de esta época agitada. Había que romper y destruir un mundo para crear uno nuevo. Aun al precio de abandonar principios que más tarde serían básicos, como el respeto por el patrimonio arquitectónico, la libertad de cátedra y el pluralismo.

En este contexto de acción y pasión, de sueños y violencia, de compromiso y participación, hubo un terreno fértil para el cultivo

del pensamiento innovador y el brillo. Poco a poco se fueron consolidando algunas figuras que, con el tiempo, alcanzarían trascendencia internacional. Entre ellos cabe citar a Mauricio López, quien
luego llegaría a ser secretario del Consejo Mundial de Iglesias, con
sede en Ginebra; Andrés Bajuk, destacado economista de prestigio
internacional; Arturo Roig, que alcanzaría una trayectoria reconocida en toda Latinoamérica; Emilio Tenti, que luego sería convocado
por Unesco. Médicos y artistas, ingenieros y pensadores, sociólogos
y agrónomos de la universidad mendocina, acrisolados en estos agitados años '60 y principios de los '70, lograrían madurar y dar frutos reconocidos a nivel nacional e internacional.

En el orden educativo, otro cambio importante fue el surgimiento de las universidades privadas. La posibilidad de crearlas se
abrió a partir de la nueva ley universitaria, sancionada en 1958,
que generó grandes polémicas y movilizaciones en Mendoza tanto
por parte de sus partidarios como de sus detractores. Más allá de
este debate, lo cierto es que en la década de 1960 la provincia con-
templó el surgimiento de distintas casas de estudios privadas. Entre ellas surgieron las universidades de Mendoza (UM), Aconcagua, Champagnat, Católica (UCA), Juan Agustín Maza y San
Francisco. Significaron un aporte a la oferta educativa vigente. Para ello, procuraron especializarse en distintas disciplinas. De todos
modos, el clima imperante en ellas no estuvo ajeno a lo que sucedía en el contexto cultural. Aun dentro de las universidades privadas los estudiantes se movilizaban para reclamar cambios profundos. En algunos casos llegaron a solicitar la nacionalización de las
universidades privadas y estuvieron a punto de lograrlo. Baste
mencionar la intervención del Estado nacional en 1973.

Rutas y ferrocarriles: un nuevo mapa del transporte

El afán de transformar la realidad, de abrir nuevos caminos a los sueños, se reflejó justamente en esto: los caminos. El bloque de poder surgido de 1955 procuró destrabar asuntos que el peronismo había paralizado y también resultaban de importancia para la provincia. Entre ellos cabe destacar la política vial. Esta había logrado un gran desarrollo entre 1932 y 1943, época en la cual se crearon las direcciones de Vialidad, tanto en la Nación como en la Provincia, a partir de lo cual se construyó la red troncal de rutas nacionales y todo el sistema de rutas provinciales. El peronismo, al llegar al poder, menospreció la importancia estratégica que tenía la vialidad para el desarrollo económico del país y eliminó la autarquía de estos entes. Como resultado, las obras viales quedaron prácticamente paralizadas durante más de una década. A partir de 1955, las nuevas autoridades procuraron remover estos obstáculos. Reactivaron las políticas viales y lograron algunos avances significativos. En 1961 se abrió la Ruta 7 directa de Mendoza a Uspallata por Potrerillos, después de varias décadas de frustraciones. A partir de entonces los automotores dejaron de pasar por Villavicencio, lo que suponía enfrentar la exigente cuesta de la Cruz del Paramillo (3.000m). Además, el Gobierno nacional firmó un acuerdo con el Banco Interamericano de Desarrollo (BID) mediante el cual se obtuvo la financiación para pavimentar completamente la ruta a Chile por Uspallata, tarea iniciada en la presidencia de Illia y concluida a fines de la década de 1970.

Llegar a Chile era una utopía movilizadora que alcanzaba a todos los mendocinos. Mientras el oasis Norte contemplaba los progresos de la Ruta 7, en el Valle de Uco el pueblo se movilizaba y donaba horas de su tiempo para construir el camino por El Portillo Argentino. Consiguieron máquinas viales y hasta llegaron a contratar una empresa para iniciar la construcción del túnel. En el Sur, alvearenses, sanrafaelinos y malargüinos se unían para impulsar el camino por el paso Pehuenche. Durante las administraciones de Busquets y Ueltschi, Vialidad Provincial efectuó las obras de apertura de traza, y en 1961 quedó inaugurado el camino a Talca para turismo aventura. Además, para enlazar el Norte y el Sur de la provincia, en la década de 1960 se inició la construcción de la ruta de Las Catitas a Monte Comán (actual RP 153). A ello hay que añadir la pavimentación completa de la Ruta 7 hasta Buenos Aires. De esta forma, se achicarían las distancias entre las dos capitales, con lo cual se iban a generar alternativas cada vez más atractivas.

El sistema de transporte experimentó un gran salto en estos años. Las rutas abrieron posibilidades insospechadas al automotor. Cada vez eran más los camiones, autobuses y autos que circulaban desde Mendoza hacia Buenos Aires y el resto del país para transportar cargas y personas. Fue ésta la época de consolidación de la empresa TAC, líder en Cuyo. Por su parte, el ferrocarril también experimentó cambios positivos, al menos parcialmente. En 1958 el presidente Frondizi dispuso la renovación del material rodante, especialmente locomotoras. Se incorporaron las modernas máquinas diesel, con lo cual se bajaron sensiblemente los tiempos de viaje. Además, durante el gobierno de Illia, el Poder Ejecutivo tomó la decisión política de electrificar el tramo argentino del Ferrocarril Trasandino, lo que vendría a completar el ya electrificado tramo chileno. De esta forma se lograría un avance sin precedentes para garantizar un servicio cada vez más rápido y seguro, que significaba un gigantesco paso en el proceso de integración social, económica y cultural con Chile, asunto ciertamente estratégico para Mendoza.

Diques, canales y pozos: ampliación del horizonte agrícola

En estos años de innovación, los sectores público y privado coincidieron en definir el problema del agua como la gran limitante para la expansión de la agricultura local. Para superar este obstáculo procuraron avanzar en dos frentes. El sector público impulsó obras hidráulicas de irrigación, fundamentalmente la construcción de diques y los consiguientes canales derivadores para riego. El sector privado impulsó la construcción de pozos para la extracción de agua subterránea mediante bombas eléctricas.

El Estado promovió obras significativas. Entre las más importantes cabe mencionar el embalse El Carrizal, sobre el río Tunuyán, obra inaugurada por Francisco Gabrielli durante su tercera gestión. Por estos años se diseñaron y comenzaron a construir los embalses de Los Reyunos y Agua del Toro, sobre el río Diamante. También se tomó la decisión política y hasta se llegó a licitar la obra para construir el dique Potrerillos, para regular las aguas del río Mendoza. A ello hay que añadir el gran proyecto de desviar las aguas del río Grande para verterlas sobre el Atuel y de esta forma incorporar a la producción miles de hectáreas de San Rafael, General Alvear, La Paz y Santa Rosa.

Por su parte, los pequeños y medianos productores imprimieron un impulso notable a la explotación del agua subterránea. Se instalaron en Mendoza numerosas empresas perforadoras, para satisfacer la creciente demanda de una burguesía ambiciosa y renovadora capaz de innovar e invertir. Ello permitió extender el área productiva hacia zonas donde no llegaba el sistema de riego, con lo cual surgieron nuevas posibilidades, se valorizaron las tierras y se multiplicó la riqueza.

Cambios y frustraciones

La creatividad y espíritu de iniciativa demostrados por la comunidad mendocina de estos años se vieron parcialmente frustradas debido a la fragmentación de la clase dirigente. Sobre todo como resultado de los sucesivos golpes de Estado y las directivas políticas impuestas por los gobiernos de facto emanados de éstos.

Esta política se extendió a los distintos niveles: cultural, político, social y económico.

Estas características se hicieron especialmente evidentes en materia de transporte. Sobre todo a partir del golpe de Estado de 1966. Fuertemente influido por la Doctrina de la Seguridad Nacional y de las Fronteras Ideológicas, el dictador Onganía tomó tres medidas que afectaron los proyectos que estaban en marcha para fomentar el transporte terrestre hacia Chile: primero, canceló toda posibilidad de inversión de recursos para mejorar el camino por El Pehuenche; segundo, prohibió a la comunidad del Valle de Uco la continuación de las obras para abrir el camino a Chile por El Portillo Argentino. Y tercero, suspendió por tiempo indefinido la electrificación del Ferrocarril Trasandino (la historia se repetía: en 1955, el gobierno constitucional de Perón había dispuesto por primera vez la electrificación; tras el golpe de Estado de ese año, el gobierno de facto dejó sin efecto la medida; una década después, el presidente constitucional Illia volvió a ordenar la electrificación y su sucesor de facto, el militar Onganía, nuevamente dejó sin efecto la medida). Además, la ruta de Las Catitas a Monte Comán, iniciada en la década de 1960, sufrió largos períodos de parálisis (recién se terminaría en la década de 1990).

En materia de riego, energía y turismo también se verificaron frustraciones trascendentes. Entre otros casos, cabe mencionar el desvío de las aguas del río Grande hacia el Atuel, los diques de Potrerillos (sobre el río Mendoza), Los Blancos (río Tunuyán) y Portezuelo del Viento (Río Grande); la Villa de las Cuevas, construida en tiempos del peronismo como avanzada en el proceso de ocupación del espacio, impulso del turismo e integración con Chile. Esta sufrió el abandono, sus edificios se fueron deteriorando hasta llegar casi a desaparecer. También se abandonaron lugares que durante muchos años gozaron de reputación como atracción turística. Entre ellos, la zona de Lunlunta, El Sosneado y Punta de Vacas.

REFERENCIAS

1 **Escépticos del Sentido**, Santiago, Nuestra América Ediciones, 1984, p. 43.

2 En torno a la división radical en Mendoza y los problemas políticos del gobierno de la UCRI, se puede ver mi artículo *Ueltschi, gobernador*. En **San Rafael: Historia y perspectivas**, Mendoza, UNO, 1996, pp. 60-81.

3 Ver Bustelo, Gastón. *Peronismo y resistencia en Tunuyán*. En **Tunuyán: Historia y perspectivas**, Mendoza, UNO, 1995, pp. 15-16; *Peronismo y resistencia*. En **Luján y su gente**, Mendoza, UNO, 1996, pp. 28-31.

4 En torno a las luchas políticas en todos los departamentos de la provincia de Mendoza, se pueden ver los artículos dedicados a la historia de los intendentes de cada municipio en la **Serie Territorios de la Provincia de Mendoza**, editada por UNO, 1995-1997.

5 Ver Bustelo, Gastón, *Renato Della Santa, el intendente*. En **Godoy Cruz: Historia y perspectivas**. Mendoza, UNO, 1996, pp. 59-60; o bien mi libro **El socialismo en Mendoza y en la Argentina**. Buenos Aires, Centro Editor de América Latina, 1993, 2 tomos.

6 Ver D'Angelo, Oscar. *Santiago Pampillón y el Cordobazo*. En **San Martín: Historia y perspectivas** (tomo II). Mendoza, UNO, en preparación.

7 Ver Marianetti, Benito, **El Mendozazo, la sublevación de los mendocinos**. Buenos Aires, Anteo. También Montes de Oca, Aldo César. **Sin galera y sin bastón**. Mendoza, La Sopaipilla, 1997.

8 Más datos sobre este movimiento social se pueden ver en Iriarte, Víctor Hugo. *El Malarguazo*. En **Malargüe: Historia y perspectivas**, Mendoza, UNO, 1997, pp. 31-34. El tema ha sido llevado a la novela en: Prieto Castillo, Daniel. **Crónicas de haijuna**. Un análisis de esta obra se puede ver en: Carrizo de Muñoz, Nidia y Villegas de Poblete, Manuela: *Malarguazo y Lliteratura*. En **Malargüe: Historia y perspectivas**. Mendoza, UNO, 1997, pp. 34-36.

9 Bonasso, Miguel. **El presidente que no fue**. Buenos Aires, Planeta, 1997, pp. 371-373.

10 Bonasso, cit., p. 352.

11 Ver D'Angelo, Oscar. *Pampillón, mártir del Cordobazo*. En **San Martín: Historia y perspectivas**, tomo II. Mendoza, UNO, en preparación.

12 Ver Follari, Roberto. Enrique Dussell; y Fóscolo, Norma. Enrique Dussell. En **Lavalle, Santa Rosa y La Paz: Historia y perspectivas**. Mendoza, UNO, 1997, en prensa.

13 Ver Veliez, Miriam Beatriz. **Hechos del siglo XX a través de sus protagonistas: el movimiento de los 27 sacerdotes**. Mendoza, inédito, 1989 (Seminario de Historia Regional, FFyL, UNC); Larraburú, Patricia. *El Seminario de Lunlunta*. En **Maipú: Historia y perspectivas**. Mendoza, UNO, 1996, pp. 176-178.

CRISIS Y CONFLICTO (1973-1983)

Adriana Micale

Efectivos del Ejército Argentino patrullan en un Unimog las calles de Mendoza el 24 de marzo de 1976. Pasan frente a la emblemática esquina de San Martín y Amigorena, sede del Automóvil Club Argentino. Esta escena se repetía en todo el país a partir de la toma del poder por parte de la dictadura militar que había derrocado a Isabel Martínez de Perón.

Resulta difícil resumir en este capítulo las actitudes, las decisiones y las conductas de los hombres que en él intervienen. También, transmitir el espíritu de la época y el estado de ánimo de la gente que, directa o indirectamente, se vio implicada en ella. Se trata de una etapa intoxicada de ideología, con actores que pensaron la política en términos de guerra.

Las dificultades para abordarlo tienen que ver con la cercanía en el tiempo y la consiguiente falta de perspectiva histórica, la ausencia en muchos casos de documentación fidedigna que fue destruida o permanece guardada, y los traumas que este período dejó en la sociedad.

Por esta razón dividimos el capítulo en dos partes: 1973-1976, con la díada entre izquierda y derecha dentro del partido gobernante, el peronismo, y su incapacidad política por sostener la democracia conseguida en 1973; y 1976-1983, como el momento más negro de la historia argentina, con los postulados subversión-represión y la pérdida en la sociedad de sus reflejos defensivos.

Esta parte de nuestra historia permanece inexplorada aún, con escasa bibliografía y cientos de cabos sueltos. Apenas ha comenzado a escribirse. Nada de lo que aquí exponemos es definitivo y absoluto, y merece de nuestra parte el compromiso de buscar, comparar, rastrear y profundizar los datos para que los miles de cadáveres y resentimientos que dejó como saldo no se repitan.

Ni vencedores ni vencidos (1973-1976)

La llegada del peronismo al gobierno en mayo de 1973, a raíz de las elecciones en marzo, significó el final de un régimen militar surgido con la Revolución Argentina (1966) y la esperanza de que el país entrara en una transformación acorde con la ola socialista que invadía el continente.

Héctor J. Cámpora-Vicente Solano Lima, presidente y vice con el 49,6% de los votos, y Alberto Martínez Baca-Carlos A. Mendoza, gobernador y vice con el 46,6%, fueron las nuevas caras del poder. La otra cara fue la de Perón, quien, exiliado en España, permanecía atento a la situación para regresar y ser gobierno por última vez.

El nuevo gobierno comenzó con un problema de fondo dentro de sus propias fuerzas. Una extrema derecha y una extrema izquierda pugnando por acomodarse en él y, en el medio, un espectro heterogéneo convulsionado.

Al principio el peso lo tuvo la izquierda. Hubo proliferación de ideas socialistas y emblemas de organizaciones guerrilleras, toma de universidades y edificios públicos, y designación de gobernadores y gabinetes liderados por ella. La derecha ofreció batalla en algunos organismos públicos y medios de comunicación, y surgió la disputa entre "patria peronista" o "patria socialista".

Mendoza vivió también esta realidad. Martínez Baca fue apoyado por la izquierda, por grupos de clase media, estudiantes y profesores universitarios, y su vice, Mendoza, por el sindicalismo local (Unión Obrera Metalúrgica, Confederación General del Trabajo y las 62 Organizaciones). Esta fórmula, que había surgido para equilibrar ambas tendencias, nunca logró funcionar y aparecieron diversos conflictos. Entre éstos, el cuestionamiento al gobernador por las designaciones de Eduardo Zannoni en Gobierno, Francisco Reig en Cultura y Juan Carlos Cerutti en la Subsecretaría de Gobierno, considerados trotskistas, marxistas y comunistas.[1]

Las diferencias entre los dos sectores del peronismo se dirimieron en Ezeiza el 20 de junio de 1973, cuando Perón regresó al país. Considerado la manifestación popular más grande de la historia argentina, por los tres millones de personas que congregó, este acontecimiento mostró al país un peronismo dividido en sus propias fuerzas.[2] Perón no bajó en este aeropuerto, y sus partidarios, en medio de fogones, cánticos e insultos, desencadenaron una feroz batalla. Según Martín Andersen, "la izquierda peronista había ido... esperando una pelea callejera sangrienta; la derecha había ido armada como para una guerra". El resultado de esta contienda produjo, según Horacio Verbitsky, 13 muertos y 365 heridos; según Félix Luna, un centenar de víctimas fatales y numerosos heridos, y según Mario Firmenich, líder de Montoneros y figura protagónica de aquella jornada, un total de 182 muertos.[3] A raíz de esto el mapa político se modificó, encumbrándose la derecha dentro del gobierno.

Las autoridades nacionales renunciaron en julio. Las remplazó hasta setiembre, fecha en que llegó Perón a la tercera presidencia, Raúl Lastiri, presidente de la Cámara de Diputados y yerno de José López Rega, ministro de Bienestar Social de Cámpora. Este personaje, apodado el "Brujo", el "Rasputín Argentino" o "Lopecito", prestó una ayuda incondicional a Perón. Creó en octubre del '73 el escuadrón de la muerte conocido como Alianza Anticomunista Argentina (Triple A). Esta organización -según José Pablo Feinmann, el presidente Perón se negó a que se formara y según Miguel Bonasso, sí sabía y la aceptó- perpetró secuestros, torturas y asesinatos de gente vinculada a la izquierda.[4] Con matones salidos de la Policía Federal, militares y gente del peronismo de derecha, este grupo se cobró aproximadamente dos mil víctimas. En Mendoza actuó a partir del '74 bajo el nombre de Comando Anticomunista Mendoza (CAM).

Lo que fue la izquierda en el '73, un año después lo fue la derecha. En Chile ya había caído y se había suicidado el presidente socialista Allende, quien fue remplazado por el general Augusto Pinochet, y en Uruguay, los militares habían depuesto a Juan María Bordaberry. Desde Colombia hacia el sur, excepto la Argentina, todo el continente era copado por militares de derecha.

Dentro del gobierno de Martínez Baca la derecha también arremetió con fuerza. La provincia, junto a Buenos Aires, Córdoba y Santa Cruz, fue vista como un foco marxista liderado por gente de izquierda. El gobernador sufrió un atentado con una bomba en su escritorio, que no le causó daños, y también la no aprobación de leyes, deteniendo su administración. Frente a este desgobierno surgió la especulación de deshacerse del mandatario.[5] Para llevar adelante esto se especuló con su alejamiento por problemas de salud, debido a su corta visión; la posibilidad de un juicio político amparado por la Constitución provincial (art. 109) o la intervención a la provincia.[6] Finalmente primó la segunda.

En junio del '74 la Legislatura promovió la suspensión de Martínez Baca. Este juicio político, considerado por los especialistas "de discutida constitucionalidad, debido a que fue conducido por un Senado en el que había miembros que habían prejuzgado sobre su conducta al investigarlo, lo suspendió imputándole faltas graves sin adjudicarle delitos ni crímenes comunes".[7] Lo sucedió su vicegobernador, el 6 de junio de ese año. Carlos Mendoza, mostrando escasa capacidad política para el gobierno, permaneció hasta el 3 de agosto.

Juicio a Martínez Baca

El 28 de marzo de 1974 llegó a Senadores un informe, elaborado por la Comisión Especial Investigadora en Bodegas y Viñedos Giol, que señalaba anormalidades en la bodega vinculadas con el gobernador. Se trató de la adulteración de tres millones de litros de vino, la presencia de Juan Alberto Martínez Baca actuando como comisionista en unas operaciones y la existencia de una cuenta en un banco de San Rafael, que lo comprometían. Diputados y el Partido Demócrata le solicitaron la renuncia, pedido al que se sumaron los abogados José Blas Made y Santiago Teruel en calidad de ciudadanos. A raíz de esto se conformó una Comisión de Juicio Político encargada de enjuiciarlo. Martínez Baca aceptó que lo investigaran. Luego de numerosas desinteligencias entre los miembros de los partidos, de un pedido de la defensa de suspender el juicio y de traslados de fechas para su realización, el 5 de junio, luego de más de 15 horas de deliberación, fue suspendido con los votos de los dos tercios de la Cámara de Diputados (justicialistas, demócratas y justicialistas disidentes). El Senado nunca lo juzgó. Mendoza fue intervenida.

En esta época se afianzaron todas las organizaciones sindicales del país. El mismo Perón se inclinó por ellas. Según Félix Luna: "Las prefería, frente a esos muchachos incontrolables que habían sido útiles en la época de la lucha contra el gobierno militar pero que ahora le exigían cosas que no estaba dispuesto a conceder".[8] La ruptura de Perón con Montoneros llegó el Día del Trabajador, cuando desde el balcón de la Plaza de Mayo lanzó el histórico discurso apoyando a la dirigencia sindical y descalificando a los sectores juveniles con los términos "malvados", "imberbes" y "estúpidos". Dos meses después Perón fallecía en la residencia de Olivos dejando a la izquierda herida de muerte y a la derecha más fortalecida. Le sucedió María Estela Martínez de Perón, su compañera de fórmula y esposa.

Los conflictos se ahondaron en el país. Hubo problemas económicos (al duplicarse el valor del dólar, liberarse los precios máximos y aumentar las tarifas de los servicios públicos). A raíz de esta política implementada por el ministro Celestino Rodrigo, conocida como el Rodrigazo, se volatilizaron los salarios de los trabajadores, desencadenando un hecho inédito en el país: la huelga general contra el gobierno de un mismo signo político, ocurrida en julio del '74. El ministro fue remplazado y López Rega, su promotor, ante la posibilidad de ser víctima de la violencia que había promovido, partió al exilio.

El tiempo que estuvo Isabel fue casi una ficción. No sólo sufrió el avance de la izquierda, que aprovechó el campo debilitado por la rebelión sindical, sino que dispuso el envío de intervenciones a las provincias para detener los conflictos. Mendoza fue blanco de éstas.

Intervenciones "de lujo"

Al igual que en la década del '20, cuando llegaron seis intervenciones federales constitucionales a Mendoza, en los años '74 y '75 arribaron tres más. El resto fueron siempre intervenciones de facto. Se trató de las gestiones de Antonio Cafiero (1974-75), de Luis María Rodríguez Marcó del Pont (1975) y del general (RE) Pedro León Lucero (1975-76).

Contempladas en el artículo 6° de la Constitución nacional, estas administraciones cayeron en la eterna rutina de disolver la Legislatura, declarar en comisión a los magistrados del Poder Judicial, a los intendentes municipales y a los concejos deliberantes.[9] Intervinieron Bodegas y Viñedos Giol, el Banco de Mendoza y el Instituto Nacional de Vitivinicultura. Todos estos cargos vacantes fueron cubiertos por parientes y amigos, desencadenando conflictos internos.

Al igual que otros ejemplos intervencionistas, estas gestiones dejaron el sabor amargo de administraciones dudosas, tareas inconclusas, contratos mal avenidos y dependencia absoluta respecto de Buenos Aires. Un ejemplo de esto es Cafiero. El negociado con unas vasijas vinarias que lo salpicó, el escándalo protagonizado por uno de sus funcionarios y la versión de que se había llevado un piano del Plaza Hotel son asuntos que, aunque nunca aclarados, dejaron un mal recuerdo de su paso por Mendoza.[10] Según refieren las crónicas periodísticas, Cafiero fue presentado el día que asumió como un "interventor de lujo". Debido a sus reiterados viajes a Buenos Aires, de jueves a lunes, quedó en el recuerdo como un "interventor de lejos". Respecto del desaparecido piano, aunque nunca se comprobó su sustracción, el hecho le ha valido para que ante cada visita a la provincia voces anónimas le griten: "¡Cafiero, devolvé el piano!".

A pesar de esto, su gestión fue significativa. Le dio espacio a la derecha peronista al nombrar como ministro de Bienestar Social a Decio Bernardo Naranjo, del gremio de la construcción, y tener cerca al ex vicegobernador Mendoza.[11] También al mantener reuniones con diferentes gremios y permitir la intervención de los sindicatos en temas como el horario de comercio, el aumento del boleto del transporte o su rebaja.

Su alejamiento determinó la designación de Luis María Rodríguez. Ayudante militar de Perón cuando estuvo en Mendoza, este interventor fue resistido por la derecha sindical por no tener participación activa dentro del justicialismo y por poseer simpatías hacia el radicalismo. Temían que implementara una experiencia política, nueva dentro del país, que consistía en un acuerdo radical-peronista.

Lo que fue la derecha para Martínez Baca lo fue también para Rodríguez.[12] Al cabo de seis meses de gobierno debió renunciar, quedando la provincia casi un mes sin autoridades visibles. Durante este tiempo sonaron algunos candidatos pero finalmente se designó al general (RE) Lucero, quien de inmediato presentó una declaración jurada de bienes como un signo de transparencia por la tarea que iba a llevar.

Esta gestión transitó los mismos carriles de inestabilidad de sus antecesores y sufrió la presión del gremialismo, al tener que designar a Naranjo nuevamente en el gabinete. Su gobierno fue objeto de paros por parte de los bancarios, docentes privados y estatales, y el levantamiento del SUTE que reclamó un aumento salarial. A los docentes se les descontaron los días de paro y se les anunció una posible intervención del gremio. Las clases terminaron antes de lo previsto.

Durante esta gestión estalló el escándalo del negociado de las vasijas vinarias de la época de Cafiero. Se trató de 60 vasijas construidas con un crédito otorgado por el Banco Central a través del de Mendoza. Estos recipientes, que iban a ser de metal con un revestimiento similar al de una botella de vino para almacenar esa bebida, fueron construidos de cemento y su revestimiento fue mal pegado, por lo que quedaron inutilizados. También salió a la luz la compra a YPF de un tanque de petróleo para almacenar vino en Maipú. Cafiero fue investigado por estos hechos bajo el régimen militar. Sufrió cárcel algunos días, pero al no comprobársele nada quedó libre. El perjuicio económico para la Provincia fue grande. Las vasijas fueron utilizadas años después para almacenar insumos y expedientes del Archivo Judicial de la Provincia.

En este tiempo, Mendoza tuvo resonancia en el ámbito nacional. Fue designada, conjuntamente con Córdoba, Mar del Plata y Rosario, subsede del XI Campeonato Mundial de Fútbol a realizarse en 1978. Por este hecho visitó la provincia el titular de la Federación Internacional de Fútbol Asociado (FIFA), Joao Havelange, y se cedieron más de 30 hectáreas del parque General San Martín para la construcción de un estadio.[13]

En octubre del '74 se conoció la noticia de la designación de Olimpo Santiago Maresma como arzobispo de Mendoza. Este religioso permaneció hasta mediados de 1979, fecha en que murió y lo sucedió Cándido Rubiolo. En mayo del '75 llegó la noticia de la designación en Estados Unidos de Alejandro Orfila como secretario general de la Organización de los Estados Americanos (OEA). Aunque la designación de un mendocino e hijo de un ex gobernador causó sorpresa, la misma estuvo empañada por calificativos de "pro yanqui" y de no ser de los países pequeños del hemisferio.

En lo económico, teniendo en cuenta la crisis a nivel nacional por poner freno a la inflación, hubo desabastecimiento de combustible y de artículos de primera necesidad. La especulación de algunas empresas que acapararon productos, como el caso de Minetti Hnos., fue noticia. También lo fue el ascenso económico de algunos grupos vinculados a la industria vitivinícola, como el de Greco.[14]

La inauguración del cine América y del edificio de la Policía de Mendoza, y la puesta en marcha de la construcción del Túnel Internacional, a comienzos del '76, resumen las magras obras públicas de estos años.

En lo social, estas intervenciones administraron sus gobiernos usando normas legales como la Ley Antisubversiva N°20.840, "para detener el avance guerrillero", y el decreto 261/75, conocido como "decreto S", para "ejecutar las operaciones necesarias para neutralizar o aniquilar el accionar de los elementos subversivos" que desde Tucumán actuaban para todo el país. Es común encontrar en los periódicos locales de esta época noticias sobre "torturas contra guerrilleros", "detención de jóvenes, algunos estudiantes, acusados de extremistas", "detenidos políticos y gremiales...", "operaciones intimidatorias con detenidos", llevados adelante por la policía y fuerzas de seguridad.[15] Se sucedieron los desmanes en todo el país. Hubo represión ilegal generada desde el Estado y, ante la incapacidad de superar la crisis, el peronismo abrió las puertas de un gobierno democrático a los militares.

La guerrilla y el Comando Anticomunista Mendoza (CAM)

A fines de los '60 se pusieron en marcha las primeras guerrillas urbanas del país. Ejemplos de esto fueron el asesinato del líder sindical Augusto Timoteo Vandor (1969), y el secuestro y la muerte del ex presidente de facto general Pedro Eugenio Aramburu (1970), a manos de Montoneros.

Numerosos grupos armados, como el Ejército Revolucionario del Pueblo (ERP), las Fuerzas Armadas Revolucionarias (FAR),

Montoneros, las Fuerzas Armadas Peronistas (FAP), las Fuerzas Armadas de Liberación (FAL), el Movimiento Revolucionario Argentino (MRA) y Descamisados, comenzaron a actuar, haciéndose notar en el país.

Entre el '71 y el '73 estos grupos, sobre todo ERP y Montoneros, se convirtieron en verdaderas fuerzas militares, con estructuras jerárquicas, medios de difusión clandestinos y economías internas propias, dispuestos a modificar la realidad del país. Se lanzaron a la lucha armada contra lo que ellos consideraron un país capitalista dependiente que sufría la injusticia social, el lopezreguismo y el dominio de los sectores más retrógrados del peronismo.

Mendoza estuvo dentro del mapa de la guerrilla. Aquí operaron grupos y fue blanco de sus atentados. Montoneros, por ejemplo, que nació oficialmente en el país hacia 1970, lo hizo en Mendoza en el '71, quedando conformada la Regional Cuyo.

Montoneros en Mendoza

En San Luis nació la Regional Cuyo de Montoneros (Mendoza, San Juan y San Luis). Hasta aquí viajaron periódicamente sus integrantes para realizar prácticas militares. El primer jefe de Mendoza fue Alberto Molina, a quien le siguió Guillermo "Polo" Martínez Agüero. Al caer preso éste en el '74 le sucedió Jorge Vásquez. El último jefe regional de Cuyo, con asiento en Mendoza, fue el poeta Francisco "Paco" Urondo, muerto en 1976 en un enfrentamiento con la policía. En Mendoza, Montoneros funcionó celularmente. Hubo unidades básicas de combate, que fueron grupos clandestinos de enfrentamiento, y unidades básicas revolucionarias, que tuvieron contacto con la gente clandestina y llegada en la sociedad. Alquilaron casas para esconderse, financiaron sus gastos robando bancos y autos, y para realizar los operativos obtuvieron armas de las seccionales policiales. Los entrenamientos y las prácticas militares los hicieron en lugares apartados como Canota, en el departamento de Las Heras.

Esta organización tuvo vida pública hasta que a nivel nacional pasó a la clandestinidad entre setiembre y octubre del '74. Incidió en esto el comienzo de la agonía de la izquierda dentro del peronismo, el discurso de Perón en Plaza de Mayo, su muerte y finalmente la entronización del lopezrreguismo en el gobierno. Esta decisión, tomada durante un gobierno democrático, desencadenó en el país una ola de violencia sin precedentes. A pesar de su retiro, Montoneros mantuvo una rama política pública, el Partido Peronista Auténtico, en donde actuó Martínez Baca.

En setiembre del '74 hubo 400 estallidos de bombas en el país, y entre este año y julio del siguiente, 500 homicidios políticos.[16] Hubo secuestros históricos, como el del general chileno Carlos Prats y su esposa, y el de los hermanos Jorge y Juan Born, ambos en setiembre del '74. Este último caso, perpetrado por Montoneros, le significó a la organización 60 millones de dólares a cambio.

Los habitantes de Mendoza vivieron en carne propia el clima de terror general del país. Diez días después de haber anunciado el paso a la clandestinidad, tres bombas incendiarias estallaron en las agencias de automotores Luján Williams, John A. Walker y Primo Meschini (16-9-74). Montoneros se las adjudicó.

Los estallidos de bombas, amenazas a empresarios, secuestros y hallazgos de cárceles del pueblo llenaron los titulares de los diarios locales en ese tiempo. Entre el '74 y el '75 se pusieron bombas en la imprenta Paulus, en la casa del profesor y decano de la Facultad de Filosofía y Letras, Onofre Segovia; en el diario "La Tarde" y en la librería Centro San Pablo, donde fue desactivada por la policía. Hubo noticias de secuestros como los del empresario Carlos Luján Williams y los hijos de los bodegueros Gargantini y Mosso. El hallazgo de depósitos de armas en una vivienda en Dorrego, Guaymallén, y los operativos para detener la violencia también fueron noticia.

Muchos de estos atentados tuvieron como responsables a Montoneros, otros no. Hubo un manejo significativo de la prensa por parte del gobierno, a tal punto de adjudicarle todos los hechos violentos a la guerrilla. Esta metodología de control se fue incrementando con los militares y llegó a una dura censura, constituyendo una de las dificultades para estudiar esta época a través de los diarios.

Paralela a estos grupos, funcionó en la provincia una fuerza parapolicial denominada Comando Anticomunista Mendoza (CAM). Este grupo, que respondió a las directivas a nivel nacional de la Triple A, persiguió gente e instituciones vinculadas con la izquierda. Lo dirigió el vicecomodoro Julio César Santuccione, designado por Cafiero, y permaneció al frente de la Policía de Mendoza hasta 1977. Este personaje adoptó medidas persecutorias sin precedentes en Mendoza. Aumentó las denominadas "unidades de orden público", creó el órgano Inspección General y, bajo la gestión de Fernández, logró la sanción de la ley N°4.103/76 por la que se jerarquizó y centralizó la Dirección Investigaciones.[17] Santuccione dirigió el Comando Moralizador Pío XII, con el que persiguió a delincuentes comunes, prostitutas, homosexuales, lesbianas, jugadores, traficantes y consumidores de drogas.[18] Bajo la consigna "Mendoza, la provincia más limpia del mundo, no cobijar basura roja en su suelo. Antes muertos que bolches", el CAM colocó bombas en los hogares de dirigentes de izquierda y de la JP. El líder comunista Benito Marianetti y el diputado peronista Eduardo Molina, que salvaron sus vidas, fueron algunos de sus ejemplos. No corrió la misma suerte la estudiante y militante comunista Susana Bermejillo, quien fue secuestrada y torturada antes de morir. También colocaron bombas en la sede del Partido Comunista, en el Centro Cultural Israelita, en la imprenta Spadaro y en el Taller Nuestro Teatro (TNT).[19] El dueño de este teatro, Carlos Owens, sufrió igualmente un atentado en su domicilio, debiendo marcharse de la provincia.

A comienzos del '76 la violencia recrudeció. En enero estallaron 12 bombas, una de éstas en el domicilio de Martínez Baca, y la policía realizó "operativos" deteniendo entre 200 y 400 personas por día.

La primera mitad de los setenta sirvió a los militares que tomaron el poder en el '76 de laboratorio del terrorismo de Estado. Muchas de sus técnicas utilizadas y perfeccionadas serían usadas después.

La movida cultural: centros de conflictos

Los aires democráticos impuestos en el '73 trajeron consigo la idea de crear una cultura nacional y popular. En Mendoza esto se dio a través de juntas vecinales, clubes de barrio y los sindicatos surgidos en los departamentos. Hubo cierta reactivación cultural pero sin ningún proyecto integral oficial. Los departamentos más activos fueron Ciudad y Godoy Cruz, quienes ofrecieron espectáculos y actividades.

Entre el '73 y el '74 Mendoza disfrutó de los últimos coletazos del cine italiano y de filmes llegados de Estados Unidos. Los cines Ópera, City, Gran Rex, Lavalle, Cóndor, Premier, Roxy y Center ofrecieron películas de Elio Petri, Woody Allen y Francis Ford Cópola, y de Antín, Torre Nilsson y Favio. En teatro, las obras de Bertolt Brecht y Rafael Alberti fueron puestas en escena, y en plástica, impactaron las muestras de Sergio Sergi, Roberto Azzoni, Ángel Gil y Orlando Pardo. Los amantes del tango disfrutaron con Aníbal y Héctor Apiolazza, y los de la canción popular, con grupos vocales como Canturía y Trébol. El rock nacional, con Sui Géneris, inundó el país.

La llegada de López Rega y la Triple A al gobierno cortaron estos aires. La libertad de prensa fue dañada y numerosos medios de comunicación, como *La Opinión* y *Noticias* fueron clausurados. También intervinieron radios en Buenos Aires, y en Mendoza, la revista *Claves,* el diario *La Tarde* y el semanario *La Provincia* debieron cerrar.

El magisterio local sufrió un duro revés en los '70. Durante la gestión de Martínez Baca, y bajo la conducción de su ministro de Cultura y Educación, Francisco Reig, se pusieron en marcha unos "seminarios educativos" y sus "pautas", tendientes a transformar la escuela en popular y la educación en permanente. Estos seminarios, que fueron elaborados por representantes del SUTE, gremio que nucleaba al magisterio mendocino, se dictaron durante un mes y reunieron a 6.000 docentes. En estos encuentros, "que no fueron obligatorios y por eso no concurrieron los docentes de San Rafael y de algunos departamentos de la provincia", se discutió la educación mendocina.[20] Como resultado, salió un anteproyecto de ley sobre educación que fue condensado en un libro que apareció en junio de 1974. Esta obra, que no llegó a ser ley, sirvió como fuente a la ley de educación del Perú durante el gobierno de Velasco Alvarado.[21] Los seminarios despertaron la reacción de un sector de la sociedad, entre los que estuvieron la Federación de Padres de Alumnos, presidida por el profesor Cardozo Biritos; la UCR, los docentes de San Rafael y "el vicegobernador Mendoza, que alentó cierta reacción con diputados y senadores adictos a él".[22] Estos grupos consideraban que muchos de los puntos de la ley eran "marxistas".

El 19 de setiembre se llevó adelante una manifestación céntrica conocida como Marcha de Silencio, en contra de la política educativa del gobierno. Numerosos docentes desconocieron la máxima autoridad educativa organizando unos seminarios paralelos. El 22 de octubre el gobierno inauguró el Congreso Provincial de Educación, con vistas a profundizar y debatir la reforma educativa. A raíz de los conflictos vividos, Reig presentó su renuncia en noviembre de ese año, siendo remplazado por Edgardo Bernal. Este funcionario también dimitió, dejando la tarea emprendida, inconclusa.

El clima de agitación y tensión ideológica también se vivió en la Universidad Nacional de Cuyo. En mayo del '73 las universidades del país fueron intervenidas, alcanzando la medida a la de Cuyo.

En junio de ese año asumió como rector interventor el ingeniero Roberto Carretero, ministro de Obras y Servicios Públicos con Martínez Baca y rector de la Universidad hasta abril del '55. Lo acompañaron como delegados interventores: ingeniero Enrique Destéfani (Ingeniería en Petróleo); Agr. Guido Liserre (Ciencias Económicas); Prof. Edgardo Robert (Esc. Superior de Artes); Ing. Fidel Roig (Ciencias Agrarias) y Jorge Fontenla (Esc.

de Música). En Filosofía y Letras estuvo el profesor Onofre Segovia y en Ciencias Políticas, el licenciado Emilio Tenti. La única facultad que quedó sin autoridad fue Medicina, que estaba tomada. En setiembre los alumnos levantaron ésta, iniciándole un juicio político-académico al doctor Julio Herrera, decano y rector durante la dictadura de Onganía.

La Universidad estuvo copada en este tiempo por el justicialismo y grupos de izquierda, quienes se convirtieron en hegemónicos dentro del movimiento estudiantil. Esto generó un clima especial que desembocó, entre otras cosas, en juicios a numerosos docentes. Los alumnos se convirtieron en fiscales y en barras bravas. Aparentemente imparciales y movidos por el afán de esclarecer ideológicamente los nombres de profesores y su ideología, más que su trayectoria académica e institucional, fueron puestos en la palestra por los estudiantes. Ciencias Políticas fue una síntesis de esto. Amparados indirectamente por las autoridades de la institución, sometieron simbólicamente a juicio al profesor Dardo Pérez Guilhou, ex decano de la Facultad, ex rector de la Universidad (1967-69) y ex ministro de Educación de la Nación (1969-70). A este docente lo enjuició un tribunal compuesto por alumnos y por obreros que nada tenían que ver con los claustros universitarios. Se le imputó el haber sido ministro del general Onganía y haber firmado la ley que comprendía la pena de muerte, entre otras cosas, dictada por ese militar.[23] Pérez Guilhou, que daba Derecho Constitucional, fue expulsado de la Facultad y de la Universidad. Si bien su sanción no tuvo efecto jurídico, ya que los procesos no tenían base institucional sino que se instruían por simple voluntad de los estudiantes, la medida mereció el repudio de muchos docentes que se solidarizaron con el afectado. Pérez Guilhou siguió impartiendo clases como lo había hecho siempre.

La Universidad vivió un clima de laxitud desde el punto de vista educativo.[24] No hubo clases regulares y la confrontación ideológica y las asambleas estudiantiles fueron prácticas corrientes. Esta verdad, conocida por los protagonistas de aquellos años, ha sido utilizada por los sectores más reaccionarios para justificar los más salvajes procedimientos de listas negras, desaparición de personas, censuras, expulsiones, prohibición de libros y otras actividades delictuales que se cometieron desde el Estado a partir de 1975. Se ha pretendido ver en las gestiones de facto una cruzada de orden y racionalización, cuando en realidad lo que se hizo fue imponer un sistema de terror y barbarie que después recrudeció.

El '74 trajo más violencia para algunos docentes. Esto quedó confirmado con el estallido de una bomba en lo del profesor Segovia, y con los atentados a las viviendas de los profesores Pérez Guilhou y Herrera.

En diciembre del '74 fue designado rector normalizador Otto Burgos. De militancia peronista de ultraderecha, este profesor fue acompañado por Roque Aragón y Luis Campoy como secretarios general y académico respectivamente. Burgos, que asumió con su grupo a fines de enero del '75, dio paso a la etapa inicial de cesantías de los años setenta. En abril expulsó a 32 docentes de Filosofía y Letras, y en agosto, otra cantidad más. Entre los cesanteados estuvieron Oswald Ferrari, Arturo Andrés Roig, Carlos Bazán, Rodolfo Borello y otros docentes, que perdieron sus cargos.[25] Paralelamente se crearon las carreras de Relaciones Internacionales y de Servicio Social en Ciencias Políticas, y la Escuela de Odontología en Ciencias Médicas.

Dos Mendoza parecieron convivir juntas durante estos años, situación que se repitió en todo el país. Mientras un sector de la población se reía con programas televisivos como *Operación Ja Ja* y *Polémica en el bar*, y concurría a bailar a "boliches", otros sectores se movían entre las sombras. Los aires se enrarecieron en el '75. La democracia llegaba a su fin y los militares, agazapados desde el '73, se preparaban para tomar el gobierno.

Los generales de la muerte

A principios del '76, la gestión de Isabel dio sus últimos pasos. La estabilidad argentina, el "aniquilamiento" de la guerrilla y la permanencia de las instituciones habían quedado en manos de los militares, presagiándose lo peor.

Entre febrero y marzo los rumores de golpe se instalaron en la sociedad. El interventor Lucero señala que en Mendoza "las cosas estuvieron tranquilas, a tal punto de que no se hablaba de un golpe".[26] El 24 de marzo los acontecimientos demostraron lo contrario. Miles de noctámbulos, preocupados por lo que estaba ocurriendo en el país, escucharon en la radio a las 3:20 de la madrugada, la marcha *Ituzaingó* y la voz de un locutor anunciando que el país quedaba bajo el control de la Junta de Comandantes. Isabel fue desalojada del gobierno, y los militares se hicieron del poder por sexta y última vez en el siglo. Esta etapa es de difícil reconstrucción, porque casi no se cuenta con fuentes documentales fidedignas. Los diarios de la época reflejan información pasada por el tamiz de la censura, y los testimonios personales, en la mayoría de los casos, están teñidos por el drama de aquellos años.

Los militares recibieron apoyo externo de Washington y del Fondo Monetario Internacional, e interno, de algunos religiosos como el arzobispo Adolfo Tórtolo; de intelectuales como Jorge Luis Borges y Ernesto Sábato, y de la sociedad argentina, que vio con alivio esta llegada después de la violencia y corrupción que había vivido con el peronismo. Otros sectores, en cambio, los rechazaron viendo venir el brazo represor.

El nuevo gobierno estuvo formado al principio por hombres de las tres fuerzas armadas: el Gral. Jorge Rafael Videla (Ejército), el Almte. Emilio Eduardo Massera (Marina) y el Gral. Orlando Ramón Agosti (Aviación). Denominado este gobierno como Proceso de Reorganización Nacional, esta junta de militares designó finalmente a Videla como presidente de la Nación.

Los militares alcanzaron durante este período "la mayor concentración de poder que haya existido a lo largo de la historia nacional".[27] Esto les permitió instaurar un terrorismo de Estado y descapitalizar el país. Para conseguirlo, dividieron el territorio en un 33 % para cada una de las armas, quedando Mendoza bajo la Aeronáutica.

Los uniformados suprimieron la Constitución nacional, disolvieron el Congreso, remplazaron a la Corte Suprema de Justicia, intervinieron los gremios, y suspendieron la actividad de los partidos políticos y el derecho de huelga. Abolieron las garantías individuales, elaboraron el Estatuto del Proceso de Reorganización Nacional y establecieron la pena de muerte por razones políticas. En lo económico, congelaron los salarios, liberaron los precios y modificaron la legislación de los trabajadores. En lo financiero, liberaron las tasas de interés e invitaron a muchas entidades al negocio del dinero. El país se abrió a las importaciones industriales y se acudió al crédito externo. Esta estrategia la aplicó el ministro de Economía, José Alfredo Martínez de Hoz, quien dio paso a lo que se conoció en la época como "plata dulce" y "bicicleta financiera".

En Mendoza, el interventor Lucero fue llevado al Liceo Militar Gral. Espejo por su condición de militar. Lo remplazó el coronel Tamer Yapur hasta el 12 de abril, fecha en que lo suplantó el brigadier mayor (RE) Jorge Sixto Fernández, de la Fuerza Aérea.

Oriundo de Santa Fe, Fernández formó su gabinete con mayoría de militares, a excepción de las carteras de Economía, Cultura y Educación, y Bienestar Social. Allí designó a los civiles Félix Carlos La Red, Carlos O. Nallim y Francisco Navarro Hinojosa.

A pesar de que Fernández no estuvo alineado con los militares considerados duros y de que en su gestión se puso en marcha a nivel nacional la represión, su actuación difiere de la de otros gobernadores del país, más comprometidos con la violencia de esos años.[28] No obstante, hubo depuración de empleados en la administración pública (decretos 96 y 177), suspensión de la actividad de los partidos políticos y prohibición del debate ideológico.

Durante la gestión de Fernández la ruta 7 adquirió su actual fisonomía y se inauguraron los tramos San Martín-Alto Verde, la avenida Costanera entre Brasil y Balcarce y el enlace de los accesos Este y Sur a la altura del monumento El Cóndor. En el '77, a raíz del estallido de la planta de Gas del Estado en Godoy Cruz, en el que murieron tres personas, se dispuso el traslado de la misma a Luján de Cuyo. El suministro de gas quedó dañado en un 30%, afectando a algunas industrias y a parte de la población. En el '78, a raíz del Mundial de Fútbol, quedó inaugurado, en el parque general San Martín, el estadio Malvinas Argentinas, con una capacidad para 50.000 espectadores. También las instalaciones del

Centro de Prensa, en Ciudad, y se puso en marcha el servicio internacional de microondas, que dio comienzo a una nueva etapa de las telecomunicaciones en Mendoza. Al finalizar esta gestión quedó inaugurado en Las Heras el centro invernal Los Penitentes y en San Rafael, la planta procesadora de uranio de Sierra Pintada. En enero del '80, por razones personales, Fernández presentó su renuncia.

El Beagle

A comienzos del '78 la Argentina rechazó el fallo arbitral sobre el Beagle dado por la corona británica. Esto determinó que los presidentes Videla y Pinochet se reunieran en Mendoza en enero y en Puerto Mont en febrero, para llegar a un acuerdo. Los encuentros fueron infructuosos. La excitación por el Mundial y el posterior triunfo de la Argentina como campeón en junio taparon el conflicto momentáneamente. Aquietada la alegría futbolera, el tema volvió a reflotar en el país, eligiéndose Mendoza como base de operaciones por su cercanía con Chile. Hubo prácticas de simulacros de guerra, sonadas de sirena y apagones de luz, para preparar a la gente por un posible conflicto. En diciembre el gobierno convocó a cientos de jóvenes para una guerra inminente, y dispuso el envío de trenes hacia zonas fronterizas con armas y ataúdes. El general Benjamín Menéndez comandó las tareas militares. La presencia del cardenal Antonio Samoré, surgido de gestiones secretas entre el Vaticano y Estados Unidos, detuvo el conflicto. En enero del '79 las partes suscribieron el Acta de Montevideo, aceptando la mediación papal de Juan Pablo II.

La agonía del régimen: Ghisani y Cejuela

Un mes después de la renuncia de Fernández fue designado el brigadier (R) Rolando José Ghisani, también vinculado a la Fuerza Aérea. Nacido en Buenos Aires, este funcionario formó su gabinete con civiles y un único militar, el comodoro Teófilo Ramírez Dolan en Gobierno, que ya había ocupado este ministerio con Fernández.

De esta gestión sobresalen las inauguraciones, a mediados de los '80, del Túnel Internacional Cristo Redentor, de la unión vial entre Argentina y Chile, y la presa Los Reyunos, en San Rafael. También la celebración, en octubre, del Congreso Mariano Nacional para que Argentina y Chile llegaran a un acuerdo por el tema del Beagle.

Ghisani estuvo sólo un año en el gobierno. Su abrupta partida coincidió con un momento de crisis militar, bancaria y financiera en el país, y la caída en Mendoza del grupo Greco, de gran repercusión para la economía local.

El general Videla fue remplazado por el general Roberto Viola y finalmente por Leopoldo Fortunato Galtieri. Todos estos hechos hicieron que Mendoza fuera una de las "más afectadas de todas [las provincias] por la crisis".[29]

Caso Greco

Héctor Greco (1928-1988), empresario del Este mendocino (San Martín). Apodado "El Padrino", controló buena parte del mercado vitivinícola del país, presidió la Bolsa de Comercio en Mendoza y dio trabajo a 16.000 familias. Logró, gracias a la política económica de los '70 y '80, ser dueño de más de 44 empresas (Bodega Greco, Banco de los Andes, Diario Mendoza,

Villavicencio y Bodegas Arizu, entre otras). Su banco fue el tercero en importancia en el país, después del Nación y el Provincia de Buenos Aires. A raíz de la crisis económica de 1980, por la que bancos y financieras quebraron, fue detenido en Buenos Aires. Se lo investigó y se tipificó su caso como "subversión económica". Sufrió la cárcel. De estos hechos, se comprobó que Greco pudo construir su imperio gracias al consentimiento del Banco Central.

Durante las gestiones de Viola y Galtieri se dio un acercamiento hacia los grupos conservadores del país, incluyendo a funcionarios con esta ideología dentro del gobierno. El Partido Demócrata mendocino, con la anuencia de su máximo líder, Francisco "Pancho" Gabrielli, aceptó las designaciones de Amadeo Frúgoli como Ministro de Justicia de Viola y de Defensa de Galtieri, y la de Francisco Moyano como asesor presidencial de Videla y de Viola. Con estos antecedentes, los militares buscaron nuevamente dentro de este partido al sucesor de Ghisani.

En enero del '82, luego de barajarse los nombres de Frúgoli, Moyano, Ferrari, Balter y el propio Gabrielli como sucesores, fue elegido el doctor Bonifacio Cejuela, considerado de "segunda línea" dentro del partido. Este personaje se convirtió así en el primer gobernador civil de facto del Proceso de Reorganización en Mendoza.[30] Esta designación provocó voces en contra, destacándose la de los radicales, gente del MID y algunos demócratas, entre los que sobresalieron los seguidores de Emilio Jofré. El justicialismo no se expresó al respecto.

Hacia 1982 los militares mostraron su agotamiento. Este cansancio permitió que la población comenzara a manifestar su descontento, y que los líderes sindicales y de los partidos políticos hicieran sentir sus voces. Producto de esto se constituyó en

Mendoza la Multipartidaria Provincial, formada por diferentes partidos, que buscó aprovechar los cambios.

A fines de marzo, la CGT celebró en Plaza de Mayo una concentración popular bajo el lema "Pan, paz y trabajo". Dicha movilización tuvo adhesión popular en Mendoza a pesar de no contar con el permiso del gobierno de Cejuela.[31] La marcha fue reprimida, teniendo gran participación en esto la Gendarmería y el Ejército. Hubo varios heridos de bala, algunos de gravedad, como fue el caso de José Benedicto Ortiz, que encontró su muerte.[32] Cejuela y su ministro de Gobierno, Aguinaga, eludieron su responsabilidad en los hechos y culparon a los manifestantes por lo ocurrido.[33] Esta violencia inmerecida causó indignación generalizada y provocó algunas renuncias de funcionarios, que no fueron aceptadas.

Guerra de Malvinas

Los militares argentinos desembarcaron en las islas Malvinas el 2 de abril de 1982, luego de 150 años de disputa. La sociedad en general saludó este hecho con algarabía, excepto algunos que se opusieron. En Mendoza se pasó del repudio por la muerte de Ortiz a la celebración. También al reclutamiento de jóvenes para la guerra, que llegó a 400 voluntarios, y a la recolección de fondos para solventar algunos gastos de guerra. Durante el conflicto, los militares prohibieron la música en inglés y manipularon la información haciendo creer que se iba ganando. Luego de 74 días de enfrentamientos, la Argentina se rindió el 14 de julio. Incidieron en esto la superioridad bélica inglesa, los errores estratégicos de los militares argentinos y la visita del papa Juan Pablo II al país. Murieron cerca de 1.000 soldados, en tanto que las bajas inglesas fueron de 250. El mendocino y capitán Pedro Giacchino fue el primero en morir durante el desembarco.

A los pocos días de sucedido esto, estalló la Guerra de Malvinas, el conflicto bélico que enfrentó a argentinos e ingleses por la posesión de estas islas. El resultado fue la derrota para los argentinos y la vergüenza histórica para los militares, que entraron en un camino sin retorno dentro del gobierno. El presidente Galtieri renunció y lo remplazó el general Reinaldo Bignone, quien encaró la tarea de reordenamiento y de llevar al país a las elecciones del 30 de octubre de 1983.

Cejuela había renunciado en enero de ese año. En su lugar había quedado el doctor Eliseo Vidart Villanueva, su ministro de Obras y Servicios Públicos.

La represión en Mendoza

Los militares dividieron el país en cuatro zonas para acabar con la subversión. Una para cada comandante del Ejército. Al general Luciano Benjamín Menéndez le tocó la faja de tierra paralela a los Andes, para el Tercer Cuerpo de Ejército, en donde estuvo Mendoza. Los comandantes, en todos los casos, tuvieron "más poder que los gobernadores provinciales"[34].

La tarea de represión en la provincia la ejecutó la VIII Brigada de Infantería de Montaña, a cargo del comandante Jorge Maradona. Lo apoyaron el jefe de Policía, brigadier Julio César Santuccione, que venía desde la época de Cafiero, y el comisario Pedro D. Sánchez. En la Penitenciaría estuvo José Nahman García, de triste actuación durante el Mendozazo.

En marzo del '76 se intensificaron las búsquedas y detenciones de ciudadanos en todo el país. Montoneros, desde la clandestinidad, desplegó una ofensiva táctica contra esto, consistente en "atacar los puntos clave del enemigo, destruir instalaciones, atentar contra las personalidades del régimen y demostrar la vulnerabilidad del gobierno".[35] Los militares les ocasionaron bajas significativas, como la de Urondo en Mendoza, haciéndolos abandonar el país.[36]

Montoneros muertos y desaparecidos en Mendoza

Savino Gil, Bonoso Pérez, Ricardo Sánchez, Horacio Besone, Federico Suárez, Conrado Gómez, Billy Hunt, Angelita Gutiérrez de Moyano, Miguel Ángel Gil, Marcos Ibáñez, Ana María Moral, Raquel Moretti, Gisella Tenenbaum, Aldo Foguetti, Jorge Collado, Alfredo Escamez, Emilio Azales, Carlos Gregori, José Albino Pérez, Daniel Romero, Daniel Balbuena, Juan Galamba, Edecio Villegas, Héctor Pringles, José Guillermo Verón, Pedro Ponce, Margarita Asise Weis, Alfredo Le Roux, Marta de Le Roux, Liliana Rivero, María Adela Reina, Ángela Raboy y Daniel Olivencia.[37]

Los procedimientos de represión en la provincia tuvieron leves diferencias con los de la Triple A y el Comando Anticomunista Mendoza. Hubo uniformados en los operativos; la utilización de expresiones como "chupaderos", "capucha", "ser boleta", "traslado" y "NN"; la utilización de dependencias oficiales y centros clandestinos para los detenidos, y el manejo arbitrario de la prensa local. También se creó un Consejo de Guerra para condenar a los prisioneros.[38]

Al cuerpo médico forense ingresaron "NN" maniatados, amordazados y con balas en el cuerpo, que después desaparecieron.[39] A raíz de esto se han realizado búsquedas en el dique El

Carrizal, en el río Mendoza, en el Cementerio de la Capital y en la zona de Canota, para confirmar el rumor de que se enterraron cuerpos allí tirados. También se ha investigado la versión de que los desaparecidos fueron sacados en aviones Hércules y arrojados al lago San Roque, en Córdoba.

Los que escaparon de esto, como fue el político Ángel Bustelo, han dejado por escrito lo macabro de los procedimientos. Otros, en cambio, han preferido el silencio. Este fue el caso del escritor, periodista y subdirector del diario *Los Antes*, Antonio Di Benedetto, que fue sacado del matutino y sufrió la represión, recobrando finalmente su libertad.[40]

Centros clandestinos

Penitenciaría Provincial, Colonia Papagallos, Liceo Militar "General Espejo", Círculo de Suboficiales, Palacio Policial - Departamento Informaciones D-2, VIII Brigada de Infantería de Montaña, Comisaría 7ma. - Godoy Cruz, Batallón de Infantería y Cuartel de Bomberos - San Rafael, Unidad Militar Campo Los Andes (El Refugio), El Chalecito (Las Heras), Comisaría 25 (Grupo Motorizado-Guaymallén), Departamento Logístico de la Policía de Mendoza, Compañía de Comando y Servicio (detrás del Hospital Militar).

Los militares crearon un clima de terror en el cual muchos ciudadanos, algunos salidos de los partidos políticos prohibidos o de distintas profesiones, se convirtieron en colaboradores denunciando a sus compañeros o amigos. Más de 200 personas desaparecieron en Mendoza, en tanto que la cifra en el orden nacional oscila entre los 9.000 y los 30.000.[41] La etapa más cruda de violencia fue entre el '76 y el '77, y aminoró a partir del '78.

Incidieron en esto el Mundial de Fútbol, las denuncias sobre desapariciones, y las presiones del gobierno norteamericano de James Carter en materia de derechos humanos.

En la provincia hubo movilización por parte de familiares de las víctimas y de organismos defensores de sus derechos. Entre estos estuvieron la Asamblea Permanente por los Derechos Humanos, la Liga Argentina por los Derechos del Hombre y el Movimiento Ecuménico por los Derechos Humanos, que funcionó bajo el nombre de Oficina Pastoral Social. En lo nacional, la Asociación Madres de Plaza de Mayo, que tuvo en Mendoza su apoyo.

Los militares no sólo emprendieron una "guerra sucia" contra la subversión, sino que también se aprovecharon de ella obteniendo réditos económicos. Conocida hoy como "plata sucia", en oposición a la famosa "plata dulce" de aquellos años, los uniformados lograron, de los secuestros y extorsiones, propiedades, autos, joyas, dinero y otros elementos de valor.

En Mendoza existen casos que han alcanzado difusión nacional e internacional. Uno de ellos fue el secuestro de Victorio Cerutti y su yerno Omar Massera Pincolini, en Chacras de Coria, Luján de Cuyo. El primero fue padre de Juan Carlos Cerutti, funcionario de Martínez Baca. Fue secuestrado de su domicilio en medio de intimidaciones a sus familiares. Se dijo en su momento que fue por un ajuste de cuentas debido a que su hijo era considerado montonero y porque le había vendido a esta organización unas tierras en Chacras de Coria. También porque con su yerno habían dado sus firmas a Montoneros para comprar la bodega Calise con plata obtenida del secuestro de Bunge y Born. Los militares se adueñaron de 26 hectáreas, valuadas en 10 millones de dólares de la época, que fueron posteriormente vendidas por la firma Will-Ri SA a particulares. Parte de lo que se obtuvo fue a engrosar el botín de la ESMA.[42]

El otro caso fue el de Jorge Kamel Calas, empresario de la construcción, a quien lo despojaron de 1.592 hectáreas del campo El Pantanillo, en El Challao, Las Heras. La aviación lo usurpó "manu militari" impidiendo su ingreso mediante barrera, garita militar y soldados. Los jueces que entendieron en esta causa señalaron tiempo después que incidió el conflicto con Chile. El campo sirvió para prácticas de "bombardeo aéreo (práctica de tiro)".[43]

La "plata sucia" dejó como saldo la destrucción espiritual, moral y económica de mucha gente.

La cultura de la violencia

Al igual que en la etapa anterior (1974-75), en que dos Argentinas distintas convivieron, durante el Proceso los atentados, los secuestros y las muertes tuvieron como paralelo una aparente situación de normalidad. Esto fue visible en los medios de comunicación, en donde a través de casos como el affaire Monzón-Giménez, y canciones y filmes de Palito Ortega, Carlitos Balá y Sandrini, se tapó la cruda realidad.

La violencia se hizo sentir también en la educación y en la cultura. En Mendoza, más de 1.000 docentes del nivel primario y medio fueron cesanteados.[44] Muchas de estas sanciones las promovió el coronel Echazú, quien organizó en la Casa de Gobierno la Oficina de Informaciones.[45] Rodeado de informantes, entre ellos el mayor Bruno Villegas, controló los ámbitos educativos. Echazú, que fue heredado por Fernández del interventor Tamer

Yapur, permaneció en su cargo hasta setiembre del '76, fecha en que fue remplazado por el ministro Carlos Orlando Nallim. Este funcionario estuvo hasta comienzos de los '80, fecha en que renunció.

Doctor en Letras del ámbito de la UNC, Nallim se hizo cargo de "12.000 maestros y 2.000 administrativos aproximadamente".[46] Durante su gestión trató de suprimirse la Dirección General de Escuelas, sin éxito, teniendo en cuenta que estaba contemplada en la Constitución provincial. En su lugar creó la Subsecretaría de Educación, para agilizar la tarea.[47] También se hicieron visitas intempestivas y sin comunicación previa a los establecimientos para determinar cómo funcionaban. Estas "auditorías" sirvieron para que se le adjudicara actitudes "persecutorias a maestros".[48]

Entre el '76 y el '79 se inauguraron 61 escuelas y se repararon numerosos edificios. Se repartieron, además, apuntes y sugerencias metodológicas sobre el tema "Defensa de la soberanía territorial", y en el área cultural se editaron algunas obras.[49] En el '78 el general Menéndez prohibió la enseñanza de la matemática moderna, no cumpliéndose esta disposición en Mendoza.

Los militares también actuaron en las escuelas secundarias designando a dedo y por simpatía con el régimen a supervisores, regentes, directores y vicedirectores. Numerosos jóvenes, de entre 13 y 18 años, fueron perseguidos por arrojar panfletos y pintar paredes. Entre estos estuvo Edmundo Beliveau, quien finalmente desapareció.[50]

Durante el Proceso se derogó por 180 días el Estatuto del Docente. En Mendoza el gobierno lo prorrogó por un año más.[51] En este tiempo hubo deserción y fracaso escolar, y entre un 10 y un 20% de pérdida de matrículas. No se realizaron programas asistenciales y no hubo revisión del nivel académico.[52]

Al igual que en el país, en Mendoza hubo prohibición de libros. Marx, Freud y Einstein se unieron a los nombres de obras de Benito Marianetti, Armando Tejada Gómez y Juan Draghi Lucero, entre otros.

En la UNC las cosas no fueron distintas. Designado como interventor el comodoro Héctor Ruiz, continuaron los despidos de profesores y alumnos por motivos ideológicos.[53] Colaboraron en esto el vicecomodoro Cobos y numerosos docentes y alumnos que denunciaron a sus pares. Las categorías de "suspendidos" y "expulsados" se multiplicaron, y en setiembre del '76 se conoció que había "181 profesores sancionados y en iguales condiciones 15 no docentes. En cuanto a los estudiantes, han sido expulsados 114 y suspendidos 121 por falta de idoneidad".[54] Muchos debieron optar por el exilio.

A Ruiz lo sucedió en octubre del '76 el doctor Pedro Santos Martínez, historiador y docente de la Facultad de Filosofía y Letras. Este funcionario, lejos de "restablecer el normal funcionamiento de las casas de estudio, así como también recuperar el nivel académico que se había perdido a raíz de la excesiva politización", firmó nuevas listas negras.[55] Fueron 238 las personas echadas, con notas a los decanos informándoles que "por razones de seguridad" no podían entrar a los edificios de la Universidad.[56] Martínez impuso, al igual que en todo el país, la obligatoriedad de no usar el pelo largo y la barba. También el uso de una credencial identificatoria que fue controlada por personal de seguridad e "informantes". En las listas firmadas por este rector estuvieron los nombres del filósofo Mauricio López, actualmente desaparecido y que hacía tres años que no trabajaba en la Universidad, y Rodolfo Borello, Oswald Ferrari, Enrique Dussel, Arturo Roig y Nelly López de Hernández, entre otros.

A poco de asumidos los militares, noventa y cinco carreras fueron anuladas en el país. En Mendoza se suprimió Psicología y Periodismo, y se acortó la de Sociología a nivel de posgrado. Se le cambió el nombre a la carrera de Ciencias Políticas y Administración Pública, por el de Administración Pública y Ciencias Políticas, para que los jóvenes no se metieran en la problemática política, y se creó la cátedra "José de San Martín", dictada por militares.

En la UNC funcionó una comisión, formada por "los profesores Rubén Calderón Bouchet y Dennis Cardozo Biritos", encargada de seleccionar libros "peligrosos".[57] Muchos de estos volúmenes fueron quemados, reservándose algunos para demostrar su contenido ideológico.

Se estableció el ingreso restricto a la universidad y se fijó un cupo para cada facultad. El Rectorado fusionó la Escuela del Magisterio (bachillerato pedagógico) y la Escuela Superior de Formación Docente en una misma institución denominada Escuela Superior del Magisterio. Se puso en marcha el Consejo de Investigaciones de la Universidad Nacional de Cuyo (CIUNC) y en 1977 se anunció el traspaso a la UNC de algunas entidades educativas, como la facultad de Antropología Escolar. Finalmente, se cerró la Facultad de Ciencias de San Rafael por las cesantías.

A Martínez le sucedió el profesor Enrique Zuleta Alvarez, en 1981. La gestión de este profesor de Letras coincidió con un momento de nuevos aires en el país. Se efectivizaron las primeras reincorporaciones en la Universidad, pero sin lograr el clima que se había vivido en otros momentos. Recién terminado el Proceso de Reorganización Nacional la Universidad ingresó en otro ritmo.

Con la caída de los militares regresaron al país intelectuales, profesionales y gente que se había marchado al exilio. El 30 de octubre de 1983 la Argentina entró en democracia. Triunfó el radicalismo con el doctor Raúl Alfonsín a nivel nacional y en Mendoza, Felipe Llaver.

REFERENCIAS

1   En: Itzcovitz, Victoria. **Estilo de gobierno y crisis política (1973-1976)**. Buenos Aires, Centro Editor de América Latina, 1985. Págs. 57 y 103. Ver: Revista Claves, 3-8-1973. Año IV, N° 76, pp. 4-7.

2   De Mendoza viajaron aproximadamente 40.000 personas.

3   Giussani, Pablo. **Montoneros. La soberbia armada.** Buenos Aires, Sudamericana Planeta, 1987, p. 235.

4   Comparar: Feinmann, José Pablo. **La cara oscura de Perón**. Buenos Aires, Legasa, 1987, y Bonasso, Miguel. **El presidente que no fue**. Buenos Aires, Planeta, 1997.

5   José Blas Made, uno de los protagonistas de aquellas jornadas, sostiene que "en aquel entonces se vivía en la provincia un desgobierno absoluto. El gobernador no gobernaba sino que lo hacía por él su hijo, Carlos Martínez Baca Cejas". Abogado y asesor legal de los gremios metalúrgico, construcción, rural y telefónico en ese momento, Made fue uno de los que promovieron como ciudadano el pedido de juicio al gobernador. Datos aportados en entrevista personal (16-4-1998).

6   Según Carlos A. Mendoza, "al gobernador se le pidió primero la renuncia antes de promoverle el juicio político". "Ese gobierno estaba muy condicionado por su entorno (Carlos Martínez Baca Cejas, Adriana Fernández, Juan Carlos Cerutti y otros)". "Estuvo muy presionado por Montoneros". "El llegó a definirse como tal". "El juicio político fue un tema ideológico. Fue necesario". Datos aportados en entrevista personal (21-4-1998).

7   Opinión de Dardo Pérez Guilhou, doctor en Leyes y especialista en Derecho Constitucional (20-2-1998).

8   Luna, Félix. **Historia Integral de la Argentina**. T. 10. Buenos Aires, Planeta, 1997, p. 230.

9   Comparar con otras intervenciones en: Micale, Adriana. **Intervenciones federales en los años '20. La otra cara del lencinismo**. En: La Legislatura y la Ciencias Sociales. Honorable Cámara de Senadores. Provincia de Mendoza. 1995.

10 Elio Berdejo, de la Dirección Provincial del Menor, fue noticia por golpear a una mujer que convivía con él. Era gremialista y diputado justicialista. Ver: Diario **Los Andes**, 27-1-1975, p. 7.

11 Aznares, Carlos y Calistro, Julio César. **Lorenzo. El Padrino del poder sindical**. Buenos Aires, Tiempo de Ideas. 1993, p. 78.

12 Cafiero se marchó en abril del '75. Rodríguez presentó su renuncia en el 26-9-75. Luder la aceptó el 9-10. El 6-11 asumió Lucero.

13 Se expresaron en contra de esta cesión de tierras numerosas voces. Ver: Diario **Los Andes** 7, 9, 25 y 27-2-1975.

14 Ver: Diario **Los Andes**, 8-2-1975.

15 Ver: **Idem**, 25-8-1974, 5-2 y 10-10-1975.

16 Luna, Félix. **Op. cit.** 1997, p. 244.

17 En: **Aportes para la Historia de la Policía de la Provincia de Mendoza**. Mendoza, Editorial Oeste Argentino, 1992, pp. 229-232.

18 Ver: **Diario Mendoza**, 17 y 19-6-1976. También: Ábalo, Ramón. **El Terrorismo de Estado en Mendoza**. Liga Argentina por los Derechos del Hombre, Familiares de Detenidos, Desparecidos de Mendoza. 1997, pp. 73-79.

19 Ver: Ábalo, Ramón. **Op. cit.**, pp. 67-79, 108-112.

20 Según Reig, "se respetó la decisión del docente, y no hubo apercibimientos ni sanciones". Datos aportados en entrevista personal (14-4-1998).

21 Ver: Ministerio de Cultura y Educación, Dirección General de Escuelas y Dirección General de Enseñanza. **Anteproyecto oficial Ley de Educación de la Provincia de Mendoza. Documento Base Seminarios 1973**. Mendoza, 1974.

22 Según Reig el vicegobernador fomentó la oposición entre diputados y senadores adictos a él, y con docentes de la escuela Víctor Mercante. Datos aportados en entrevista personal (14-4-1998). Ver: **Revista Claves**, 6-10-1973. Año IV, N° 80. pp. 4-8 y 41-42.

23 Pérez Guilhou no estuvo en Buenos Aires el día que se debatió la ley N° 18.701 sobre la implantación de la pena de muerte. Estaba en Neuquén. Su firma, al igual que la de los otros ministros, aparece en el Boletín Oficial. Para el juicio político ver: **Claves**, 24-8-1973. Año IV, N° 77, y Diario **Los Andes**, 10-8-1973.

24 Un grupo de profesores trabajó sobre una propuesta de reforma pedagógica tendiente a renovar el proceso de enseñanza-aprendizaje. Ver: Roig, Arturo A. *Un experimento de pedagogía universitaria participativa. El experimento de los años 1973-1974 en Mendoza (Argentina)*. En: **Revista Unidos**, Universidad. Buenos Aires, N°1, 1987. pp. 44-70. Del mismo autor: *Un proceso de cambio en la universidad*

argentina actual (1966-1973). En: **Revista de Filosofía Latinoamericana**. San Antonio de Padua, Buenos Aires, N°1, 1975, pp. 101-124.

25 Lacoste, Pablo. *La Universidad de Cuyo y sus luchas*. En: **Mendoza. Historia y perspectivas. Aportes para el estudio de una ciudad fundada en 1561**. Mendoza, Diario UNO/Universidad de Congreso. 1997, p. 149.

26 En entrevista personal, febrero de 1998.

27 Jordán, Alberto R. **Op. cit.**, p. 419.

28 Ver: Andersen, Martín. **Op cit.**,p. 264.

29 Jordán, Alberto. **Op. cit.**, p. 307.

30 **Idem**. p. 313.

31 Ver: Diario **Los Andes**, 30-3-82, p. 7.

32 Idem. 31-3-82, p. 7.

33 Idem. 1 y 2-4-82. p. 6 y 4.

34 Andersen, Martín. **El mito de la Guerra Sucia**. Buenos Aires, Planeta, 1994. Pág. 264.

35 Ver: Luna, Félix. **Op. Cit.**, p. 263.

36 Ver: Diario **Los Andes**, 22-5-76. p. 7

37 Lista aportada por Guillermo Martínez Agüero, Hortensia Espínola y Vicente Antolín. También ver lista con mendocinos desaparecidos en: **Informe de la Comisión Nacional sobre la Desaparición de Personas y archivos del Movimiento Ecuménico por los Derechos Humanos**.

38 Este consejo le aplicó nueve años de prisión a Carlos Mendoza por la tenencia de explosivos y transporte de armas.

39 Bustelo, Gastón S. **Op.cit.**, p. 184.

40 Periodistas víctimas de detenciones ilegítimas: Rafael Morán, Pedro Lucero, hijo del general Lucero; Ricardo Vizzo, Alberto Atienza y Norma Sibila.

41 De las 200 víctimas sólo hay datos de 162, de los cuales el 17% son mujeres y el 73% hombres. En relación con la ocupación que detentaban se conoce que el 48% fueron trabajadores en relación de dependencia, el 32% estudiantes y el 20% profesionales. Ver: Bustelo, Gastón S. **Op. Cit.**

42 "La homologación de esta transferencia la efectuó el expresidente del Colegio de Escribanos de la provincia Manuel Campoy Serpa". Su hijo, el doctor Manuel Campoy Gutiérrez, fue apoderado de la firma. Ver: Diario *Clarín*. Segunda. 1-2-1998, p. 6. También revista **As de Bastos**. Año 1, n° 1 y 2, pp. 55-60. Allí hay una lista completa de los compradores de los lotes y de los profesionales que intervinieron.

43 Datos aportados por el estudio jurídico del Dr. Fidel Bustelo.

44 Entre éstos: Marcos Garcetti, Yolanda Cora Cejas, Alfredo Bisquert, María Josefina Orozco, Arnold Gusberti y Milton D`Angelo. Ver: Bustelo, Gastón S. **Op. Cit.**, p. 3.

45 Según información ofrecida por el doctor Carlos Orlando Nallim en entrevista (6-4-1998), durante su gestión (setiembre '76-principios 1980) no se practicaron cesantías.

46 El doctor Hugo Duch, ex ministro de Educación y Cultura del gobierno de Llaver y director general de Escuelas del gobierno de Iglesias, considera abultada esta cifra. Cuando él se hizo cargo del ministerio, finalizado el Proceso, recibió un plantel de entre 10.000 y 11.000 docentes. Datos aportados en entrevista personal (8-4-1998).

47 Datos aportados por el doctor Nallim.

48 Nallim reivindica estas auditorías. Según él, dos veces por semana, "sin previo aviso a directivos, intendentes ni periodistas", visitaba los establecimientos acompañado por un inspector para conocer las necesidades. Estas visitas "generaron un efecto psicológico positivo", ya que las autoridades trabajaron en forma ordenada y regular. Se "labraba un acta" dejando constancia de la visita. En "ninguno de los casos se suspendió ni se dejó cesante a nadie". Información brindada en entrevista personal.

49 Existe una publicación pormenorizada de la gestión de este ministro. Ver: Nallim, Carlos O. **Cultura y Educación en Mendoza 1976-1979**. Mendoza, 1979. Actualmente el ex ministro se encuentra preparando un libro más amplio y detallado, con documentación, sobre su gestión.

50 Bustelo, Gastón S. **Op. Cit.**, p. 175.

51 Ver: Diario **Los Andes**, 2-3-1977, p. 7.

52 Ver: Diario **UNO**, 6-10-1994. Pág. 15. Nallim sostiene que durante su gestión se proveyó de alimentos a los niños en las escuelas (leche, fruta, dulce de membrillo y batata, y sánguches de jamón y queso). También se visitaron familias y se instalaron centros odontológicos en zonas carenciadas.

53 Ruiz, en una conferencia de prensa, mostró "10.000 folletos 'subversivos' secuestrados en allanamientos en casas de profesores y estudiantes". Ver: Andersen, Martin. **Op. Cit.**, p. 233.

54 Ver comentarios: Diario Los Andes, 6-9-76, p. 7.

55 En: Cueto, Adolfo; Romano, Aníbal y Sacchero, Pablo. Historia de Mendoza. Diario **Los Andes**. Fascículo 24, p. 20.

56 Ver: Diario **Los Andes**, 26-10-77, p. 4.

57 En: Bustelo, Gastón S. **Op. Cit.**, p. 178.

DEMOCRACIA Y GLOBALIZACIÓN
(1983-2003)

Pablo Lacoste y Gastón Bustelo

Dique de Potrerillos, Luján de Cuyo, en etapa de construcción. Foto de 2001

La derrota de los militares argentinos en las islas Malvinas, su incapacidad para manejar la economía del país y el malestar causado por sus reiteradas violaciones a los derechos humanos (con decenas de miles de desaparecidos), determinaron el final del gobierno de facto y el retorno de la democracia en la Argentina.

Este nueva etapa estuvo marcada por un nuevo contexto mundial, signado por la crisis de la Unión Soviética, la caída del muro de Berlín y el final de la Guerra Fría. En este marco, el contexto internacional se caracterizaba por la hegemonía cultural de la democracia como sistema político y la economía de mercado como paradigma. Por lo tanto, el proceso institucional que se iniciaba en 1983 en la Argentina no tenía mayores intenciones de retornar a las utopías socializantes de la etapa premilitar. Tampoco se repitió la situación de 1955, en la cual el bloque de poder procuró retrotraer la situación a 1943 en muchos aspectos. Esta vez fue diferente. Si bien al principio hubo una retórica con ciertas nostalgias por las utopías de los '60 y '70, fue apenas una breve primavera. En líneas generales, la etapa 1983-2003 se caracterizaría por un camino hacia el liberalismo, tanto político como económico, con avances y retrocesos permanentes.

El mapa económico mundial se vio afectado por el nuevo protagonismo que alcanzaron los países del sudeste asiático, entre ellos Japón, China, India, los "Tigres" y "Tigresitos" del Pacífico. Como resultado, el Atlántico Norte comenzó a compartir su liderazgo económico con la Cuenca del Pacífico.

En la Argentina, la combinación de recuperación democrática y necesidad de enfrentar a un mundo nuevo, cada vez más competitivo y globalizado, generó como respuesta la conformación de un bloque regional. Surgió de esta manera el Mercado común del Sur (Mercosur), con Argentina, Brasil, Uruguay y Paraguay (1990). Más tarde se incorporarían Chile y Bolivia como países asociados (1996).

En este nuevo contexto, la provincia de Mendoza se vio favorecida. Dejó de ser el fondo de la bolsa, un rincón aislado del interior del país, para convertirse en la puerta de entrada y salida de la economía argentina hacia Chile y de allí a la Cuenca del Pacífico. Mendoza quedó incorporada al llamado "Arco Dorado del Mercosur", espacio imaginario que abarca una franja de Río de Janeiro, San Pablo, Montevideo, Buenos Aires, Rosario, Córdoba, Mendoza y Santiago. Como resultado, Mendoza se transformaría en un lugar de atracción de inversiones. Ello planteó nuevos desafíos a la clase dirigente, pues para aprovechar la oportunidad había que poner la provincia en condiciones, sobre todo mejorar su oferta de infraestructura y servicios (comunicaciones, turismo y transporte).

Esta etapa coincidió también con la estandarización del paradigma neoliberal en América Latina en general y en Argentina en particular, fundamentalmente bajo el gobierno de Carlos Menem. En este contexto se produjeron profundas transformaciones, que se reflejaron muy especialmente en las privatizaciones de las empresas estatales, problema que fue uno de los aspectos más trascendentes de esta etapa, juntamente con las crisis financieras y las caídas de los bancos.

El contexto nacional (1983-2003)

En el orden político nacional, el primer presidente constitucional fue el radical Raúl Alfonsín (1983-1989). Su gobierno se caracterizó por el afianzamiento de la democracia y el juicio a los comandantes de la dictadura por violaciones a los derechos humanos, los cuales fueron condenados por la Justicia. Ello motivó los intentos de golpe de Estado de Aldo Rico y Seineldín. Con esos movimientos los militares lograron que se sancionaran las leyes de Punto Final y Obediencia Debida a través de las cuales lograron impedir la acción de la Justicia en numerosos casos de violaciones a los derechos humanos. Con esas leyes el gobierno de Alfonsín empañó el juicio que le inició a la junta militar. Más tarde, durante la presidencia de Carlos Menem, se indultaría a los militares y jefes guerrilleros enjuiciados. Alfonsín no fue capaz de controlar la inflación -mecanismo que se usaba para paliar el crónico déficit fiscal- ni de reactivar la economía. Por lo demás, la deuda externa, contraída por el gobierno militar por 46.000 millones de dólares, hizo sentir su peso en el gobierno radical, que tuvo que refinanciarla y hacerla subir a 60.000 millones.

Alfonsín fue sucedido por el peronista Carlos Menem, que gobernó en dos períodos consecutivos (1989-1995 y 1995-1999). Su política giró en torno a la Ley de Convertibilidad que, para controlar la inflación, estableció una paridad de 1 a 1 entre el peso argentino y el dólar norteamericano, situación que se mantuvo vigente durante diez años (1991-2001). Menem logró suprimir la inflación pero no el déficit; para paliarlo dejó de imprimir moneda sin respaldo, pero apeló a un recurso que en el largo plazo sería peor: el endeudamiento externo. En diez años, el gobierno de

411

Menem aumentó la deuda externa de 60.000 a 140.000 millones de dólares. Otra característica importante de esta administración fue la política de privatizaciones: en menos de diez años pasaron casi todas las empresas del Estado a manos privadas, incluyendo ferrocarriles, aerolíneas, correos, teléfonos y distribuidoras de energía, gas y agua. Para muchos argentinos, la década menemista estuvo signada por la abundancia, la plata fácil, los artículos importados baratos y los viajes al exterior. Hubo un clima de frivolidad y derroche no sólo en la esfera privada, sino también en la pública; el Estado nacional repartió a manos llenas estos capitales que captaba tan fácilmente del exterior, entre los gobiernos provinciales, y se produjo una suerte de fiebre de especulación que más tarde se pagaría con creces.

Tras la década menemista, en las elecciones de 1999 triunfó la Alianza, acuerdo realizado entre los radicales y el Frepaso, confederación de pequeños partidos que incluía a los socialistas, democristianos, peronistas disidentes y otras fuerzas menores. Se impuso la fórmula integrada por Fernando De la Rúa (radical) y Carlos "Chacho" Alvarez (frepaso). La situación del país era muy grave debido al alto endeudamiento. Para achicar el déficit y emitir señales positivas a los mercados, el gobierno resolvió realizar fuertes ajustes, incluyendo reducciones salariales a los empleados estatales; como resultado, la popularidad del gobierno entró en crisis, lo que se vio profundizado por las luchas de poder entre De la Rúa y Álvarez. Finalmente, éste resolvió renunciar a su cargo, lo que debilitó políticamente al gobierno. Simultáneamente se comenzó a revelar que el tipo de cambio (1 a 1) era muy artificial, pues el dólar estaba totalmente subvaluado. La recesión fue avanzando con fuerza sobre toda la economía argentina. Al mismo tiempo, los organismos financieros internacionales anunciaron que ya no habría más crédito para la Argentina. El Gobierno se vio obligado a lanzar una política de "déficit cero", que implicaba el atraso en el pago a los proveedores y empleados del Estado. Esta medida agravó aún más los problemas económicos argentinos y de un estado de recesión se pasó a otro de depresión, con aumento explosivo de la desocupación y la subocupación, que sumadas superaron el 45% de la población activa.

En diciembre de 2001 se produjo el estallido. La gente salió a las calles y provocó la caída del gobierno del presidente De la Rúa. Sobrevino una crisis, con cinco presidentes en diez días. En apenas dos semanas se tomaron medidas tendientes a cambiar totalmente la situación. Adolfo Rodríguez Sáa, presidente interino por una semana, anunció con aires triunfales que la Argentina suspendía unilateralmente el pago de la deuda externa, decisión festejada ruidosamente en el Congreso. Unos días más tarde, Rodríguez Sáa debió renunciar y fue sucedido por el ex gobernador de Buenos Aires Eduardo Duhalde, quien suprimió la Ley de Convertibilidad. Tras diez años de paridad 1 a 1 con el dólar, el gobierno estableció una nueva cotización de $1,4 por dólar. A través de esta devaluación, el Estado quebró todos los contratos vigentes, cuyas cláusulas establecían que los créditos y tarifas estaban dolarizados. El Gobierno los "pesificó"; además, esta medida se tomó en forma asimétrica: las deudas se pesificaban 1 a 1 y los créditos 1 a 1,4.

Se produjo por tanto una fuerte distorsión de los precios y una fuerte caída del salario real. Sobre todo cuando la brecha cambiaria comenzó a profundizarse; el dólar llegó a $4 en julio para estabilizarse cerca de $3 en diciembre de 2002. En el primer semestre de 2003 se mantuvo levemente por debajo de esta cifra (entre 2,75 y 2,85). Los salarios, alquileres y servicios públicos quedaron casi congelados, mientras los precios de los productos importados y los exportables se triplicaron, incluyendo harina, pan y aceite. Los autos nuevos duplicaron su costo. Los precios subieron en promedio un 40% en tanto la canasta familiar aumentó un 80%. Los argentinos eran sustancialmente más pobres que antes de la devaluación.

Naturalmente, la devaluación provocó una caída vertical de las importaciones y una suba moderada de las exportaciones. A lo largo del 2002 la balanza comercial argentina comenzó a ser fuertemente superavitaria. Además hubo una reactivación porque las viejas fábricas fueron reabiertas para sustituir las importaciones en el mercado interno. Ello generó una suerte de tranquilidad, pues bajaron un poco los índices de desempleo. En mayo de 2003 el país se hallaba en una situación de mayor alivio, en el cual se celebraron elecciones presidenciales. El presidente Duhalde, tras un año y medio de gestión, logró imponer a su sucesor Néstor Kirchner. Pero quedaba un panorama desolador.

En efecto, en mayo de 2003, las cifras macroeconómicas de la Argentina eran bastante adversas. Debido al default, la deuda externa se había abultado sensiblemente, por falta de pago de intereses y amortizaciones, para llegar a u$s200.000 millones. Además, el PBI cayó, debido a la devaluación, para llegar apenas a u$s100.000 millones. La correlación deuda externa-PBI alcanzaba niveles alarmantes: mientras se considera que lo razonable es no superar el 40%, la Argentina estaba en un 200%, todo ello con un fuerte incremento de las tasas de pobreza e indigencia. Además, para contener la inflación, el gobierno de Duhalde congeló las tarifas de servicios públicos hasta el final de su mandato, lo que generó el reclamo de las empresas, dado que no podían mantener los servicios ni mucho menos cumplir con sus planes de inversiones. Muchos temían que inexorablemente, en poco tiempo, se tendría que autorizar la suba de tarifas, lo cual podría causar inflación. También quedaba pendiente, al final del gobierno de Duhalde, la reanudación del diálogo con los organismos acreedores, problema sobre el cual no se vislumbraba ninguna salida clara.

Mendoza, el retorno de la democracia y reforma policial

En 1983, después de diez años, Mendoza volvió a convertirse en escenario de una campaña electoral. Los partidos políticos se movilizaron, organizaron sus nuevas estructuras y profundizaron sus lazos con los distintos sectores sociales. En los comicios del 30 de octubre triunfó la fórmula presidencial propuesta por la UCR, Raúl Alfonsín-Víctor Martínez (1983-1989). Esta fuerza se impuso en Capital Federal y varias provincias, entre ellas Buenos Aires, Córdoba y Mendoza. En ésta el pueblo eligió a Santiago F. Llaver y José Genoud como gobernador y vice respectivamente.

A partir de entonces comenzó un período de estabilidad institucional sin precedentes en la historia argentina. El gobierno de Mendoza pasó, en 1987, a manos del peronismo, que volvía al poder después de más de una década. José Octavio Bordón y Arturo Lafalla (1987-1991) fueron sucedidos por Rodolfo Gabrielli y Carlos De la Rosa (1991-1995) y luego por Arturo Lafalla y Jorge López (1995-1999). En total fueron 12 años de gobiernos justicialistas, un récord histórico para un partido político en Mendoza desde el inicio de la libertad electoral en 1912.

Posteriormente volvieron al poder los radicales; formaron una Alianza con el Frepaso y triunfaron con la candidatura de Roberto Iglesias (que había sido dos veces intendente de la ciudad de Mendoza). Iglesias fue gobernador de la provincia entre 1999 y 2003, acompañado por el frepasista Juan Horacio González Gaviola. De esta manera, con cinco gobernadores (dos radicales y tres peronistas), Mendoza completó sus primeros 20 años ininterrumpidos de democracia.

Cuando en 1987 Llaver entregó la banda de gobernador a Bordón, se verificó el primer traspaso constitucional del poder desde 1961. A su vez, cuando en 1995 Gabrielli terminó su mandato, alcanzó un logro sin precedentes en los anales de nuestra historia política, al ser el tercer gobierno consecutivo que lograba terminar su gestión.

Otro elemento importante lo constituyen la continuidad de las administraciones municipales. Los gobiernos de esta época respetaron las autonomías municipales y evitaron usar la facultad de intervenir los departamentos. No había antecedentes de esta nueva cultura institucional. Basta recordar que desde la primera elección democrática de intendentes en la provincia de Mendoza (1922), muy pocos pudieron terminar sus mandatos constitucionales. Estos fueron recurrentemente interrumpidos, ya por intervenciones federales de la Nación a la provincia, ya por intervenciones del Estado provincial a los municipios. Además, para reforzar aún más la legitimidad de los intendentes, la clase dirigente mendocina modificó el sistema de elección de éstos. Hasta 1983 imperaba el sistema indirecto, lo que había dado lugar a polémicas y cuestionadas componendas en colegios electorales y concejos deliberantes, para burlar la voluntad popular mediante pactos de cúpulas.

Esta situación generó fuertes debates en torno a la necesidad de modificar la Constitución para cambiar el sistema. Tras alcanzarse los consensos necesarios, en 1995, entró en vigencia el sistema directo de elección de intendentes, con lo cual se dejó en manos del pueblo la decisión de quién debería gobernar, sin mediaciones. La jerarquización y legitimación de los intendentes fue relevante, pues permitió consolidar los procesos de descentralización del poder y la afirmación de una clase dirigente territorial.

La transición también tuvo sus zonas grises. Sobre todo por la pervivencia de tendencias autoritarias y de abuso de poder en los organismos de seguridad. En reiteradas oportunidades la Policía de Mendoza apeló a los viejos métodos de la dictadura. Como resultado, desaparecieron o directamente murieron varios jóvenes en Mendoza, aun en tiempos de democracia. Pero a diferencia de lo sucedido en tiempos de la dictadura militar, esta vez se tomaron medidas para revertir la situación. El gobierno de la democracia estuvo muy lejos de reivindicar el uso de la violencia ilegal como herramienta legítima del accionar policial. Además, la Legislatura se convirtió en caja de resonancia de este problema, y se realizaron grandes debates sobre los derechos humanos y la seguridad. También se hicieron marchas de silencio, sobre todo en torno a los casos Paulo Cristian Guardati, Neme y Ross. Pero el cambio de fondo se produjo en 1998. El domingo 18 de octubre de ese mes fue asesinado de una puñalada el agente Héctor Castillo, a manos de un delincuente. El lunes 19, por la tarde se realizó el sepelio y allí estalló la bronca policial. Unos 200 policías se congregaron en la puerta de la Legislatura y le solicitaban al gobierno la reforma del Código Procesal Penal, más equipamiento para la fuerza, aumento de sueldo y jornadas de trabajo de 8 horas por 24 de descanso. La protesta policial complicó al gobierno de Lafalla debido a que durante el martes 20 ya eran 500 los policías congregados en la Legislatura. La población estaba desprotegida porque no había personal en las comisarías y se producían olas de robos en el Gran Mendoza. Ese día llegaron a la provincia unos 600 gendarmes para custodiar puntos clave de la ciudad. El miércoles 21 el gobierno, después de que los policías rechazaran por cuarta vez consecutiva un aumento de sueldo del 20%, los intimó a volver a ocupar sus puestos bajo la amenaza de ser sumariados, pasar a disposición o ser exonerados. Así fue como el jueves 22 ya no había policías en la Legislatura y volvían a reincorporarse en las distintas seccionales.

La sublevación policial tuvo sus consecuencias. En diciembre de ese año la Legislatura aprobó la ley 6.651, en la que se creaba el Ministerio de Justicia y Seguridad, quedando la policía en manos de los civiles. El 28 de diciembre el gobernador Arturo Lafalla firmó, junto con los candidatos a gobernadores de los tres partidos más importantes de Mendoza, Francisco García (PJ), José Genoud (UCR) y Carlos Balter (PD), un acuerdo en el que se establecía que las reformas sobre la policía y la seguridad eran una política de Estado que debía ser continuada por cualquiera de los tres que llegara a la gobernación. De esa forma los tres partidos avalaban las modificaciones en la estructura policial. Así fue como el Ministerio de Justicia y Seguridad ordenó el 4 de enero del '99 el retiro de 107 miembros de la Policía. De esa forma se buscaba purificar la fuerza retirando a policías vinculados con violaciones a los derechos humanos y a los cabecillas de la protesta de octubre del '98 en la Legislatura. En 1999 también se sancionaron la ley 6.722, que creó la Junta de Disciplina, órgano encargado de controlar el desempeño de los policías, y la ley 6.721, que le daba forma a la Inspección General de Seguridad, entidad formada por miembros de los tres partidos políticos, que también se ocuparía de supervisar las tareas de los agentes policiales.

Redescubriendo Chile

La recuperación de la democracia generó las condiciones para redefinir las relaciones con Chile. El clima bélico generado en 1978 se había calmado parcialmente por la mediación papal y la firma del Acta de Montevideo. Pero todavía faltaba resolver el problema limítrofe del Canal de Beagle.

A lo largo de buena parte del siglo XX, los gobiernos de Buenos Aires y Santiago habían buscado la forma de resolver la cuestión de la soberanía sobre las islas Picton, Nueva y Lennox, ubicadas en el Canal de Beagle, al sur de Tierra del Fuego. Finalmente, los presidentes Salvador Allende y Alejandro Agustín Lanusse firmaron un tratado de arbitraje, por el cual se sometía el diferendo a una corte internacional. Ambas naciones se comprometieron a acatar el fallo, que sería obligatorio e inapelable para las partes, en el marco del tratado general de arbitraje de 1902, conocido como Pactos de Mayo. En mayo de 1977, los expertos internacionales dieron a conocer su dictamen, por el cual se otorgaban las islas a Chile por poseer mejores títulos jurídicos, históricos y geográficos. Sólo faltaba que los gobiernos de ambos países acataran el dictamen, tal como se habían comprometido. Pero los sectores nacionalistas de la dictadura, apoyados por la prensa sensacionalista y los universitarios, no lo entendieron así y avivaron una resistencia contra el arbitraje.

Finalmente, el gobierno militar rechazó el laudo arbitral (febrero de 1978) y se produjo una fuerte tensión limítrofe entre Argentina y Chile. Para evitar la guerra, el papa Juan Pablo II ofreció su mediación y elaboró una propuesta que, en lo sustancial, mantenía el resultado del arbitraje. Los militares nunca se pronunciaron sobre esta iniciativa del Vaticano.

Así las cosas, el gobierno de Alfonsín recibió una brasa caliente en diciembre de 1983. Pero procuró resolverla dentro del marco de la ley y el derecho. Entró en contacto con el gobierno de Chile y firmó el Tratado de Paz y Amistad de 1984, por el cual la Argentina aceptaba la propuesta de Juan Pablo II y se daba por definitivamente superada la controversia del Beagle. Sólo faltaba la ratificación parlamentaria de este acuerdo.

La oposición peronista, al igual que los sectores nacionalistas y conservadores, sabían perfectamente que, desde el punto de vista legal, la Argentina tenía que acatar el arbitraje. Pero vieron una buena oportunidad de obtener réditos políticos y hacerle pagar un alto precio al gobierno radical por resolver esta cuestión. Para ello, los opositores tenían al alcance de la mano el fácil recurso de apelar al tradicional discurso nacionalista y colocar al gobierno como incapaz de defender la soberanía nacional.

Para obtener la ratificación parlamentaria del nuevo tratado de paz con Chile, el gobierno radical contaba con mayoría en la Cámara de Diputados, no así en el Senado. Tras una ronda de consultas, Alfonsín advirtió que no lograría el apoyo de los senadores opositores en un simple debate. Para superar la cuestión resolvió convocar a un plebiscito y de esta manera, con el voto popular, presionar moralmente al Congreso para que ratificara el tratado. Como resultado, la Argentina en general y Mendoza en particular se transformaron en escenario de un debate de grandes proporciones.

La campaña presentó elementos de interés. Como era de esperar, el oficialista partido radical respaldó con entusiasmo la opción del "sí" al Tratado de Paz con Chile. El partido peronista se dividió. Un sector se manifestó por la abstención y otro por el "no". De todos modos, hubo importantes referentes del peronismo que fijaron posición por el "sí". Entre ellos, Carlos Saúl Menem, entonces gobernador de La Rioja y más tarde presidente de la Nación. También adoptó esta posición José Octavio Bordón, entonces diputado nacional y luego gobernador de Mendoza. Bordón criticó la actitud asumida por el grueso de la dirigencia justicialista, alegando que "si privilegiamos lo formal sobre lo sustancial, nos estamos reduciendo a un partidito formalista, leguleyo y liberal".[1] Por su parte, Menem calificó de "error garrafal" la decisión de la conducción peronista de propiciar la "absurda abstención".[2] Saliendo del ámbito estrictamente político, la campaña dio lugar también al pronunciamiento de los historiadores. En Mendoza, el titular de la Junta de Estudios Históricos, Edmundo Correas, se manifestó por el "sí".[3] De todos modos, José Luis Masini Calderón, historiador nacionalista de la Universidad Nacional de Cuyo, se manifestó en el sentido contrario.[4]

Finalmente se registró un alto porcentaje de participación, con un abultado y contundente triunfo del "sí". Esta opción obtuvo el 66% de los sufragios en Mendoza, contra apenas un 33% del "no", con una participación del 76% del padrón. Los votos del "no" se concentraron principalmente en el Gran Mendoza, donde tenían mayor influencia ideológica los historiadores nacionalistas y derechistas de la Universidad Nacional de Cuyo. En el interior de la provincia, el triunfo del "sí" fue mayor, sobre todo en los departamentos del Sur, donde todavía estaba fresco el recuerdo de la movilización de armamento de diciembre de 1978. En el orden nacional, el triunfo del "sí" fue todavía más aplastante, con un 77% de los sufragios, contra el 21% del "no", con una participación del 73% del padrón nacional.[5] Con estos resultados, el pueblo argentino procuró reparar la actitud de los militares de 1978 y abrir un nuevo camino en el proceso de diálogo e integración con Chile.

Firmado el nuevo Tratado de Paz y Amistad con Chile, se reiniciaron las gestiones tendientes a promover la integración física entre ambos países. La comunidad del Sur de Mendoza se movilizó en demanda de la reactivación de la ruta por el paso Pehuenche, así como también por el paso Las Aucas y Planchón/Vergara. Además, el creciente flujo turístico y comercial a Chile por Uspallata planteó la necesidad de introducir importantes mejoras en la Ruta 7.

Estas demandas no pudieron satisfacerse mientras la dictadura militar seguía gobernando en Chile. Pero una vez recuperada la democracia en ese país (1990), rápidamente se pusieron en marcha los mecanismos correspondientes. En 1991 quedó inaugurada la ruta internacional por el paso Pehuenche. Era apenas un camino turístico, no apto para transporte comercial de carga pesada, y sólo era transitable en los meses de verano; pero igualmente era una mejora. El paso siguiente fue la firma del Acta de San Luis, por la cual Chile se incorporó al Mercosur como país asociado; en este contexto, los gobiernos nacionales de Argentina y Chile firmaron un protocolo por el cual se comprometieron a invertir 320 millones de dólares para el período 1996-2000 en 12 corredores bioceánicos. Mendoza se vio beneficiada con dos de esos pasos prioritarios: Libertadores y Pehuenche. Cumplida esta etapa, se firmó un nuevo convenio para la etapa 2001-2006, en el que se asumió el compromiso de invertir otros 300 millones de dólares. Se estimaba que para el año 2014 quedaría totalmente pavimentada la carretera por el paso Pehuenche y terminados los cobertizos por Libertadores.[6]

La rápida mejora de las relaciones con Chile generó las condiciones para el desembarco de grandes inversiones de capitales provenientes de ese país. Además, floreció el turismo bilateral: cada año, 1.500.000 personas cruzaban la cordillera para ir de Argentina a Chile o viceversa. Esto fortaleció notablemente a Mendoza como plaza turística, ya por los argentinos rioplatenses que paraban en la capital cuyana como escala intermedia, ya por los visitantes chilenos que venían a conocer una provincia argentina y hacer compras, tendencia que se profundizó después de la devaluación del peso argentino en 2002.

El 8 de agosto de 1997 quedó habilitado el gasoducto a Chile por Mendoza. El presidente de Chile, Eduardo Frei, y el de Argentina, Carlos Menem, inauguraron la obra en el Cerro de la Gloria. A través de 463 kilómetros de cañerías, Argentina y Chile quedaban unidas; los caños atravesaban la Cordillera de los Andes y llevaban gas al vecino país. Estas obras se multiplicaron en otras partes de la cordillera y antes del año 2000 Argentina y Chile tenían cinco gasoductos internacionales funcionando, un caso excepcional en América Latina. Por este medio la Argentina logró incrementar sensiblemente sus exportaciones y su entrada de divisas. Y Chile pasó a ser uno de los principales destinos de las exportaciones argentinas, con el 10% del total.

Otra obra importante es la reactivación del Ferrocarril Trasandino. Desde la inauguración de sus primeros tramos (1891), éste había sido, durante un siglo, el principal medio de transporte entre Argentina y Chile. Pero debido a la falta de inversiones, sus servicios fueron decayendo, hasta que se suspendieron los viajes de pasajeros (1979) y de cargas (1984), todo ello en el marco de las dictaduras militares que todavía tenían vigencia en la región. Durante muchos años, esta línea quedó abandonada y a merced del vandalismo y el desgaste por la acción de los derrumbes. Pero una vez normalizadas las relaciones entre Argentina y Chile, y estando ambos países en democracia, se generaron las posibilidades para la reactivación del servicio.[7] La empresa Tecnicagua tomó la iniciativa con la realización de los estudios. Hasta que en 2003 se iniciaron las gestiones para una convocatoria a licitación internacional, con vistas a poner nuevamente en marcha este servicio, que uniría la ciudad de Mendoza con Santa Rosa de los Andes y de allí con Santiago y Valparaíso.

Mendoza, los Nihuiles y el Fondo de la Transformación y el Crecimiento

Más allá de la continuidad institucional que logró la provincia en estos años, hubo un aspecto de los asuntos de Estado que la clase dirigente no fue capaz de controlar en forma satisfactoria: los recursos económicos.

Un elemento importante para las finanzas mendocinas lo constituían las fuentes de energía. Por un lado el petróleo y por otro la hidroelectricidad, fundamentalmente producida en el río Atuel mediante las centrales del Nihuil. La Constitución nacional reconocía, implícitamente, que los recursos hidrocarburíferos pertenecían a la provincia. En cuanto a los Nihuiles, los acuerdos firmados entre la Nación y la Provincia también aseguraban a ésta una serie de derechos decisivos. Pero en los hechos, la Nación era el agente que controlaba y se beneficiaba con los recursos financieros producidos por estas fuentes de riqueza provincial. Esta anómala situación se había reiterado a lo largo de los años, hasta que después de 1983 se comenzó sistemáticamente a cuestionar.

Fue éste uno de los principales objetivos de la administración Llaver. Reclamó a la Nación el pago de los recursos adeudados en materia de regalías petroleras. También exigió la transferencia de los Nihuiles a la Provincia, pues ya se habían cumplido los 40 años previstos, cuando se estipuló su construcción en 1941. La burocracia central dilató la respuesta a las demandas del gobierno de Mendoza, tal como venía haciendo desde hacía décadas en todos los pleitos suscitados alrededor del problema energético. En décadas anteriores, la posición de Buenos Aires se había visto facilitada porque, por lo general, el gobierno de Mendoza estaba en manos de un interventor federal de facto, que en última instancia era un gobierno pelele del Ejecutivo Nacional. Poco, muy poco podía hacer un gobernador que era apenas un empleado del presidente, si éste podía destituirlo con sólo firmar un decreto. De esta manera, la crisis institucional que venía sufriendo la Argentina a partir del golpe de Estado de 1930 y las reiteradas dictaduras militares que controlaron el poder conculcando la autonomía provincial habían generado un serio problema, que de lo político había pasado a lo económico. En todos esos años, la Nación había acumulado una enorme deuda con la Provincia de Mendoza. Sólo se necesitaba la normalización institucional para que un gobernador, sostenido por el voto popular y en representación de 1.500.000 mendocinos, se parase a discutir de igual a igual con el presidente para exigir el pago de esta deuda.

No era fácil para Buenos Aires comprender este problema. Había una larga tradición, cimentada en los gobiernos de facto, de ignorar este tipo de reclamos. Llaver se encontró con una tapia, que debía perforar de alguna manera. Agotado el diálogo personal con su antiguo correligionario Raúl Alfonsín, Llaver buscó otros caminos. Calculó que para traspasar el ancho muro que habían levantado los usos y costumbres a lo largo de los años, se necesitaba una fuerte sacudida primero y una espada filosa para penetrar después. La segunda parte sería el planteo judicial. Era bastante sencillo, pues sólo exigía un adecuado empleo de las herramientas del derecho, para lo cual el gobierno constitucional no tenía mayores dificultades. Más difícil en aquel contexto era producir la primera parte, el remezón. Porque la atención pública de esos años tenía una saturación de temas fuertes, determinados por la transición misma: la cuestión de los derechos humanos, la consolidación de la democracia, el funcionamiento de las instituciones que habían estado clausuradas durante tantos años y otras herencias del gobierno de facto, como la inflación y el descalabro económico.

Llaver sabía que no alcanzaba con la desgastada retórica federal. La reinvindicación del federalismo había sido manipulada por los distintos sectores políticos e ideológicos a lo largo de los años, hasta llegar a vaciarla de contenido. Inclusive en los tiempos de facto muchos gobernadores peleles de Mendoza y otras provincias, a pesar de actuar en nombre del Poder Ejecutivo Nacional, también habían utilizado la retórica federalista, en una mezcla de cinismo e hipocresía. Con estos antecedentes, estaba claro para Llaver y sus ministros que el mero discurso no alcanzaba. La vía judicial era correcta, pero por sí sola no parecía suficiente. Había que apelar a otros medios, que trascendieran lo discursivo y lo judicial.

Una noche de setiembre de 1986, los mendocinos experimentaron una mezcla de asombro, admiración y euforia al ver a Llaver en la pantalla de la televisión anunciando el decreto por el cual se disponía la toma de los Nihuiles por parte de la Provincia de Mendoza. Al día siguiente, el gobernador y sus ministros viajaron a San Rafael para realizar la toma simbólica de las instalaciones.

El gobernador de Mendoza fue desalojado por Gendarmería Nacional. Pero su lucha tuvo los efectos esperados. Con paso lento pero seguro, la Justicia terminó por reconocer la deuda que mantenía con la Provincia y aceptó pagar lo que correspondía. Este paso se cumplió durante el gobierno de Rodolfo Gabrielli, quien recibió u$s700 millones en concepto de regalías petroleras mal liquidadas y los Nihuiles, con obligación de privatizarlos. Así lo hizo el gobierno provincial, con lo cual obtuvo un abultado incremento de sus activos. Para completar el cuadro financiero de la Provincia, es preciso señalar que los activos de los bancos provinciales se calculaban oficialmente en otros u$s200 millones.

Para visualizar con claridad el significado de estas cifras, basta señalar que hacia 1991 el presupuesto anual ascendía a poco más de u$s700 millones. Por lo tanto, los recursos entregados por la Nación, en concepto de regalías mal liquidadas, eran el equivalente a un presupuesto anual completo. Para una administración más rigurosa de estos fondos se creó el Fondo de la Transformación y el Crecimiento, que tenía la misión de definir el futuro de la provincia.

Las expectativas no tardaron en frustrarse. La provincia sufrió una profunda crisis, debido en parte a causas externas, como el

427

llamado "efecto tequila" (crisis financiera originada en México en 1994). El Fondo de la Transformación y el Crecimiento se evaporó, fundamentalmente para permitir la creación del Fondo Residual, paso previo a la privatización de los bancos de Mendoza y de Previsión Social. Sólo le quedó al Estado provincial una serie de documentos contra deudores quebrados e incobrables. Como resultado de la administración Gabrielli, la Provincia pasó de tener activos por más de u$s1.000 millones a tener una deuda casi de igual magnitud.

Mendoza y las privatizaciones

Las acciones de la empresa Edemsa quedaron distribuidas de la siguiente manera: ABBA, 47%; BICCE, 32%; KLM, 15% y Cordimar Hermanos, 6%.

Hacia 1983, en las empresas de servicios públicos, así como también en sectores financieros y productivos, el Estado ocupaba un lugar preponderante. En las casas de los mendocinos, las empresas estatales proveían el gas, la luz y el agua. El servicio telefónico estaba en manos de una empresa privada, la Compañía Argentina de Teléfonos (CAT), fuertemente controlada por el Estado. También el correo era estatal. Los trenes que llegaban a Mendoza eran estatales, lo mismo que los aviones (Austral y Aerolíneas). La principal bodega del país también era administrada por el Estado (Giol). A ello hay que añadir el control financiero que significaban los bancos de Mendoza y de Previsión Social.

Muchas de estas empresas eran deficitarias, con exceso de personal, ineficiencia en la asignación de los recursos y otros problemas. Por lo general, estaban descapitalizadas y se encontraban con dificultades para satisfacer la creciente demanda de la población. No había recursos para efectuar las inversiones necesarias en infraestructura. El Estado las sostenía desde hacía mucho tiempo con alto personal y bajas tarifas por motivos políticos. Todo ello contribuía a presionar al fisco para emitir nueva moneda y generar, indirectamente, inflación. Este era el impuesto que la sociedad pagaba para sostener las empresas públicas.

El modelo entró rápidamente en crisis. Ya en tiempos del gobierno radical, en su discurso de Parque Norte (1984), el presidente Alfonsín planteó la necesidad de desregular y privatizar. Por lo tanto, lo lógico era que el Estado permitiera el ingreso del capital privado para hacerse cargo de aquellas actividades que ya no podía cumplir. Por ello, en 1987 el entonces ministro de Obras Públicas, Rodolfo Terragno, propició una serie de iniciativas tendientes a transformar grandes empresas estatales en empresas mixtas con el aporte de socios privados. Pero el Senado de la Nación, controlado por el Partido Justicialista, se opuso frontalmente a esta iniciativa, alegando que de esta forma se "atentaba contra la soberanía nacional". Por lo tanto, el proyecto fue postergado. En estas condiciones llegaron al poder los peronistas, Bordón en Mendoza y Menem en Buenos Aires. Con ellos comenzó la era de las privatizaciones.

La administración Menem promovió un rápido proceso de privatización de empresas de servicios públicos, muchas de ellas con actividades en Mendoza. Aerolíneas Argentinas y Austral pasaron a control de la española Iberia. El Ferrocarril General San Martín pasó a la empresa IMPSA, del grupo Pescarmona, que más tarde la transfirió a un consorcio de capitales brasileños: América Latina Logística (ALL). El Ferrocarril Belgrano quedó clausurado por falta de oferentes. Mendoza, luego de las privatizaciones de los servicios de cargas y de los cierres de ramales no rentables, pasó de tener 13 mil kilómetros de vías a unos 400. Desde la Confederación General del Trabajo aseguraron que ese proceso generó tres mil desocupados. También ocasionó la aniquilación de varios pueblos que se desarrollaron al lado de las vías del ferrocarril, como sucedió con Palmira y Monte Comán.

La política nacional de transportes procuró incorporar también el capital privado para el mejoramiento de las carreteras. Con este objetivo se entregaron miles de kilómetros de caminos construidos por el Estado a empresas privadas, que cobraban peaje con el compromiso de realizar obras de conservación y mejoras. No obstante, los deficientes controles permitieron que, en muchos casos, se cobraran abultadas cifras de peaje sin la correspondiente contraprestación en inversiones. Esta situación puede verse en la Ruta Nacional 7, para viajar de Buenos Aires a Mendoza (sin considerar la provincia de San Luis, que fue un caso especial). Antes del gobierno de Menem esa carretera de 800 kilómetros apenas contaba con 120 de carretera con doble trocha: los 50 km de Mendoza a San Martín y los 70 de Luján a Buenos Aires. Una década después, y a pesar de los onerosos cobros de peajes, esta situación se mantenía inalterable. Mientras tanto, en esos mismos diez años, la República de Chile convirtió la modesta Ruta 5 en una carretera de doble trocha de La Serena hasta Puerto Montt (1.500 kilómetros) con el mismo sistema de peaje, pero con buen control estatal.

Otra empresa estatal nacional privatizada en esta época fue Gas del Estado, que pasó a la empresa Ecogás, del grupo Macri, quien también pasó a controlar el Correo Argentino. La Empresa Nacional de Telecomunicaciones (ENTEL), que ejercía el monopolio de los teléfonos, fue dividida en dos partes: una en el Norte, que fue traspasada a la francesa Telecom, y otra en el Sur, para Telefónica de España. La CAT de Mendoza quedó dentro de este último grupo. La empresa realizó una fuerte inversión en la provincia. En 1986 Mendoza contaba con 89 líneas telefónicas, mientras que en el 2000 superaba las 240 mil.[8] Pero también obtuvo ganancias extraordinarias, debido a que desde que se hizo cargo del servicio, en octubre del '92, hasta el 2000, el pulso telefónico sufrió un aumento del 85%. Bajó notablemente el costo de una línea: antes de la privatización sólo se podía conseguir un teléfono pagando u$s4.000 en el mercado negro; después de la privatización, las grandes inversiones determinaron una mayor disponibilidad de líneas, con lo cual con apenas $300 era posible conseguir una.

La privatización de YPF, la gran empresa petrolera argentina, fue otro foco de incesantes críticas para el gobierno menemista. Fue transferida a la española Repsol en el marco de fuertes escándalos. Escapa a los objetivos de este trabajo detenerse en el tema, dada su complejidad. Se puede señalar, sintéticamente, que la privatización permitió incrementar la producción nacional y las exportaciones, pero al costo de una fuerte eliminación de activos para el Estado y un alto impacto social, debido a la pérdida de miles de puestos de trabajo que la nueva firma no fue capaz de remplazar por nuevos empleos.

La ola nacional de privatizar las empresas del Estado no tardaría en llegar a Mendoza, para que el gobierno hiciera lo mismo con las compañías dependientes de la Provincia. En este contexto tenemos que situar la Bodega Giol, las empresas de energía (EMSE), Obras Sanitarias, las centrales hidroeléctricas y los bancos de Mendoza y de Previsión Social.

La primera privatización en Mendoza: el caso Giol

En el orden provincial, el peronismo, liderado por Bordón, demostró más lentitud en materia de privatizaciones que el presidente Menem. Ambos líderes compitieron y se enfrentaron durante un lustro (1989-1995). Bordón trató de presentarse como una alternativa diferente al modelo encabezado por Menem, al ofrecer un estilo más transparente, con resistencia a las privatizaciones o, al menos, con proyectos de privatizar sin formar grandes monopolios u oligopolios.

El primer paso importante en este sentido fue la privatización de Bodegas y Viñedos Giol. La empresa fue transferida a Fecovita, una cooperativa de 5.000 productores. Como resultado, se logró evitar la concentración del poder regulador del mercado vitivinícola en un monopolio. De todos modos, hubo varias irregularidades en los aspectos financieros de esta privatización. Las unidades de fraccionamiento y comercialización de Bodegas y Viñedos Giol fueron adjudicadas el 31 de enero de 1990 al único oferente en la licitación: Fecovita, asociada con Cubas de Roble. Pero esta última firma no reunía los requisitos mínimos de solvencia para hacerse cargo de Giol, ya que sus balances de 1986 y 1987 arrojaban resultados negativos.[9] Sin embargo, la privatización de Giol siguió adelante. Su significado fue poner en marcha el proceso de privatizaciones de empresas del Estado dependientes de la Provincia de Mendoza. Con Giol se abrió un capítulo de grandes transformaciones socioeconómicas y del rol del Estado en la capital cuyana.

De los Nihuiles a Obras Sanitarias

Otra privatización importante en Mendoza fue la de las centrales hidroeléctricas del río Atuel, conocidas como los Nihuiles.

La Provincia reclamó con energía, desde los tiempos del gobernador Llaver, que la Nación debía transferirle estas centrales pues así lo establecían las leyes y acuerdos. Finalmente, durante la presidencia de Menem y el gobierno provincial de Rodolfo Gabrielli, la Provincia recibió de la Nación las centrales hidroeléctricas del río Atuel. Pero la transferencia estaba condicionada: la Nación sólo las entregaba con la expresa cláusula de su inmediata privatización.

El 11 de agosto de 1993, la Cámara de Diputados aprobó la ley 6.044 que permitía transformar Obras Sanitarias Mendoza de sociedad del Estado a sociedad anónima. El artículo 54 de esa ley facultaba al Estado provincial a vender sus acciones, siempre y cuando esa decisión pasara por la Legislatura. El Senado aprobó esa medida y la convirtió en ley el 19 de agosto del mismo año. Así se dejaba la puerta abierta para la privatización de la empresa estatal. Tres años más tarde, el 25 de junio de 1996, el Senado aprobó el proyecto de ley enviado por el Ejecutivo en el que solicitaba autorización para vender las acciones de OSM en manos del Estado a un operador privado. El 3 de julio el proyecto se convirtió en la ley 6.410. El gobierno de Lafalla llamó a licitación para la venta del 51% de las acciones estatales. El 5 de mayo de 1998 el gobierno entendió que el grupo Saur había presentado la oferta económica más conveniente para quedarse con el 51% de las acciones de OSM. Así fue como el consorcio Saur, formado por Enron Corporation (grupo económico de capital norteamericano que quebró en diciembre de 2001), Saur International, Italgás e Inversora Mendoza (formada por empresarios locales, con un pequeño paquete accionario), asumió la administración de la empresa en junio de 1998 por 98 años, previo pago de 133 millones de pesos y de comprometer una inversión de 18 millones para capitalizar la empresa.

Para controlar la gestión de la empresa privada, el gobierno creó el Ente Provincial de Agua y Saneamiento (EPAS) mediante la ley 6.044 (1993). Se trataba de un organismo estatal encargado de supervisar el cumplimiento del contrato de concesión por parte del consorcio, que debía asegurar la prestación de los servicios y paralelamente velar por el aprovechamiento racional del agua y la preservación del medio ambiente. Los usuarios podían dirigirse al EPAS para hacer conocer sus quejas y exigir las explicaciones correspondientes. Además, el organismo debía controlar las tarifas, las inversiones y el funcionamiento general de OSM.

La empresa de electricidad (EMSE) y su privatización

La firma Energía Mendoza Sociedad del Estado, EMSE, también fue privatizada. Se trataba de una empresa de grandes dimensiones, dado que afectaba casi la totalidad de los domicilios y empresas de la provincia de Mendoza. La medida fue dispuesta por ley, lo que permitió que la empresa de energía pasara a manos privadas el 1 de agosto de 1998. El consorcio ganador fue Sodem SA, integrado por Electricité de France, Saur International y Mendinvert (formado por empresarios mendocinos que controlaban un pequeño paquete accionario). Los empresarios pagaron u$s237 millones por el 51% de las acciones y administran la empresa durante 30 años.

La firma ganadora asumió la responsabilidad de atender una superficie de 110 mil kilómetros cuadrados, con una red de 844 kilómetros de alta tensión, 5.217 de baja y 5.970 de media. Estaban dentro de su jurisdicción todos los habitantes del Gran Mendoza (menos los de Godoy Cruz), buena parte del Valle de Uco (Tunuyán, Tupungato y La Consulta) y del Sur de Mendoza (General Alvear, San Rafael y Malargüe). La empresa se ocupó de abastecer de energía a unos 300 mil clientes entre los cuales se incluye el alumbrado público (5%), el riego agrícola (14%), las viviendas (20%), las grandes demandas (49%) y los usos generales (12%).

Para controlar la gestión y la calidad de servicios de la empresa privatizada, el Estado creó el Entre Provincial Regulador Eléctrico (EPRE). Era un organismo paralelo al EPAS, es decir, tenía como funciones recibir las quejas de los usuarios y solicitar constantemente explicaciones a las empresas.

La privatización de EMSE significó un fuerte ingreso de recursos para el Estado provincial. Pero a diferencia de lo sucedido en otros casos, estos fondos no se destinaron a gastos corrientes ni a enjugar déficit, sino que serían dirigidos a una obra pública muy concreta: la construcción del dique-embalse Potrerillos, tal como veremos más adelante.

Las privatizaciones en Mendoza: un balance

El proceso privatizador de las empresas provinciales dejó un saldo muy claro: en menos de una década pasaron del Estado al sector privado grandes corporaciones que hasta entonces habían ejercido un control monopólico sobre los mercados. En algunos casos, el control mayoritario de las acciones pasó a manos de grandes capitales extranjeros, como en las empresas de energía y de Obras Sanitarias; en ambas oportunidades, los empresarios mendocinos lograron participar, aunque con pequeños paquetes accionarios. Un caso especial fue Giol, que se transformó en una cooperativa controlada por 5.000 socios productores. En líneas generales, las privatizaciones mendocinas fueron muy distintas a las nacionales ejecutadas por Menem: en la provincia se alcanzó un mayor equilibrio entre el capital extranjero y el local, entre las grandes firmas y las pequeñas redes de cooperativas. Además, no se registraron en Mendoza los escándalos de corrupción que empaparon constantemente las privatizaciones menemistas en el orden nacional. Finalmente, los organismos de control, tanto el EPAS como el EPRE, también fueron mejor diseñados y gestionados que sus homólogos nacionales, quienes permitieron el descalabro de empresas como Aerolíneas Argentinas y el fracaso del sistema de mejoramiento de carreteras por peajes.

Las crisis financieras y los bancos

Los agitados años '90 fueron realmente difíciles para los bancos regionales. En Mendoza había cuatro establecimientos que experimentaron claramente estas crisis: el Banco Multicrédito, el BUCI, el Banco de Mendoza y el Banco de Previsión Social. Cada uno de ellos siguió un derrotero particular para hacer frente al gigante, hasta sucumbir bajo su fuerza.

El Banco Multicrédito era una institución bancaria local, surgida en 1965 al impulso de "un grupo de importantes comerciantes y profesionales de Mendoza como una sociedad de crédito para consumo".[10] Creció en los '80, se expandió y se convirtió en un importante banco con su sede central en Mendoza pero con numerosas sucursales. Por su parte, el Banco Unión Comercial e Industrial (BUCI) también era parte del patrimonio de las pequeñas y medianas empresas de Mendoza, organizadas a través de la Unión Comercial e Industrial de Mendoza (UCIM), una de las principales corporaciones empresariales cuyanas del siglo XX. Los orígenes del BUCI se remontan a 1960, cuando "un grupo de visionarios que tenían a su cargo la conducción de la UCIM intuyeron la necesidad de contar con una institución crediticia ágil y dinámica que sirviera a los asociados, tanto a la pequeña como a la mediana empresa, particularmente en áreas de la operativa bancaria descuidadas por la banca tradicional".[11] De esta manera pusieron en marcha un banco cooperativo que en los años siguientes iba a alcanzar una notable expansión por todo el país, hasta tener más de 30 sucursales a principios de los '90.

A ellos se sumaban los dos bancos dependientes del Estado provincial, el Banco de Mendoza, fundado a fines del siglo XIX, y el Banco de Previsión Social, creado durante el gobierno de Ernesto Ueltschi (1958-1961). Entre estas cuatro instituciones bancarias, a través de más de 100 sucursales, se captaba la inmensa mayoría de los ahorros de los mendocinos y se invertía en el comercio, la industria y la actividad agropecuaria de la provincia. Estos bancos eran como la sangre del capitalismo regional.

Las políticas neoliberales aplicadas por el gobierno de Carlos Menem pusieron a estos bancos en una situación muy complicada. Por un lado, tenían que funcionar en un mercado cada vez más competitivo y globalizado; sus antiguas estructuras, con numerosas sucursales, gran cantidad de empleados y criterios "sociales" para otorgar créditos y distribuir recursos, poco tenían que ver con las tendencias internacionales. Además, con la brusca apertura del país, estos bancos se hicieron muy vulnerables a las crisis internacionales que podían repercutir bruscamente en los mercados emergentes. Por lo tanto, pocas posibilidades tenían de hacer frente a las corridas generadas por el "efecto tequila" y problemas similares.

A mediados de los '90, en el marco de la política financiera alentada por el gobierno de Menem, estos bancos parecían antiguos y pesados acorazados en medio de una guerra cibernética. Estaban defendidos por gruesas planchas de acero, pero poco podían hacer frente a las armas inteligentes y los misiles con ojivas nucleares. En realidad, estaban hundidos antes de iniciarse la guerra. En 1995 se produjo la caída del Banco Multicrédito, lo que motivó que más de 3.000 ahorristas -la mayoría de clase media baja- perdieran el fruto del trabajo de toda su vida. Poco después sucedió algo parecido con el BUCI; éste no se cerró, pues sus directivos alcanzaron a venderlo a Corp Banca, quien más tarde lo revendió al Banco Francés. En este caso, los ahorristas no perdieron su dinero pero sí se vieron perjudicados los accionistas de la cooperativa que era la propietaria original del banco, varios de los cuales quedaron endeudados de una manera muchas veces injusta. En última instancia, los efectos, para miles de mendocinos, fueron igual de negativos en el BUCI que en el Banco Multicrédito: pequeñas y medianas empresas arruinadas, años de trabajo perdido, dolor y frustración por los sueños humanos tronchados.

Por su parte, los bancos de Mendoza y de Previsión sufrieron sus tribulaciones, pero por un camino diferente. Los problemas con los bancos oficiales de la Provincia quedaron al descubierto con la crisis financiera que desató el denominado "efecto tequila". Pero también influyó la mala administración realizada por los funcionarios de gobierno que otorgaban créditos sin garantías a sus clientelas políticas (Pavese, 1996). El 15 de marzo de 1995 los bancos tuvieron que cerrar sus puertas porque no podían devolver depósitos. Para poder mantenerlos abiertos, el gobierno de Rodolfo Gabrielli aceptó un préstamo del Fondo Fiduciario Nacional para asistir a bancos oficiales perjudicados por el "efecto tequila". Los números oficiales indican que el monto de ese préstamo ascendió a los 260 millones de dólares.[12] A partir de ese momento comenzó el largo proceso de privatización de las entidades financieras estatales.

En noviembre de 1996 el titular del Juzgado Federal Nº1 de Mendoza, Luis Leiva, imputó a los responsables del Banco de Mendoza por presunto delito de subversión económica. En este marco, el juez ordenó la detención de 22 ex funcionarios del Banco de Mendoza, entre los que se encontraban dos ex presidentes de esa institución, Nicolás Canet y Eduardo del Amor. En una situación incómoda quedó el por entonces vicegobernador de la provincia, Jorge López, quien había sido uno de los principales responsables de la política bancaria en la gestión de Rodolfo Gabrielli, primero como presidente del Banco de Mendoza, después como "superministro" de Hacienda y Economía. Al conocerse las órdenes del juez Leiva, Jorge López dijo a la prensa: "Si no fuera por los fueros, yo estaría detenido también". Posteriormente, todos los imputados fueron sobreseídos por la Justicia. Los bancos fueron vaciados y nunca se identificó a los responsables.

La privatización de los bancos estatales de la Provincia se efectuó con una serie de decisiones muy complejas. El punto clave era la cartera de deudores del banco, que ascendía a un monto de u\$s800 millones. Buena parte de esos créditos se habían otorgado a los amigos del poder, sin exigirles garantías reales. Por lo tanto, no había posibilidades de recuperar los fondos. Para remover este obstáculo, el Gobierno de Mendoza resolvió realizar un fuerte aporte de capital, proveniente del Fondo de la Transformación y el Crecimiento, para dejar el banco sin pasivo y, por lo tanto, en buenas condiciones para ser privatizado. De hecho, el Estado compró una cartera de deudores y luego creó un organismo oficial, el Fondo Residual, que tendría como objetivo realizar las cobranzas; de esta manera, recuperaría los fondos que había dispuesto para cubrir los desfasajes. El gobernador Rodolfo Gabrielli, autor de esta decisión, explicó que el dinero se iba a recuperar. No obstante, unos años más tarde se comprobó que esto era inexacto: la recaudación del Fondo Residual apenas alcanzó para cubrir sus propios costos operativos. El Estado nunca recobró el dinero; esta operación significó, en última instancia, la partida de defunción del Fondo de la Transformación y el Crecimiento, esos recursos que la Provincia había logrado obtener de la Nación después de largas batallas políticas y judiciales. Los ahorros de varias generaciones de mendocinos se perdieron en estas operaciones financieras.

Como consuelo por estos altos costos, el gobierno anunció la próxima privatización del Banco de Mendoza, lo que debía considerarse positivo, pues en adelante, ya no habría más créditos para los amigos del poder; la Provincia podría mirar el futuro con tranquilidad, dado que se libraba de un barril sin fondo que había generado un crónico problema financiero al Estado local, según el discurso oficial. Por fin, se llamó a licitación pública. Pero grande fue la desilusión de los mendocinos cuando se conocieron las ofertas: la mejor no superaba los $30 millones, cifra que estaba muy por debajo de las expectativas, dado el prestigio y la tradición del Banco Mendoza. "Hoy es el día más triste de la historia de Mendoza", comentó un antiguo cliente. Al parecer, nadie podía imaginar todavía que la realidad financiera del banco poco tenía que ver con su lugar de prestigio en el imaginario social.

Antes de continuar con la suerte de los bancos, es preciso realizar una digresión para introducir a un personaje que iba a resultar clave en todo este proceso: Raúl Moneta. Oriundo de la provincia de Buenos Aires, donde poseía grandes latifundios dedicados a las actividades agropecuarias, Moneta era un hombre muy vinculado al gobierno nacional. Propietario del Banco República, sus actividades financieras lo llevaban a realizar múltiples actividades. Muchos afirman que era "el banquero de Menem".

Moneta desembarcó en Mendoza a principios de los años '90 en calidad de organizador de grandes eventos: por sus gestiones, varias veces se hicieron partidos de fútbol de la selección nacional en Mendoza, algo inusual en la provincia; también se comenzaron a organizar los torneos de verano, con la participación de los equipos más populares (Boca, River, Independiente, Racing y San Lorenzo), y se realizaron desfiles de modas con las modelos top de la Argentina. Hubo además megaespectáculos artísticos, con la participación de los cantantes más taquilleros del país y, sobre todo, festivales ecuestres con sus cuadrillas de gauchos en el Estadio Mundialista, con fuertes dejos nacionalistas. No era un mero espectáculo, sino una ceremonia en la cual se producían emociones profundas a partir del juego entre el presente y el pasado, la vida y la muerte. Los asistentes sentían escalofríos al ver a los representantes de la tragedia de los 17 arrieros, que aparecían nuevamente en escena con impactantes caballos. En el momento culminante se evocaban los nombres de los mendocinos muertos en la guerra de las Malvinas, a los cuales la multitud de 45.000 espectadores contestaba "presente", en un ritual que producía verdadero impacto. Estas prácticas no eran nada más que una reiteración de las ceremonias que habían realizado Benito Mussolini y Adolfo

Hitler para manipular a las masas en tiempos de auge de los modelos fascistas y nacionalsocialistas en Europa.[13]

Más que espectáculos, estos eventos lograban la participación de los espectadores, con lo cual se vivían como auténticas fiestas. Moneta construyó a su alrededor una fuerte imagen de seducción. Y logró atraer no sólo a las masas populares sino también a buena parte de la clase dirigente de Mendoza, incluyendo empresarios y políticos. Famosas fueron sus comidas en las cuales los invitados debían asistir obligatoriamente vestidos con atuendos de gaucho. En vano algunos intelectuales advirtieron que esa tradición nada tenía que ver con Mendoza; que según Juan Draghi Lucero, nunca hubo gauchos en Mendoza, por lo tanto, la pretensión de establecer "Argentina en Mendoza" sobre la base de la tradición gaucha era una impostación sin sustento real, más cerca de un Buenos Aires en Mendoza, en realidad. No obstante ello, casi nadie tuvo en cuenta estas voces. Moneta fue encantando a buena parte de la clase dirigente provincial sin mayores obstáculos. Muchos lo consideraban un salvador, una suerte de hombre de empresa capaz y eficiente, con las condiciones necesarias para dar a la provincia un fuerte impulso. En los cafés del centro corrían rumores sobre las buenas perspectivas que tendría su eventual candidatura a gobernador de Mendoza.

Desde esta posición de poder y prestigio, la historia de Moneta se cruzaría con la historia del Banco de Mendoza. En efecto, ante la convocatoria para privatizar la entidad bancaria, Moneta resolvió presentarse, aliado con empresarios locales. Para ello se articuló un acuerdo entre el Banco República (presidido por Moneta) y Magna Inversora, consorcio integrado por muchos de los más importantes dirigentes empresariales de la provincia.

Y este fue el grupo que finalmente resultó ganador: el 30 de noviembre de 1996 el gobernador Arturo Lafalla les entregó los bancos de Mendoza y de Previsión. En sus manos quedaron las 63 sucursales y toda la historia bancaria de Mendoza.

Los nuevos dueños tenían esperanzas de superar las crisis financieras y sacar a flote al legendario Banco de Mendoza. Pero en poco tiempo comprobaron que sus fuerzas eran pequeñas. Los críticos aseguran que además hubo desinteligencias entre ellos, problemas financieros derivados de las crisis financieras regionales y nacionales, desencuentros con el gobierno de Mendoza; otros consideran que hubo decisiones audaces que no llegaron a buen puerto. Más allá de estas polémicas, cuyo análisis excede los objetivos del presente trabajo, lo cierto es que los empresarios privados apenas lograron mantener el banco en funcionamiento durante dos años y medio. En abril de 1999 el Banco de Mendoza fue suspendido por el Banco Central de la República Argentina y debió cerrar sus puertas. A partir de ese momento se dispuso su desguace. Las 63 sucursales del Banco de Mendoza se repartieron entre el Banco Francés, el Galicia, el Credicoop, el Roberts y el San Juan, entre otros. Así desaparecía la institución financiera que había tenido más de 110 años de vida.[14]

La caída del Banco de Mendoza generó una fuerte polémica judicial. En junio de 1999 el juez federal Luis Leiva ordenó la detención de los directivos de esa entidad, comenzando por Raúl Moneta. El escándalo que se produjo en Mendoza fue mayúsculo. En apenas dos meses se había producido la caída del tradicional banco y la orden de detención para muchos de los principales empresarios de la provincia. Pocos podían creer que estos hechos estuvieran sucediendo en la realidad. Para muchos mendocinos era muy difícil imaginar que así terminarían Moneta y los grandes empresarios mendocinos que se asociaron con él. Sería realmente complicado explicar el estremecimiento social y político que experimentó Mendoza en ese inolvidable otoño de 1999.

A los pocos días de que Leiva ordenara las detenciones, se iniciaba en Buenos Aires otro proceso por el Banco de Mendoza; éste se llevó a cabo en el juzgado Federal Nº10, a cargo de Gustavo Literas. El 7 de diciembre de 1999 la Corte Suprema de Justicia resolvió que Literas debía ocuparse de la causa del Banco de Mendoza porque al fusionarse con el de Previsión el domicilio legal que correspondía era el de Buenos Aires. Más tarde, el juez Carlos Liporaci, que subrogaba a Literas, eximió de prisión a Moneta y dejó sin efecto la orden de captura emitida por Leiva en junio del '99. Pero faltaba más: la Cámara Federal anuló todas las investigaciones realizadas por Leiva. Una vez en libertad, Moneta le hizo iniciar un Jury a Leiva. Después de una serie de marchas y contramarchas, de alto impacto en la prensa y en la política, el 9 de mayo de 2002 el Consejo de la Magistratura dispuso la destitución del juez Leiva.[15]

Finalmente, todos los acusados por el juez Leiva fueron sobreseídos. Para la Justicia, eran inocentes. Quedaron en libertad. Pero ninguno de ellos pudo superar nunca la amargura de haber participado en un proceso tan frustrante como la agonía y muerte del "Banco de los Mendocinos".

Mendoza y la situación social

Así como los pequeños bancos regionales cayeron, para dejar sus carteras de clientes en manos de grandes grupos nacionales e internacionales, el mismo proceso de concentración de riqueza se verificó a escala social. En líneas generales, la tasa de actividad de la PEA (Población Económicamente Activa) se mantuvo estable, pasó del 36,8% en 1984 al 39,7% en 2002. Pero con una clara tendencia regresiva.

En efecto, en estos veinte años la situación social se deterioró. Los dos primeros fenómenos que aparecen bien marcados son la desocupación y la desigualdad en el ingreso. En Mendoza la tasa de desocupación pasó del 4,5% en 1983 al 11,5% en 2002. El récord se estableció en octubre de 2001, con el 13,5% en octubre de 2001. De todos modos, esta cifra era muy baja en términos relativos: los promedios nacionales duplicaban estos números. Más allá de sus problemas, la situación de Mendoza era mucho mejor que la del resto del país, salvo algunos casos excepcionales.

La participación relativa en el ingreso evolucionó en forma negativa. En 1985 el estrato inferior se quedaba con el 17,2% de los recursos, para caer al 13,5% en el año 2000. Por su parte, el estrato medio, que en 1985 se quedaba con el 37% del ingreso, en 2000 tuvo que conformarse con el 33,6%. En cambio, el nivel alto incrementó sus ingresos del 45% en 1985 al 53% en 2000.

Si a este factor le sumamos el repunte de la tasa de desocupación, tenemos un aumento automático de los indicadores de pobreza. En 1991 el 19% de la población al menos tenía una necesidad básica insatisfecha, mientras que en 2002 el porcentaje de población por debajo de la línea de pobreza llegaba a la cifra récord de 58,4% y los indigentes representaban el 28,4%. En definitiva, los veinte años de democracia no sirvieron para lograr una mejor distribución de la riqueza. Esto marca una diferencia con Chile, donde la línea de la pobreza que Pinochet dejó en 1990 abarcaba al 50% de la población, pero en 13 años de democracia se pudo bajar hasta el 20%. En cambio, en Argentina con la gestión constitucional sucedió lo contrario.

El aumento de la marginalidad y la pobreza en la Argentina en general y, en Mendoza en particular, fueron el contexto en el cual se agravaron los problemas de inseguridad. Así por ejemplo, los 89.930 delitos cometidos en 1999 treparon a 96.765 en 2002.

Potrerillos, la obra de la democracia

Si bien las privatizaciones generaron muchas polémicas, amarguras y frustraciones, también es cierto que crearon las condiciones para abrir rumbos nuevos para Mendoza. Uno de ellos fue la construcción del dique-embalse Potrerillos, en la cuenca superior del río Mendoza.

Es posible que ninguna obra haya sufrido tantas postergaciones y aplazamientos como el proyecto de construcción del dique Potrerillos. Los primeros estudios se realizaron en 1909; a partir de entonces la obra fue uno de los anhelos de la mayoría de los gobernantes que se sentaron en el sillón de San Martín. José Néstor y Carlos Washington Lencinas, en la década de 1920, impulsaron estudios a cargo de expertos internacionales para realizar esta obra. Más tarde, en los años '60 y '70 volvieron a realizarse anuncios oficiales sobre la voluntad política de realizar esta ejecución, que no se pudo concretar dado su elevado costo.

Tras el retorno de la democracia, el proyecto Potrerillos resurgió con nueva energía. En abril de 1986 el gobernador radical Santiago Felipe Llaver anunció que realizaría Potrerillos. Llaver indicaba que la Provincia se haría cargo de la obra. Sabía que la Nación le debía a Mendoza 600 millones por regalías petroleras mal liquidadas y que esos recursos podrían ser usados para Potrerillos. El embalse tendría una capacidad de 770 hectómetros cúbicos de agua, en tanto que el volumen de la presa sería de unos 18 millones de metros cúbicos.

Una vez terminados los estudios se elaboró el proyecto de ley que debía aprobar la Legislatura. En marzo de 1987 llegaron a la "Casa de las Leyes" los 12 artículos en donde se solicitaba autorización para concretar la construcción de la presa, la planta potabilizadora, la central hidroeléctrica y demás obras complementarias. La oposición (PD y PJ) mostró reparos al proyecto. Finalmente, a mediados de octubre el Senado provincial aprobó el proyecto final, a pesar de que a Llaver le quedaba menos de un mes en el gobierno y de que en breve le entregaría el mando a José Octavio Bordón, quien archivó el proyecto durante toda su gestión.

Más tarde, durante la administración de Rodolfo Gabrielli (1991-1995) el proyecto volvió a escena. Gabrielli creó una comisión técnica de estudio para la regulación y aprovechamiento del río Mendoza, que dictaminaría sobre la alternativa de construcción del dique Potrerillos o los de Cacheuta y Uspallata. El 16 de enero de 1995 salieron a la venta los pliegos para la licitación, donde además debía cotizarse obligatoriamente una alternativa de menor altura con un embalse de 420 hectómetros cúbicos. Por esos días Gabrielli explicaba que la obra no iba a ser amortizada sólo con los beneficios energéticos, sino también con el turismo y con la utilización del agua. También agregaba que la Provincia poseía 150 millones para invertir en Potrerillos, de los cuales 100 correspondían al Fondo de la Transformación y el Crecimiento y los otros 50 se obtendrían de la venta de los Nihuiles.

Más tarde se informó que no se construiría el proyecto confeccionado durante la administración Llaver (una presa de 140 metros de altura con una capacidad de 700 hectómetros cúbicos), sino uno menor de 116 metros de altura con 420 hectómetros cúbicos de capacidad, ya que esa obra traería beneficios similares a un menor costo.

La licitación pública fue ganada por el grupo CEMPPSA, formado por las empresas mendocinas Cartellone (70%) e IMPSA (30%). En el contrato se estableció que la construcción costaría 255 millones de dólares (con IVA ascendía a 309); la Provincia haría un único aporte de 162 millones de dólares, aunque también este monto podía alcanzar los 175 millones de dólares si los estudios complementarios indicaban un encarecimiento del proyecto. El consorcio CEMPPSA debía pagar regalías energéticas a partir del vigésimo primer año de concesión y el 2,5% de la tasa de riego. A su vez, la Provincia entregaba la explotación de las tres centrales hidroeléctricas: Cacheuta (debía construirse una central totalmente nueva al lado de la existente), Álvarez Condarco (refuncionalizada y ampliada) y la de El Carrizal. El contrato se firmó el 5 de diciembre de 1997. También se rubricó un depósito de 175 millones de dólares que garantizaría la ejecución de la obra. Los privados tenían que invertir 93,54 millones más IVA para llegar a los 268,5 millones de dólares que demandaba el proyecto, los cuales serían recuperados a través de la venta de energía.

En enero de 1999 comenzaron los trabajos y se interrumpió el tránsito en la Ruta 82. Finalmente, el 26 de abril de 1999 y luego de 90 años de postergaciones, el gobernador Arturo Lafalla, los ex mandatarios Rodolfo Gabrielli y Santiago Llaver, y los empresarios José Cartellone y Enrique Pescarmona descubrieron la placa en donde se dejaba inaugurada oficialmente la obra.

Muchos han sido los problemas que se presentaron una vez comenzadas las tareas. Uno de ellos fue que el nuevo lago iba a inundar un tramo de la ruta internacional 7 y la villa de Potrerillos. Ello implicaba construir una nueva traza para la carretera y un pueblito con casas totalmente nuevas para compensar a los pobladores por la pérdida de sus hogares. Además fue preciso realizar la reubicación de un acueducto para abastecer al 20% de la población del Gran Mendoza, la expropiación de minas de yeso y bentonita que quedaron bajo el agua y la mensura del perilago. Esas obras tenían un costo de 15 millones de dólares y estaban a cargo de la Provincia.

A pesar de estos inconvenientes la obra se abrió camino. En diciembre de 2001, a menos de tres años de iniciados los trabajos, se comenzó a llenar el dique, y en mayo de 2002 se inició la generación de energía. En el verano del 2003, los mendocinos y turistas extranjeros que visitaron la zona comenzaron a asombrarase por la belleza del nuevo lago que emergía en medio de la Cordillera de los Andes. Estaban ante la mayor obra pública de la democracia en Mendoza.

REFERENCIAS

1   **Los Andes**, 31 de agosto 1984, p. 5.
2   **Los Andes**, 27 de noviembre de 1984, p. 2.
3   **Los Andes**, 22 de noviembre de 1984, p. 6.
4   **Los Andes**, 22 de noviembre de 1984, p. 6.
5   **Los Andes**, 26 de noviembre de 1984, p. 1.
6   Lacoste, Pablo. **Sistema Pehuenche. Frontera, sociedad y caminos en los Andes Centrales Argentino-chilenos (1658-1997)**. Mendoza, Ediciones Culturales-FCPyS, Universidad Nacional de Cuyo, 1998.
7   Lacoste, Pablo. El **Ferrocarril Trasandino.** Santiago, DIBAM/Editorial Universitaria, 2000.
8   Dirección de Estadísticas e Investigaciones Económicas (DEIE).
9   Pavese, Eduardo. **El caso Giol. Bordón y cuenta nueva**. Mendoza, Huayra, 1997.
10 Lemos, R. H. y Marianetti, José Enrique. **Esbozo de historia de Luján de Cuyo**. Mendoza, 1984, tomo I, p. 111.
11 Idem, p. 107-108.
12 En el informe minoritario de la Comisión Especial de la Cámara de Diputados investigadora sobre hechos ilícitos vinculados con el lavado de dinero, se indica que ese monto llegó a los 460 millones.
13 El partido nacionalsocialista alemán tenía un calendario de celebraciones para todo el año, a través del cual se trataba de fortalecer la adhesión del pueblo con el líder. El prestigioso historiador Ernst Nolte describe estos rituales en los siguientes términos: "El 30 de enero de cada año se festejaba el Día de la Toma del Poder, con la marcha tradicional de los portadores de antorchas por la Puerta de Brandeburgo; en marzo, la actividad central era el Día de la Conmemoración de los Héroes, como ahora se llamaba a Día del Duelo Nacional de la República de Weimar; el 20 de abril, el Aniversario del *Führer* solía celebrarse con un vasto desfile; el 1 de mayo, el Día del Trabajo Nacional, toda Alemania se vestía de verde y empuñaba banderas y tan sólo en Berlín un millón y medio de obreros y empleados marchaban hasta el campo de Temperlhof; el 21 de junio, muchos de los líderes del partido daban discursos ante fogatas resplandecientes en todas las regiones del Reich, en el solsticio invernal; setiembre era el mes de los congresos anuales del Partido Nacionalsocialista, espectáculo muy impresionante también para extranjeros, porque hacía vibrar todos los sentidos y satisfacía una necesidad primigenia de escalofríos; a comienzos de octubre tenía lugar la Acción de Gracias en el Bückberg, cerca de Hameln; el 9 de noviembre se conmemoraba a los caídos en el movimiento, llevando los 16 ataúdes de los muertos, a tambor batiente,

de la Feldherrnhalle a la Plaza Real en Munich, donde se llamaba a los muertos por su nombre, según el ejemplo del fascismo italiano, y las voces de jóvenes hitlerianos contestaban con un fuerte 'presente'. Nolte, Ernest. **La guerra civil europea, 1917-1945**. México, Fondo de Cultura Económica, 1996, pp. 356-357.

14 De acuerdo con Viau (2001) y el informe minoritario de la Comisión Especial investigadora sobre hechos ilícitos vinculados al lavado de dinero (Congreso de la Nación), la caída del Banco de Mendoza se debió a un vaciamiento a través de las operaciones de call, realizadas desde esa entidad al Banco República, y a los préstamos que se les realizaba a los miembros de Magna.

15 La defensa del juez Luis Leiva ante el Consejo de la Magistratura puede ser analizada en el libro escrito por él mismo denominado: **De caballos y maletines. La batalla de un juez contra el poder, la corrupción y la impunidad en la Argentina**. Mendoza, Facultad de Ciencias Políticas y Sociales, 2002.

La destitución del juez Leiva estuvo fuertemente vinculada al peso que ejercía el menemismo en el Consejo de la Magistratura y en la Corte Suprema de Justicia, que posibilitó que la causa del Banco de Mendoza fuera resuelta por un juez simpatizante del menemismo, sector político que mantenía fuertes lazos con Raúl Moneta (Viau, 2001; Leiva, 2002).

BIBLIOGRAFÍA

Cámara de Diputados de la Nación. **Informe minoritario de la Comisión Especial investigadora sobre hechos ilícitos vinculados con el lavado de dinero**. 2002.

Gago, Daniel Alberto. **Rupturas y conflictos en la historia económica de Mendoza. Acumulación, instituciones, relaciones sociales y poder**. Mendoza. Publicaciones CEIR. 1999.

Gobierno de Mendoza. **Privatización de los Bancos provinciales de Mendoza S.A. y de Previsión S.A. Una medida necesaria y un proceso complejo, transparente y legal**. Mendoza. 1999.

Leiva, Luis. **De caballos y maletines. La batalla de un juez contra el poder, la corrupción y la impunidad en la Argentina**. Mendoza. Facultad de Ciencias Políticas y Sociales. Universidad Nacional de Cuyo. 2002.

Pavese, Eduardo. **Breve crónica de una agonía**. Banco de Mendoza. Mendoza. Editorial Huayra, 1996.

Pavese, Eduardo. **El caso Giol. Bordón y cuenta nueva**. Mendoza. Editorial Huayra. 1997.

Viau, Susana. **El banquero. Raúl Moneta, un amigo del poder en la ruta del lavado**. Buenos Aires. Planeta, 2001.

Se terminó de imprimir el 8 de octubre de 2004,
en los Talleres Gráficos de Inca Editorial Cooperativa
de Trabajo Ltda., sita en José Federico Moreno 2164
de la ciudad de Mendoza, República Argentina
e-mail: incasterio@incaeditorial.com